面向 21 世纪教材

高等院校经济管理类"十二五"重点规划教材

公共财政与税收教程

主　编：李品芳

副主编：顾雅君　虞铭明

上海财经大学出版社
SHANGHAI UNIVERSITY OF FINANCE & ECONOMICS PRESS

图书在版编目(CIP)数据

公共财政与税收教程 / 李品芳主编, 顾雅君、虞铭明副主编. —上海: 上海财经大学出版社, 2017.9
面向 21 世纪教材
高等院校经济管理类"十二五"重点规划教材
ISBN 978-7-5642-2638-1/F.2638

Ⅰ.①公… Ⅱ.①李…②顾…③虞… Ⅲ.①公共财政学—教材②税收理论—教材 Ⅳ.①F810

中国版本图书馆 CIP 数据核字(2017)第 212750 号

□ 责任编辑　林佳依
□ 封面设计　张克瑶

GONGGONG CAIZHENG YU SHUISHOU JIAOCHENG
公 共 财 政 与 税 收 教 程
李品芳　主编
顾雅君　虞铭明　副主编

上海财经大学出版社出版发行
(上海市中山北一路 369 号　邮编 200083)
网　　址: http://www.sufep.com
电子邮箱: webmaster@sufep.com
全国新华书店经销
上海华业装潢印刷厂印刷装订
2017 年 9 月第 1 版　2017 年 9 月第 1 次印刷

710mm×960mm　1/16　28 印张　533 千字
印数: 0001—3000　定价: 55.00 元

前　言

我国自改革开放以来，国内外的各种政治、经济环境共同促成了中国经济持续稳健而快速的发展。至此中国经济已完成了资本原始积累并已转向促进产业结构调整、深化经济体制改革、完全融入国际经济活动的历史进程的转变之中；与之相对应的是，国家宏观调控政策也处于不断调整、改革和完善之中。财政与税收制度作为国家宏观调控政策的重要组成部分也相应发生了深刻的变化，这就要求反映我国财政与税收理论和实践的教材必须跟上改革的步伐，能及时准确地反映我国财政税收体制改革的最新成果。为此，学校组织一批有丰富教学经验的中青年专家、学者编写了一系列教材。

公共财政与税收是各类本科院校财经类、管理类专业的专业基础理论课，在各专业的培养计划中占有十分重要的地位。本教材共有十三章，内容具体分为相对独立的两大部分，即公共财政部分和税收部分。公共财政部分是尝试按照公共财政的框架体系编写的，围绕着市场经济、政府干预和公共财政这一线索展开，内容主要包括财政学的基础理论、财政收入、财政支出、政府预算、财政政策等，有七章内容；税收部分主要依托西方国家的税收理论编写，内容主要涉及我国的税制改革以及商品与劳务税、所得税、资源类税、财产和行为类税和特定目的类税的最新内容，并在现行税制部分几乎每个要点后都列举了实例加以说明，有六章内容。特别要说明的是，本教材已加入"营改增（2017年）"的最新内容。

本教材是在我们多年的教材改革和课程改革的基础上进行的。在编写时，主要以现行的财政税收体制为依据，力求体现作者的以下意图：一是坚持理论联系实际，着力于实用和求新，操作性强；二是结构安排合理，说理深入浅出，文字表达精炼。所以本教材可作为 MBA、各类本专科院校财经类及管理类专业的教科书，也可以作为社会各类经济管理人员的自学参考书。

本教材由同济大学浙江学院经济与管理系财政与税收教学团队的教师策划与编写，共分十三章。具体分工如下：李品芳编写第一章、第三章、第四章、第五章、第九章、第十三章；顾雅君编写第二章、第八章、第十章；虞铭明编写第十一章、第十二章，张楚乔编写第六章，唐丹编写第七章，李品芳负责设计大纲并统稿。教材在编写过程中参考了国内外公开出版的有关教材和学术性文章，吸取了有关专家、学者的最新研究成果。在本书的编写过程中,还得到李月娥、何钢、周思远、唐诗雨、周兆明、李德良、李成捷、何爽、李伟超、周华、杨柳、姚远、金超、许蔚玲、李明芳等老师和同学帮助收集相关资料,在此一并表示感谢!

尽管我们付出了很大的努力,但由于我国经济体制正处于改革和不断完善过程中,有关财政、税收法律、法规还需要不断完善,加上教材编写时间仓促和编者水平有限,教材中难免仍有一些疏漏和不妥之处,恳请各位专家和广大的读者批评指正。

编　者

2017 年 7 月于同济大学

目 录

前言 ……………………………………………………………………（ 1 ）

第一章　财政基本理论 ……………………………………………（ 1 ）
第一节　市场与政府 …………………………………………（ 1 ）
第二节　公共财政概述 ………………………………………（ 16 ）
第三节　公共财政职能 ………………………………………（ 31 ）
复习思考题 ……………………………………………………（ 34 ）

第二章　财政收入总论 ……………………………………………（ 35 ）
第一节　财政收入概念和结构 ………………………………（ 35 ）
第二节　财政收入形式 ………………………………………（ 41 ）
第三节　国有资产收入 ………………………………………（ 46 ）
第四节　国债收入 ……………………………………………（ 53 ）
第五节　财政收入原则 ………………………………………（ 58 ）
复习思考题 ……………………………………………………（ 62 ）

第三章　税收制度基本理论 ………………………………………（ 64 ）
第一节　税收及税收分类 ……………………………………（ 64 ）
第二节　税收制度构成要素 …………………………………（ 71 ）
第三节　税收原则 ……………………………………………（ 80 ）
复习思考题 ……………………………………………………（ 87 ）

第四章　商品与劳务税制度 ………………………………………（ 88 ）
第一节　商品与劳务税概述 …………………………………（ 88 ）
第二节　增值税 ………………………………………………（ 93 ）
第三节　消费税 ………………………………………………（130）
第四节　关税 …………………………………………………（149）

复习思考题 ………………………………………………………………（162）

第五章　所得税制度 ……………………………………………………（164）
　　第一节　所得税制度概述 …………………………………………（164）
　　第二节　企业所得税 ………………………………………………（166）
　　第三节　个人所得税 ………………………………………………（204）
　　复习思考题 …………………………………………………………（240）

第六章　资源类税制度 …………………………………………………（243）
　　第一节　资源税制度概述 …………………………………………（243）
　　第二节　资源税 ……………………………………………………（244）
　　第三节　土地增值税 ………………………………………………（254）
　　第四节　城镇土地使用税 …………………………………………（261）
　　复习思考题 …………………………………………………………（267）

第七章　财产和行为类税制度 …………………………………………（269）
　　第一节　财产和行为类税制度概述 ………………………………（269）
　　第二节　房产税 ……………………………………………………（271）
　　第三节　车船税 ……………………………………………………（277）
　　第四节　契税 ………………………………………………………（283）
　　第五节　印花税 ……………………………………………………（289）
　　复习思考题 …………………………………………………………（299）

第八章　特定目的类税制度 ……………………………………………（301）
　　第一节　特定目的类税制度概述 …………………………………（301）
　　第二节　城市维护建设税 …………………………………………（302）
　　第三节　车辆购置税 ………………………………………………（307）
　　第四节　耕地占用税 ………………………………………………（314）
　　第五节　烟叶税 ……………………………………………………（319）
　　复习思考题 …………………………………………………………（321）

第九章　财政支出总论 …………………………………………………（323）
　　第一节　财政支出概述 ……………………………………………（323）

第二节　财政支出分类 …………………………………………（326）
　　第三节　财政支出规模分析 ……………………………………（332）
　　　　复习思考题 …………………………………………………（336）

第十章　购买性支出 ………………………………………………（337）
　　第一节　购买性支出概述 ………………………………………（337）
　　第二节　政府投资性支出 ………………………………………（341）
　　第三节　社会消费性支出 ………………………………………（351）
　　　　复习思考题 …………………………………………………（368）

第十一章　转移性支出 ……………………………………………（369）
　　第一节　转移性支出概述 ………………………………………（369）
　　第二节　社会保障支出 …………………………………………（371）
　　第三节　财政补贴 ………………………………………………（382）
　　第四节　税式支出 ………………………………………………（384）
　　　　复习思考题 …………………………………………………（387）

第十二章　政府预算和预算管理体制 ……………………………（389）
　　第一节　政府预算 ………………………………………………（389）
　　第二节　政府预算管理体制 ……………………………………（401）
　　　　复习思考题 …………………………………………………（405）

第十三章　财政平衡与财政政策 …………………………………（407）
　　第一节　财政平衡 ………………………………………………（407）
　　第二节　财政政策 ………………………………………………（414）
　　第三节　财政政策与货币政策的配合 …………………………（431）
　　　　复习思考题 …………………………………………………（436）

主要参考文献 ……………………………………………………（438）

第一章 财政基本理论

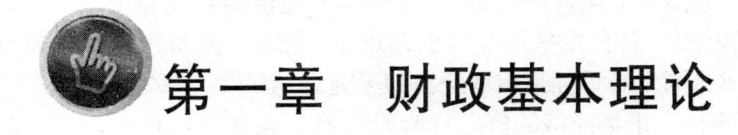

【本章学习目的与要求】

通过本章学习，了解财政、公共财政、市场失灵和政府失灵的基本含义；熟悉市场经济的特征、市场失灵的主要表现形式、政府失灵的表现和政府失灵的原因；掌握公共财政的特征、政府与市场各自活动的范围、财政的三大职能。

第一节 市场与政府

一、市场失灵及其主要表现

（一）市场经济

1. 市场经济的含义

"市场"本来的含义是指人们买卖商品或进行商品交换的场所。随着商品经济的发展，现代社会中的"市场"被定义为是一种实现不同产权主体之间经济联系的系统空间，同时又是"一种物品的买主与卖主之间互相作用，以决定其价格和数量的过程"。

市场经济是以市场机制为基础进行社会资源配置的基本经济运行模式。市场经济与传统计划经济的根本区别，在于以何种机制作为最基础性的经济运行组织手段。市场经济以市场的自愿交易和自发秩序为中心来组织整个社会经济运行，市场经济并不排斥政府干预，政府干预只是作为弥补市场缺陷而存在的。而计划经济完全以行政权力和强制性计划为中心来组织社会经济活动。

2. 市场经济的特征

（1）自主性。在市场经济运行过程中，参与市场活动的经济主体都以自身的利益最大化为行动目标,具有自主经营权,能够自主地进行经营决策,自负盈亏,对其自身的独立财产拥有占有、使用、收益和处分的自主权力。

(2) 平等性。参与市场经济活动的各经济主体社会地位平等,市场交易奉行等价交换、自愿交换原则,任何人都不能通过非经济的方式和手段,占有其他经济主体的合法财产。只有在平等交易的基础上,经济主体间才能讨价还价、相互协商,最终达成合同。平等性是市场经济的灵魂。

(3) 互惠性。市场经济的核心行为是交易。在交易过程中,交易双方都是为了追求经济利益。只有交易双方都有利益,即存在互惠性,才能达成合同或契约,完成交易。可以说,互惠性反映了市场经济条件下人们之间在利益上的相互依赖性。如果说通过暴力获得财富的掠夺性行为是一种零和博弈的话,那么通过市场交易获得财富的交易性行为则是正和博弈。

(4) 竞争性。在市场经济中,各个经济主体总是不断地进行价格竞争、质量竞争、品牌竞争、服务竞争等,目的是为了获取更多的经济利益。其中,价格竞争在市场竞争中处于最重要的地位。因为,价格既是反映市场供求关系、产品稀缺程度、市场竞争程度的信号,又是调节市场供求、决定盈亏从而改变资源配置的主要手段。在市场经济条件下,要避免在竞争中被淘汰的命运,经营者就必须最大限度地激发自身的积极性和创造性,不断改进产品的生产工艺、改善经营方法,促进产业组织革新、产品结构升级。只有如此,经营者才能在市场中立于不败之地。

(5) 开放性。市场经济讲求平等竞争,竞争面向市场中的所有生产者、消费者,而不分其规模、区域范围、是国内企业还是国外企业。正是市场交易的开放性,才能把各个区域市场整合成为统一的国内市场,把国内市场和国际市场联系起来,最终形成全球经济一体化。

3. 市场机制的有效条件

市场机制是配置社会资源的最佳方式和途径。根据经济学的基本原理,完全竞争市场是最优、最理想的市场状态,其经济效率最高。因为在完全竞争市场条件下,可以充分发挥价格机制这只"看不见的手"对社会经济运行的调节作用,从而保证微观经济的高效运行和宏观经济的健康发展,实现社会福利最大化。然而,所谓完全竞争市场是附加了种种严格假设条件的市场,只有具备了各种条件,市场机制的作用才能有效发挥。[①]

(1) 市场上拥有众多的买者和卖者。这意味着市场是完全竞争的,单个买者或卖者买卖产品的数量在市场总量中占有极少的份额,以至于他们行为的变化都不足以影响市场价格,即市场中的任何一个买者或卖者都只是价格的接受者,而不

---

① 曾康华.财政学[M].北京:北京交通大学出版社,2010.

是价格的决定者,否则市场就被垄断了。如果一个或少数卖者控制了供给,这种市场被称作卖方垄断;如果一个或少数买者控制了需求,这种市场被称作买方垄断。当垄断市场出现时,资源配置是低效率的,就会造成社会福利损失。

(2) 产品是同质的。即卖者所提供的同种产品是同质的、无差别的。这意味着任何卖者的产品不会由于买者自身的消费习惯或偏好而对有着不同品牌、包装或服务等的同种产品产生不同的偏好,导致出现某种程度的垄断。

(3) 生产要素充分流动。这意味着包括人力、物力和财力在内的各种资源能够在市场价格的引导下,在不同的企业、行业和地区之间自由地转移,经营者可以自由进入和退出该行业,不存在任何法律的、社会的或资金的障碍。通过生产要素的充分流动,引导资源流向社会价值最大的用途上。

(4) 完全的信息。市场交易各方拥有对称的信息资源,买者和卖者了解相关市场的所有信息,包括对产品的所有用途、特征及其发展趋势。否则,交易价格可能会偏离在完全了解情况下的价格,导致资源配置低效。

(5) 消费者和生产者的行为理性。所有的经济行为主体都一致地追求效用最大化,他们做出经济决定时都是理性的。

(6) 其他假设。例如,经济利益的可分性和所有权的确定性,所有生产资源都为私人所有,生产和消费不存在外部经济、不存在规模报酬递增等情形。

(二) 市场效率

市场经济以各个不同的生产经营主体独立自主的生产经营活动为前提,任何人要想参与市场分配,都必须通过生产经营活动为市场提供商品和服务来实现。因此,市场经济是以各个分散独立的商品生产经营者各自分工生产并为市场提供商品,通过商品的等价交换实现自身的经济利益的社会经济活动方式。

市场经济的效率,源于市场根据各个市场主体提供的商品按价值规律进行收入分配这一公平法则,促使各个市场主体在追求自身利益最大化的内在冲动和市场竞争的外在强制下更为有效地配置和利用生产资源以获得更多的经济收益。同时,不断地提高生产力水平和增加生产力总量,由此提高了整个社会的经济效率。市场效率作为经济学的概念,其一是在一种产品或一个企业的生产过程中,利用那些有确定价格的生产要素的有效性;其二是经济资源在各种相互竞争的不同用途上配置的有效性。这实际上是从微观方面和宏观方面来看生产资源利用和配置的有效性,而且社会的经济效率归根到底依赖于良好的市场经济体制。

生产要素的配置需要由市场机制来分配,其收益表现为通过市场交换所形成的市场货币价格。价格引导各生产要素在社会生产的各个产业和部门中的配置,这是实现社会资源优化配置、提高社会经济效率的强有力杠杆。

(三)市场失灵及其主要表现

要理解市场失灵的含义,就先要了解在完全竞争市场中如何使资源配置具有效率,即达到帕累托效率状态。

1. 帕累托效率

帕累托效率也称为帕累托最优,即资源的配置达到这样的状态,已不可能再增加任何一个人的福利而不减少其他一些人的福利,也就是不可能通过改变资源的配置来使一些人得到利益,同时又不使另一些人受到损失。如果资源配置达到了这样一种状态,资源配置则具有帕累托效率,否则就不具有帕累托效率。帕累托效率已经成为衡量资源是否实现优化配置的标准。帕累托效率是以提出这个概念的意大利经济学家维尔弗雷多·帕累托的名字命名的。

一般来说,达到帕累托最优时,会同时满足以下三个条件:

① 交换最优:即使再交易,个人也不能从中得到更大的利益。此时对任意两个消费者,任意两种商品的边际替代率是相同的,且两个消费者的效用同时得到最大化。

② 生产最优:这个经济体必须在自己的生产可能性边界上。此时对任意两个生产不同产品的生产者,需要投入的两种生产要素的边际技术替代率是相同的,且两个生产者的产量同时得到最大化。

③ 产品混合最优:经济体产出产品的组合必须反映消费者的偏好。此时任意两种商品之间的边际替代率必须与任何生产者在这两种商品之间的边际产品转换率相同。

帕累托改进,是在帕累托效率基础上形成的一个概念。帕累托效率是指在不减少一方福利的情况下,不可能增加另外一方的福利;而帕累托改进是指在不减少一方福利的情况下,通过改变现有的资源配置而提高另一方的福利。帕累托改进可以在资源闲置或市场失效的情况下实现。在资源闲置的情况下,一些人可以生产更多并从中受益,但又不会损害另外一些人的利益。在市场失效的情况下,帕累托改进措施可以减少福利损失而使整个社会受益。

当完全竞争市场达到长期均衡时,帕累托效率的三个条件都自动满足。

2. 市场失灵及其主要表现

完全竞争市场是一种非常理想的市场状态。如果能满足上述条件,则经济运行处于均衡状态,在这种均衡状态下的资源配置能够实现优化配置,即达到帕累托最优状态。不过,在现实经济生活中,完全竞争市场所必须具备的一系列条件很难完全满足,完全竞争市场很难存在于现实中,即当某些条件不具备时,市场机制就难以实现资源最优化配置,即"市场失灵"也就在所难免。市场失灵为政府介入经济活动提供最为直接的理由。

所谓市场失灵,是指市场机制在资源配置的某些领域运作失灵,单纯靠市场机制难以实现资源最优配置的一种状态。造成市场失灵的原因,既有内在功能缺陷因素,也有外部条件缺陷因素。所谓市场机制的内在功能缺陷,是指由于市场作用机制的自发性、滞后性和不确定性引起的,导致企业盲目生产,对经济活动的远景缺乏导向以及在调节贫富差距上无能为力。市场机制的外部条件缺陷,是指市场发挥最佳功能所要求的理想外部条件在现实经济活动中往往并不具备或不完全具备,如收入分配不公、垄断、信息不对称、外部经济等。市场失灵表现在以下几方面:

(1) 市场不能提供公共产品

公共产品是和私人产品对应的一个概念,私人产品是满足个人需要的,由市场供给;公共产品是指可供社会成员共同消费的产品,即满足社会公共需要的产品。公共产品可同时为众多社会成员享用,每一个社会成员对该产品的消费不会减少其他社会成员对该产品的消费,同时在技术上不易排斥众多的需求者的消费,因此,公共产品的需求方普遍具有免费"搭便车"心理,导致公共产品的供给方必然难以通过提供这一产品带来直接的经济利益,即公共产品的提供是任何私人企业都不能接受的。由此可见,单纯依靠市场机制,是难以实现公共产品的有效供给的。因此,为了实现社会稳定与发展及国民福利增长的需要,公共产品只能通过政府财政支出来保障。

(2) 外部效应

外部效应是指一个经济单位的活动对其他经济单位所造成的有利或有害的影响,却没有为之承担应有的成本或没有获得应有报酬的现象。外部效应分为正外部效应和负外部效应。正外部效应也称外部经济,指一个经济单位的经济活动会给他人产生积极的影响,无偿给他人带来利益。例如,对某种传染病的免疫接种产生的正外部效应,那些接受免疫接种的人既降低了感染传染病的概率,也为那些没有接受免疫接种的人群带来了收益,减少了后者感染疾病的可能性。负外部效应也称外部不经济,指一种经济行为给外部造成消极影响,导致其他经济单位成本增加或收益减少,而这些单位却未获得任何补偿,如环境污染则属于典型的负外部效应。

正外部效应由于存在利益外溢问题,生产的私人收益小于社会收益,会导致私人部门对这种产品的供给不足;负外部效应将部分成本转嫁给其他单位和个人,会使社会福利受到损失。因此,必须采取措施纠正外部效应。外部效应是独立于市场机制之外的客观存在,它不能通过市场机制自动减弱或消除,必须借助市场之外的公共部门力量予以矫正。政府可以通过行政措施、经济措施和法律措施,遏制和消除负外部效应现象,刺激私人部门的正外部效应行为,或者由政府出面直接从事具有正外部效应的经济活动。

(3) 市场垄断

市场垄断是指一个或少数企业独占生产和市场,即生产集中于一个或少数企业,市场价格及生产量也由一个或少数企业所控制。市场效率是以完全自由竞争为前提的,而垄断使得垄断厂商可以通过控制产量来提高价格,甚至成为市场价格的单方面制定者,形成远远高于实际成本的产品价格来获取超额利润。垄断意味着产品的价格和利润水平不是取决于市场供求、竞争关系。由于独家控制市场,没有竞争压力,技术创新激励不强,产品和服务的质量也停滞不前,这样市场效率也就丧失了。

为了对付市场垄断,政府可以向垄断企业征收超额税收;实行公共管制,如公共定价等;制定反垄断的法律法规;等等。

(4) 信息不对称

传统经济学构建的完全竞争模型的基本假设是,生产者和消费者都享有充分信息,所有与产品有关的信息都是完全公开的,生产者和消费者据此做出正确的决策。但现实生活中往往出现这样一种情况,当事人的一方具有较多的信息,而另一方则信息较少,这种情形就称为信息不对称。一般而言,生产者和销售者明显处于信息优势地位,而消费者则处于信息劣势地位。在信息不对称情况下,市场交易中的一方就会利用自身的信息优势侵害另一方的利益,破坏资源最优配置状态,造成市场失灵。信息不对称导致的市场失灵主要表现在两个方面:

① 逆向选择。即质量差的产品获得优先交易机会,导致劣质产品驱逐优质产品的不正常现象。以旧车市场为例,卖主和买主对旧车的质量信息不对称,每个卖主都知道车的真实质量,但买主不知道每辆车的具体情况,只知道旧车市场的平均质量,因而愿意支付平均质量的对应价格。这样,好车的卖主就会感到吃亏,从而选择退出市场,而低于平均质量的旧车却获得了交易机会。逆向选择主要发生于质量不易鉴别的产品。

② 道德风险。是指市场交易双方达成一项协议后,其中一方出于单纯追求自身利益,可能做出对另一方不利的行动。以保险行业为例,有的人购买保险后,可能会产生麻痹大意或依赖心理,人为地降低防范风险发生的努力程度。

为了保证竞争规则不被违反,政府也只能根据事后的判断,利用法律措施对违反规则者进行惩罚,规范信息市场,以信息公开来增大其来源。但即便如此,信息不对称仍是阻碍现实经济生活中实现资源最优配置的根本性原因之一。

由于信息不对称是一个社会问题,是市场经济本身无法克服的,因此,政府应提供充分的信息,并通过一些公共管制(如信息、质量、资格管制)的办法来弥补市场缺陷,当然这也不可能完全消除这个市场的不完全性。提供充分的信息,这是政府的一种社会性服务,属于公共服务的范围。

(5) 收入分配不公

市场分配机制以效率为原则,分配给予人们的报酬是以"生产能力"和"贡献"为标准的。由于个人天赋和能力存在差异性、垄断和社会不均等各种因素,使得人们利用权力和机遇所获得的结果是完全不同的。各种经济利益主体追求自身利益的最大化,必然导致收入差距扩大,以致出现富者越富、贫者越贫的现象,造成收入分配的不公平。此外,还有一些无法提供"生产能力"和"贡献"的人,他们在市场分配机制下难以获得其维持生存必要的收入;而区域之间发展的不均衡性也导致收入差距,这都会引发分配不公问题。

由此可见,虽然市场机制具有调节收入分配的功能,但在公正分配上却是难以作为的,即市场经济是不可能兼顾社会公平的。社会成员的收入差距过大,会给社会带来不稳定因素,最终会影响市场经济的稳定发展。因此,就需要政府干预,通过政府与市场的有效配合,保证公平分配。

(6) 偏好不合理

个人偏好的合理性是保证市场竞争结果合理的前提。在现实的市场中,个人的偏好并不总是合理的,有些产品可能会给个人带来较大好处,但消费者可能没有意识到这一点而只愿以较低价格购买。反之,有些产品可能只能带来较小的利益,但消费者却给予较高评价,而愿以较高价格购买。我们把消费者的评价低于合理评价的产品称为优值品,如教育、高雅艺术等;把消费者的评价高于合理评价的产品称为劣值品,如香烟、毒品等。显然,这些评价都不是对产品本身自然属性的评价,只是表明消费者的偏好存在问题,需要加以纠正。优值品和劣值品不能完全靠市场来调节,需要政府进行引导或规制。

(7) 宏观经济失衡

所谓宏观经济总量失衡,指的是市场经济在自发运行过程中所必然产生的失业、通货膨胀和经济危机等现象。在市场经济条件下,生产和消费主要是由市场机制来自发调节。由于市场机制自发调节的盲目性,自发的过度竞争不可避免地造成失业、通货膨胀和经济波动等,它一直是困扰政府的严重经济问题。市场经济的内在机制不断推动技术进步,技术进步会减少对劳动力的需求,于是,失业成为市场经济中的一种常见现象。另外,市场经济是建立在经济主体分散决策基础上的自发秩序。各种经济主体依据市场发出的价格信息和信息情报实行自主经营和分散决策,诸多的市场决策者都只关心自己的眼前利益、局部利益。个人理性选择的合成效果却可能导致集体性的非理性行为,最后导致经济剧烈波动、物价持续上升、国民经济增长停滞、国际收支失衡。市场经济对经济失衡的自发调节是一种事后调节,社会付出的代价过于高昂。这种宏观经济的失衡会给生产者和消费者带来一定的损失,社会的经济发展也会受到不利的影响和干扰①。

上述的市场失灵实际上肯定了市场机制的基础性作用,但同时又必须看到市场对某些问题天然是无能为力的。因此,要克服这些市场失灵状态,确保市场正常运行,实现经济的均衡增长,解决失业、通货膨胀等问题,保证宏观经济的稳定和持续增长,就必须寻求非市场的解决办法。这便要求政府履行自己的职责,政府及其公共财政必须介入经济运行。因此,在市场经济条件下,市场失灵为政府干预经济活动提供了最为直接的理由,是公共财政存在的经济根源,或者说"市场失灵"就是"市场不能做的",需要政府及其公共财政去完成。

二、政府干预与政府失灵

(一) 政府干预

亚当·斯密经济观点的精髓在于对自由放任思想的阐释上,关于这一点,斯密在《国民财富的性质和原因的研究》中的表述最为直接和清晰。他说:"一切特惠或限制的制度,一经完全废除,最明白最单纯的自然自由制度就会树立起来。每一个人,在他不违反正义的法律时,都应听其完全自由,让他采取自己的方法,追求自己的利益,以其劳动及资本同任何其他人或其他阶级相竞争。这样,君主们就被完全解除了监督私人产业、指导私人产业、使之最适合社会利益的义务。要履行这种义务,君主们极易陷入错误;要行之得当,恐不是人间智慧或知识所能完成。按照自然自由的制度,君主只有三个应尽的义务——这三个义务虽很重要,但都是一般人所能理解的。第一,保护社会,使之不受其他独立社会的侵犯。第二,尽可能保护社会上每个人,使之不受社会上任何其他人的侵害或压迫,也就是说,要设立严正的司法机关。第三,建设并维持某些公共事业及某些公共设施(其建设与维持绝不是为任何个人或任何少数人的利益),这种事业及设施,在由大社会经营时,其利润常能补偿所费而有余,但若由个人或少数人经营,就决不能补偿所费。"②

斯密在这里最明白无误地表达了他的自由经济观点,在他看来,国家应当取消一切束缚人们从事经济活动的制度,只要人们在正义的法律框架内进行活动,就应当让人们完全根据自己的意愿行事。这种完全根据自己的意愿行事所产生的效果,比国家规定他们应当怎样去做要好得多,因为国家并没有足够的智慧或知识去引导人们怎样做才能追求最大的利益。所以,国家尽可能地不要干预社会经济活动,要让自由制度去引导人们的经济活动。作为国家,只需维护好社会安定,防止

---

① 刘隽亭,许春淑.公共财政学概论(第 2 版)[M].北京:首都经济贸易大学出版社,2012.

② 亚当·斯密.国民财富的性质和原因的研究(下册)[M].北京:商务印书馆,1972:252-253.

国外的侵略；建立公正的司法制度，保护好公民的正当权利不受侵害；提供必要的公共设施，为人们从事经济活动提供良好的外部条件，这样就能保证整个社会经济生活的正常进行。而且这种经济运行是卓有成效的①。

亚当·斯密在《国民财富的性质和原因的研究》一书中论述了追求自我利益的个人被"看不见的手"引导着，不自觉地增进了整个社会的福利，个人利益和社会利益是一致的，市场在"无形的手"的调节下运行顺畅，政府做好"守夜人"的工作就足够了。随后几乎所有的古典经济学家和新古典经济学家都力图使他的理论精确化、规范化。但从西方市场经济发展的历史来看，仅靠市场的力量无法解决公共产品、外部效应、垄断和信息不对称等问题，周期性的经济危机导致的经济效率和社会福利损失表明市场失灵了。1929～1933年世界性经济危机爆发，凯恩斯主义应运而生。第二次世界大战结束后西方国家广泛采取凯恩斯主义政府干预政策，的确在一定程度上纠正了市场失灵，政府干预政策从此成为西方国家重要的经济政策，用来克服市场失灵、恢复市场的功能、实现社会福利最大化，即由于市场失灵的存在，才有政府干预经济运行的必要性。所以，政府干预是指在市场经济条件下，由于市场失灵，政府运用法律、行政和经济手段对国民经济运行实行管理，以实现一定时期的宏观调控目标。

（二）政府失灵

1. 政府失灵的含义

政府失灵是指政府在力图弥补市场缺陷的过程中，又不可避免地产生另外一种缺陷，即政府活动的非市场缺陷，或称为"政府失灵"。美国经济学家保罗·萨缪尔森指出："应当认识到，既存在着市场失灵，也存在着政府失灵。……当政府政策或集体行动所采取的手段不能改善经济效率或道德上可接受的收入分配时，政府失灵便产生了。"在市场经济中，政府失灵就是政府低效率的表现，又称为政府失效。它不仅存在于发达国家的市场经济中，也存在于发展中国家的市场经济中。而在当前，中国正处于经济转型和经济高速增长时期，政府失灵的现象难免发生。政府失灵问题不仅是理论问题，也是一个实践问题。政府失灵的实质是政府在对经济的干预中，未能有效克服市场失灵，甚至阻碍和限制了市场功能的正常发挥，引起了经济关系的扭曲，加剧了市场缺陷和市场混乱，难以实现社会资源的优化配置。也就是说，政府完全没有处理好在市场失灵条件下应该发挥的功能，如政府在干预经济中的局限、缺陷和失误等方面的问题就是政府失灵的表现。或者说政府在实施过程中往往出现各种事与愿违的结果和问题，最终导致政府干预经济的效率低下和社会福利损失。政府失灵不但不能纠正市场失灵的问题，反而抑制了市

---

① 曾康华.财政学[M].北京：北京交通大学出版社，2010：7.

场机制的良好运行,进而导致不公平现象发生和公平满意度的严重下滑。因此,弄清政府失灵问题的本质,找准相应的防范对策,对建设服务型政府,促进我国经济有序运行,无疑具有十分重要的理论意义和实践意义。

所以,政府失灵是指政府克服市场失灵所导致的效率损失已超过市场失灵所导致的效率损失。政府失灵可以分为两种类型:一种是运营型政府失灵;另一种是制度型政府失灵。运营型政府失灵是政府在干预经济过程中,由于政策操作失当而引起的,主要表现为政府宏观调控的范围和规模过大或过小,未能有效弥补市场的缺陷。制度型政府失灵是政府的组织缺陷所导致的政府干预的低效率、自身机构膨胀及权力寻租等问题,导致政府干预不能弥补市场的缺陷,反而使得经济关系被扭曲,市场运行受阻,从而加重了市场失灵。

2. 政府失灵的表现

(1) 寻租与腐败现象严重

寻租现象历史悠久,涉及面广,首次对这一现象从理论上加以分析的是美国经济学家、公共选择学派的主要代表人物塔洛克于1967年发表的一篇论文,不过此文当时并未引起重视。"寻租"一词,是由公共选择学派代表人物之一安妮·克鲁格1974年在《美国经济评论》上发表的一篇论文中提出的。克鲁格把论文的注意力集中到市场导向型经济,其中政府对经济活动的限制渗透到了各个方面。这些限制产生形式各异的租金,从而引发了人们对租金的竞争,在此前提下,很多人会力求借助于权力因素谋取个人最大利益,这就产生了寻租行为。简单地说,寻租就是指投票人尤其是其中的利益集团,通过各种合法或非法努力,如游说、贿赂等,促使政府帮助建立自己的垄断地位,以便获得高额垄断利润的活动。

克鲁格通过建立计量模型计算印度和土耳其两国租金总额与国内生产总值的比率以后,这个比率的大小就被公认为一个国家腐败程度的标志。我国学者胡鞍钢教授等将中国经济转型时期的腐败行为分为四种:寻租性腐败、地下经济腐败、税收流失性腐败、公共投资与公共支出性腐败,并据此估计,在20世纪90年代后半期,这些腐败所造成的经济损失平均占GDP的比重在13.3%~16.9%,1999~2001年间腐败造成的经济损失达到同期GDP的14.5%~14.9%。世界知名会计公司普华永道调查表明,世界上经济排名前35的国家中,中国的"不透明度"最高,名列榜首。"不透明"会阻碍经济发展,资本会出逃到透明度较高的国家,中国因此损失了大约1 310亿美元的直接投资。如此巨大的"寻租"利益,在我国改革开放的过程中不但阻碍了市场化改革,而且强化了行政权力对经济活动的干预,如增加行政审批的项目,以便增加"寻租"的机会。

(2) 宏观调控行为在短期内难以有效

改革开放以来,我国的宏观调控手段由计划调控转向采用经济手段调控,在不同时期根据国民经济运行的情况,采取了不同的宏观调控政策,取得明显成效,但是在投资、煤电油运输等方面仍然存在比较突出的问题。2007年爆发的美国次贷危机已经蔓延成为波及全球的金融危机,它对中国经济运行的冲击在2008年下半年开始显露。我国从2008年9月开始,及时调整宏观经济政策取向,果断实施积极的财政政策和适度宽松的货币政策,迅速出台扩大国内需求的十项措施,实施了一揽子应对金融危机的措施,这些措施的着眼点可以概括为:重民生、保增长、促消费、活市场、统内外和利长远。尽管中国在面对世界性的金融危机时采取了卓有成效的宏观经济政策,但中国目前的经济运行状态表明,无论是在获得真实信息方面还是在事后监管经济运作过程方面,经济运行都未能达到正常状态。这种非正常状态的主要表现:一是宏观经济政策调控力度不足,调控结果出现反复,没有达到预期效应,尤其是房地产价格居高不下,农产品价格上涨势头迅猛,已经到了危及社会经济顺利发展的境地。二是没有从根本上解决当前存在的社会收入分配的差距问题,经济增长呈现不均衡增长状态。三是虽然实行了西部大开发、中部崛起、振兴东北老工业基地等发展战略,但区域经济发展事实上的不平衡尚未克服。1978年东、中、西部地区的人均国内生产总值之比为1.7∶1.2∶1,到2014年已扩大为2.1∶1.1∶1,而且差距还有扩大之势。同时,由于经济发展中形成的二元经济结构长期存在,导致城乡经济发展不平衡越来越严重。四是由于腐败现象比较严重,资金流向没有得到有效监控,导致财政资金运行效率低下。

(3) 政府机构臃肿,行政效率低下

截至2015年底,我国财政供养人员约5 000万人[1],按年末中国内地总人口13.8亿人计算,占总人口的比例约为1/28。2015年党政机关平均工资6 649元[2],按6 649×12=79 788元计算,一年的工资支出约为40 000亿元,占当年财政收入的26.27%。同时,政府行政管理支出占财政支出的比例呈持续增加趋势,行政管理支出增长速度大大快于财政支出的增长速度。政府机构庞大臃肿给社会带来沉重负担,由于机构重叠、层次过多、人浮于事、职责不明,导致办事效率低下。更为严重的是,由于机构庞大、重叠,机构的职、权、责对应不明确,造成权力扩大滥用,政府难以通过干预经济提高经济效率。

(4) 公共政策失效

在市场失灵的条件下,政府对经济运行的干预措施主要是通过制定和实施经济政策来实现,同时采用法规、行政手段来弥补市场的缺陷,纠正市场失灵。但与市场决策相比,政府的公共决策是一个更复杂的过程,存在着种种困难、障碍和制

---

[1] 2015年度人力资源和社会保障事业发展统计公报.
[2] 2016年上海最新公务员工资标准表.中国经济周刊,2016-06-28.

约因素,使得政府难以制定并执行合理的公共政策,导致公共政策失效。

(5) 公共产品供给的低效率和浪费现象

在纠正市场失灵时,公共组织尤其是政府机构履行了公共产品提供者的职能,即直接为市场提供公共产品,同时也向公众提供公共产品。由于政府和企业的性质不同,官僚机构提供公共产品所追求的是社会效益,而非经济效益,因此在没有利润动机的诱惑下,政府对公共产品的提供产生了巨大的低效与浪费现象。例如城市道路及其配套设施,作为政府提供的公共产品,其低效和浪费现象屡见不鲜,经常有像"拉链"式的重复开挖事件而遭到公众质疑和强烈不满。

(6) 政府追求自身利益和扩张

政府失灵还体现在政府部门工作人员在提供公共服务中也在追求自身利益最大化,而非公共利益和公众福利最大化。政府扩张表现在政府活动的范围不断扩大,预算规模不断扩大,提供的公共产品越来越多。政府扩张源于政府机构的内在性。所谓内在性,是政府官员为追求自身利益最大化而具有的内在动力。政府机构扩张的动力是由个人或集体的行为产生的,所以,政府机构就具有"私人"的内在目标,而且这些目标将影响政府机构的实际运行。政府机构的内在目标是追求预算最大化,而政府机构规模越大,相应的机构预算就越大。政府机构预算与政府机构规模之间的内在联系不可避免会造成政府机构的扩张。随着政府机构的扩张,政府支出水平也迅速增长。

3. 政府失灵的原因

(1) 政府角色错位

政府进行宏观调控的目标应当是保持市场经济的正常运行,创造经济发展的适宜环境,以实现经济增长、物价稳定、就业充分、国际收支平衡、效率与公平等。然而在进行宏观调控过程中,政府干预的范围和力度过大,超出了校正市场失灵和维护市场机制顺畅运行的合理界限,即政府管了不该由政府承担或政府管不好的事。

(2) 政府自身的组织制度存在缺陷

政府失灵的出现,在相当大程度上是政府自身的组织制度存在严重缺陷所致。政府机构庞大、职能交叉、冗员过多、人浮于事,致使政府干预缺乏权威性和有效性;政策不完善、不配套、漏洞多,法制不健全,也会导致政府干预力度弱化;地区、部门从自身利益出发,与中央政府进行博弈活动,也将导致中央政府的宏观干预决策得不到贯彻落实,"上有政策、下有对策"就是这种现象的写照,它们将严重影响政府干预的力度与时效。

(3) 政府干预与市场运行机制相冲突

政府干预与市场运行机制相冲突导致政府失灵现象,具体表现为三种情况:

其一是宏观干预目标与微观主体目标相左;其二是政府调控依靠的是"看得见的手"的力量,而市场运行机制则靠的是"看不见的手"的力量,当两者碰撞摩擦,政府调控措施破坏市场运行规律与机制时,会导致政府调控失效;其三是政府的干预范围涉及整个社会,但微观主体的情况又千差万别,当政府与微观主体信息非对称时,政府制定的经济政策就很难达到预期效果。

(4) 委托—代理机制带来的无效率

公共选择理论认为,政府机构人员和普通人一样,行为选择也要追求个人利益最大化,表现为经过政治程序为自己所在机构争取最大预算,为个人争取连任等。由于与国家或者公民选举时的最初要求不一致,因而出现委托—代理机制,产生机会主义行为,即在不违背合约的情况下,代理人以损害委托人的利益为代价实现自己的目标或利益。

(5) 政府的低效率

政府机构人员由于难以达到理性经济人的苛刻假设,如知识不完备、获得的信息不充分、理性能力有限等,从而决定了即使他们的利益出发点是谋求公共利益,最终也难以达到预期目的。而且即使政府机构人员符合理性经济人的基本假设,也会由于政府本身运行机制问题导致政府干预经济的低效率。政府要做出经济决策,需要充分了解市场信息,但由于收集信息需要时间,就会产生时滞;政府行为是一种集体行为,政府的决策要通过协商才能做出,所需时间远远多于企业或个人的决策时间,因此会产生决策时滞;当决策执行时,由于下级政府的认识原因、利益原因等又会在执行时发生时间拖沓或者路径偏移,导致执行时滞。庞大的政府机构运转缺乏灵敏性,容易引起政府失灵。

(6) 政府的内部性与政府扩张

公共机构尤其是政府部门及其官员追求自身组织目标或自身利益而非公共利益或社会福利,这种现象称为内在效应或内部性。正如外部性被看作市场失灵的一个重要原因一样,内部性或内部效应被认为是政府失灵的一个基本原因。内部性会影响非市场活动的结果,使其高于技术上的成本,导致多余的全部成本、较高的单位成本和比社会有效水平更低的非市场产出水平,产生非市场缺陷。作为公共选择的公共决策执行机构的官僚机构及其官僚也会按照"经济人"的原则行事,其目标是自身利益的最大化,追求的是升官、高薪和轻松的工作及各种附加的福利,这一切都可以通过扩大机构规模及增加人员来实现。内部性的直接结果会带来政府的扩张,引起行政费用不断膨胀。

(7) 政府机构缺乏有效的监控机制

与市场机制相比,政府机构监控机制存在着许多困难。在市场运行过程中,市场主体行为的结果由消费者直接检验,消费者按照自己的标准来对产品进行评判和检验。但是对政府机构行为所产生的结果,人们却难以进行有效度量和检验,难以进行准确统计和估算,更难以用货币的方式加以衡量,从而使公众及政府监督机构难以对政府机构实施有效的监控。

(8) 个人偏好难以加总为集体偏好

政府的决策并不能达到帕累托最优,因为单个人的偏好是千差万别的,很难综合为社会的偏好。比如税收政策,向富人征税,通过财富转移改善穷人生活状况,但是富人却认为这种政策伤害了效率。在加总个人偏好时还容易形成合成谬误,合成谬误是指个人的理性行为的累加效果可能导致集体非理性行为的发生,政府会陷于无所适从的境地,很难有效地干预经济运行。

(9) 政府获取信息的不对称性

不完全信息和不完全市场作为市场失灵的一个来源在公共部门里普遍存在,造成政府活动的诸多缺陷和无效行为。政府对经济的有效干预取决于对市场信息全面、准确的把握。然而,现代市场经济体系的复杂性和多变性使得准确收集信息变得很困难,同时市场的种种信息都需要政府机构收集、整理和分析,这都是需要成本的。而在信息不完全的情形下做出的公共政策很容易失误和失效,导致政府失灵。

三、政府与市场活动范围的界定

政府要发挥它的基本职能,就必须介入并干预社会经济生活,对此几乎所有的经济学家都无异议。然而,在政府干预社会经济生活的深度、广度、方式、方法等问题上,经济学家之间却存在着长期的争议。英国经济学家约翰·斯图加特·穆勒在其1848年出版的《政治经济学原理》一书中曾经写道:"在此特定时期于政治科学与实践国务活动中最有争议的问题之一,就是关于如何对政府职能与作用范围加以适当限制。"即使在当今市场经济发展水平较高的发达国家,上述问题也尚未得到圆满解决,但是长期实践使得人们逐渐认识到上述问题的实质,并且逐步学会如何优化政府与市场的关系,即在社会经济范围里如何动态地划分公共部门与私人部门的作用、责任和活动边界①。

经济生活中之所以难以明确划分政府活动与私人活动的界限,主要原因在于:在政府活动与私人活动紧密交织的情况下,二者活动范围的划分具有复杂性、动态性并难以把握。复杂性源于社会经济活动的效率是政府活动与私人活动相互影响决定的,具体性质反映为二者相互作用的效率,而非二者可分离作用的效率;动态性源于政府活动范围原则上由公众选择决定,而这种选择既受公众偏好变化的影

---

① 张志超.现代财政学原理(第4版)[M].天津:南开大学出版社,2011:7.

响,也受公众支付能力变化的影响。因此,明确二者经济活动的界限并协调好二者的经济关系,是非常困难的。不难理解,在市场经济条件下,人们既不能回避这个问题,也不能指望一蹴而就地解决这个问题。正确的态度应该是,按照市场经济运行的内在规律与社会经济发展的客观要求,循序渐进地协调政府活动与私人活动的关系。而于此过程中,关键在于合理规定政府职能(权力)及其履行特定职能的方式、路径[①]。

20世纪80年代以来,在政府职能、作用方面,人们逐渐形成了某种共识:(1)强调政府应该对基本社会经济目标——充分就业、物价稳定、经济增长、国际收支平衡等——负主要责任的观点是偏颇的,唯一地依靠政府政策行为来实现这些目标也是不可靠的,因为这些目标的具体实现反映为政府行为与私人行为相互作用的复杂结果。(2)过分强调政府经济责任,不仅忽视了在政府、市场与私人经济部门之间确定长期平衡关系的重要意义,而且也对政府财政开支与财政赤字的长期增长给经济社会带来的问题之严重性估计不足。(3)政府制定的经济政策可能有助于防止社会经济偏离有效运行的轨道,但它不能保证永远发挥这种作用。换言之,"好"的经济政策充其量在最好的情况下也仅仅可以作为社会经济正常运行的必要条件,而非充分条件。正如世界银行在其《1990年世界发展报告》中所指出的那样:"竞争性市场是人类迄今为止发现的有效进行生产和产品分配的最佳方式,但是,市场不能在真空里运转,它们需要只有政府才能提供的法律与规章制度体系。所以,二者都有巨大的、不可替代的作用。"经验表明,二者协调一致地运行时,经济社会就会取得惊人的成就;而二者相互对立时,就会给经济社会带来灾难性的后果。经济发展的一般过程已经说明,政府干预不是越多越好,过多干预、取代市场的作用,经济发展反而变得缓慢。

事实上,市场不是万能的,政府也不是万能的。一般认为,政府和市场的边界就是,凡是市场机制能够充分发挥作用,资源能够实现有效配置的就不需要政府干预;凡是存在市场失灵,市场机制不能有效发挥作用的地方,就需要政府干预。也就是说,资源配置要以充分发挥市场机制为基础,不能脱离开市场机制过度强调政府干预,也不能离开政府实行无政府主义。而判断的基本标志,就是凡是激发市场活力,促进经济发展的模式都是好的;凡是窒息市场活力,不利于经济发展甚至阻碍经济发展的干预模式都是不好的。政府和市场功能的发挥都离不开市场主体,主要的市场主体是企业,要在三者之间形成政府调控市场、市场引导企业的宏观调

---

① 参见 Maunel Guitian 的论文"Scope of Government and Limits of Economic Policy"。原文载 Macroeconomic Dimensions of Public Finance(论文集, M. I. Blejer, Teresa Ter-Mi-nassian 主编,Routledge 出版公司 1997 年出版)。

控模式。

明确政府作用应主要体现在四个方面：经济调节，这主要是指实现社会总供给与社会总需求的平衡，避免国民经济大起大落；市场监管，要制定规则，监督和管理市场，维护秩序；社会管理，要创造一个和谐有序的社会环境；公共服务，要提供更多的高质量的公共产品，为广大民众和市场主体提供及时到位的公共服务。

第二节 公共财政概述

政府在现代经济社会中起着举足轻重的作用。政府不仅通过公共财政的收入工具参与国民经济中一部分社会产品的分配与再分配，而且政府实施的强有力的财政政策的支出工具深刻地影响着社会中每一个生产者与消费者、雇主与员工的经济行为，因此，政府的公共财政对整个国民经济有着十分重要的影响。随着市场经济的不断发展，政府对社会经济生活的影响将不断增强，无论是在学术界还是在社会经济生活中，对于如何界定政府活动的范围的争议正被人们所关切。这也促使经济理论的学者去研究公共财政学。

一、"财政"一词的由来

"财政"一词最早起源于公元13~15世纪拉丁文"Finis"，有结算支付期限的意思；到16世纪末，法国政治家波丹将法语"Finance"理解为公共收入和公共理财活动；17世纪后专指国家的理财活动；19世纪这一概念进一步扩展为国家及其他公共团体的理财；日本自1868年明治维新以后，在自然科学和社会科学方面都有了较大的发展，引进和创造了大量的科学术语，也从西欧各国引用了"Finance"一词，它的英文含义较广，包括了财政、财务、金融、融资等众多词义，但最终选用中国早先分开使用的"财"和"政"两个汉字，创立了"财政"一词。1882年日本率先使用《财政奏折》觐见我国清朝官员，这样财政一词开始出现在清朝官方的文献中，并逐步取代以前的各种名称，确立了财政的概念。

从人类社会发展史上看，财政是伴随国家的产生而产生的，财政活动是一种历史悠久的经济现象。综观我国几千年留存下来的古籍，可以看到我国古代称财政为"国用""国计""度支""理财"等词语，都是关于当时的财政和理财之道的记载，另外还有"天官冢宰""地官司徒""治粟内史""大农令""大司农"一类用词，则是有关当时财政管理部门的记载。但"财政"一词在我国的正式使用却只有一百余年的历史。清光绪二十四年（1898年），当时维新派在引进西方文化思想指导下，间接从日本"进口"了财政一词，在戊戌变法《明定国是》诏书中有"改革财政，实行国家预算"的条文，这是在政府文献中最初启用"财政"一词。孙中山先生在辛亥革命时期,宣传三民主义,也多次运用"财政"一词强调财政改革。中华民国政府成立后,主管国家收支的机构命名为财政部;美国政府相应机构的英文用词为"Department of Treasury",本来的意思是金库或国库,在我国也译为财政部。20世纪40年代中华书局出版的《辞海》对"财政"一词作如下解释:"财政谓理财之政,即国家或公共团体以维持其生存发达之目的,而获得收入、支出经费之经济行为也。"显然,这种解释也是从英文 Public Finance 译为中文引入的概念。

二、财政的含义

(一) 财政的概念

从前述内容可见,"财政"一词在我国应属于外来词。财政的一般定义是指财政在不同时期、不同类型财政的共同性质。自古以来,财政是国家(政府)为实现其职能,为了满足社会公共需要,运用国家权力强制地、无偿地参与一部分社会产品的分配而形成的分配关系。与微观经济主体的企业财务和家庭理财相比,国家或政府的理财活动本身就具有公共性,所以财政、国家财政、政府财政和公共财政是大体相同的概念。

财政的一般定义包含以下的内容:

1. 财政的分配主体是国家

财政的分配主体是国家,指的是政府在财政活动中居于主导地位,并形成政府与其他经济主体之间的分配关系。财政在社会再生产中处于分配环节,财政的分配主体是国家,这是财政分配有别于其他经济分配的基本特征。国家运用手中的权力,不仅决定着财政收入向谁征、征多少、何时征、怎么征,而且决定着财政资金支出的用途、数量和支用的时间,其他主体则必须按照国家的规定去完成收支的任务。在国家与各方面所构成的分配关系中,虽然国家处于主导地位,但国家不能随心所欲地滥用权力,财政分配关系必须适应生产力的要求,必须在符合客观经济规律的范围内发挥国家的主导作用;如果国家违背客观经济规律而任意发挥其主导作用,如征税超过了纳税人的负担能力、支出铺张浪费,这必然会受到客观经济规律的惩罚;当然,如果财政分配关系中的另外一方不承认国家的主导地位,藐视国家财政权力,也将会受到法律的制裁。

2. 财政分配的目的是为了满足社会公共需要

财政分配的目的是满足国家实现其职能的需要,这种需要属于社会公共需要。

所谓社会公共需要,是指向社会提供安全、秩序、公民基本权利和经济发展的社会条件等方面的需要。根据性质的不同可以分成以下几个层次:

(1) 满足纯社会公共需要

这类需要既包括保证执行国家职能的需要,如国防、法庭、监狱、外交、行政管理等,还包括某些社会职能的需要,如普及义务教育、卫生保健、生态环境保护等。

(2) 满足半社会公共需要

即在个人需要与社会公共需要之间难以划分的一些需要,如高等教育、公共游泳池、大礼堂、大剧院、人才交流、社会保障等。这些需要既是社会发展所必需的,也是个人所需要的,所以可以不付费或付较少的费用。

(3) 满足生产性与非生产性建设的社会公共需要

大型公共设施,如邮政、电信、民航、铁路、公路、煤气、电力、城市公共设施等,这些再生产的共同的外部条件具有广泛的外部经济效益,因而具有垄断的特性,在许多国家都是通过财政投资来满足的。

财政分配的目的是满足社会的公共需要,因此也称为"公共财政"。

3. 财政分配的依据是凭借国家的权力

国家的权力包括政治权力和财产权力。财政分配既然是为了实现国家所代表的公共需要,是以国家为主导的分配关系,那么,在实现财政分配关系中,国家以社会管理者身份,首先运用国家政治权力。国家政治权力的运用包含立法权、行政权、司法权三个方面,政治权力在经济上实现的主要形式之一就是税收。国家通过立法,规定了征税的基本权力。国家财政机关,根据国家法律赋予的行政权力,对企业和居民实行财政征收,对社会公共需要支付财政资金,并对违反财政法规者给予行政处罚。司法机关则对那些违反财政法规的居民和单位给予法律制裁。国家依据政治权力的财政征收,多数具有强制性和无偿性的特点,如税收通常由国家依据法律征收,而不管纳税人是否自愿,并且也不会直接返还给纳税人。

国家除了拥有政治权力,还拥有财产权力。国家以财产所有者身份,依据对生产资料的占有权,实行国有资产的有偿使用,如征收使用费、租赁费、取息分红等。运用财产权力参与分配时,国家与当事人形成一种契约式关系。国家运用财产权力参与分配,是以国家政治权力为依托的:通过立法,规定哪些财产属于国家所有,国有资产有偿使用的程序和方法。国家还以国家信用形式参与分配,国家作为债权人,让渡其商品使用权,以收取利息为代价;国家作为债务人,暂时取得商品使用权,以付出利息为交换代价。国家信用分配也不是孤立进行的,它以国家财产权力为后盾,以国家政治权力为辅助力量。

4. 财政分配的对象是一部分社会产品

社会总产品是一个国家在一定时期内(通常指一年)物质生产部门的劳动者所生产出来的物质财富的总和。财政参与一部分社会产品的分配,主要来源于剩余产品(M),它既不是社会产品的全部,也不是剩余产品的全部,只是其中的一部分。财政参与社会产品的分配主要是为了国家满足其实现职能的基本收入来源。通常,社会总产品首先要在企业里进行初次分配,即先要在社会总产品中扣除补偿生产资料的耗费和支付职工的劳动报酬,然后剩下的企业纯收入相当于剩余产品部分,才成为财政分配的主要对象。因此,明确财政分配的对象实际上明确了财政的分配量,这对于我们分析财政收入的规模具有重要意义。

国家与政府是既有联系又有区别的两个概念。国家(State)从广义上讲,是指拥有法律强制手段的一套机构。国家在其领土之内享有制定法规的垄断权,通过有组织的政府来实现。

政府(Government)这一概念在不同的场合有不同的含义,它可以指权力的行使、管理的过程;也可以指"有秩序的法规"的状况、机构的结构和安排或如何与被管理者发生联系。日常生活中,我们经常将国家和政府这两个词汇交替使用,本书也是如此。

(二)财政的发展历程

1. 财政产生的条件

财政既是一个历史范畴,也是一个经济范畴。财政是人类社会发展到一定历史阶段的产物,随国家的产生而产生。从中国财政产生的过程来看,财政是社会生产力和生产关系发展到一定阶段,有了剩余产品,出现私有制,产生了阶级,继而伴随着国家的建立而产生的一种特定的经济范畴。因此,财政产生的条件是国家的产生和私有制的出现。

2. 财政产生的过程

在我国原始社会的初期和中期,社会生产力水平非常低下,社会产品只能维持最低的生活需要。在原始氏族公社范围内,氏族成员过着共同劳动、共同占有劳动成果的原始共产主义生活。在这一漫长的历史时期内,氏族成员以共同劳动形式取得的成果,在满足全体成员最低限度的生存需要后基本没有什么剩余;作为劳动成果的产品,也只能在氏族内部成员中进行大致平均的分配。

原始社会末期人类社会先后出现了三次大分工,即农业与畜牧业、手工业与农牧业、商业与物质生产领域的分工。劳动生产力水平迅速提高,社会发展发生了重大的变化:一是随着社会分工有了大量的剩余产品及产品的生产与交换,产生了社会的共同需要;二是各个家庭逐渐脱离氏族群体而成为独立的生产、消费单位,产生了私有观念与私有制;三是氏族首领日益脱离生产并开始凭借自身权力占有剩余产品,逐渐成为利用其职权占有他人劳动果实、依靠剥削他人为生的氏族贵族与奴隶主,同时战俘及一部分贫困的氏族成员逐渐沦为奴隶,社会逐步分裂为两个利益根本对立的阶级;四是随着阶级冲突,氏族贵族与奴隶主为了维持其统治地位,建立了监狱、法院、警察和军队等一系列的暴力机构,于是出现了一种从社会中产生但又自居于社会之上且日益同社会脱离的力量——国家[1]。

---

[1] 王曙光.财政学[M].北京:科学出版社,2010:6.

国家为了维持其存在、满足社会公共需要,必然需要消耗一定的物质资料。但国家本身并不直接从事物质资料的生产,只能依靠其政治权力,通过强制的、无偿的手段将一部分社会产品征为己有,从而在整个社会产品分配中分化、独立出一种新的分配范畴,一种以剩余产品的出现作为经济条件,以私有制、阶级和国家的出现作为政治条件的经济范畴——财政,即以国家为主体并依赖于国家政治权力而进行的社会产品的分配范畴。

3. 财政的发展

财政随着国家的产生而产生,也随着国家的发展而发展。在不同的社会形态中,财政的分配形式、作用范围、规模和数量也有所不同。

(1) 奴隶制国家财政

奴隶制社会是人类历史上第一个以私有制为基础的社会。在奴隶制社会中,奴隶主占有一切生产资料和奴隶。奴隶制国家是为维护奴隶制而建立的暴力机器,国家财政是在奴隶制社会基础上逐步形成和建立起来的。奴隶制国家的财政来源是直接占有奴隶的剩余劳动,其财政收入主要包括王室的土地收入、贡赋收入和捐税收入,财政支出主要包括军事支出、王室支出、维护国家政权机构支出、宗教祭祀支出和少量的农业生产建设支出。

在奴隶制国家财政发展过程中,国家财政特征主要体现在:一是奴隶主直接占有生产资料和奴隶,直接占有奴隶的剩余劳动。二是自然经济占据主导地位,社会产品分配一般采取实物形式,财政分配也采取实物的形式。三是财政管理不完善,国王的个人收支和国家财政收支混淆不清,财政收支也很不稳定。奴隶制国家的财政特征,说明国家财政还处于初级阶段。

(2) 封建制国家财政

进入封建社会以后,封建地主阶级占有生产资料,农奴依附于封建地主,同时也存在着农民和手工业者的小私有经济。封建制国家财政收入主要包括官产收入、赋税收入、专卖收入和特权收入等,财政支出主要有军事支出、国家机构支出、皇室支出、宗教支出和一定的兴修水利、发展生产支出等。

在封建制国家财政发展过程中,国家财政特征主要体现在:一是税收成为国家财政的主要收入;二是随着生产力的日益提高,商品经济和货币关系日益发展,封建社会初期的财政分配形式以实物为主、货币为辅,封建社会中后期则以货币为主、实物为辅;三是财政管理日趋完善,国家财政与王室财政分开,并设立专门机构管理;四是随着封建社会后期国家各项支出的增长,统治阶级开始举借公债以满足国家庞大支出的需要,国家财政收支开始实施计划性管理和国家预算管理。

(3) 资本主义国家财政

资本主义社会的社会化大生产使商品经济成为社会经济的主体,劳动力变成商品,生产资料变成资本,资产阶级占有生产资料并无偿占有雇佣劳动力创造的剩余价值。国家财政收入主要是税收,以及国家通过对直接拥有的财产进行开发经营取得的国有财产收入和国有企业经营收入;财政支出主要包括军事支出、政府机关支出、社会福利支出、经济建设和社会文教卫生方面的支出。其财政特征主要是:分配形式完全货币化,财政收支规模较小,财政支出主要用于行政性开支,没有赤字,经常保持财政收支的基本平衡。

随着资本主义社会逐步过渡到垄断资本主义阶段,人们对国家提出了更高的公共服务要求。随着国家社会职能不断增加,相应地提供公共产品的范围也不断扩大,财政不仅要为政府管理国家提供经费,而且还要提供不可缺少的社会福利资金甚至是某些经济支出。其财政特征主要是:财政收支规模扩大,内容也发生了巨大变化,财政不仅是保证国家机构运行的需要,而且也成为政府干预社会经济的主要手段。

(4) 社会主义国家财政

社会主义国家财政是以生产资料公有制为主体的经济制度下的财政,与资本主义财政在形式上基本相同,但实质却迥然不同。在中国改革开放的过程中,社会主义财政经历着一系列的变革,如何认识社会主义国家财政的性质、内容和特点,可以说还是一个新的课题,还需要在实践中逐步完善。我国社会主义国家财政的特征和内容,详见以后各章的研究内容。

三、公共财政的含义

(一) 公共产品

1. 公共产品的含义

公共产品是指可供社会成员共同消费的产品,即满足社会公共需要的产品。这类产品可同时为众多社会成员享用,每一个社会成员对该产品的消费不会减少其他社会成员对该产品的消费。最典型的公共产品有国防、治安、气象预报等。公共产品是与私人产品对应的,私人产品是满足个人需要的,通过市场供给;而公共产品是满足社会公共需要的。在社会经济生活中,公共产品不能由市场来提供,只能通过政府财政支出来保障。

2. 公共产品的特征

公共产品有别于私人产品的特征,主要表现在三个方面:

(1) 效用不可分割性。公共产品效用不可分割性是指公共产品作为一个整体向社会提供,没有一定的计量单位,消费者消费公共产品一般不能自主选择消费的数量,通常是所有的消费者都消费同样数量的公共产品,不能分割成若干部分。

(2) 非竞争性。非竞争性是指公共产品可以提供给任何人消费,每个消费者的消费并不影响其他消费者的消费数量和质量。例如,当某一灯塔建成并投入使用后,无论是一艘船还是几千艘船经过,其产生的效果都是相同的,即每增加一个消费者并没有引起总成本的增加,因而边际成本为零。

(3)非排他性。非排他性也称为消费上的非排斥性,是指这类产品在技术上不易排斥众多的受益者的消费。公共产品在消费过程中产生的效用不能被某个消费者个体所专有,若要限制其他人享受这种物品带来的好处则代价太大,即在国家法律制度的许可范围内,人人可以享受因公共产品的提供带来的任何利益。

公共产品的效用不可分割性、非排他性和非竞争性的特征,使公共产品的需求方普遍具有免费"搭便车"心理,而公共产品的供给方也必然难以通过提供这一产品带来直接的经济利益,因此,公共产品的提供是任何私人企业都不能接受的。由此可见,单纯依靠市场机制,是难以实现公共产品的有效供给的。因此,为了实现社会稳定与发展及国民福利增长的需要,公共产品只能通过政府的作用由公共部门来提供。

3. 公共产品的分类

(1)纯公共产品。纯公共产品是指那些为整个社会共同消费的产品。同时体现非分割性、非排他性和非竞争性的产品,则为纯公共产品。例如,国防给人们带来的安全利益是不可分割的,人们在消费这类产品时,消费者只能共享,而且不受影响地共享,增加消费者的人数并不影响其他消费者的消费数量和质量,是非竞争性的;国防产品投入消费领域,任何人都不能独占专用,要想将其他人排斥在该产品的消费之外不允许他享受该产品的利益,是不可能的,即具有非排他性。除了国防属于纯公共产品外,如外交、立法、司法和政府的公安、环保、工商行政管理以及从事行政管理的各部门所提供的公共产品都属于这一类,纯公共产品一般由政府提供。

(2)准公共产品。只具备非排他性和非竞争性中的一个,而另一个表现不充分,则为准公共产品(混合公共产品)。

① 具有非排他性和不充分的非竞争性的公共产品。例如,教育产品就属于这一类。教育产品是具有非排他性的,对于处于同一教室的学生来说,甲在接受教育的同时,并不会排斥乙听课,也就是说,A 在消费教育产品时并不排斥 B 的消费,也不排斥 B 获得利益。但是,教育产品在非竞争性上表现不充分,在一个班级内,随着学生人数的增加,校方需要的课桌椅也相应增加;随着学生人数的增加,老师批改作业和课外辅导的负担加重,成本增加,故增加边际人数的教育成本并不为零,若学校的在校生超过某一限度,学校还必须进一步增加班级数和教师编制,成本会进一步增加,因而具有一定程度的消费竞争性。正是由于这类产品具有一定程度的消费竞争性,因而称为准公共产品。

② 具有非竞争性特征,但非排他性不充分的准公共产品。例如,公共道路和公共桥梁就属于这种类型。受特定的路面宽度限制,甲车在使用道路的特定路段时,就排斥其他车辆同时占有这一路段,否则会产生拥挤现象,因此,公路的非排他性是不充分的。但是,公共道路又具有非竞争性。它表现为:一是公共道路的车辆通过速度并不决定某人的出价,一旦发生堵塞,无论出价高低,都会被堵塞在那里;二是当道路未达到设计的车流量时,增加一定量的车的行驶的道路边际成本为零,但若达到或超过设计能力,变得非常拥挤时,需要成倍投入资金拓宽,它无法以单辆汽车来计算边际成本。正因为这类公共产品具有非竞争性和不充分的非排他性,因此也称为准公共产品。

纯公共产品的范围是比较狭小的,但准公共产品的范围较宽,如教育、文化、广播、电视、医院、应用科学研究、体育、公路、农林技术推广等事业单位,其向社会提供的产品属于准公共产品。此外,实行企业核算的自来水、供电、邮政、市政建设、铁路、港口、码头、城市公共交通等,也属于准公共产品的范围。准公共产品一般由准公共组织提供,也可以由私人提供。

（二）公共财政

尽管作为资源配置的一种方式,市场经济是迄今为止最有效率和最富活力的方式,但市场并不是万能的,市场经济运行中所产生的无效率以及不公平,要求政府从多方面介入社会经济运行。公共财政就是政府通过本身的收支活动来纠正市场失灵的一种十分重要、不可或缺的手段。

1. 公共财政的含义

公共财政一词源于英文"Public Finance","Public"有"公共"的意思,"Finance"有"财务"与"融资"等的意思。两者合在一起,将其翻译成"公共财政"或"政府融资"。在西方国家,"Public Finance"就是指财政。公共财政是与私人财务相对应的概念,通常我们将公共财政的内涵概括为:在市场经济条件下,为了弥补市场失灵,满足公共需要,由政府向社会提供公共产品或服务而形成的资金收支分配活动或经济行为。公共财政是满足社会公共需要而进行的收支活动,其实质是市场经济财政。

2. 公共财政的特征

（1）公共性

公共财政是以满足社会公共需要为主要目标,因此其职能范围应以弥补市场失灵为限度;凡不属于社会公共需要,可以由市场有效提供的公共产品或服务,财政就不应介入;凡属于社会公共需要,市场不能有效提供的公共产品或服务,财政就应该介入。由于共同消费领域市场难以全面提供社会所需产品,公共财政应在这一领域提供产品或服务。因此,政府通过自身收支活动而满足共同消费需要,直接弥补市场的失效。

(2) 非营利性

营利性是人们进行市场活动的直接动力。市场之所以产生市场失灵,根本原因是由于厂商无法确保其应有的基本盈利。这就要求政府以社会管理者的身份,将社会公共利益作为其活动的目的,从事非营利性活动,而不是以取得盈利为目的。公共财政活动的非营利性主要表现在:财政资金主要用于满足公共产品的需要,不追求资金的增值;财政活动完全以社会利益为出发点安排各项财政收支,财政收支活动不考虑获取利润。

(3) 法治化

财政的法治化,是以权力制衡的、规范的公共选择作为决策机制,通过政府预算的法律权威,根本性地约束、规范和监督着政府的财政行为,从而使得财政鲜明地体现出社会公众的财政的性质。由于财政收入是由社会成员所缴纳,其中构成财政收入主要来源的税收,政府必须依据税法征收,而公民必须依法纳税,任何形式的抗税都是一种违法行为。经过批准的财政预算支出必须要用于向社会成员提供公共物品和服务,没有获得权力机关批准的政府预算,政府也无权随意使用。

(4) 公开性

所谓公开性,就是政府预算、政府收支活动的透明性。由于财政收支及其差额带来的成本和效益最终仍要落到公民的身上,公民有权利要求政府财政收支行为的透明化,使公共财政在阳光下运作;政府也必须将所有的收支计划和活动过程,除了某些特殊的例外,向权力监督机构公开、向社会公众公开,同时,必须接受社会公众、权力监督机构和社会舆论的监督。当然,公民对财政支出提出不同意见,如有的要求建一条公路,有的则要求建一个公园,财政支出也不能完全按某一公民的意见做出决策,在民主政治的前提下,必须通过一定的政治程序做出决策,并依法公开、强制实施。

四、财政与公共财政的共同点和差异

前面我们说明了财政一词的来源及其含义。近几年来,在中国财政改革中,提出了市场经济体制下的财政应是"公共财政",并提出"构建公共财政框架"的命题,于是出现两个词同时并用,而且对两个词赋予不同的含义,由此引起一场学术争论。因此,这里需要加以说明。在理解公共财政时,应当注意它们之间的区别和联系[①]。

(一) 财政与公共财政的共同点

在英文中,"Finance"一词有金融、财务等多种含义,因此,在表达政府收支即财政的意思时,必须加"Public"这个词加以限定,否则容易引起误解。Public

---

[①] 袁崇坚.财政学[M].上海:上海财经大学出版社,2009.

Finance译为中文有意译和直译两种译法,意译就是译为财政或财政学,也有人直译为公共财政或公共财政学。总之,从词语的来源上考察,财政与公共财政在英文中实际上是同一个词,只是译为中文的译法不同。随着我国当前经济改革朝着纵深化发展,对财政的内容进行深入探讨,以便把握市场经济条件下财政运作的基本规律,这不仅会推动我国财政理论的发展,而且能很好地服务于社会主义市场经济条件下财政改革的实践。

(二)财政与公共财政的差异

既然在"财政"之外又同时使用"公共财政"一词,就必须赋予"公共财政"有别于"财政"的特殊的意义。据了解,公共财政只能是针对我国转型时期财政,作为构建社会主义市场经济财政体制模式而提出的,其实质是公共财政是对市场经济条件下的财政模式和财政理论的概括。

公共财政与财政两者的关系是个性与共性的关系。财政是一个历史范畴,其自身处于发展演变过程中。考察财政的发展演变过程可以选择不同的角度,比如,按照财政经历的社会形态不同,财政经历了奴隶制财政、封建制财政、资本主义财政和社会主义财政四个发展阶段。按照财政经历的经济组织形式的不同,财政经历了自然经济条件下的传统财政(家计财政)和市场经济条件下的公共财政。众所周知,随着分工、交换范围的扩大和程度的加深,商品经济取代了自然经济,而商品经济就是市场经济的早期发展阶段。在市场经济条件下,虽然市场在特定条件下配置资源是有效的,但是毕竟存在市场失效,这就需要公共财政加以弥补和纠正。因此,公共财政是财政发展到一定历史阶段而必然产生的一种财政类型和财政模式。我国经济体制改革是在坚持社会主义经济制度的前提下资源配置方式的改变。过去长时间内实行计划经济体制,统一的计划决定一切,包揽一切,自然也是实行"大一统"的财政体制。现在实行市场经济体制,市场在资源配置中起基础性作用,资源配置方式改变了,国家的经济职能要改变面貌,随之财政定位和财政职能也要改变。所以,公共财政是对应"大一统"的财政体制而提出的,它的实质意义是以"公共财政"这个词来进一步明确、界定和规范财政改革的方向,目标是构建符合社会主义市场经济体制的财政体制。但很明显,财政并不都是市场经济条件下的财政,在非市场经济条件下同样也存在财政范畴,因此,公共财政是财政,但财政并非都是公共财政。公共财政与财政是个性与共性、特殊与普遍、个别与一般的关系。

五、构建公共财政模式的基本思路

(一)理顺政府与市场的关系

1. 当前我国政府与市场关系存在的问题

我国市场经济尚处于初级阶段,长期以来计划经济的痕迹和做法大量存在。

如果说我们已经比较好地处理好了政府与企业的关系,那么,政府与市场的关系还远远没有处理好。

第一,越位。主要表现在越过边界,做了市场该做的活。当前最突出表现就是招商引资、商业推广等。招商引资是一些地方政府最重要、最繁重的工作之一,有的要完成硬性指标,并层层分解到每一个部门、每一个公务员,完成有奖励,完不成受罚。有的地方更为极端,甚至喊出"不招商引资就是千古恶人"的口号。

利益最大化是资本流动的目的,资本流动的"指挥棒"是市场,由于市场能够最优地配置资源,资本往往流向最有需要的地方。招商引资,是人为地改变资本流向,容易造成资本过度集中,供过于求,引起产能过剩,也可能造成生产与消费、生产与流通等不协调,妨碍市场正常运行。我国市场经济刚刚起步,市场调节还不够完善,完全靠市场引导资本走向还不成熟。在过渡阶段,政府适当地招商引资仍有必要,但要充分发挥市场的作用,逐步由市场起决定性作用。

第二,错位。主要表现在误把市场该干的活,当成政府该干的活。如有的地方官员亲自出马为企业推销产品,还设计了专门的广告语;有的地方以政府名义奖励纳税大户、百强企业等;有的地方使用红头文件,规定只能购买本地产的烟酒,禁止外地的烟酒进入。这些做法被当成政府天经地义的工作,甚至被称为美谈广为流传。

竞争是企业的天职,而政府主要是维护公平竞争的环境。如果政府官员出面为企业推销产品或做广告,则违背了公平竞争的原则。产品的销售要靠质量和口碑,这是企业的本职工作。政府的财政收入主要来源于税收,而税收来源于市场主体,如果政府将财政收入用于奖励某些企业,显然不公平。商品流通是市场调节的结果,政府限制或禁止商品流通的做法,不仅违背市场规律,而且破坏市场秩序。

第三,抢位。主要表现在有利可图,与市场抢活。市场之所以有竞争,甚至某些领域竞争非常激烈,利益是最重要的因素。各级政府已经意识到有盈利的领域竞争激烈,政府不应该进入。一些公益事业的赛事、会展,应举全国之力由政府全权操办。而各种体育赛事实际是体育产业的组成部分,大型赛事、重要赛事也不例外,有巨额的电视转播权、广告、赞助等收入。体育赛事是体育产业的延伸,体育产业越发达,体育赛事越活跃,体育比赛的层次越高,体育赛事的质量越高。作为有利可图的体育产业,应由市场决定、企业承担。

第四,缺位。主要表现在该做的没有做好,该管的没有管好。习近平总书记就党的十八届三中全会《决定》作说明时说,我国实行的是社会主义市场经济体制,我们仍然要坚持发挥我国社会主义制度的优越性、发挥党和政府的积极作用。市场在资源配置中起决定性作用,并不是起全部作用。市场经济的优越性很突出,但也存在一些弊端,如滞后性、盲目性、波动性等。市场经济可以充分调动市场主体的积极性,让市场充满活力,保持竞争。但是,市场经济并不能自发地形成和保持良好的市场秩序。

当前市场秩序方面的问题主要有欺行霸市、尔虞我诈、唯利是图、伪劣假冒、强买强卖、囤积居奇、垄断经营、垄断价格、走私贩私等,这些显然是市场经济不能解决的问题,需要制定严明的法律法规制度并严格执法,严厉打击市场不良行为。但是,恰恰是政府需要严加管理的地方,反而管得不到位,不仅助长了歪门邪道,也挫伤了遵纪守法者的积极性。

2. 党的十八届三中全会处理政府与市场的关系的决定

党的十八届三中全会通过的《中共中央关于全面深化改革若干重大问题的决定》指出,经济体制改革是全面深化改革的重点,核心问题是处理好政府和市场的关系,使市场在资源配置中起决定性作用和更好地发挥政府作用,正确理清政府与市场的关系,明确了哪些是政府的职能,哪些是市场的作用,政府与市场双方既不能越界,也不能出现"真空"地带。如果边界模糊不清,必然出现越界、"真空"等问题。强调有三个领域政府不要进入[1]。

(1) 市场能发挥作用的领域。人类发明市场经济,就是因为市场在配置资源方面最高效,西方发达国家几百年的市场经济、我国几十年的市场经济,已经充分证明了这个理论。目前,全世界绝大多数国家和地区都采取市场经济体制,让市场配置资源。党的十四大已决定我国经济体制为市场经济体制,市场配置资源的格局基本形成,市场起作用的范围越来越大。

在市场上,供给者和消费者是一对博弈关系。供给者希望价格高利润大,消费者希望价廉物美。但是,市场价格并不偏袒任何一方,而是在博弈中形成都能接受的价格,由这个价格调控生产和消费,这是经济学中著名的"看不见的手"。市场能发挥作用的领域,实际就是市场价格起作用的领域,主要包括一般日用生活品市场、一般服务市场、一般生产资料市场等。关系到国计民生的产品,特殊情况下可由国家定价或稳定价格,如粮食、用水、汽油、燃气、钢材、矿石等。

(2) 市场竞争比较充分的领域。有竞争的领域说明市场在起作用,竞争越激烈,表明市场的作用越明显,政府可以作为"旁观者"。从市场经济学理论看,市场经济的特点就是竞争,市场经济的目的也是为了竞争。只有竞争,市场经济才充满活力;只有竞争,企业才会优胜劣汰。经过市场选择的企业,一般都是生命力较强的企业。这种选择尽管有时比较残酷,但却是最合理的选择。

市场竞争比较充分的领域,主要是市场竞争者数量比较多的地方,或虽然数量不多但竞争比较激烈的地方。零售商业、餐饮业、酒店业等,是竞争者数量众多,且

---

[1] 袁晓江.划清政府与市场的边界.行政管理改革,2015(7).

进入门槛较低的行业。金融、科技、教育、医疗等,受条件所限,进入门槛相对较高,但竞争仍然比较激烈。

(3) 有盈利的领域。市场之所以能发挥作用,企业之所以产生竞争,就是为了商业利益。追逐盈利是企业的本性和天职,是市场经济的内涵。社会财富是由企业等市场主体创造的,企业越是追求盈利,越能创造更多的社会财富。政府不是以盈利为目的,而是以创造盈利的环境,以及保护盈利为目的。

有盈利的领域,主要是商业领域,这些领域的盈利立杆见效,比较直接。也包括投入大、见效慢的一些领域,如高速公路、高铁、地铁、展会、赛事等。

以上政府不要进入的三个领域,是政府与市场的边界。明确边界后,制定边界清单就有了依据,各级政府、各个部门可以制定各自的边界清单,具体说明哪些是政府的职能,哪些是市场的职能。

(二) 建立和健全财税法规,提高财政效率

按市场经济体制的要求,推进财政改革,加快建立和健全财税法规,规范各项财税制度,提高财政效率。国家通过建立和健全财税法规,而不是行政干预,来建立政府间责、权、利关系的准则。从世界有关国家的经验看,不论是联邦制国家还是单一制国家,发达国家还是发展中国家,政府间责、权、利关系都是建立在宪法或相关法律基础上的,责、权、利关系的调整也按法定程序进行。完善中国的分税制,理顺中国政府间的责、权、利关系,需要发挥国家立法作用,以宪法、预算法、税法等在内的法律弱化行政干预,为规范的分税制财政体制运行奠定可靠的法律基础。

当前和近期已经进行的及准备进行的几项重大改革,主要有:一是进一步进行"费税改革",规范政府收入机制,特别是加快农村费税改革,减轻农民负担;二是部门预算,实行精细化编制,便于加强管理和监督;三是实行政府采购制度,贯彻政府采购法,提高财政支出效益;四是改革国库制度,实行国库集中收付制度;五是加强税收征管,保证税收的合理增长,并适时地对现行税制进行有增有减的结构性调整。

(三) 界定中央政府与地方政府的事权范围

按分职治事、受益范围和法制原则依法明确界定中央政府与地方政府的事权范围。分职治事是指在政府事务与民间事务按效率原则合理分工的基础上,对政府有充足理由承担的事务,在政府内部按照凡是低一级政府能够有效处理的事务一般就不上交上一级政府,凡是地方政府能够有效处理的事务一般就不上交中央政府的原则进行合理划分。受益范围原则是指政府行使政治经济职能和提供公共物品与劳务时,若受益范围遍及全国各地,则应划为中央政府事权;若受益范围仅限于特定区域的居民和企业,则应划归某一级地方政府。法制原则是指各级政府事权的确认、划分、行使及调整等应具有相应的法律保障,做到法制化、规范化并保

持相对稳定性。

1. 中央政府的事权范围

根据上述原则和中国国情,中央政府的事权范围及主导作用应主要包括[①]:

(1) 制定并组织实施国民经济和社会发展的长期战略规划,对经济发展的速度、方向、结构、生产力布局、GDP分配等重大问题进行决策,并通过各种手段组织实施。

(2) 调节经济总量关系,协调宏观经济结构偏差,促进并保持总供求和部门结构的大体均衡,促进宏观经济持续、稳定、协调地运行。

(3) 在市场失效的领域,有效承担起跨省际重大基础设施和基础产业项目的投资建设,提供全国性公共产品等。

(4) 调节GDP分配结构和组织社会保障,从全国着眼,把收入差距控制在有利于经济发展和社会稳定范围内,协调好公平与效率的关系。

(5) 调控各地区之间财政经济的发展差距,促进地区间经济社会协调发展。

(6) 维护正常的社会秩序和法律秩序。

(7) 自觉组织和推动市场化进程,培育和完善市场体系。

(8) 维护国有财产的所有者权益,防止国有资产流失。

(9) 维护全国的生态平衡,搞好环境保护和人口控制等。

2. 地方政府的事权范围

地方政府的事权范围应主要包括:

(1) 制定本地区经济社会发展战略,对本地区经济发展速度、方向、结构、生产力布局、收入分配关系等具有区域全局性的重大问题进行决策,通过各种手段组织实施。

(2) 根据本地区居民(包括居民企业)对公共产品的需求数量和质量,合理确定税收和非税收规模及其各自内部结构,并将其按预算程序转化为各项地方公共支出,有效提供公共产品,为降低企业交易成本和提高居民生活质量服务。

(3) 调节本地区内部协调发展和维护社会安定。

(4) 维护地区内正常的社会秩序和法律秩序。

(5) 组织和推动市场化改革进程,培育和完善区域内各类市场。

(6) 执行中央政府制定的各项法律政策,完成中央政府提出的各项目标和任务。

对各级政府的共有事权尤其是在基础结构(包括公路、铁路、港口、机场、电信电话、治山治水等生产性基础设施)领域的共有事权,也应按照项目分级管理和费

---

① 袁崇坚.财政学[M].上海:上海财经大学出版社,2009.

用分级负担原则,进行合理、具体的划分。

(四) 完善和规范财政收支与预算体制

1. 完善和规范财政收入体制

考虑到利益分配关系调整的复杂性和艰巨性,我国在调整中央与地方财政分配关系上,采取分"两步走"的办法。第一步,适当调整了某些税种中央和地方的分享办法和比例,逐步扩大过渡期转移支付规模,重点增强中西部地区财政保障能力。具体措施有:一是全面深化"营改增",调整增值税中央与地方的共享比例,并将中央增加的一部分增值税收入,用于对中西部地区的转移支付。二是推进省以下分税制体制改革,使市、县级财政有比较稳定的收入来源,增强市、县级的财政保障能力,如"省管县"的改革试点。第二步,按照规范的分税制财政体制的要求,合理调整中央和地方的事权和财政收支范围,严格核定各地区的标准化收入和标准化支出,在此基础上实行规范化的财政转移支付制度,逐步实现各地区公共服务水平的均等化。

通过对现行收费管理制度的改革,从根本上遏制乱收费,理顺政府与企业和个人的分配关系。一是将部分具有税收特征的收费用相应的税收取代,进一步完善税制;二是将一部分非政府性收费转为经营性收费,界定和规范政府行为;三是取消大量不合理、不合法收费,进一步规范政府收入分配行为;四是对保留的少量政府收费,实施规范化财政管理,加强人大监督和社会监督。

2. 完善和规范财政支出体制

建立规范的政府间财政转移支付制度是财政体制进一步改革和创新的核心内容,完善转移支付制度是完善分税制财政体制的核心内容。其完善的基本途径,首先是进一步明确转移支付的目标模式,尔后通过增量与存量同时并举的微调向目标模式逼近,并适时推进省以下财政转移支付制度建设。

改革公共预算管理制度,建立公共财政体制。改革开放以来,我国财政管理制度的重点集中在财政收入管理方面,"收支平管"。财政支出管理改革相对滞后,特别是在国库支付制度和预算科目体系两项基础性管理制度上。进入2017年后,我国财政管理制度改革的重点转移到了财政支出管理制度的改革。在借鉴西方市场经济国家成功经验的基础上,我国正在推行以部门预算、政府采购和国库集中支付制度为核心的公共预算改革,构建起新预算模式,有助于加快我国公共财政体系建设。

同时要澄清几种认识,防止出现"误区"。一是不能将公共财政理解为"吃饭财政",不能一般地提出财政退出一切生产领域,因为任何社会和任何国家的财政都有一定比例的生产建设性支出,如基础设施和公共设施的投资也是生产建设性投资。二是不可一般地提出财政退出国有企业。其一,任何国家的财政都有一定比例的生产性投资,而财政投资即政府投资,政府投资就要形成国有企业;其二,政府投资举办国有企业,主要目标不是盈利,而是出于提供公共物品,带动高新技术和实施宏观调控的需要;其三,已有的国有企业以及新投产的国有企业,分门别类,经营机制各有不同,有的可以全部投入市场,有的可以部分投入市场,有的则不能投入市场,对不能投入市场和部分投入市场的国有企业还有赖于政府的支持,至于完全投入市场的国有企业,主要是在竞争中求生存、求发展,但对这些企业的产业升级和技术改造也需要财政必要的支持。三是防止出现因"强调"财政的公共性而忽视财政的阶级性或利益冲突。

第三节 公共财政职能

财政职能是指财政客观存在的固有功能。只要财政存在,财政的这一固有功能就不会消失。在市场经济体制下,公共财政职能的分析起点是市场、政府、公共财政职能三者之间的逻辑关系。市场作为资源的主要配置者,起着基础作用,政府只能在资源的配置中起补充和校正作用,只有在市场无法解决或市场虽能解决但解决不好的领域,政府的介入才是必要的。财政作为政府职能的化身,对资源的配置与市场配置资源存在着一种相互依存的互补关系,并不排斥市场机制。具体来说,公共财政主要有三大职能,即资源配置职能、调节收入分配职能、稳定和发展经济职能。

一、资源配置职能

资源是人们可以掌握、支配和利用的人、财、物等要素。资源配置职能是指公共财政作为政府的一种分配手段,通过收支活动,直接配置和间接引导社会资源于社会经济的各方面,使其得以充分有效利用的职责和功能。

(一)资源配置职能的原因

资源的稀缺性使人类必须合理配置资源,资源配置的方式不外乎有两种:一种是市场的基础性配置资源,另一种是政府配置资源。由于存在市场失灵,且市场配置资源有时还存在一定程度的盲目性,决定了财政的资源配置职能既包括对用于满足社会公共需要的资源直接分配,又包括对全社会资源的间接引导两个方面。

(二)资源配置职能的范围

财政资源配置职能的范围大小应由政府的职能范围来确定。在市场经济体制下,根据政府的职能范围,财政资源配置范围只应该是市场配置无效而又是社会需要的公共物品和劳务,包括以下五个方面:

1. 满足政府执行职能的需要

包括政府机构的正常运转和执行社会公共职能的基本需要,如国家行政开支、国防、社会治安等。

2. 提供准公共产品

财政应提供市场不能有效配置而又是社会需要的准公共物品和劳务,如教育、公共卫生和防疫、大型公共设施和基础设施等。

3. 介入具有自然垄断倾向的领域

在现实生活中,有一些产品和行业存在规模效益递增的情况,即生产规模越大,产品的边际生产成本越低,边际收益率越高,这就使市场竞争本身产生自然垄断的倾向,这种自然垄断倾向符合市场追求利润最大化的法则,但又反过来抑制市场竞争,妨碍市场效率在更大范围内提高。对此需要政府对资源进行直接配置或间接引导和干预来弥补。

4. 介入再分配转移支付领域

财政的职能之一就是促进社会公平分配,提高收入分配的公平程度,如规定城市居民最低收入保证水平,对丧失工作能力者、无职业收入者提供基本生活保障等。另外,对社会保障提供资金支持是公共财政的活动领域,通过国家统一立法,实行各种社会保险、社会福利救济、对欠发达地区的转移支付等措施。

5. 介入公共投资支出领域

财政应介入对国民经济有重大影响的非经营性和非竞争性领域的投资,将资源配置于投资大、建设周期长、私人部门无力投资的基础产业和部门。农业、原材料、交通运输、能源等行业是国民经济的基础性产业,它是整个国民经济发展的前提,由于这些产业具有投资大、建设周期长、投资回收相对缓慢的特点,因而其投资不可能完全经由市场形成,而必须借助于政府财政力量来实现。财政通过直接投资或给予补贴等方式,将资源直接或间接地配置于基础产业和部门,可以协调基础产业与加工业之间的资源配置比例,进而提高资源配置的宏观效益。

(三) 配置资源的途径

首先,通过税收、国有资产收益、发行国债和其他方式将一部分资源转移到政府;其次,通过财政支出把这部分资源通过拨款、投资、补贴等方式用于各种公共物品和劳务的生产和提供。在此过程中,引导、调节私人部门的投资方向,使之符合国家的产业政策和生产力布局所要求的方向,实现资源在政府部门和非政府部门之间的合理配置、间接调节社会投资方向、优化财政支出结构,提高财政配置资源的效率。

二、调节收入分配职能

财政收入分配职能是指政府通过财政收支活动对社会在一定时期内(通常为

一年)所创造的国民收入的分配施加影响,以实现收入在国家、企业和个人等多种经济主体之间的公平分配。

(一)财政参与收入分配的原因

一定时期内创造的国民收入,在市场经济下会形成初次分配和再分配。初次分配是主要以要素、贡献为依据进行的分配;对初次分配形成的收入格局进行的重新调整,称为再分配。再分配主要是政府凭借政治权力实现的财政再分配。收入分配的理想目标是实现公平分配。收入分配的公平包括经济公平和社会公平两项内容。其中,经济公平是要求各经济主体获取收入的机会均等,等质等量的要素投入应获得等量的收入。由于现实生活中客观存在的人们劳动能力、财产占有量等方面的差异,加之受就业机会不均等、竞争条件不公平等因素的影响,其结果极有可能表现为收入差距的悬殊,特别是一些丧失劳动能力或失去就业机会的人甚至无法从市场分配中获取维持其基本生存需要的收入份额,从而出现收入分配不公的现象。而社会公平则要求将收入差距维持在一定阶段上社会各阶层所能接受的合理范围内。这一合理范围的标准要受到人们的经济承受力、心理承受力、政治经济大环境等多种因素的影响。初次分配结果的不公平是市场本身难以消除的,它必须借助政府财政手段来协调,从而使协调收入分配成为政府财政的一项重要职能。

(二)财政参与收入分配的手段

实现调节收入分配职能的目的是弥补市场经济缺陷中的收入分配不公问题。财政参与收入分配有税收、转移支付和公共支出等手段。通过税收,如个人所得税、遗产税、赠与税等对收入进行直接调节,带有一定的强制性,使社会成员的收入维持在一个相对合理的差距之内,实现社会基本公正。通过转移支付方法进行的收入再分配,如中央对落后地区的补助、社会保障支出、对个人的救济支出和补贴等,也是一种直接的方式,有明确的受益对象,因此对改变社会分配不公程度有更为明显的作用。通过公共支出提供公共福利,如公共教育、公共卫生防疫、福利服务和福利设施、住房等进行的收入分配,是一种间接的方式,它使每个社会成员得到均等化的基本公共服务。为了达到收入分配公平目标,财政有必要采取合适的手段参与收入的分配与再分配。

三、稳定和发展经济职能

稳定和发展经济职能,是指政府通过财政收支活动调节和控制社会需求的总量和结构,使之与社会供给相适应,从而达到促使经济持续、稳定发展的目的。

(一)财政稳定和发展经济职能的原因

在市场经济条件下,由于市场机制的自发作用,经济增长的周期性波动是客观存在的,社会总需求与总供给的失衡、通货膨胀、失业、经济危机经常发生,甚至还会出现通货膨胀和经济停滞并存的"滞胀"局面。由于微观主体做出决策的信息来源于竞争后反映供求变化的价格信号,而该信号往往可能是滞后的、失真的,这就需要政府对市场进行干预和调节,以维持生产、就业和物价的稳定。因此,稳定和发展经济就成为财政的基本职能之一。

(二)财政稳定和发展经济职能的一般方式

国际上公认的宏观经济稳定的四大目标是:充分就业、物价稳定、经济增长和国际收支平衡。在政府所拥有的各种宏观经济政策手段中,财政的地位举足轻重,它可以通过相机抉择的财政政策,维持总供求的大体平衡。例如,在总需求超过总供给时,财政可以减少支出或增加税收,或二者兼用,来抑制社会总需求;在总需求小于总供给时,财政又可以增加支出或减少税收,或二者兼用,来扩大社会总需求。除此之外,还可以通过财政制度安排,使财政发挥某种"自动稳定器"的作用,如发挥累进所得税制、失业救济金支出制度等与经济逆向运动的稳定功能。财政要实现经济的稳定增长,关键要调节社会总供给与总需求的平衡,主要包括总量平衡和结构平衡。

复习思考题

一、关键概念

市场经济 帕累托效率 市场失灵 公共产品 外部效应 正外部效应 政府失灵 财政 公共产品 私人产品 寻租 公共财政 社会公共需要

二、简答题

1. 简述市场经济的特征。
2. 市场失灵的主要表现形式有哪些?
3. 简述政府失灵的表现和政府失灵的原因。
4. 简述政府与市场各自活动的范围。
5. 政府的作用主要体现在哪些方面?
6. 如何理解财政的概念?
7. 简述公共财政的特征。
8. 简述财政与公共财政的共同点和差异。
9. 简述中央政府与地方政府的事权范围。
10. 简述财政的三大职能。

第二章 财政收入总论

【本章学习目的与要求】

通过本章学习,了解财政收入的概念、财政收入结构,国有资产的概念;熟悉国有资产收入内容、财政收入应遵循的原则、税收收入的具体内容、国债的特点和国债的种类;掌握财政收入形式的决定因素、拉弗曲线、国债的经济效应和国债的功能。

第一节 财政收入概念和结构

一、财政收入概念

财政收入是国家为满足社会公共需要,依据一定权力原则,通过国家财政集中的一定数量货币或实物资产收入。从本质上讲,财政收入体现国家同各种财政资金缴纳者之间的分配关系,它是实现国家的经济、政治职能的物质基础。

社会总产品($W=C+V+M$)价值构成中各个部分在财政收入中具有不同的地位和意义。社会总产品价值构成中 C 是生产资料消耗的补偿价值,是维持社会简单再生产的资金来源。这部分价值必须得到补偿。因此,C 的部分不能作为无偿性财政收入。新中国成立后曾以预算收入形式对国有企业固定资产的基本折旧基金全部或部分集中使用。在 1985 年以后,固定资产基本折旧基金完全归企业支配,停止了财政征收。V 作为劳动者个人收入,主要用于劳动力的再生产,财政对一部分 V 的集中和使用,其主要作用在于调节收入和形成社会保障基金。社会总产品价值构成中的 M,是劳动者为社会劳动创造的剩余产品的价值,其货币表现即为社会纯收入。目前,在我国财政收入中,M 是财政收入的主要来源,在未来发展中,M 和 V 将共同构成财政收入的主要来源。不断提高社会剩余产品率,是不断扩大财政收入源泉的根本保障。图 2-1 是 1995～2016 年我国财政收入及其增长速度。

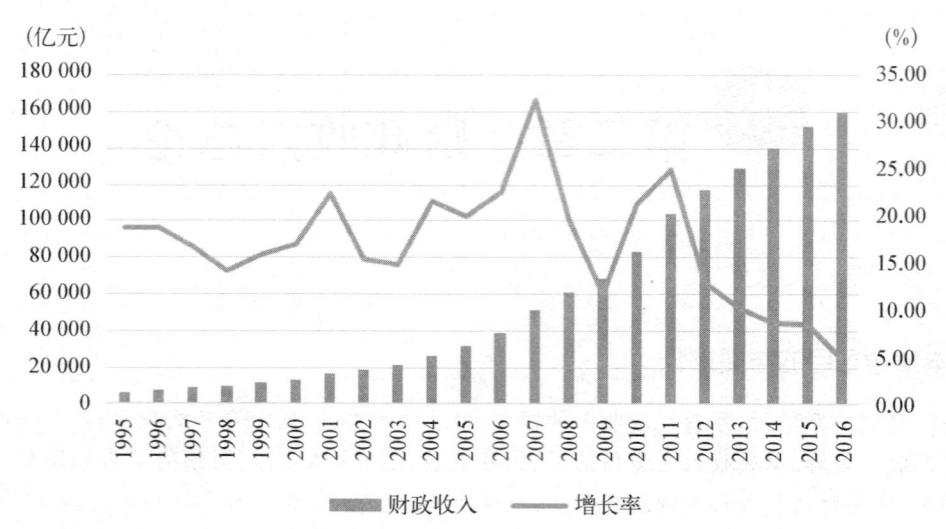

资料来源：2016 年国家统计公报。

图 2-1　1995～2016 年我国财政收入及其增长速度

2016 年，我国全年财政收入 159 552 亿元，比 2015 年增加 7 335 亿元，增长 4.82%；其中税收收入 130 354 亿元，同比增长 4.30%。

二、财政收入结构

财政收入的结构取决于经济结构。有什么样的社会经济结构或国民经济结构，便有什么样的财政收入结构，而财政收入结构又反过来影响经济结构。研究财政收入结构有助于分析经济结构运动变化规律，积极地影响经济发展。对财政收入结构的分析可以从不同角度进行。

（一）从经济成分方面进行分析

新中国成立初期，我国财政收入来自五种经济成分，即国营经济、合作社经济、农民和手工业者个体经济、国家资本主义经济和私人资本主义经济。

我国目前的财政收入结构中，以国有经济为主体，但集体经济比重已大大提高；其次，外商投资企业、股份制企业、联营企业、私营和个体经济的缴款比重在不断提高。

（二）从经济部门方面进行分析

从经济部门方面进行分析，可以把财政收入的部门结构划分为：来自第一产业的财政收入,来自第二产业的财政收入,来自第三产业的财政收入。

1. 来自第一产业的财政收入

第一产业是传统产业经济理论中对产业划分中的一个种类,指以利用自然力为主,生产不必经过深度加工就可消费的产品或工业原料的部门。在我国为包括种植业、林业、畜牧业和渔业在内的农业。除新中国成立初期外,直接来自第一产业的财政收入在全部财政收入中所占比重不大。由于对第一产业产品的深度加工是在第二产业进行,第一产业生产周期长、投资大、受自然条件影响较大,以及国家为保护生态平衡对自然资源的保护性开发,因而,第一产业中的多数行业的剩余产品率较低,财政上交也较少。但是第一产业对于财政收入的意义重大。第一产业为国民经济提供粮食、原材料和能源,是后继产业深度加工的前提和基础,第一产业是财政收入的重要源泉。农业是粮食、副食品的来源。民以食为天,没有农业的发展,就没有整个国民经济的发展,财政收入便失去了基础;农业是第二产业中轻工业原料的主要来源,轻工业产值中,以农产品为原料的产值占70%~80%;农业为第二产业和第三产业提供广大的市场和服务对象;农业以农业税(从2006年起废止农业税)和其他税种的形式,直接向国家提供一部分财政收入。

2. 来自第二产业的财政收入

第二产业是指对第一产业和本产业提供的产品(原料)进行加工的产业部门,包括采矿业,制造业,电力、燃气及水的生产和供应业,建筑业。第二产业是我国财政收入的主要来源。这是因为:

(1) 第二产业技术装备和现代化水平较高,因而劳动生产率、积累水平较高。目前我国第二产业提供积累的多少,对财政收入任务的完成具有决定性的作用。

(2) 重工业投资多、建设时间长、生产周期也长,但是技术先进、劳动生产率高,一旦投产后就会成为积累资金的重要来源。重工业是实现国民经济技术改造的物质技术基础,只有发展重工业,发展生产资料生产,才能为国民经济各部门提供技术装备,以先进技术改造农业、轻工业、交通运输业,促进经济的发展。

(3) 轻工业具有投资少、收效快、积累多的特点。如果轻重工业结构合理,比例协调,工业生产发展速度快,就可以为国家提供更多的财政收入。

3. 来自第三产业的财政收入

第三产业是指在再生产过程中为生产和消费提供各种服务的部门,包括除第一和第二产业外的其他各行业。第三产业的兴起和发展,是现代科学技术和商品经济发展的直接结果。随着科学技术不断转化为生产力,知识技术在生产中的作用越来越重要,社会对第三产业需求量激增。第一、第二产业中科学技术逐步密集,劳动生产率的飞跃发展,使其有可能减少从业人员而从事第三产业。随着科技进步和经济发展,来自第三产业的财政收入比重将逐渐提高。在一些经济发达的西方国家中,第三产业的财政收入在全部财政收入中已占据首要地位。在我国,第三产业财政收入在财政收入中的比重也在迅速提高。随着经济现代化,我国来自第三产业的收入也将占据主要地位。

第三产业对其他产业的财政收入形成具有重要意义。第三产业的发展,可为第一和第二产业提供科技服务与咨询、信息、购销存储、交通运输,以及通过金融市场融通资金、优化资源配置、人力资源培育等服务。总之,第三产业是沟通生产和消费之间、生产者之间、生产要素之间的桥梁。财政在贯彻发展经济、广开财源的原则时,应促进第一、二、三产业有机地、按比例地发展,并以第三产业的发展促进其他产业的发展,激活经济、繁荣文化、丰富生活。发展战略的重点应是教育和科学,构筑人才优势和知识优势,以增强国际竞争力,培育国力和涵养税源。图2-2反映了2012~2016年三大产业增加值占国内生产总值比重,图2-3反映了2012~2016年我国国内生产总值及其增长速度。

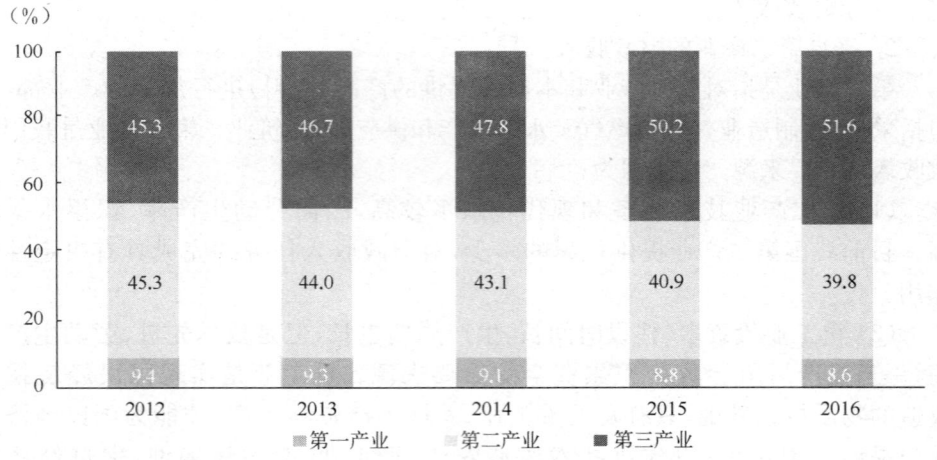

年份	第一产业	第二产业	第三产业
2012	9.4	45.3	45.3
2013	9.3	44.0	46.7
2014	9.1	43.1	47.8
2015	8.8	40.9	50.2
2016	8.6	39.8	51.6

资料来源:2016年国民经济和社会发展统计公报。

图2-2 2012~2016年三大产业增加值占国内生产总值比重

2016年中国国内生产总值(GDP)744 127亿元,按可比价格计算,比上年增长6.7%。其中,第一产业增加值63 671亿元,增长3.3%;第二产业增加值296 236亿元,增长6.1%;第三产业增加值384 221亿元,增长7.8%。第一产业增加值占国内生产总值的比重为8.6%,第二产业增加值比重为39.8%,第三产业增加值比重为51.6%,比上年提高1.4个百分点。全年人均国内生产总值53 980元,比上年

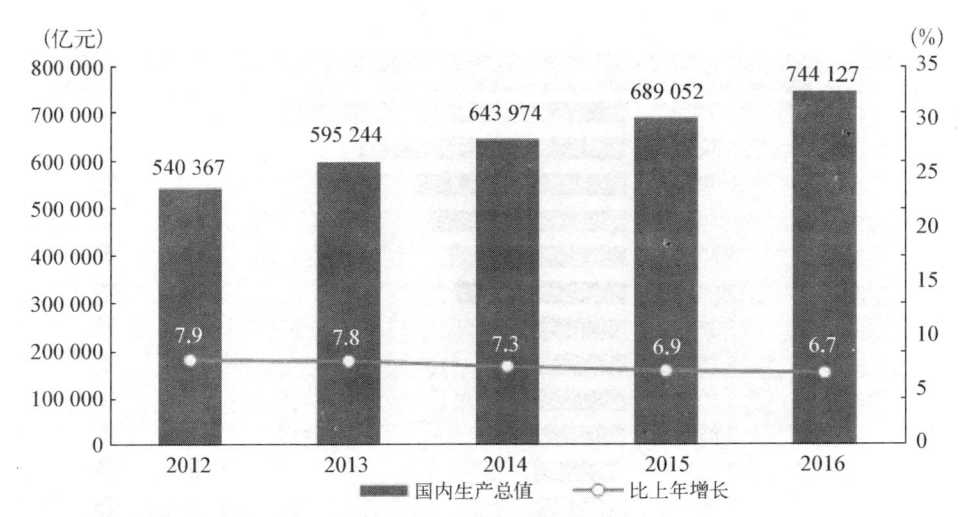

```
(亿元)                                                    (%)
800 000                                          744 127   35
                                        689 052
700 000                         643 974                    30
                       595 244
600 000                                                    25
         540 367
500 000                                                    20

400 000                                                    15

300 000
                                                           10
200 000    7.9         7.8      7.3     6.9      6.7
                                                           5
100 000

      0                                                    0
         2012         2013     2014    2015     2016
                   ■ 国内生产总值    —○— 比上年增长
```

资料来源：2016 年国民经济和社会发展统计公报。

图 2-3　2012～2016 年我国国内生产总值及其增长速度

增长 6.1%。全年国民总收入 742 352 亿元，比上年增长 6.9%[①]。而我国财政收入占国内生产总值的比重目前为 21.44%左右。

（三）从地区构成上进行分析

地区财政收入，具有两种含义：一种是该地区所实现的财政收入，包括中央与地方在该地区组织的财政收入；另一种是该地区所组织的财政收入，前者包括后者。地区财政收入结构，反映并依存于国民经济的地区生产力布局，见图 2-4。

2016 年各省区市地方财政收入增速普遍放缓。因为营改增减税因素、中央和地方收入划分规则改变等，导致部分地方财政收入减少。若扣除上述因素，按照各省区市 2016 年预算执行报告公布的同口径"可比增速"来看，东部发达省份财政收入增速较高，大量中西部省份财政收入增速仍在下行通道中。广东 2016 年一般公共财政预算收入规模突破 1 万亿元，继续稳居第一。江苏财政收入规模为 8 121 亿元，居第二位。上海由于近几年财政增速较快，2016 年财政收入体量达到 6 400 亿元，超过山东，居第三位。2016 年山西、新疆、黑龙江三省区财政收入出现负增长。它们共同的特点是，产业结构较为单一，资源型产业为主，受产能过剩、资源品价格低位运行等影响，财政收入增长乏力。东部与中西部省份地方财力差距虽在拉大，但得益于中央对中西部转移支付，大量中西部省份仍能维持相对稳定的财政支出规模。

---

① 中华人民共和国国家统计局.中华人民共和国 2016 年国民经济和社会发展统计公报，2017-02-28。

省份	一般公共预算收入（亿元）	可比增长
广东	10 390.33	10.3%
江苏	8 121.23	5.00%
上海	6 406.10	16.10%
山东	5 860.00	8.50%
浙江	5 301.81	9.80%
北京	5 081.30	12.30%
四川	3 389.40	8.30%
河南	3 153.50	8.00%
湖北	3 102.00	7.30%
河北	2 850.80	7.60%
天津	2 723.00	10.00%
湖南	2 697.90	10.30%
安徽	2 673.00	8.90%
福建	2 654.78	7%
重庆	2 227.90	7.10%
辽宁	2 199.30	3.40%
江西	2 151.40	8.70%
内蒙古	2 016.50	7%
陕西	1 833.90	6%
云南	1 812.30	5.10%
贵州	1 561.33	8.10%
山西	1 556.96	−5.20%
广西	1 556.24	2.70%
新疆	1 299.00	−2.40%
吉林	1 253.88	2.80%
黑龙江	1 148.40	−1.10%
甘肃	786.80	8.80%
海南	637.50	8.80%
宁夏	387.60	8.00%
青海	238.40	8.30%
西藏	155.61	13.50%

数据来源：各省区市披露2016年预算执行报告，可比增速为同口径增速，个别省份可能未扣除口径差异。

图 2-4　2016 年我国各地财政收入状况

按照财政自给率(即地方一般公共预算收入/一般公共预算支出,未考虑存量结转、预算稳定调节基金的调入调出)来看,东部发达省市自给率普遍较高,2016年最高者上海接近93%,低者集中在西部省份,如青海2016年财政自给率仅为16%,西藏自治区接近10%[①]。

分析财政收入地区结构有利于发挥地区优势和预测财政收入增长状况,正确处理中央和地方的关系。

(四)从中央财政收入和地方财政收入分析

中央和地方财政收入的概念,一是指中央和地方分别组织的财政收入;二是指中央和地方在体制分成后各自分别享有的财政收入。分析中央财政收入和地方财政收入的比重,有利于根据国家职能的分工,合理分配中央和地方的财源,充分发挥中央和地方两个积极性。2016年,全国财政收入159 552亿元,其中:中央财政收入72 357亿元,中央财政收入占全国财政收入的45.35%。总体上看,中央财政收入占全国财政收入的半数不到[②]。

(五)从国内财政收入和国外财政收入分析

国内财政收入是指来自国内的财政收入;国外财政收入是指来自国外的债务收入、无偿援助。分析国内部分和国外部分财政收入,有助于合理利用外资,加强国际经济合作。

第二节 财政收入形式

一、财政收入形式的决定因素

财政收入形式是指国家取得财政收入所采取的方式。财政收入采取什么形式,取决于以下一些因素。

(一)取决于国家行使权力的不同身份

国家取得收入的身份是多方面的。一方面它是行使政治权力,执行社会管理职能的国家,以社会管理者身份,维持社会秩序,对经济进行宏观调控。它需要运用征税方式强制无偿地征收社会财富。另一方面,国家又是全民财产所有者,是行使全民财产所有权、执行资产管理职能的权威机关,行使对全民财产的占有、处分、使用和收益的职能,从而参与国有资产的投资收益分配,运用分红或收费形式集中财政收入。

(二)取决于国家特定经济目的任务

例如,国家对国有资产收入的分配,可以采用利润上交、资金占用费、租金或分

---

① 2016年全国各省地方财政收入统计报告.
② 中国政府网,2017-01-24.

红等不同形式;文教卫生事业单位根据其主要为社会服务的经济特性,其财政收入形式为事业收入。又如,为资本性预算支出而运用国债形式。

(三) 取决于经济管理体制和国家财权集中的程度

经济管理体制对于财政分配形式有直接的影响。一种经济管理体制,必须要求相应的财政管理体制与之相适应。财政管理体制中集权与分权的程度,要求与之相适应的财政收入形式。经济管理体制高度集中时,预算外资金为数甚少。在国家经济管理体制实行分权管理和财权下放的时候,预算外资金也随之增长。市场经济条件下,企业具有自主经营的各项自主权,企业的税后利润不再是预算外财政资金,因而,预算外财政资金大大减少。

二、我国财政收入的形式

这里,我们主要按财政收入形式分类和当前政府收支分类科目的内容分类。

(一) 按财政收入形式分类

按财政收入形式的分类,通常把财政收入分为税收收入和非税收入两大类,这种分类的好处是突出财政收入中的主体收入即税收。

1. 税收收入

税收是国家或政府为满足社会公共需要,凭借政治权力按法律预先规定的标准强制、无偿地参与国民收入分配,取得财政收入的一种形式。税收是最古老的财政范畴,是现代国家最主要的财政收入形式,一般均占世界各国财政收入的70%以上,而我国税收收入占全国财政收入的比例在90%左右。

以2016年为例:全国一般公共预算收入159 552亿元,比上年增长4.5%。其中,中央一般公共预算收入72 357亿元,同比增长4.7%,同口径[①]增长1.2%;地方一般公共预算本级收入87 195亿元,同比增长4.2%,同口径增长7.4%。全国一般公共预算收入中的税收收入130 354亿元,同比增长4.3%;非税收入29 198亿元,同比增长5%。2016年主要税收收入项目情况如下[②]:

(1) 国内增值税40 712亿元,同比增长30.9%,其中改征增值税增长2.7倍(1~5月增长33%,全面推开"营改增"试点后的6~12月增长4.5倍);营业税11 502亿元,同比下降40.4%(1~5月增长37.3%,6~12月下降95.9%)。主要是全面推开"营改增"试点后,原营业税纳税人改缴增值税后形成收入转移,体现增值税增收、营业税减收。考虑收入在税种间转移因素,将改征增值税与营业税合并计

---

① 同口径增幅为根据全面推开营改增试点后中央与地方收入划分办法,对2015年基数中的国内增值税(含改征增值税)、营业税按中央与地方50:50的分享比例进行调整后计算的增幅。

② 2016年财政收支情况,2017年政府工作报告。

算,1~12月累计增长5.4%,其中,1~5月增长36.6%;6~12月下降16.9%,主要受全面推开"营改增"试点的政策性减收影响。

(2) 国内消费税10 217亿元,同比下降3.1%。主要受卷烟、成品油产销量下滑的影响。

(3) 企业所得税28 850亿元,同比增长6.3%。其中,金融业企业所得税8 802亿元,增长2.7%;工业企业所得税7 329亿元,下降1.3%;房地产企业所得税3 641亿元,增长26.8%。

(4) 个人所得税10 089亿元,同比增长17.1%。其中,受二手房交易活跃等带动,财产转让所得税增长30.7%。

(5) 进口货物增值税、消费税12 781亿元,同比增长2%;关税2 603亿元,同比增长1.7%。分季度看,进口环节税收增幅分别为-9.3%、2.6%、6%、7.1%,逐季回升态势明显,主要是受部分大宗商品进口价格回升等带动一般贸易进口逐步转降为升的影响。

(6) 出口退税12 154亿元,同比下降5.5%。主要是2015年基数较高(同比增长13.3%)。

(7) 城市维护建设税4 034亿元,同比增长3.8%。

(8) 车辆购置税2 674亿元,同比下降4.2%。主要受2015年10月1日起1.6升及以下排量乘用车减半征收车辆购置税的政策性翘尾减收影响(1~9月车辆购置税下降10.8%,10~12月翘尾因素消失后增长17.5%)。

(9) 印花税2 209亿元,同比下降35.8%。其中,证券交易印花税1 251亿元,同比下降51%。

(10) 资源税951亿元,同比下降8.1%。

(11) 土地和房地产相关税收中,受部分地区商品房销售较快增长等影响,契税4 300亿元,同比增长10.3%;土地增值税4 212亿元,同比增长9.9%。另外,房产税2 221亿元,同比增长8.3%;耕地占用税2 029亿元,同比下降3.3%;城镇土地使用税2 256亿元,同比增长5.3%。

(12) 车船税、船舶吨税、烟叶税等税收收入870亿元,同比增长8.2%。

2. 非税收入

2016年非税收入29 198亿元,同比增长5%。主要内容包括:

(1) 国有资产收入

国有资产是包括以自然资源为主体形成的国有资产和人类自造的国有资产。其具体内容是指国家依据法律取得的,或由于资金投入、资产收益、接受馈赠而得的资产,以及无主资产。按其存在形态分为有形资产和无形资产以及其他资产。有形资产包括固定资产和流动资产。无形资产包括土地使用权、商誉权、商标权、专利权、专利技术、著作权等。按用途,也可区分为经营性国有资产和非经营性国有资产。经营性国有资产,是指从事生产、流通、服务,以营利为目标的国有资产。非经营国有资产指行政事业单位占有和使用的,以满足社会公共需要服务为目的的国有资产。

国有资产收入是国家以所有者身份凭借所有权取得的收入,它是我国财政收入的重要组成部分。国家凭借其所拥有的资产取得的财政收入,包括以资产占用费、上缴利润、租金、股息、红利等形式取得的收益和国有资产的转让收入。2016年,国有资本经营预算收入情况:1~12月累计,全国国有资本经营预算收入2602亿元,比上年增长2%。分中央和地方看,中央国有资本经营预算收入1430亿元,同比下降11.3%,主要是部分企业利润收入同比减少;地方国有资本经营预算本级收入1172亿元,同比增长24.9%,主要是部分地区一次性入库较多。国有资本经营预算支出情况:1~12月累计,全国国有资本经营预算支出2171亿元,比上年增长18.2%。分中央和地方看,中央国有资本经营预算本级支出937亿元,同比下降6.8%,主要是执行中部分支出由中央本级转列对地方转移支付;地方国有资本经营预算支出1234亿元,同比增长48.5%,主要是中央对地方转移支付的解决历史遗留问题及改革成本支出同比增加较多。

(2) 债务收入

债务收入是国家运用信用方式取得的财政收入。这部分收入作为一种债务,它的债务人是国家,债权人则是企业、经济组织和个人。一般来说,债务收入应作为国家财政收不抵支时用于弥补财政赤字的主要手段。其产生和发展需要两个条件:一是正常财政收入不能满足支出需要;二是社会上有可供借贷的资金。债务收入与一般的财政收入有很大区别。一般的财政收入是当年国民收入增量,而债务收入的来源则有多种途径,与当年国民收入并无必然联系,因此,国债收入不能列入预算收入。债务收入作为财政分配的组成部分,发挥其自身特有的作用:在正常的财政收支不能平衡的情况下,国家利用信用形式,把各种社会闲散资金筹集起来,弥补财政收入的不足,实现财政收支的平衡;其次,国家利用信用形式取得财政收入,用于国家重点建设项目,引导资金投向,实现国家宏观调控的任务。

(3) 其他收入

其他收入包括多种形式的收入。如专项收入,它是国家以社会管理者身份,根据行政法规取得的专项收入,用于形成特定目的社会基金,包括养老保险基金收入、医疗保险基金收入、失业保险基金收入等社会保障基金收入、教育费附加收入、排污费收入等。此外,还有事业收入、规费收入、罚没收入等。

(二) 按我国政府预算科目分类

2007年我国进行了新一轮政府收支分类改革。此次改革以构建新的政府收入分类体系、支出功能分类体系和支出经济分类体系为内容,是新中国成立以来我国财政收支分类统计体系一次最为重大的调整。新的分类根据我国目前政府收入构成情况,结合国际通行分类方法,按经济性质将政府收入分为以下六类:税收收入、社会保障缴款、非税收入、转移及赠与收入、贷款回收本金及产权出售收入、债务收入。

1. 税收收入

税收收入主要包括五项内容:

(1) 流转税类。主要在生产、流通或者服务业中发挥调节作用,包括增值税、消费税、营业税和关税。2016 年流转税情况:国内增值税 40 712 亿元、营业税 11 502 亿元、国内消费税 10 217 亿元;进口货物增值税与消费税 12 781 亿元(出口退税 12 154 亿元)、关税 2 603 亿元。

(2) 所得税类。主要是在国民收入形成后,对生产经营者的利润和个人的纯收入发挥调节作用,包括企业所得税、个人所得税。2016 年所得税情况:企业所得税 28 850 亿元、个人所得税 10 089 亿元。

(3) 资源税类。主要是对因开发和利用自然资源差异而形成的级差收入发挥调节作用,包括资源税、土地增值税和城镇土地使用税。

(4) 特定目的税类。主要是为了达到特定目的,对特定对象和特定行为发挥调节作用,包括固定资产投资方向调节税(暂缓征收)、筵席税、城市维护建设税、车辆购置税、耕地占用税和烟叶税。

(5) 财产和行为税类。主要是对某些财产和行为发挥调节作用,包括房产税、车船税、印花税、契税。

2016 年除流转税和所得税外的其他税情况:城市维护建设税 4 034 亿元、车辆购置税 2 674 亿元、印花税 2 209 亿元、资源税 951 亿元、契税 4 300 亿元、土地增值税 4 212 亿元、房产税 2 221 亿元、耕地占用税 2 029 亿元、城镇土地使用税 2 256 亿元;另外,车船税、船舶吨税、烟叶税等税收收入 870 亿元。

2. 社会保障缴款

社会保障缴款包括个人缴纳部分、单位缴纳部分、其他社会保障缴款等。2017 年我国社会保险基金预算情况:全国社会保险基金收入 51 786.72 亿元,增长 7.3%。其中,保险费收入 36 907.98 亿元,财政补贴收入 12 595.97 亿元。全国社会保险基金支出 48 450.5 亿元,增长 10.3%。本年收支结余 3 336.22 亿元,年末滚存结余 66 630.89 亿元。

3. 非税收入

非税收入是指除税收以外,由各级国家机关、事业单位、代行政府职能的社会团体及其他组织依法利用国家权力、政府信誉、国有资源(资产)所有者权益等取得的各项收入。具体包括:行政事业性收费收入、政府性基金收入、罚没收入、国有资源(资产)有偿使用收入、国有资本收益、彩票公益金收入、特许经营收入、中央银行收入、以政府名义接受的捐赠收入、主管部门集中收入、政府收入的利息收入、其他非税收入 12 项。

4. 转移和赠与收入

转移和赠与收入包括经常性转移和赠与收入、资本性转移和赠与收入 2 项。

5. 贷款回收本金和产权出售收入

贷款回收本金和产权出售收入包括国债转贷、国外借款转贷、国外贷款、产权出售 4 项。

6. 债务收入

债务收入包括国内债务、国外债务 2 项。2005～2014 年中央财政债务余额情况见表 2-1。

表 2-1　　　　　2005～2014 年中央财政债务余额情况　　　　单位：亿元

年　份	中央财政债务余额	国内债务	国外债务
2005	32 614.21	31 848.59	765.52
2006	35 015.28	34 380.24	635.02
2007	52 074.65	51 467.39	607.26
2008	53 271.54	52 799.32	472.22
2009	60 237.54	59 736.95	500.73
2010	67 548.11	66 987.97	560.14
2011	72 044.51	71 410.80	633.71
2012	77 565.70	76 747.91	817.79
2013	86 746.91	85 836.05	910.86
2014	95 655.45	94 676.31	979.14

资料来源：2015 年中国统计年鉴。

第三节　国有资产收入

一、国有资产的概念

国有资产概念的提出与社会主义市场经济理论的提出有密切关系，目前理论界大多认为有广义和狭义之分。广义的国有资产是指国家所有的全部资产，它是国家以各种形式投资及其收益、拨款、接受赠款，凭借国有权力取得，以及依据法律认定的各种类型的财产或财产权利。具体包括：(1) 国家以各种形式形成的对企业投资及其收益等经营性资产；(2) 国家向行政事业单位投资拨款形成的非经营性资产；(3) 国家依法拥有的土地、森林、河流、矿藏等资源性资产。

狭义的国有资产就是经营性国有资产，是指国家作为出资者在国有企事业经营单位依法拥有的资本及其权益。具体包括：(1) 国有企业和股份制企业中直接由财政投资形成的资产；(2) 行政事业单位占有、使用的非经营性资产通过各种形式为获得利润而转化为经营性资产的部分；(3) 国有资源性资产中可投入生产经营过程中的部分；(4) 国有法人资本。

二、国有资产分类

国有资产形态各异、分布广泛。对国有资产进行科学系统的归类，有助于实现对国有资产的高效管理和科学运营，有助于促进国有资产的优化配置和其作用的进一步发挥。

（一）按与社会经济活动的关系分类

按与社会经济活动的关系，可以将国有资产分为经营性国有资产、非经营性国有资产、资源性国有资产。

1. 经营性国有资产

经营性国有资产也称为狭义的国有资产，即国家对企业各种形式的出资所形成的权益。具体是指国家作为出资者（投资者）投入到生产领域，从事生产经营活动的各类资产，包括从事产品生产、流通、经营服务等领域，以盈利为主要目的，依法经营或使用，其产权属于国家所有的一切财产。经营性国有资产主要存在于国有独资企业、国有独资公司、国有资本控股公司、国有资本参股公司、经营性国有事业单位（即实行企业化管理的国有事业单位）等。

2. 非经营性国有资产

非经营性国有资产是指主要用于国家行政管理、国防建设和发展科技、文化、教育、生活、体育等各项社会事业，不以盈利为目的的各项国有资产，如房屋、建筑物、设备等，主要存在于行政机关、事业单位、社会团体等非营利组织，是国家履行行政管理、国防，发展科教、文卫事业等职能的重要物质基础。

3. 资源性国有资产

资源性国有资产是指国家依据法律所拥有的能带来一定经济价值的各类自然资源，其种类繁多，既有地下资源也有地表资源，既有由光、热、风、气、雨等构成的气候资源也有太空资源，既有陆地资源也有海洋资源、大气资源等，既有生物资源也非生物资源，既有可再生资源也有不可再生、不可永续利用的资源，既有主要形成生活资料的资源也有主要形成生产资料的资源。

（二）按管理体制和管理层次分类

按管理体制和管理层次,可以将国有资产分为中央国有资产和地方国有资产。

1. 中央国有资产

中央国有资产是指由国务院代表国家履行出资人职责管理的资产,主要包括关系国民经济命脉和国家安全的大型国有及国有控股、参股企业,重要基础设施和重要自然资源等领域的国有及国有控股、参股企业等。

2. 地方国有资产

地方国有资产是指由国务院授权省、自治区、直辖市人民政府和设区的市、自治州级人民政府分别代表国家监督管理的国有资产,包括除由国务院履行出资人职责以外的其他所有国有及国有控股、国有参股企业。

（三）按资产存在的形态分类

按资产存在的形态,可分为有形资产和无形资产。

1. 有形资产

有形资产具有价值实物形态,包括固定资产和流动资产。固定资产是指使用年限在一年以上,单位价值在规定限额以上的劳动资料,如机器设备、厂房、铁路、桥梁、机场、港口等。流动资产是指可以在一年内或长于一年的一个营业周期内变现或运用的资产,如现金、银行存款、短期投资、存货等。

2. 无形资产

无形资产是指虽不具备独立的实物形态,但可以对生产经营持续发挥作用并能够带来经济利益的一切经济资源,如技术、专利权、商誉、版权、土地使用权,以及通过其他渠道拥有的特许权利等。

（四）按资产存在的地域分类

按资产存在的地域,可分为境内国有资产和境外国有资产。

1. 境内国有资产

境内国有资产是指一国范围内或海关境内存在的所有形式的国有资产。

2. 境外国有资产

境外国有资产是指一国在其他国家或本国海关境外存在的所有形式的国有资产。

三、国有资产收入

国有资产收入包括国有企业利润上缴收入、股息和红利收入、租赁收入、国有资产变卖收入等。

（一）国有企业利润上缴收入

国有企业利润上缴收入是指国有独资企业劳动者创造的利润,在纳税后,其税后利润按一定比例上交国家。这种制度的要点是,对国有企业征收所得税;税后利润按一定比例上缴国家财政;企业的投资由企业税后积累自行解决,投资性借款由企业税后积累自行归还。这种分配制度体现了国家以社会管理者和资产所有者身份分别行使职权,分渠道从企业取得收入,从而规范了国家与企业分配关系。其调节特点表现在国家运用税收形式,对企业进行刚性调节,运用利润形式,对企业进行弹性调节。

(二)国有资产股利和红利收入

这种收入是国家凭借参与股份制经营的国有资产以股息和红利形式取得的股权收入。股份制企业的税后利润分配,以股份有限公司为例,其分配顺序如下:

1. 弥补被没收的财产损失,支付各项税收的滞纳金和罚款;
2. 弥补亏损;
3. 提取法定盈余公积金;
4. 提取公益金;
5. 支付优先股股利;
6. 提取任意盈余公积金;
7. 支付普通股股利。

根据谁投资、谁收益的原则,国有股股利是国有资产投资回报,与其他法人股、自然人股享有同股同利的权益。为维护国家利益,对股份制企业的税后利润分配,财政机关、国有资产管理部门应认真检查企业财务账册,保证财产评估的公正、正确、完整,保证国有股的权益得到充分体现。

(三)国有资产租赁收入

1. 租金的概念

租金是出租方将企业资产出租给承租人进行生产经营活动所得到的收益,它是承租人使用和支配属于全民所有的资产所付的代价。

2. 租金的计算方法

(1)招标租金法。通过众多的投标者(承租人)之间的充分竞争,使租金定额不低于社会平均水平。

(2)二次租金法。第一次计租为第一阶段租金,时间可控制在一至两年。经过第一阶段的经营,企业效益达到一个正常水平后,再进行第二次计租,对第一次租金进行适当调整。

(3)租赁成本法。租赁成本法下租金的计算公式:

$$年租金 = (设备价值 - 估计残值 + 占用应付利息 + 企业上缴所得税 + 企业交付的保险费 + 出租者的预期利润) \div 租赁年限$$

(4) 浮动租金法。根据基数利润确定基数租金。实行租金随利润增长而按比例增长。

(5) 资金利润率法。根据资产利润率确定资产租金率。资金利润率法下租金的计算公式：

$$租金 = 有形资产总额 \times 租金率 + 无形资产租金$$

对租赁企业，必须首先选择好承租者，要考察承租者个人职业道德、经营能力等要素。要有足够的风险抵押资金作为保证，要有约束租赁者短期行为的措施和政策，以此实现国有资产的保值与增值。

(四) 国有资产承包上缴利润收入

1. 国有资产承包经营的概念

国有资产承包经营是按所有权与经营权相分离的原则，以承包经营合同的形式，确定国家与企业的责、权、利关系，使企业做到自主经营、自负盈亏的一种经营方式。

2. 承包经营的内容

(1) 包上缴国家利润；

(2) 包完成技术改造任务，确保国家资产的完整与增值；

(3) 实行工资总额与经济效益挂钩。

3. 承包经营的收入形式

按利润解缴方式，有四种形式：

(1) 上缴利润递增包干。此种方式，确定上缴利润基数，一定几年不变。利润递增部分，按一定比例上缴国家财政。其中又有定比与环比之分。即按照与基年利润之比计算递增上缴比例，为定比。按照与前一年利润之比，计算递增上缴比例，为环比。

(2) 上缴利润定额包干。核定上缴利润，超额部分，全部留给企业。

(3) 上缴利润超收比例分成。核定上缴利润基数，超额部分在国家与企业间分成。

(4) 亏损包干。核定亏损基数，超亏不补，减亏分成或全部留给企业。

(五) 国有资产产权处置收入

1. 国有资产产权处置收入的概念

国有资产产权处置，就是国家或受国家授权的国有资产管理部门，对国有资产产权转移和国有资产的增减而进行的产权处置行为。

国有资产产权处置收入，就是国有资产处置中所得到的财政收入。

2. 国有资产产权处置收入的内容

(1) 国有企业被兼并的价值补偿；

(2) 国有企业破产拍卖后其拍卖收入大于清偿债务的余额部分;
(3) 国有企业闲置和报废资产出售变价收入;
(4) 国有无形资产转让收入;
(5) 国有股票转让收入;
(6) 国有企业产权变动取得的其他收入,如土地使用权有偿转让收入、采矿权有偿转让收入等。

四、国有资产管理

国有资产是国家赖以生存和发展的重要物质基础,任何社会形态下的国家都有一定量的国有资产,只是在不同性质的国家、不同的经济发展时期,由于国家宏观经济调控目标的不同,国家拥有的国有资产数量、范围和运作方式有所不同。在我国,搞好国有资产管理,充分发挥国有经济在国民经济中的主导作用,是发展社会主义市场经济和加强国家宏观经济调控的需要,也是从根本上扭转财政困境、增加财政收入的需要。

(一) 国有资产管理的范围

一般而言,国有资产管理是一个经济学或管理学的概念,它是指国有资产的所有者及其代理人,以产权为基础,运用合理而有效的管理方法,对国有资产的占有、经营、使用、处置、收益分配进行组织、调节、控制和监督等一系列活动的总称。国有资产管理的主体是国家(政府),但它是以提高国有资产运营的经济效益和社会效益为目标的。资产所有者与资产经营者身份是平等的,不具有超经济的强制性。

国有资产管理既然是对属于国家的财产实施财产所有权的管理,而财产所有又是指所有人在法律规定的范围内对自己的财产享有占有、支配、收益和处置的权利。因此,国有资产管理的主要范围包括以下几项:

(1) 以自然资源为主体而形成的国有资产,如矿藏、水流、森林、滩涂、土地、海洋等。
(2) 由劳动者的开发、加工和利用而形成的国家资产,如机器设备、建筑物、材料、产成品等。
(3) 由知识和技术形成的,如商标权、专有技术、专利权、非专利技术、计算机软件、著作权、服务标记等。
(4) 以价值形态表现的国有资产,如资金、各种有价证券和债权等。

所有的国有资产不论是有形的还是无形的,不论是经营性的还是非经营性的,也不论是在我国境内还是在境外,其财产所有权都属于国家,因而都应属于国有资产管理的范围。

（二）国有资产管理的主要内容

国有资产管理贯穿于国有资产运转的整个过程，其具体内容包括以下几个方面：

1. 国有资产投资管理

国有资产投资是指国家对生产经营领域投入国有资本的活动，国有资产投资管理应围绕优化资本配置、维护投资者权益进行。国有资产投资管理包括国有资本布局、规划，国有资产的设置，其中国有资产布局、规划管理主要是通过编制和执行国有资本预算来实现的。

2. 国有资产产权管理

国有资产产权管理并非针对一般企业资本处置行为而言，而是基于国有资产所有权的管理活动。其主要内容有：对国有企业改制、兼并、拍卖、破产等产权转让及产权交易活动的管理，这项管理应促进国有经济结构的合理化、国有资本的流动、重组和优化配置，使得全社会的资源优化配置，确保国有资产保值增值，防止国有资产流失。

3. 国有资产收益管理

国有资产收益管理是指中外合资、合作企业及股份制企业的国有资本经营收益的收缴、支配及使用等活动的管理，主要包括国有资产收益确认、分配和使用等方面的内容。国有资产的收益分配实质上是处理国家、企业和个人之间的经济利益关系，是国有资产管理中重要而复杂困难的管理环节。

4. 国有资产基础管理

国有资产的基础管理是指国有资产的基础性工作，是保证国有资产管理有效进行的基础环节。其主要内容有：第一，制定、执行、检查国有产权管理有关法规、政策及制度。第二，组织清产核资。第三，进行产权界定，处理产权纠纷。第四，进行产权登记。国有资产管理部门代表国家对国有资本进行产权登记。第五，国有资产统计。第六，资产评估确认。

5. 国有资产处置管理

国有资产处置管理主要包括：根据国民经济发展的需要和企业经营情况，组织推进国有资产合理流动和优化配置；组织资产出租、出售、拍卖和企业兼并；组织对国有资产进行评估、确认；负责审批国有资产的破损、核销、取得、运用、管理产权转让的收入等。

6. 国有资产经营的管理

国有资产经营是指为了最大限度地提高国有资产使用的经济效益和社会效益，实现国有资产的保值、增值而进行的策划与组织等行为。主要包括：通过法规对国有资产的经营和使用进行规范；对国有资产经营、使用情况实施统计监督；对全民所有制企业的资产经营是否符合客观经济规律的要求和社会整体利益,是否符合国家的财经制度,能否保证国有资产的完整和增值以及是否达到经济效益或社会效益优化等情况,进行系统的管理和监督。国有资产经营是国有资产营运活动的主要环节,也是国有资产得以增值的必备条件。

7. 国有资产占有权的管理

国有资产占有权的管理主要是指对国有资产产权注册登记、财产清查、掌握产权变动情况,对直接占有的国有资产实施直接的管理,对非直接占有的国有资产实施管理和监督。国有资产的监管是从国家作为资产所有者的角度出发,设计和制定一系列法律法规,为防止国有资产的流失、保证国有资产保值增值所展开的一切监督管理工作,包括制定监管条例、企业保值增值指标考核体系等。

8. 国有资产的统计和核算

国有资产的统计和核算是指对国有资产运动过程及经营成果进行计量、审核、记录、计算、分析、预测等一系列工作的总称。统计与核算的管理主要内容有制定与核算标准、统计与核算程序、审核统计与核算结果、分析上报等。

9. 国有资产的评估

在盘活国有资产存量,出现资产重组、产权交易时,必然要涉及资产的转让和买卖。由于外部市场环境的变化,交易时资产的价值往往与账面上的价值发生了背离,因而必须对资产价值进行交易试点的重新评估,这样才能真正做到公平、公正。因而资产评估是资产重组和产权交易中一道重要和必备的程序,也是防止国有资产流失的必要措施。

第四节 国债收入

一、国债的概念

(一) 国债的含义

国债即国家公债,是国家为了社会公共需要,凭借其政治和经济信誉,按照有借有还信用原则,以信用形式筹集的财政收入。政府的这种借贷行为,构成了以政府为债务人的特殊的货币信用关系。截至 2016 年末,我国中央和地方政府债务余额为 27.3 万亿元。据财政部测算,我国政府负债率为 36.7%,债务风险总体可控。其中我国国债余额为 120 066.75 亿元,包括内债余额 118 811.24 亿元和外债余额 1 255.51 亿元,也控制在全国人大批准的国债余额限额 125 908.35 亿元以内。中央财政债务余额具体情况见表 2-2。

表2-2　　　　　　　　　　　中央财政债务余额　　　　　　　　　单位：亿元

年　份	中央财政债务余额	年　份	中央财政债务余额
2005	32 614.21	2011	72 044.51
2006	35 015.28	2012	77 565.70
2007	52 074.65	2013	86 746.91
2008	53 271.54	2014	95 655.45
2009	60 237.54	2015	106 599.59
2010	67 548.11	2016	119 836.00

资料来源：各年中国统计年鉴，以及2016年中华人民共和国统计公报。

（二）国债的特点

国债与其他财政收入相比，具有以下一些特点：

1．有偿性

国债收入的取得是以还本付息为前提的，国家通过发行国债取得的只是资金在一定时期内的使用权。国债是政府凭借其信用，以债务人身份，采取有借有还的信用方式所筹集的资金。国家作为债务人与债权人是一种信用关系，在法律上是信用约定所规定的权利义务关系。而税收、国有资产收益等形式的财政收入国家拥有所有权。债务的偿还性使政府举债应控制在一定限度之内，否则可能造成债务危机。

2．自愿性

发行国债，以认购人自愿为前提，不具有强制性，人们是否认购国债、认购何种国债以及认购多少，可自主决定，在一般情况下，国家不能作强制性要求，否则违背货币信用关系的基本准则。

3．灵活性

国家可根据预算收支、宏观调控、经济建设需要，决定在预算年度内是否发行国债、发行多少国债及国债发行的条件，不需要以立法形式预先规定发行标准。

二、国债的种类

为了便于认识国债的特点和进行有效管理，可以从不同角度将国债加以适当分类。

（一）以发行地域为标准分类

以发行地域为标准分为国内债和国外债。政府在国内发行的债称为国内债，国内债的债权人主要是本国企事业单位、金融机构和居民个人。政府在国外发行的国债称为国外债,国外债的债权人主要是国际组织、外国政府、公司、金融机构和居民个人。

（二）以举债形式为标准分类

以举债形式为标准分为契约借款和国债券。契约借款是按照一定的程序和方式,借贷双方共同协商,签订借贷协议或合同而形成的债权债务关系。契约借款手续简便,筹资过程的成本费用较低,发行对象较集中,认购数额较大,如向国内金融机构借款,以及国外国债中向国际金融组织和外国政府的借款等,通常采用此种形式。国债券是一种由政府发行的表示债权债务关系内容的有价证券,如我国的国库券。国债券的优点是应用范围广、效能高,适用于认购范围较大的国债发行,如对企事业单位和居民发行的国债。其缺点是发行成本较高。

（三）以偿还期限为标准分类

以偿还期限为标准分为短期债、中期债和长期债。一般把偿还期限在 1 年以内的国债称为短期债,偿还期限在 1 年以上 10 年以内的国债称为中期债,偿还期限在 10 年或 10 年以上的国债称为长期债。短期国债主要用于平衡预算年度内因财政收支进度差异而出现的短期收支缺口,如在某些月份或季度预算支出大于预算收入时,发行短期国债就可以起到调节预算收支进度的季节性差异的作用。中、长期国债除了用于弥补年度预算赤字外,还可为建设周期较长的基础设施或重点投资项目筹措资金,如经济建设国债。

（四）以国债的流动性为标准分类

以国债的流动性为标准分为可转让债和不可转让债。发行后可在金融证券市场上买卖的国债称为可转让国债。对国债认购者而言,这种国债在持有期间可以通过证券交易机构或银行柜台随时变现。我国近年来在证券交易市场上发行的"记账式"国债即为可转让国债,而通过储蓄系统发行的"凭证式"国债在期满前持有者可在认购点贴现,属可定向转让债。发行后不能在金融证券市场上买卖的国债称为不可转让国债。对国债认购者而言,购买这种国债后必须将其持有至国债偿付期时才能贴现（兑付本息）,如我国 1981~1984 年发行的国库券。

（五）按发行本位分类

按发行本位分为货币国债和实物国债。货币国债就是国债券面价值按货币计算,不论物价涨落,均按券面货币价值和规定利息率计算还本付息。实物国债是国债券面价值按一定实物标准计算,偿还时根据物价变动情况折算为一定货币量偿还。这种形式能保证国债购买者不因物价上涨而蒙受损失,一般在价格不稳定的条件下采用。

三、国债的经济效应

政府发行国债必然对经济会产生一些影响。下面以国债为例,进行详细介绍。

(一)国债的资产效应

国债的经济影响,从短期来看主要是国债的收入效应,即国债对国民收入的影响。从长期来看,不仅限于国债的收入效应,还需要分析国债存量对资产的影响。所谓的国债资产效应,就是指国债发行量的变化,影响居民所持有资产的变化。国债的资产效应与国债错觉紧密相连。国债错觉是指国债持有者在持有国债时认为是自己的财富增加了,由此可能增加自己的消费需求,因而国债积累与消费的增加相联系。正因为国债具有资产效应,所以国债在经济增长中具有稳定功能。

(二)国债的需求效应

国债会影响需求总量和结构。社会总需求是指有支付能力的需求,如果货币供给量增加,社会需求总量也会扩大。因此,凡是国债运行带来货币供给量增加,都会增加社会需求总量。一般来说,中央银行购买国债会叠加在原有总需求之上扩张总需求。而商业银行或居民个人购买国债,通常只是购买力的转移或替代,不会产生增加货币供应从而扩张总需求的效应。

从对需求结构的影响看,在国债使用中如果新增加了社会需求,则会改变原来社会需求结构状态。而政府通过发行国债,把部分货币购买力由私人部门转移到政府部门,这本身就会改变公共部门和私人部门的需求结构。如果国债资金来源于私人部门的投资资金,当政府把这部分资金用于投资时,就会把私人部门的投资需求转化为公共部门的投资需求;当政府把这部分资金用于消费时,就会把私人部门的投资需求转化为公共部门的消费需求。如果国债资金来源于私人部门的消费资金,当政府把这部分资金用于投资时,就会把私人部门的消费需求转化为公共部门的投资需求;当政府把这部分资金用于消费时,就会把私人部门的消费需求转化为公共部门的消费需求。可见,国债对需求结构的影响还要取决于国债资金的来源性质与使用方向。

(三)国债的供给效应

国债不仅具有需求效应而且同时具有供给效应,即国债也会影响社会总供给的总量和结构。事实上,需求和供给是一个问题的两个方面,二者相互伴随、不可分割。比如,国债收入用于投资,自然会增加投资需求,当然用于投资也必然提供供给,而且由于投资领域的不同,还会改变供给结构。因为国债资金的投向主要是基础产业等领域,通过对国债资金结构的合理安排,从而在一定程度上影响社会的生产结构,进而影响社会的供给结构。在我国实施积极财政政策时期,国债投资集中力量建成了大批重大基础设施项目,既有效增加社会供给总量,同时又改变了社会供给结构。

四、国债的功能

(一) 用于弥补预算赤字

国债收入的取得以还本付息为前提,在预算管理上,各国一般把它视为非经常性或非正常性收入,将其独立于一般财政收入之外,专门用于平衡预算收支差额,弥补财政赤字。以发行国债弥补赤字与向银行借款和透支不同,发行国债仅仅是社会购买力从国债认购者向政府的转移,它改变的仅仅是社会需求结构而不增加需求总量。

用于弥补财政赤字的国债的功能是维持政府机构和各项公共事业正常运转的经费支出,不形成任何资产,也不为政府带来直接收益,这类支出应由税收收入来保障。若以借债方式供应资金,所积累的债务必须由未来的税收收入作为清偿来源,这意味着减少政府对未来税收的可支配份额,或提高纳税人未来的税负水平,其消极影响是显而易见的。因此,除了特殊情况外,各国均尽量避免此类国债的发行。我国现行《预算法》也明确规定,公共预算不列赤字。

(二) 筹集建设资金

政府投资的范围主要是公共工程、基础设施、高新技术和基础产业。在发展中国家,通过政府投资进行重点建设,是加快经济发展、改善经济结构的重要途径。政府投资的资金来源有多种形式:如税收、国有资产经营收入等。这些筹资方式具有一定的固定性。而国债筹资具有较大的灵活性,是弥补政府投资资金不足的可靠方式,这也是将"负债经营"引入政府活动领域的基本内容。政府以国债形式筹集建设资金,只要规模适当、选项合理,可以增加社会资本总额,改善经济结构,从而对未来政府收支产生积极影响。当政府将国债收入投资于资本项目时,意味着资金由货币形态向实物形态转换,实物形态的资产在其存续期内不仅能满足社会的特定需要,而且以其具有的市场价值,能够作为相应债务的清偿保证。其次,政府通过国债筹资进行的资本项目投资若预期收益高于项目运营成本和债务利息,则举债投资不仅不构成政府的负担,相反,能改善政府未来的收入状况。但是,若国债规模过大、国债资金投资项目失误,也会产生相反的情况,导致财政债务累累,使未来的预算平衡更加困难,甚至发生财政危机。

(三) 调控经济运行

随着国家对市场经济运行的调控需要,国债成为国家调节经济运行的重要工具。首先,国债具有拉动需求、刺激经济增长,保持宏观经济总量平衡的功效。在经济增长速度下降时,通过增加国债发行,扩大财政支出,扩大总需求,使经济尽快走出低谷。实施扩张性财政政策往往与增加国债发行量相联系,它实质上是以预算收支赤字和增加政府债务负担为代价,谋求经济的稳定和持续增长。在这种情况下增发国债,应当说有利于财政长期目标的实现,因为在经济低谷期若固守财政平衡的观念,实际上是放弃了财政应有的职能,不仅使财政平衡的水平下降,而且不利于未来正常收入的增长,最终财政收支也难以保持平衡。因此,在经济低谷期适度增发国债,是使财政收支变被动为主动的一种措施。其次,通过合理确定国债发行规模、期限结构及利率等组合方式,可使财政增强对金融市场的资金需求及利率的影响。第三,短期国债以其流动性强的特点成为中央银行操作公开市场业务的重要手段和对象,中央银行通过在公开市场吞吐短期国债实施对货币供给和资本市场的宏观调控。

国债发行既有积极影响,也有消极影响,关键在于国债发行规模是否适度、时机是否恰当、用途是否合理、使用是否得当。过高的政府负债会给财政还本付息造成巨大压力,并会导致新的财政赤字,引发更多的国债发行,使财政在债务泥潭中难以自拔,并有可能导致财政危机。但只要债务规模适度,使用合理,其积极效应是主要的。实际上,若从长期看经济呈持续增长的态势,政府的部分债务并不需要真正偿付,即可用借新债还旧债的方式使原有的债务不断滚存下去。在各国的政府债务收入处理方式中,一般把当期债务收入先用于清偿到期国债本金,其余额再列入当年预算,弥补预算收支缺口,这也就说明了部分政府债务并未真正偿还的情况。

第五节 财政收入原则

财政收入原则是指国家取得财政收入应遵循的基本方针和指导思想或称总政策。财政收入原则就是与生财之道和用财之道紧密联系的聚财之道。财政收入原则解决向谁收、收多少、怎样收的根本问题。财政收入原则的确定,必须体现和服从于正确处理财政与经济的关系。

一、发展经济、广开财源

发展经济,广开财源,就是在组织财政收入时,必须从发展经济出发,并在经济发展的基础上扩大财源,大力组织收入。

生产决定分配,经济决定财政。财政与经济的关系,就像水与源、叶与根的关系,源远才能流长,根深方能叶茂。但财政并不仅仅是经济的被动反映,它还能动地反作用于经济,财政政策、财政法规极大地影响经济发展。组织财政收入,必须把立足点放在发展经济的基础上,审时度势,与时俱进,制定正确的财政政策法规,充分发挥财政职能,从宏观上调控经济,微观上激活经济,努力促进经济的发展。

财政收入工作绝不能就财政论财政，单纯在收入问题上打圈子，而必须走发展经济的道路。发展经济，广开财源，有以下途径：

（一）提高经济效益

提高经济效益，是开辟财源、增加财政收入的根本途径。通过改进技术和管理，广泛提高劳动生产率，提高产品质量，打开市场，优质优价，可以降低物化劳动，从而大大提高企业盈利水平，经济组织中的亏损企业也会大为减少。这些都进一步扩大了税基，因而促进了财政收入更快增加。

（二）优化经济结构

优化经济结构，增强经济活力，增加财源。市场经济是高度社会化大生产经济，各部门、各地区紧密相连，供给结构与需求结构紧密相连，只有各产业部门的相互配合，才能形成国民经济的良性循环。因此，必须增加经济中薄弱环节的投资，在财政税收政策上给予支持；必须压缩长线产品的生产，从财政税收政策上给予限制。

（三）提高规模效益

提高规模效益，开辟财源。单纯的扩大生产规模只能导致财政收入的同步增长。而在增加高新技术含量、生产要素优化组合、专业化优势互补、竞争优势加强前提下的扩大生产规模，将会导致经济效益的提高，从而增加税基，导致财政收入的加速增长。

二、正确处理三者利益关系

正确处理国家、经济组织和个人三者之间利益的分配关系，必须正确确定财政收入在国民收入中的比重，也就是要兼顾需要与可能，确定合理的征收量度。

财政占国民收入的比重是由以下一些因素决定的：

第一，财政作为国家发挥职能的财力后盾，其占国民收入的比重是由国家承担的社会管理和经济管理职能大小决定的。国家承担的经济和社会发展任务的大小和财政支出的多少，直接决定财政收入的多少。

第二，生产力的发展水平和国民收入的增长速度，对财政收入比重有重大制约作用。财政收入来源于国民收入，主要来源于剩余产品的价值。生产力发展水平高，意味着国民收入中的剩余产品率高，因而可以提供比重更大的财政收入。国民收入增长速度快，意味着在保证劳动者生活水平提高的基础上，可以提高财政收入的增长速度。

第三，经济管理体制对财政收入比重具有制约作用。实行集权的经济管理体制，国家集中了扩大再生产的权力，要求集中较大财力。实行分权的经济体制，企业承担了扩大再生产的主要任务，因而国家集中的财力相对要小一些。

合理的征收量度,不仅保证了企业的发展,也保证了国家有充足的财源和厚实的经济后劲。当国家征税的量度合理时,国家财政收入随着税率的提高而增加;当超过了合理量度时,财政收入不仅不会增加,而且由于超过了企业的负担能力,制约了企业的发展,财政收入就呈现下降趋势。这个道理,以美国供给学派经济学家拉弗关于国家税收总收入与税率之间关系的拉弗曲线说明较容易,见图2-5。

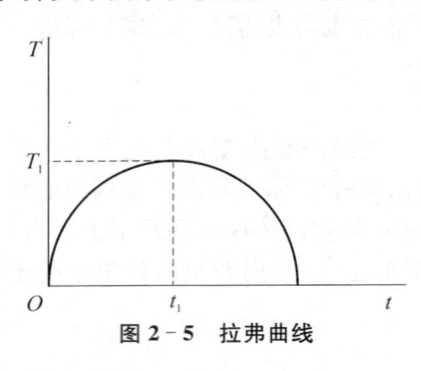

图2-5中,横轴代表税率,纵轴代表通过征税而取得的国家税收总额。当税率为零时,国家税收也等于零。当税率从零开始逐渐提高时,国家的税收总额也会随之增加。但是,由于税率的提高会促使人们减少投资和生产,减少劳动热情,或者促使人们将劳动和资本等生产资源转入不纳或少纳税的领域或进行地下经济活动,从而使征税的基础减少。因此,随着税率的提高,国家税收增加的

图2-5 拉弗曲线

幅度将会越来越慢。当税率达到某一水平时,如图2-5中的t_1,国家税收总额达到最大值,即T_1。如果税率继续提高,征税的基础将会继续下降,不但不会增加国家税收,反而会逐渐减少税收总额。当税率为100%时,人们就不会去进行任何必须纳税的经济活动。这样,国家税收总额也将等于零。拉弗曲线提供了一个分界点。当实际税率低于t_1时,提高税率可以增加国家的税收总量,降低税率则会使国家税收总量减少。而当实际税率高于t_1时,提高税率会使国家税收总量减少,降低税率则会增加国家税收总量。

拉弗曲线为分析税率与国家税收总量之间的关系提供了一个工具。但这个税率具体应界定在什么水平上,它还取决于许多经济条件,而且也不会一成不变。

三、效率原则

效率是指投入与产出或费用与所得之比较。财政收入的效率原则要求:征收费用最小;纳税费用最小;社会经济受益最大。

(一)征收费用最小

征收费用是税务机关为征税而支付的一切稽征管理费用。如果征收机构组织精干而办事效率高,征收费用就低,反之则高。

(二)纳税费用最小

纳税费用是纳税人为奉行税法而引起和承担的各种有形和无形的负担。例如利用会计师的咨询服务,给如何纳税提供计算方案,因而出一笔咨询费。还包含着纳税人时间上的耗费,例如填一张内容复杂难以了解的报税单,搜集完备的有关资

料等,都需要多花时间乃至相应的费用,而农村纳税人到距离较远的指定纳税地点去交税还要遭受误工损失。任何给纳税人造成的不便之处,都应该尽力缩小。

（三）社会经济受益最大

财政收入政策应有利于社会资源配置,也就是说应对薄弱环节实施优惠的政策,对过剩的产业部门则实行限制性政策,对市场机制正常运转的环节则实行中性税收政策,以此促进国民经济良性循环,取得最大的社会经济效益。此外,国家在制定税收政策达到某一主要目标时,总是以牺牲某一方面利益为代价的,因此应当把这种牺牲的代价压缩到最低限度。

四、公平原则

（一）公平原则的概念

财政收入公平原则是指从维护经济公平和社会公平的要求出发,使财政负担公平地归于各经济组织和个人身上。

经济公平是指人们在经济竞争中平等分配的权利,这里通行着商品等价交换的原则;社会公平是指人们在分配中的差距应当有一定程度,以有利于社会的稳定与发展。

（二）财政收入公平原则的重要意义

1. 公平是市场竞争的条件

经济的内在规律是价值规律,它支配着商品经济活动的全部过程。价值规律要求劳动的等价交换。商品价值的实现、投资的转移,都在公平的基础上开展竞争,要求公平地纳税、公平地享受自然资源和社会资源。运用公平原则,有效地保证每一个企业都在平等的起跑线上开展竞争。

2. 公平是实现财政职能的基本前提

财政收入是否贯彻公平原则,表明财政收入是否具备普遍性,是否量能负担。从普遍性来说,是对一切具备能力的单位和个人都要纳税,从而使得国家财政收入具有广泛的基础。从量能负担来说,是根据能力上缴财政收入,有利于培养财源,增加财政收入。

（三）财政收入公平的标准

可以从三方面来认识财政收入公平的标准：

1. 以费用为标准

按国家为纳税人提供劳务的成本、费用分摊税费,如车船税、航道养护费、公路养路费等,即费用原则。

2. 以利益为标准

按纳税人所享受国家利益决定税负,如城镇土地使用税、资源税,与纳税人所享受的级差收入相适应,即受益原则。

3. 以能力为标准

按纳税人能力决定税负,即量能负担原则。

量能负担征税,是指具有相同负担能力者纳同样的税——横向公平;具有不同负担能力的人纳不同的税——纳向公平。负担能力强的人纳税能力强于负担能力弱的人。从流转税、财产税、所得税三种征税对象相比较,最终反映负担能力的还是纳税人的所得,即纳税人总收入减除成本、费用后的余额,它表明一个经济组织或自然人的纯收益的份额。量能负担征税必然选择合适的税率。不同收入对于纳税人来说,其边际效应是不同的,即一个富人和一个穷人所拥有的一元钱的效用是不同的。因此,对一个富人和一个穷人征收同一比例税收其边际牺牲又是不同的。只有对所得征收累进税,才能使高收入纳税人和低收入纳税人的边际牺牲相等。从量能负担来看,最好的方法莫过于实行普遍的累进所得税。但财产和消费水平,也不失其为量能负担的一个标准。一个居民,拥有财产越多,表明其纳税能力越大。消费越大,表明其收入越多,理应负担更多的税。

(四)正确处理效率与公平的矛盾

公平与效率向来是一对矛盾。尽管有可能出现既有利效率,又有利于公平的情况,但更多的是在经济效率和收入公平分配之间存在着一种交换关系,人们追求效率,则牺牲了社会公平;追求社会公平,则牺牲了效率。因而,公平与效率成为经济学中的两难选择。

但公平与效率之间也有统一性。在公平分配方面,运用财政政策,提供公平的竞争环境,调节收入差距,有利于提高劳动积极性,从而有利于效率提高;而效率的提高反过来又是社会公平所必要的物质条件:在一个物质匮乏的社会,难以提供条件对贫困者进行救助。而生产效率的提高,社会剩余产品的积蓄,将为解决社会公平提供资金积累,为消灭社会贫困提供保证。

公平与效率之间的统一性,要求财政在贯彻公平与效率原则时,必须二者兼顾。但我国是一个发展中国家,生产力还不发达,因此,在贯彻这两个原则时,应坚持效率优先、兼顾公平的原则。具体执行,应运用财政税收政策,促进经济发展。依法保护合法收入,允许和鼓励一部分人通过劳动和合法经营先富起来,允许和鼓励资本、技术等生产要素参与收益分配。取缔非法收入,对侵吞公有财产和用偷税、逃税等非法手段牟取利益的,依法惩处。调节过高的个人收入,完善个人所得税制,开征遗产税等新税种。运用社会保障体系,对低收入者进行补贴。

复习思考题

一、关键概念

财政收入　国有资产　国有资产收入　债务收入　国有资产产权处置　拉弗

曲线

二、简答题
1. 财政收入形式有哪几种？
2. 简述我国财政收入结构。
3. 简述财政收入形式的决定因素。
4. 取得财政收入应遵循哪些原则？
5. 简述财政收入公平原则的标准。
6. 税收收入有哪些？
7. 简述国有资产分类。
8. 简述国有资产管理的主要内容。
9. 简述国债的特点和国债的种类。
10. 简述国债的经济效应和国债的功能。
11. 简述拉弗曲线。

第三章 税收制度基本理论

【本章学习目的与要求】

通过本章学习,了解税收、税收分类和税收制度;熟悉税收的公平和效率原则、税收内在稳定器作用和我国现行税制体系,掌握税收的特征、职能,起征点和免征额的基本区别和税收制度的构成要素的概念和内容。

税收制度简称税制,是一个国家在一定历史时期的各种税收法律、法规、规章和征收办法的总称。它是国家向纳税人征税的法律依据和工作规程。

税收制度有广义和狭义之分。广义的税收制度既包括各税种具体的课征制度,又包括中央、地方之间如何划分税收管理权限的税收管理体制、征税机关进行税收征收管理工作、税务机构设置和人员配备的制度、税务机关内部各项管理制度、税务行政复议以及纳税人进行纳税活动都必须遵循的税收征收管理制度等各项管理制度的总称。总而言之,凡涉及税收方面的制度都是广义税收制度的内容。狭义的税收制度主要是指国家各种税收税法、暂行条例、实施细则、税收管理体制、征收管理法以及征收办法等,仅指各具体税种如何课征的制度,体现税收的征纳关系。

本章介绍的税收制度是指狭义的税收制度,要详细了解税收制度,必然涉及税收理论,本章在介绍税收制度之前,对税收基础理论作一个简要的概述,以便读者更好地理解税制理论和实务操作。

第一节 税收及税收分类

税收是一个古老的财政范畴。早在18世纪,亚当·斯密在其所著的《国民财富的性质和原因》一书中就曾指出,税收是"人民拿出一部分自己的收入,给君主或国家作为一笔公共收入"。此后,英国古典政治经济学家大卫·李嘉图、德国历史学派代表人物财政学家瓦格纳、美国财政学家塞里格曼以及美国著名经济学家萨缪尔森等都对税收的定义进行过论述。综观各位经济学家对税收定义的描述,尽管在语言表达上不尽相同,但在本质内容上还是具有一致性的,即是政府对于人民财产或收入的一种强制征收,是国家支出的收入来源,税收是对国家支出的补偿,并且这种国家支出是为了谋取公共利益。

综观各方的观点,我们认为,税收是国家或政府为满足社会公共需要,凭借政治权力按法律预先规定的标准,强制地、无偿地参与国民收入分配,取得财政收入的一种形式。对税收的内涵可从以下几个方面来理解:(1)国家征税的目的是为了向社会全体成员提供社会需要的公共产品和公共服务。(2)国家征税凭借的是公共权力(政治权力),税收征收的主体只能是代表社会全体成员行使公共权力的政府,其他任何社会组织或个人是无权征税的。与公共权力相对应的必然是政府管理社会和为民众提供公共产品的义务。(3)税收是国家筹集财政收入的主要方式。(4)税收必须借助法律形式进行,国家法律规定相应的标准,对什么征税和征多少税,是通过法律形式事先规定的,征纳双方都必须遵守。

一、税收的特征

税收的特征,通常被概括为三性,即税收作为政府筹集财政收入的一种分配形式,同其他财政分配形式相比,具有强制性、无偿性和固定性的特征。

(一)税收的强制性

税收的强制性是指税收是国家以社会管理者的身份,凭借国家的政治权力,通过颁布法律或政令来进行强行征收。它和生产资料的占有没有直接关系,既不是由纳税主体按照个人意志自愿缴纳,也不是按照征税主体随意征税,而是依据法律进行征税,即税收是通过国家法律形式予以确定的,税收的强制性体现在纳税过程中,纳税人必须根据税法的规定照章纳税,违反税法的规定都要受到法律制裁。强制性是税收"三性"的前提。

(二)税收的无偿性

税收的无偿性是指国家通过征税所取得税收收入,既不需要偿还,也不需要对纳税人付出任何代价。正如列宁所说:"所谓赋税,就是国家不付任何报酬而向居民取得东西。"税收的这种无偿性特征,反映的是一种社会产品所有权、支配权的单方面转移关系,而不是等价交换关系。税收的无偿性是区分税收收入和其他财政收入形式的重要特征。无偿性是税收"三性"的核心。

(三)税收的固定性

税收的固定性是指在征税前,国家就通过法律形式,预先规定课征对象和征收数额之间的数量比例,不经国家批准征纳双方不能随意改变。它包括两层含义:第一,税收征收总量的有限性。由于预先规定了征税的标准,政府在一定时期内的征税数量就要以此为限,从而保证税收在国民经济总量中的适当比例。第二,税收征收具体操作的确定性。即税法确定了课税对象及征收比例或数额,具有相对稳定、连续的特点。既要求纳税人必须按税法规定的标准缴纳税额,也要求税务机关只能按税法规定的标准对纳税人征税,不能任意降低或提高。对税收固定性特征的理解也不能绝对化,这是就税法不变的情况下说的,而随着社会生产力和生产关系的发展变化、经济的发展,以及国家利用税收杠杆的需要,税收的征收对象、范围和征收比例等,不可能永远固定不变。不过,税收的改革和调整,课税对象和税率的变化,都必须通过法律形式确定下来,并在一定时期内稳定不变。因此,税收的固定性只能是相对的。税收的固定性特征具有重要意义:它有利于保证国家财政收入的稳定,也有利于维护纳税人的法人地位和合法权益。税收之所以能够成为调节经济的重要杠杆,是同税收的固定性特征分不开的。

　　税收的上述三个特征是密切联系的。税收的无偿性决定着征收的强制性,因为如果是有偿的话就无须强制征收;而税收的强制性和无偿性又决定和要求征收的固定性,否则,如果国家可以随意征收,那就会侵犯、剥夺现有的所有制关系,使正常的经济活动无法维持下去,从而会危及国家的存在。当然,征税本身也是对所有权的一种侵犯,但由于税收的固定性,则把这种侵犯限制在所有制允许的范围内。税收的强制性、无偿性和固定性是统一的,缺一不可的。只有同时具备这三个特征才构成税收。例如,没收和罚款也可以构成财政收入,也是强制的和无偿的,但对缴纳者来说却不是固定的。

二、税收的职能

　　税收的职能是指税收本身内在的固有的功能。税收的职能是由税收本质决定的。在不同的历史时期,随着生产力和生产关系的不断发展和变化,国家的职能在不断地扩大,税收的职能也在不断地发展变化。在奴隶社会和封建社会,税收的职能主要表现在为国家机器正常活动筹集经费的财政职能方面。在资本主义社会,尤其是进入垄断资本主义之后,随着资本主义经济和政治发展过程中的各种内在矛盾的不断深化,国家的职能在不断地扩大,税收在继续发挥财政职能的同时,又增加了稳定经济和公平分配的职能。在我国市场经济体制下,税收的职能主要表现为以下两个方面:

(一)筹集财政资金职能

　　世界上任何国家和地区都是主要依靠税收取得财政收入的。我国进行现代化建设,保证国家机器正常运转,用于基础设施和公共事业的支出,对国民经济实行宏观调控等,都必须有足够的资金作为后盾。而资金的来源就是用税收手段从社会产品中所作的扣除。为国家筹集财政资金过去是、现在是、将来仍然是税收最基本和最重要的职能。

在我国目前经济改革时期,各项事业迅速发展,使国家对财政资金的需求变得十分紧迫。从资金数量上看,通过税收形式所筹集的资金,是国家财政收入的重要来源。近几年我国税收收入占财政收入比重,见表3-1。

表3-1　　　　　　　　税收收入占财政收入比重　　　　　　　单位:亿元

年　份	财政收入合计	各项税收	税收占财政收入比重(%)
2000	15 887	12 666	79.73
2001	18 903	15 166	80.23
2002	22 053	16 997	77.07
2003	21 715	20 466	94.25
2004	26 396	25 723	97.45
2005	31 649	30 867	97.53
2006	38 760	37 637	97.10
2007	51 321	49 452	96.36
2008	61 330	57 862	94.35
2009	68 518	63 104	92.10
2010	83 102	77 394	93.13
2011	103 874	95 730	92.16
2012	117 254	110 764	94.47
2013	129 210	119 960	92.84
2014	140 350	129 541	92.30
2015	152 217	136 022	89.36
2016	159 552	142 508	89.32
平均数			91.16

资料来源:2016年中国统计年鉴、2016年政府工作报告。

从表3-1资料看,我国过去17年的税收收入占财政收入的比重平均为91%左右,是财政收入的主要来源,税收收入有力地保证了国家经济的稳步增长。

(二) 调节社会经济职能

1. 调节宏观经济职能

(1) 调节社会需求总量。税收对需求总量的调节主要表现在两个方面：首先，利用税收对经济所具有的内在稳定功能来调节经济。其次，可以根据不同时期的经济形势，制定相应的税收政策或措施，来稳定经济。稳定经济的税收政策包括两个方面，即扩张性的税收政策措施和紧缩性的税收政策措施。

(2) 调节经济运行结构。第一，通过减免税可激励劳动、激励储蓄，扩大投资，改善生产要素的供给水平。从税收对劳动投入的影响来看，征收所得税会产生两种效应：征税减少纳税人可支配的收入，从而可起到激励人们增加劳动的作用；但同时征税也可能导致人们减少劳动，从而对劳动起到反向激励的作用。一般来说，减少所得税的累进幅度，降低税率会激励人们做更多的工作。从税收对投资的影响来看，由于企业投资水平决定于储蓄水平，因此，税收对投资的影响又取决于税收对储蓄的影响。而税收对储蓄的影响主要表现为：对收入征税，可以减少个人可支配的收入，减少储蓄，从而减少投资；对利息征税，可减少储蓄报酬，使人们减少储蓄、扩大消费。因此降低税率、减少税收，有利于增加储蓄、减少消费、扩大投资。第二，运用加速折旧和投资抵免在税收上的优惠来扩大投资。通过加速折旧，缩短了固定资产折旧年限，相当于政府对企业的无息贷款，减轻利息负担，鼓励企业对设备更新的投资；通过投资抵免，是让企业把投资按一定比例从当年应纳税款中扣除，从而减少企业纳税。第三，运用税收可以缓和成本推动型通货膨胀。在物价工资攀比上升导致的成本推进型通货膨胀期间，如采取紧缩政策，增加所得税、增加销售税，尽管会减少需求，但同时会导致工资及成本上升，使滞胀进一步恶化。因此，对于经济滞胀，主要是应削减销售税，同时对个人所得税实行指数化，以消除通货膨胀对税收负担的影响，从而控制工资升级，降低成本。

2. 调节微观经济职能

(1) 调节生产和消费。在社会再生产过程中，税收对生产和消费的调节，是税收的重要作用之一。国家可采取对不同的对象制定不同的税收政策的方式，鼓励短线产品生产，限制长线产品生产；鼓励某些生产事业、某些生产经营方式的发展，限制某些生产事业、某些生产经营方式的发展；鼓励某些产品的消费，限制某些产品的消费。这样，就会有利于促进产业结构、产品结构、企业组织结构的合理化。税收的这种作用大多是与价格相配合来体现的，也有的是单独运用税收调节的作用来体现。当然，这都是与调节企业盈利紧密联系着的。在调节消费方面，税收的作用也是极其重要的。一是通过征收个人所得税等减少消费基金总量。二是通过征收特别的消费税等减少消费，限制需求欲望。我国目前主要采取第二种方式进行调节。

（2）调节级差收入。企业间利润水平的差异固然有其主观原因，但也与其相关的自然资源、技术设备、地理位置、交通条件等客观因素有着密切关系。客观因素造成企业间的级差收入，这种收入，并不反映企业经营管理的水平。经营管理好的企业，可能因客观条件差而利润较少，经营差的企业，可能因客观条件较好而利润较多。这种不合理的状况，不利于企业在同等条件的基础上平等竞争，会挫伤企业改善经营管理、加强经济核算的积极性。通过经济手段，运用税收，把这些级差收入合理地集中到国家手中，可以排除客观因素对企业利润水平的影响，使企业利润真正反映企业的经营管理水平。

（3）调节个人收入水平。在社会经济生活中，由于人们所处的地位和条件不同，个人之间的收入水平可能出现悬殊的问题。通过税收的调节，对不同的收入实行高低不同的税率征税或免税，有利于改善个人收入之间的悬殊状况，也有利于国家集中资金，发展国民经济。

（三）监督经济活动职能

税收是分配社会产品的一个重要工具。在征税过程中，必然要进行税收管理、纳税检查、税务审计和统计、税源预测和调查等一系列工作。这些工作一方面能够反映有关的经济动态，为国民经济管理提供依据；另一方面能够对经济组织个人的经济活动进行有效的监督。通过日常深入细致的税务管理，具体掌握税源，了解情况。由于税收是一种无偿的分配，分配的结果是直接减少纳税人的既得利益，它本身就要求税收必须具有监督管理功能，以使这种无偿性的分配得以顺利实现。所以监督管理也是税收内在的一个重要属性，税收监督经济活动可以维护财政资金的安全可靠，保证财政收入及时足额缴入国库。

税收的监督管理贯穿了税收活动的全过程。从税收制度的制定到税收收入的入库，都必须体现税收监督管理的职责和功能。否则，国家的财政收入就得不到保障，税收调节经济的职能也难以实现。税收监督管理职能所涉及的范围也十分广泛，就当前我国的经济结构看，涉及国有、集体、个体、外资、合资、乡镇、街道、个人及各种经济，就再生产过程而言，涉及生产、交换、分配、消费各环节；就企业内部而言，涉及全部生产、供销、成本、利润、各项基金的分配和使用，以及工资、奖金发放等全部经营活动。因此，必须充分认识税收的监督管理职能，在更广阔的领域里，极大地发挥税收监督管理的作用，以保证国民经济按照预定的目标顺利地运行。

上述税收的财政、经济及监督管理职能，不是孤立的，而是一个统一的整体，统一在税收的分配手段中。对于税收三个职能各自的地位问题，我们应用辩证的观点看待。从税收产生的原因来考察，组织财政收入是税收的始发职能。随着国家经济职能的加强和商品经济的发展，税收调节经济的职能则越来越具有重要的地位。在我国社会主义现阶段，应强调税收的社会经济职能，在基本保证国家取得正常财政收入的情况下,要把税收的经济职能提到主导位置,并以此为基准来完善我国的税收制度,使我国税收真正成为促进社会主义市场经济发展的强有力手段。

三、税收分类

税收是一个总的范畴,一个国家的税收是由许多不同的具体税种构成。税收分类,是按照一定的标准,将性质相近或相似税种归并成若干类别。科学合理的分类,有助于我们研究各类税种的特点、性质、作用和它们之间的内在联系,分析和评价税收制度,发挥税收的杠杆作用,并为建立和健全适合国情的现代税收制度和相应的征收管理制度提供依据。

（一）按课税对象的不同分类

按课税对象的不同,可分为商品和劳务税类、所得税类、资源税类、财产税和行为税类、特定目的税类。商品(货物)和劳务税是以商品生产、商品流通和劳动服务的流转额为课税对象的各个税种组成的总体,以商品交换为前提,其计税依据是商品销售收入额或劳务服务收入额,因此又被称为商品课税,它不受纳税人经营成本、费用水平的影响,税源比较稳定,税基广阔,是我国最主要的税种。所得税是以单位或个人在一定时期的所得额为征税对象的各个税种组成的总体,包括企业所得税、个人所得税。所得税属于终端税种,由于它体现了纳税能力负担的原则,即所得多的多征、所得少的少征、无所得的不征,因此,目前已经成为世界各国税收制度中的主要税种。资源税是以自然资源为课税对象的税种;财产和行为税是以纳税人所拥有或支配的财产以及对纳税人的某种特定行为为课税对象的一类税收;特定目的税是以纳税人的某些特定行为为课税对象的税种。按课税对象分类是税收分类中的最主要的方法,它是设计合理的税制结构、制定可行的征收管理办法、正确处理税收分配关系的必要前提。

（二）按税负能否转嫁分类

按税负能否转嫁,可分为直接税和间接税。直接税一般是指税负不能转嫁的税种。如个人所得税、企业所得税等属于此类。缴纳直接税的纳税人既是缴税人又是税收的最终负担人。间接税是指税负可转嫁的税种,如增值税、消费税、营业税等商品和劳务税属于此类。缴纳间接税的纳税人只是缴税人,不一定是税款的最终负担者。

（三）按计税依据为标准分类

按计税依据为标准,可分为从价税和从量税。从价税即从价计征的税种,以征税对象的价值量为计量依据,按一定比率计算征收的税种。其应纳税额随征税对象的价值量的变化而变动,如增值税、消费税、营业税、关税等。从量税即从量计征的税种,指以征税对象的数量、重量、容积或体积为计量依据来计算征收的税种。

其应纳税额不随征税对象的价格变化而变动,如城镇土地使用税、车船税等。从价税在一般情况下,征税对象价高则税多,价低则税少,税收负担比较合理,但是却不利于促进企业改进商品包装,因为改进商品包装而价格提高后,税额也会增加;从量税则有利于鼓励改进商品包装,计算也比较简单。

（四）按税收与价格的关系分类

按税收与价格的关系,可分为价内税和价外税。价内税是指税金包含在商品价格之中,按含税价计征的税种;例如消费税。价外税是指税金附加在课税对象价格之外的税种,例如增值税和车辆购置税。价内税的特点是税收负担具有较强的隐蔽性,但易于产生税上加税的不合理现象,而且在市场经济条件下,价内税会导致价、税在调节经济的过程中相互掣肘,不利于合理价格的形成。而价外税则无上述问题,所以在国际上,对商品劳务课税多采用价外税的形式。

（五）按税收管理权限和收入归属分类

按税收管理权限和收入归属,可分为中央税、地方税、中央和地方共享税。中央税又称国税,是指由中央政府负责征收管理并且税收收入归中央政府使用的税种。地方税是指由地方政府负责征收管理并且税收收入归地方政府支配使用的税种。中央和地方共享税是指由中央和地方政府共同享有并按一定比例在中央与地方政府间划分收入的税种。如关税、消费税属中央税,增值税、企业所得税和个人所得税属中央和地方共享税,营业税、房产税、契税等为地方税。

划为中央税的应是税源集中、收入较大的税种;划为地方税的税种应是税源分散、与地方经济利益联系紧密的税种;划分共享税的应是那些既能兼顾各方面经济利益,又有利于调动地方组织收入积极性的税种。划分中央税、地方税和共享税,有利于按税种确定分级财政体制,使中央和地方都有固定的收入来源,是国家财政、税收管理体制的一项重要内容。

（六）其他分类

按税收的征收实体可分为实物税和货币税;按税收能否作为单独的征收对象可分为正税和附加税;按征税的着眼点不同可分为对人税和对物税;按税收的用途分为一般税和目的税等。

第二节 税收制度构成要素

本节主要阐述税收制度的构成要素和现行税制体系两个部分。

一、税收制度的构成要素

税收制度的核心是税法。税法由一些基本要素所组成。它主要包括：纳税义务人、课税对象、税目、税率、纳税环节、纳税期限、税额计算、税负调整和违章处理等内容。其中纳税义务人、课税对象和税率是税收课征制度或税法构成的最基本因素。

(一) 纳税义务人

纳税义务人又称纳税人,是税法规定的直接负有纳税义务的单位和个人,它是缴纳税款的主体。纳税人包括自然人、法人和其他组织,在华的外国企业、组织、外籍人、无国籍人,以及在华虽然没有机构、场所但有来源于中国境内所得的外国企业或组织。所谓自然人,是指负有纳税义务的公民或居民个人;所谓法人,是指依法成立并能独立地行使法定权利和承担法律义务的社会组织。不论法人、自然人或其他组织,在国家税法规定范围内,都是法定纳税义务人,它直接同国家税务机关发生征纳关系,在无正当理由而不履行纳税义务时,将受到国家的法律制裁。

与纳税人相联系的概念有两个,一是负税人,二是扣缴义务人。

1. 负税人

负税人是指最终负担税款的单位和个人。它与纳税人有时是一致的,如在直接税条件下税负不能转嫁;有时是分离的,如在间接税条件下纳税人与负税人就是分离的。

2. 扣缴义务人

扣缴义务人是指税法规定的、在其经营活动中负有代扣代缴纳税人税款义务的单位和个人。税务机关按规定付给扣缴义务人代扣手续费;扣缴义务人必须按税法规定代扣税款,并按规定期限缴库,否则,要受到税收法律的制裁。实行扣缴义务人制度的目的是为了实行源泉控制,保证国家的财政收入。

(二) 课税对象

课税对象又称征税对象或课税客体,是指税法规定必须征税的客观对象,表明国家征税的标的物。课税对象是税收制度的首要因素,是征税的基础和根据。课税对象是一税种区别于其他税种的主要标志,即不同税种有其不同的征税对象。各税种名称的由来和税种性质的差别主要取决于不同的课税对象,例如:以财产为课税对象,即称为财产税;以营业额为课税对象,即称为营业税。课税对象体现不同税种征税的基本界限。

与课税对象相关的概念有:计税依据、税源和税基等。

1. 计税依据

计税依据是指计算应纳税额所依据的标准,即根据什么来计算纳税人应缴纳的税额。一般来说有从价和从量两种,从价计征的税收以计税金额为计税依据,从量计征的税收以征税对象的重量、容积、体积、数量为计税依据。计税依据与征税对象有时不一致,如中国的消费税,其征税对象是税法列举的消费品,计税依据则是该消费品的销售额、销售数量。

2. 税源

税源是指税收的经济来源或最终出处。从理论上说,税源来源于当年创造的剩余产品,具体到每一税种,则各有各的经济来源,如个人所得税的税源就是个人所得,营业税的税源就是营业收入。就其与课税对象的关系来说,在内容上有些税种的课税对象与税源是一致的,如所得税的课税对象和税源都是纳税人的所得;有些税种则不然,如财产税的课税对象是纳税人的财产,而税源是纳税人的收入;在目的上,课税对象主要解决对什么征税的问题,而税源则表明课税对象的来源以及纳税人的负担能力。

3. 税基

税基是课税基础的简称,指建立某税种或税制的经济基础或依据。它不同于课税对象,如商品课税的课税对象是商品,但其税基则是厂家的销售收入或消费的货币支出。也不同于税源,税源总是以收入的形式存在,但税基既可能是收入,也可能是支出。

(三) 税目

税目是税法中具体规定应当征收的项目,是课税对象的具体化,反映具体的征收范围。设置税目的目的有两个:一是明确规定了一个税种的征税范围,反映了该税种的征税广度;凡列为税目的为应税项目,否则为非税项目。二是对具体征税项目进行归类和界定,为不同税目设计差别税率提供方便。目前,世界各国确定税目通常采用两种基本方法:一是列举法,二是概括法。

1. 列举法

列举法即按具体商品或劳务类别分别设计税目,税目之下还可设计子目,形成一个由不同层次子目和税目组成的税目体系,例如个人所得税、消费税。

2. 概括法

概括法即按商品大类或行业类别设计税目,这种方法适用于类别繁杂、界限不易划清的征税对象,例如增值税。

(四) 税率

税率是应纳税额与课税对象之间的比例,通常用百分比来表示。它是计算税额的尺度,代表课税的深度,是体现税收政策的中心环节和核心要素。

各税种的职能作用,主要是通过税率来体现的。因此,税率是税收制度的核心和灵魂。税率通常有两种基本形式:一是按绝对量形式规定的固定征收额度,即定额税率,适用于从量计征的税种、税目;二是按相对量形式规定的征收比例,适用于从价计征的大部分税种、税目。

在实际运用中,税率主要有比例税率、累进税率和定额税率三种。

1. 比例税率

比例税率是指对同一征税对象,不论数额大小,均规定相同征收比例的税率;

我国的增值税、消费税、营业税等采用的是比例税率。在各国的实际运用中，比例税率分为统一比例税率和差别比例税率。前者指一个税种，只设一个比例税率。后者指一个税种设立两个或两个以上的比例税率。统一比例税率部分体现了横向公平，利于纳税人在同等纳税条件下竞争；但统一比例税率与纳税人的具体负担能力不完全适应，难以体现税负的纵向公平。

在中国的现行税制中差别比例税率有四种形式：产品差别比例税率，即按产品分类或品种分别设计不同的比例税率；行业差别比例税率，即依国家企业政策和行业盈利水平的不同采用不同的比例税率；地区差别比例税率，即根据同一课税对象所处地区不同设计不同的比例税率；幅度差别比例税率，即在税法统一规定的税率幅度内，由地方政府自由选取适用税率。

2. 累进税率

累进税率是指同一征税对象，随税基（包括绝对量和相对量）的增大，征收比例随之升高的税率。它一般适用于对所得税的课征。累进税率按征税对象数额的大小，划分为若干等级或级距，每一等级或级距都规定有相应的税率，征税对象数额越大，税率越高。它的基本特点是：税收负担随课税对象数额增大而呈累进递增趋势，能较好地体现纳税人的税负水平与负税能力相适应的原则。累进税率适用于所得税征收。累进税率可分为"全额累进税率""超额累进税率""超率累进税率"和"超倍累进税率"四种形式。

（1）全额累进税率。全额累进税率是把课税对象的全部数额都按照所属级距的税率计算应纳税款的税率，课税对象的全体只适用一个等级的税率。

（2）超额累进税率。超额累进税率是把课税对象按数额大小划分为若干等级，对每一级距分别规定相应的税率进行计算应纳税款的税率，课税对象可能适用几个等级的税率；例如，假定某纳税人的个人所得税应纳税所得额为 5 200 元，按全额累进税率征税，根据规定，所得额在 0～1 500 元者，税率为 3%；所得额在 1 501～4 500 元者，税率为 10%；所得额在 4 501～9 000 元者，税率为 20%，则该纳税人应纳所得税额为：5 200×20%＝1 040 元。如果改按超额累进税率计税，则该纳税人应纳所得税额为：1 500×3%＋3 000×10%＋700×20%＝45＋300＋140＝485 元，即把纳税人的所得额分成三个等级部分：第一等级，1 500 元的所得额部分适用税率 3%，应纳税额 45 元；第二等级，3 000 元的所得额部分（即 4 500－1 500）适用税率 10%，应纳税额 300 元；第三等级，700 元的所得额部分（即 5 200－4 500）适用税率 20%，应纳税额 140 元，应纳税额合计为 45＋300＋140＝485 元。

全额累进税率与超额累进税率具有不同的特点，主要表现在：

第一，在名义税率相同的情况下，全额累进税的累进程度高、税负重；超额累进税的累进程度低、税负轻。如上例，5 200 元的所得额，名义税率都为 20%，按全额累进征收,税额为 1 040 元;按超额累进征收,税额为 485 元。

第二,在所得额级距的临界点附近,全额累进会出现税负增加超过所得额增加的不合理现象,超额累进则不存在这个问题。仍如前例,假定实行全额累进税率,所得额在 1 500 元(含)以下的,税率为 3%,所得额在 1 501～4 500 元的,税率为 10%,所得额在 4 501～9 000 元的,税率为 20%。假设甲有所得额 1 500 元,应纳税额为 1 500×3%＝45 元;乙有所得额 1 501 元,应纳税额为 1 501×10%＝150.1 元,即乙的所得额比甲多 1 元,而乙应纳税额则要比甲多交 105.1 元,这显然是极不合理的。

第三,计算上,全额累进计算简便,超额累进计算复杂,但这只是技术上的问题,可采取"速算扣除数"的办法予以解决。所谓"速算扣除数",即为按全额累进税率计算的税额减去按超额累进税率计算的税额之间的差额。用公式表示是:

速算扣除数 ＝ 全额累进税额 － 超额累进税额

根据所得额级距和相应税率,运用上述公式,可以预先计算出各级距的速算扣除数,然后用应纳所得额乘以适用税率,再减去速算扣除数,即为超额累进税额。其公式是:

超额累进税额 ＝ 应纳所得额×适用税率－速算扣除数

从上述比较中可以看出,超额累进税率比全额累进税率具有较大的优越性,因此,在实际运用中,世界各国普遍采用超额累进税率,特别是对个人所得税的征收。

(3) 超率累进税率。超率累进税率是以征税对象数额的相对率为累进依据,按超累方式计算应纳税额的税率。

(4) 超倍累进税率。超倍累进税率则是以征税对象数额相当于计税基础的倍数为累进依据,按超倍方式计算应纳税额的税率。

与税率相关的名词还有:名义税率、实际税率、平均税率、边际税率和零税率。名义税率是指税法规定的税率;实际税率是名义税率的对称,指纳税人在一定时期内实际缴纳税额占其计税依据的比例;由于存在税收减免等原因,实际税率通常要低于名义税率。平均税率是指纳税人全部税额与征税对象总量之比;边际税率是指在征税对象的一定数量水平上,征税对象的增加导致的所纳税额的增量与征税对象的增量之间的比例;零税率是负税的一种方式,它表明课税对象的持有人虽负有纳税义务,但不需缴纳税款。

3. 定额税率

定额税率又称固定税额,指按课税对象的计量单位直接规定应纳税额的税率形式。如资源税中对有色金属和盐的课税,直接规定每一单位税额为多少。定额税率具体又可分为地区差别定额税率、幅度定额税率和分级定额税率三种。

（五）纳税环节

纳税环节是指征税对象在商品流转过程中应当缴纳税款的具体环节。合理地确定纳税环节，不仅关系到税制结构的布局问题，而且对于控制税源，有利于纳税人及时足额地缴纳税款，便于征收管理和保证财政收入具有重要意义。按照征税对象从生产到消费的整个流转过程中纳税环节的多少，可分为"一次课征制""两次课征制"和"多次课征制"。

（六）纳税期限

纳税期限是指税法规定的纳税人发生纳税义务向国家缴纳税款的法定期限。税法对各种税都明确规定了税款的缴纳期限，纳税期限是税收固定性特征的重要体现，主要应考虑以下几个方面的情况：一是应根据国民经济各部门生产经营特点和不同的征税对象来确定；二是应根据纳税人缴纳税款的数额多少来确定；三是应根据纳税义务发生的特殊性和加强税收征管的要求来确定。从我国现行各税种来看，纳税期限分为按期纳税、按次纳税和按年计征、分期预缴三种。

（七）税负调整

纳税人负担的轻重，除了通过税率体现外，还可以通过其他措施来调整纳税人负担。从税负看，税率主要体现税负的统一性，而税负调整则是体现税负的灵活性。它具体包括税收减免和税收加征。

1. 税收减免

（1）税收减免的概念。税收减免是根据国家政策对某些纳税人和征税对象给予减少或免除税负的一种特殊规定。减税是对应征税款减征其中一部分；免税是对应征税款全部予以免征。它把税收的严肃性和必要的灵活性结合起来，使税收制度按照因地制宜和因事制宜的原则，更好地贯彻国家的税收政策。国家采取减税、免税措施主要是支持某些事业或某种行业，以促进其发展。

起征点和免征额是两种不同的减税方法。起征点是税法规定对课税对象开始征税的最低界限。征税对象数额达不到起征点的不征税，达到并超过起征点的按全额征税。免征额是税法规定的课税对象数额中免予征税的数额。在实行免征额时，纳税人可以从全部征税对象中首先扣除免征额，然后就其剩余部分按照规定的税率计算纳税。起征点和免征额有相同点也有不同点，相同点是当课税对象小于起征点和免征额时，都不予以征税。不同点是，采用起征点减税主要是为了照顾应税收入较少的纳税人，一旦达到起征点要全额征税；免征额是人人可以享受的优惠措施；纳税人只是超过免征额部分需征税，免征额有利于缩小征税面，实现合理负担，现行实践中，较多采用免征额。

（2）税收减免的分类。减免税一般可分为以下几种：法定减免、特定减免和临时减免。法定减免,这是税收基本法中列举规定的减税、免税。特定减免,这是根据政治经济情况发展变化和贯彻税收政策的需要,专案规定的减免税。临时减免,这是法定减免和特定减免以外的其他临时性减税、免税。主要是照顾纳税人的某些特殊的、暂时的困难,临时批准的一些减税、免税。

减免税按计算公式可以分为税基式减免、税率式减免、税额式减免。税基式减免,即通过直接缩小税基的方式实现的减税免税,具体包括起征点、免征额、纳税扣除、税收豁免、亏损递补以及跨期结转等。税率式减免,即通过直接降低税率的方式实现的减税免税,具体包括减按低税率征税和实行零税率。税额式减免,即通过直接减少应纳税额的方式实现的减税免税,具体包括全部免税、减半征收、核定减征率等。在上述三种形式的减税免税中,税基式减免使用范围最广泛,从原则上说它适用于所有生产经营活动,税率式减免在商品和劳务税与所得税中运用较多,税额式减免适用范围最窄,它一般仅限于解决个别问题,往往只在特殊情况下使用。

2. 税收加征

税收加征属于加重纳税人负担的措施,具体指附加与加成。这是税率之外调整纳税人负担的措施。附加是地方附加的简称,是地方政府在正税以外,附加征收的一部分税额。税制上通常把按国家税法规定的税率征收的税款称为正税,而把正税以外征收的税款称为副税。例如,我国的城市维护建设税就是由地方财政在增值税、营业税等流转税的税收收入基础上,附加一定比例征收的。加成,是加成征税的简称,它是对特定纳税人的一种加税措施,加一成等于加正税税额的10%。例如,我国个人所得税法中规定,劳务报酬所得,适用比例税率,税率为20%。对于劳务报酬所得一次收入畸高的,可以实行加成征收。所得超过2万~5万元的,按税法规定计算的税额,加征五成,即税率适用30%;超过5万元的,加征十成,即税率为40%,是原税率20%的加倍。

(八)税额的计算

应纳税额的基本计算公式为:

$$应纳税额 = 计税依据 \times 适用税率$$

(九)违章处理

违章处理是对纳税人违反税法行为的一种惩罚性措施。我国税法规定,以下行为属违法行为,负有法律责任,应予以处理。

欠税是指从事经营的纳税人、扣缴义务人在规定期限内不缴或者少缴应纳或者应解缴的税款。

偷税是指纳税人采取伪造、变造、隐匿、擅自销毁账簿、记账凭证,在账簿上多列支出或者不列、少列收入，或者进行虚假的纳税申报手段，不缴或者少缴应纳税款的。

骗税是指企业事业单位和个人采取对所生产或者经营的商品假报出口等欺骗手段，骗取国家退税款。

抗税是指以暴力、威胁方法拒不缴纳税款的。

对以上违法行为，税务机关的主要措施除追缴税款外，还有加收滞纳金、罚款、罚没、税收保全措施、强制执行措施和提请司法机关处理等。

二、我国现行税制体系

我国加入WTO后，特别是2008年的所得税制改革和2009年的增值税制不断调整，目前我国税制体系中税种有18个，具体是增值税、营业税、消费税、关税、所得税、个人所得税、资源税、土地增值税、城镇土地使用税、房产税、车船税、印花税、契税、城市维护建设税、车辆购置税、耕地占用税、船舶吨税和烟叶税。上述税种中，关税和船舶吨税由海关征收；其他各税由税务机关负责征收。中国现行税制体系及其税种在中央和地方之间的划分情况，如表3-2所示。

表3-2　　　　　　　　　　中国现行税制体系

税类	税种	中央税	地方税	中央地方共享税	备注
商品和劳务课税	增值税			√	中央75%，地方25%
	营业税		√		
	消费税	√			
	关税	√			
所得课税	企业所得税			√	铁路、邮政、银行、海洋石油等缴纳部分归中央，其余为中央60%，地方40%
	个人所得税			√	中央60%，地方40%
资源课税	资源税		√		海洋石油缴纳的归中央，其余归地方
	土地增值税		√		
	城镇土地使用税		√		
财产税和行为课税	房产税		√		
	车船税		√		

（续表）

税 类	税 种	中央税	地方税	中央地方共享税	备 注
财产税和行为课税	印花税		√		股票交易印花税中央97%，其余3%及其他印花税归地方
	契税		√		
特定目的课税	城市维护建设税		√		铁道部、各银行总行等集中缴纳部分归中央
	车辆购置税	√			
	耕地占用税		√		
	船舶吨税	√			
	烟叶税		√		

2016年中国税收结构，见图3-1。

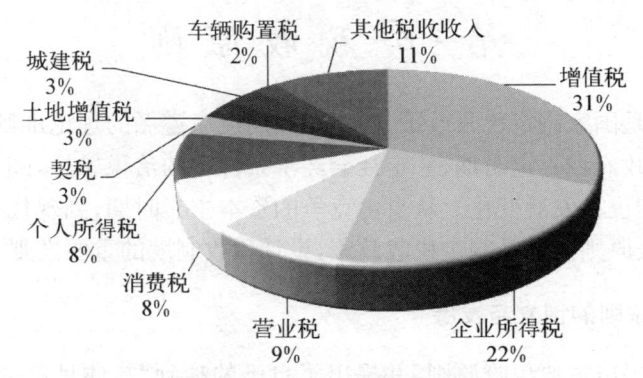

图 3-1 2016年中国税收结构

当前我国共有18个税种，包括主要税种有增值税、营业税、消费税、企业所得税、个人所得税、车辆购置税等。2016年增值税的收入占总税收的31.2%，其次的企业所得税占比22.1%，两者共同构成了一半以上的税收。不难发现，前四大税种都是由企业缴纳，此外由企业承担的税种还包括：城市维护建设税、土地增值税、资源税、城镇土地使用税、耕地占用税等，企业缴纳部分占税收收入之比合计超过85%。而个人直接缴纳的占比不大，个人所得税、车辆购置税、房产税合计比重仅11.5%。2016年税收总量结构，见图3-2。

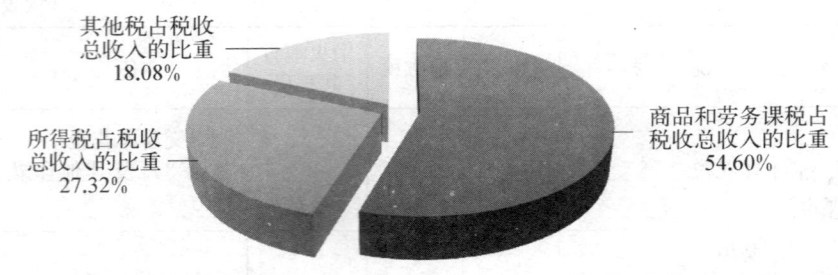

其他税占税收总收入的比重 18.08%

所得税占税收总收入的比重 27.32%

商品和劳务课税占税收总收入的比重 54.60%

资料来源：历年财政收支情况并整理。

图 3-2　2016 年税收总量结构

从图 3-2 中，我们可以看到，2016 年的税收收入中，商品（货物）和劳务课税仍然占据最重要地位，与以前年度比较比例在下降，占税收总税收入的 54.60%；其次是所得税类，占税收总额的 27.32%，作为我国税制体系中占重要地位的税种，从总体上看是在稳步增长；其他税类如财产与行为类税、资源类税、特定目的类税，占税收总税收入的 18.08%，在国家经济发展过程中发挥着越来越重要的作用。

第三节　税 收 原 则

税收原则是国家制定税收政策、建立税收制度应遵循的理论准则和行为规范。税收原则反映政府在一定时期、一定社会经济条件下的治税思想，随着客观条件的变化，税收原则也在发展变化。从自由竞争的资本主义时期，到现代社会主义经济建设时期，税收原则始终是制定税收政策，设计税收制度的重要准则。

一、税收原则的创立与发展

西方较早提出古典税收原则，并提出了自己的独到、具体见解的，以威廉·配第、亚当·斯密和瓦格纳最为著名。

（一）威廉·配第的税收原则

威廉·配第（1623—1687）是英国古典政治经济学创始人和财政理论的先驱，在他的代表作《赋税论》和《政治算术》中，配第比较深入地探讨了税收问题，第一次提出了税收原则的理论。

配第的税收原则主要是围绕公平税收负担这一基本观点来论述的。他认为，过分征收赋税，会使国家资本的生产力相应地减少，是国家的损失。因而主张在国民经济的循环过程中把握住税收的经济效果。配第提出税收应当贯彻"公平""简便""节省"三条标准。"公平"是指税收要对任何人、任何东西"无偏袒",税负不能过重且要适当;"简便"是指征税的手续不能太烦琐,方法要简明,应尽量给纳税人以便利;"节省"是指征税费用不能过多,应尽量注意节约。

（二）亚当·斯密的税收原则

西方财税理论认为,第一次将税收原则提到理论高度,明确而系统地加以阐述者是英国古典政治经济学家亚当·斯密(1723—1790)。斯密极力主张自由放任和自由竞争。他认为政府应减少干预经济,特别不要去干涉生产自由,要让价值规律这只"看不见的手"来自动调节经济和人们的活动,政府的职能仅限于维护社会秩序和国家的安全。在此思想指导下,斯密在其经济学名著《国民财富的性质和原因研究》中提出了税收的四项原则：

1. 平等原则

斯密认为:"一国的国民,都须在可能的范围内,按照各自能力的比例,缴纳国赋,维持政府。一个大国的各个人必须缴纳政府费用,正如一个大地产的公共租地者须按照各自在该地产上所受益的比例提供它的管理费用一样。所谓的赋税的平等或不平等,就看对这种原则是尊重还是忽视。"[①]斯密的平等原则包含三层意思：取消免税特权;税收"中立";按负担能力征税。

2. 确实原则

确实原则是指国民应当缴纳的税收,必须明确地予以规定,不得随意变更。落实到具体,即对纳税时间、地点、手续、数额等国家都要事先规定清楚,使纳税人明白。斯密的实质是想说明征税要以法律为准绳,防止税吏任意专断征税、贪赃、勒索等行为发生。

3. 便利原则

各种税收的缴纳时间和缴纳方式等,都给纳税人以最大的便利。如纳税时间的选择上,在纳税人收入丰裕的时期,不使纳税人感到紧张;在征税方法的选择上,不使纳税人感到繁杂;在征收地点的选择上,应设在交通便利的场所;在征收形式的选择上,不使纳税人增加额外负担。

4. 经济原则

经济原则是指国家征税过程中要尽量节约开支,所征税收尽量归入国库,使国库收入与人民缴纳税收的差额最小,即征收费用最少。所耗用的费用应减少到最低程度。斯密认为,税制的制定应排除征用大批的税吏,以防耗去大部分税收作为薪俸,增加人民负担;同时也应排除税吏频繁的稽查,额外加征,抑制人民的劳动积极性等因素,这是贯彻经济原则的关键所在。

---

① 亚当·斯密.国民财富的性质和原因研究(下卷)[M].北京：商务印书馆,1997：384.

斯密的税收四原则是针对当时繁杂苛重的税制和征收机构腐败情况提出的，亚当·斯密的税收原则理论反映了资本主义自由经济时期资产阶级的思想和利益。他提出了平等原则和效率思想，成为资本主义国家制定税收制度所奉行的重要理论指导原则，对以后的税收原则理论研究起到了积极的作用。

（三）瓦格纳的税收原则

阿道夫·瓦格纳(1835—1927)是19世纪末德国新历史学派和社会政策学派的代表人物，他集前人税收原则理论的成果，进一步发展了税收原则理论。他的税收基本思想是：国家征税不应以满足财政需要为唯一目的，而应运用政府权力来解决分配不公等社会问题。他在其代表作《财政学》中提出了涉及财政政策、国民经济、社会公正、税务行政方面的税收原则，共分为四大项九小点。

1. 财政政策原则

财政政策原则又称财政收入原则，是指税收应为国家提供充足的财政收入，以保证国家财政支出的需要。瓦格纳认为税收的主要目的是为国家及其他公共团体筹集必要的经费，收入的来源必须要充分和富有弹性，为此，他提出了收入充分和收入弹性的两个具体原则。

（1）收入充分原则。即其他非税收入不能取得充分的财政收入时，税收必须要充分满足国家财政的需要。瓦格纳提出的该原则的含义：一是税收是为了满足国家经费开支，这说明筹集国家财政收入是税收的基本目标；二是由于国家的职能将不断增加，势必导致财政支出的增长，税收必须随着财政支出的增长而以适当的方法增加。

（2）收入弹性原则。即税收收入能随着经济增长、财政支出增加或其他财政收入减少的变化情况进行适当的调整，相应地增加税收收入。

2. 国民经济原则

这一原则主要是指国家征税不能阻碍国民经济的发展，危及税源。在可能的范围内，应尽量有助于资本的形成，促进国民经济的发展。该原则具体从税源选择原则和税种选择原则着手。

（1）税源选择原则。即税源的选择必须适当，要有利于国民经济发展，税源应以国民所得为主，若以资本或资产为税源，则伤害税本，侵蚀国民经济的基础。但又不能以所得为唯一的税源，适当地选择某些资本或财产为税源也可以。

（2）税种选择原则。即税种的选择主要应考虑税收的最终负担者问题，尽可能选择税负不易转嫁或税负转嫁明确的税种。

3. 社会公平原则

社会公平原则又称社会公正原则、社会政策原则，是指税收负担应在各个人和社会各阶层之间进行公平分配，瓦格纳认为，国家征税应当矫正社会财富分配不公和两极分化,从而达到缓和阶级矛盾,运用税收政策进行社会改良的目的。该原则具体分为普遍原则和公平原则。

(1) 普遍原则。即对一切有收入的国民,都要普遍征税。即每一个公民都具有纳税的义务,不能因纳税人的身份、地位不同而有所例外,但从社会公平的观点出发,对所得较少的人少征或不征,这并不违背普遍征税的原则。

(2) 公平原则。即国家应该根据纳税能力的大小征税,使纳税人的税收负担与其纳税能力相称。瓦格纳主张累进税制,高收入者税率从高,低收入者税率从低;贫困者不征税。同时,对继承的财产所得征重税,从而达到社会公平的目的。

4. 税务行政原则

税务行政原则是指税法的制定与实施都应当便于纳税人履行纳税义务。瓦格纳的这一原则体现了税收管理方面的要求,是对斯密税收三原则的继承和发展。税务行政原则从确实、便利、节省三方面考虑。

(1) 确实原则,要求税收法令必须简明确定,税收机关对纳税的时间、地点、方式和数量也必须事先明确规定,使纳税人有章可循。

(2) 便利原则,即要考虑给予纳税人简便的纳税手续,有利于纳税人缴纳税款。纳税的时间、地点、方式等要可能给纳税人便利。

(3) 节省原则,征收管理费要力求节省,应减少纳税人因纳税而造成的直接负担或间接负担的费用。

与斯密的税收原则相比,瓦格纳的税收原则突出了国民经济,提出了累进税制,强调了效率损失,这是税收原则理论的一大发展。

二、现代税收原则

了解了西方古典的税收原则,我们有必要继续了解现行的税收原则。从现代经济学理论来看,现代税收原则并非全盘否认古典的税收原则,它是结合凯恩斯主义和福利经济学的思想,基本是围绕着税收在现代经济活动中的职能作用来论述的,归纳起来主要是三大原则:一是税收公平原则;二是税收效率原则;三是稳定经济原则。

(一) 税收公平原则

税收公平原则是指国家征税应使各个纳税人的税负与其负担能力相适应,并使纳税人之间的负担水平保持平衡。公平原则被公认为是税收的首要原则。

1. 税收公平原则的分类

(1) 横向公平。所谓横向公平,是指经济能力相同的人应当缴纳数额相同的税收。即税制以同等方式对待条件相同的人,如果政府制定的税制能够不使纳税人之间的经济能力发展变化,则这一税制被认为是公平的。横向公平虽易为大家接受,但实践中却难以确定。其原因是:究竟如何判断纳税人具有"相同的"经济能力,这需要有一个合理的衡量标准,即使有可供比较的标准,也难以判定纳税人得到了相同的税收待遇。

(2) 纵向公平。所谓纵向公平,是指经济能力不同的人应缴纳数额不同的税收,即税制如何对待条件不同的人。纵向公平要比横向公平更为复杂,这是因为纵向公平不仅要判断纳税人的经济能力是否相同,而且还必须确定用某种尺度来衡量差别的多少。因而要做到纵向公平,需从三方面着手,一是从原则上判定谁应支付较多的税收;二是确定应税方法和税基;三是确定纳税人究竟应多付多少税收。判断一个人是否应比另一个人缴纳更多的税收,一般可采用以下三个标准:有较高纳税能力;有较强的经济能力;从政府那里获得收益较多。

2. 税收公平原则的衡量标准

(1) 受益原则。根据纳税人从政府提供的公共物品中受益的多少,判定其应纳税的多少和税负是否公平,受益多者应多纳税,反之则相反。由于该说按照市场平等交换的观点,把纳税多少、税负是否公平同享受利益的多少相结合,因此又称为"受益说"。受益说的确能够适用于公路使用的课税和社会保险方面,以及城市设施的建设,但是受益说不适用于大多数的公共产品,如国防、教育、社会治安方面。例如,一个拥有巨额财产而做事低调的富翁,他虽富有但不开设工厂等经营实体,他与社会交往不多,发生冲突的可能性小;而一个普通人为了生存而不得不在职场打拼、广泛的接触社会,后者与人发生冲突需要国家治安力量保护的概率要远远大于前者,怎么能够说在社会治安资源方面前者享受了比后者更多,而要求其承担比后者更重的税负呢?因此,受益原则不能很好地全面解释税收公平原则。

(2) 能力原则。根据纳税人的纳税能力来确定纳税额度。纳税能力大的多纳税,纳税能力小的少纳税,无纳税能力的人不纳税。由于该说侧重于把纳税能力的强弱同纳税多少、税负是否公平相结合,因此又称为"能力说"。这一原则补充了受益原则的局限性。

(二) 税收效率原则

税收效率原则,就是以最小的费用获取最大的税收收入,并利用税收的经济调控作用最大限度地促进经济的发展,或者最大限度地减轻税收对经济发展的妨碍。税收效率原则是现代税收的又一大原则。

税收的效率通常有两层含义:一是税收的行政效率;二是税收的经济效率。

1. 税收行政效率

税收行政效率可以税收成本率即税收的行政成本占税收收入的比率来反映,有效率就是要求以尽可能少的税收行政成本征收尽可能多的税收收入,即税收成本率越低越好。显然,税收行政成本,既包括政府为征税而花费的征收成本,也包括纳税人为纳税而耗费的缴纳成本,即西方所称的"奉行成本"。亚当·斯密和瓦格纳所称的"便利、节省"原则,实质上就是税收的行政效率原则。便利原则强调税制应使纳税人缴税方便,包括纳税的时间、方法、手续的简便易行。这无疑有利于节省缴纳成本,符合税收的行政效率要求。而节省原则,即亚当·斯密和瓦格纳所称的"最少征收费用原则",它强调征税费用应尽可能少。亚当·斯密说得很清楚:一切赋税的征收,须使国民付出的,尽可能等于国家所收入的。这里的所谓费用,实际只限于政府的征收成本。需要指出的是,税收的征收成本和缴纳成本是密切相关的,有时甚至是可以相互转换的,一项税收政策的出台,可能有利于降低征收成本,但它可能是以纳税人缴纳成本的增加为代价的,或者相反。这说明,税收的行政效率要对征收成本和缴纳成本进行综合考虑,才有真正意义。

2. 税收的经济效率

税收的经济效率是指税收对资源配置和经济运行机制产生影响,使税收超额负担最小、超额收益最大。经济决定税收,税收又反作用于经济。税收分配必然对经济的运行和资源的配置产生影响,这是必然的客观规律。税收的经济效率要求精简、有效,尽可能地减少税收对社会经济的不良影响,或者最大程度地促进社会经济良性发展。税收的经济效率源于"帕累托效率"。帕累托为意大利经济学家,是福利经济学的代表人物。福利经济学采用所谓的帕累托最优标准来衡量资源的最优配置。

税收将社会资源从纳税人手中转移为国家财政的这一过程中,势必会对经济活动产生影响。若这种影响仅限于征税数额本身,那么,税收对经济的影响为正常影响;若这种影响干扰或阻碍了经济活动的正常进行,社会福利因此而下降,则产生了税收的超额负担;若经济活动因税收调节而得到促进与发展,社会福利因此而增加,则为税收的超额收益。税收的经济效率原则就是要使税收的超额负担最小和超额收益最大,使整个经济系统的资源配置达到帕累托最优。

在现实经济生活中,税收超额负担的发生通常是不可避免的,如何降低税收超额负担,以较小的税收成本换取较大的经济效率,便成为税收经济效率原则的重心。要提高税收经济效率,必须在有利于国民经济有效运转的前提下,一方面尽可能压低税收的征收数额,减少税收对资源配置的影响度;另一方面,尽可能保持税收对市场机制运行的中性,并在市场机制失灵时,将税收作为调节杠杆加以有效纠正。税收本身的效率原则是指税务行政管理方面的效率,检验税收本身效率的标准在于税务支出占税收收入的比重。

如何降低税收的超额负担,税收理论认为应尽可能保持税收对市场机制运行的"中性"。税收"中性"包含的意义在于:国家征税使社会付出的价款以税款为限,尽可能不给纳税人或社会带来额外损失或超额负担,尽可能减少税收对市场经济的扭曲性,特别不能使税收成为超越市场机制而成为资源配置的决定因素。

在实践中,完全保持税收中性是不可能的,政府只能尽量减少税收对市场经济正常运行的干扰,使市场机制在配置资源中发挥基础性的调节作用。在这个前提下,掌握好税收超额负担的量和度,使税收机制与市场机制二者取得最优的结合。

3. 公平与效率两难

税收的公平与效率历来是一对难解的矛盾,要强调公平就要牺牲效率,要强调效率就要牺牲公平。在过去的几十年里,我国政府希望通过税收来缓解社会收入分配不公的矛盾,在公平与效率的权衡上重前者而轻后者。1994年税制改革一反过去的传统做法,将以累进税制为主的税率转变为近乎单一的比例税率,反映出政府以提高税收效率为主的意向。

税收的公平与效率是密切相关的,两者之间的内在联系主要表现在两个方面:第一,公平分配是提高效率的前提,因为只有重视劳动者的基本权力和利益,保持收入分配的合理性,才能激发劳动者的积极性,才能营造出社会再生产顺畅运行的社会环境。第二,效率是公平分配的基础,因为只有提高效率,做到投入少、产出多,整个社会经济效益大幅度提高,社会财富不断增加,才能使公平分配有一个强大的物质基础。总之,税收的公平与效率是互相促进、互为条件的统一体。如果税收活动阻碍了经济发展,影响了国民收入的增长,尽管是公平的,也是没有意义的,而真正的公平首先必须融合效率要求,必须是有效率的公平,税收的公平与效率也不是绝对的,在某一时期是公平的、有效率的税制,到另一时期也会变成不公平,或失去效率的税制。如我国20世纪70年代企业的八级超额累进税制,具有负担合理、课税公平的优点,但到80年代中期至90年代初期则成了"鞭打快牛"的标志。所以税收的公平与效率也要根据形势的发展进行适当的调整。

只有同时兼顾公平与效率两个方面的税制才是合理的税制,任何采取牺牲公平实现效率或者是牺牲效率实现公平的极端做法都是不妥的。我国是一个发展中的国家,从经济快速发展的需要来看,在长期内,我国应从三方面着手:一是运用先进科学方法管理税务,以节省管理费用;二是简化税制,使纳税人易于掌握,以压低执行费用;三是尽可能将执行费用转化为管理费用,以减少纳税人负担或费用分布的不公,增加税务支出的透明度途径,提高税收本身的效率,在效率优先的前提下,兼顾公平的原则。

(三) 稳定经济原则

税收的稳定经济原则是指在经济发展的波动过程中,运用税收的经济杠杆作用,引导经济趋于稳定。具体来说,税收可以通过两个方面来达到经济稳定:"内在稳定器"作用;"相机抉择"作用。

1. "内在稳定器"作用

税收的"内在稳定器"作用,是指对经济活动的过度繁荣和衰退萧条做出自动反应,从而达到自动减轻经济波动的幅度的税收制度。这种理论在西方经济学中称"内在稳定器"。由于税收是国民经济的函数,在既定的国民收入下,税收增加会导致民间收入的边际消费倾向下降。而边际消费倾向的下降,意味着对国民经济过热产生一种抵消力量;反过来税收减少,其作用恰好相反。税收的这种自动反应作用突出地表现在累进的所得税上。经济过度繁荣,通货膨胀时,由于所得税税基扩大和适用较高累进税率的税基扩大,税收收入的增加将超过国民收入的增加,产生抑制需求的效果。反之,当经济萧条时,所得税税基减少和适用较高税率的税基减少,就会使税收收入的减少幅度超过国民经济下降的幅度,则会抵消一部分因居民收入减少而导致的需求减少的消极效果。所得税累进程度越高,这种效应也越大。通过所得税与国民收入的函数关系,使税收随经济活动的变化而自动地发生增减变化,从而自动地调节国民收入水平,达到稳定经济的效果。

2. "相机抉择"作用

税收的"相机抉择"作用,即政府根据不同时期的经济形势,运用税收政策,有意识地调整经济活动的水平,消除经济中的不稳定因素。相机抉择税收政策包括税收的增加、减少,或是同时辅之以政府支出规模的增减。当总需求不足时,为了防止经济的衰退和停滞,就应当采取包括免税、退税、降低税率等减税办法,或是扩大政府预算规模,以刺激总需求的增加。当总需求过旺,发生通货膨胀时,为了制止物价水平的进一步上升,就应当采取增税的办法,或是缩小政府预算规模,以抑制经济的过热。

复习思考题

一、关键概念

税收 纳税人 课税对象 税目 税率 全额累进税率 超额累进税率 超率累进税率 税收的内在稳定器

二、简答题

1. 税收的特征和职能是什么?
2. 试分析超额累进税率和全额累进税率的区别。
3. 试分析起征点和免征额的区别。
4. 简述瓦格纳的税收原则。
5. 简述税收的公平和效率原则。
6. 简述税收的"相机抉择"作用。

第四章 商品与劳务税制度

【本章学习目的与要求】

通过本章学习,了解我国现行商品与劳务税包括的增值税、消费税、关税的基本概念和特点。熟悉各税种的构成要素,即纳税人、征税范围、税率、计税依据以及征收管理等,掌握增值税、消费税、关税计税依据和应纳税额的正确计算。

第一节 商品与劳务税概述

一、流转税的概念

商品与劳务税又称为流转税,它是以商品及劳务的流转额为课税对象征收的一种税。商品与劳务税是以流转额为课税对象,而流转额包括商品流转额和非商品流转额。商品流转额是指商品在流转过程中所发生的货币金额。商品从生产到消费的整个流转过程中,一般会经历采购、生产、批发、零售等诸多环节,所有这些生产经营环节中,由于商品交换活动而发生的货币金额,就是商品流转额;从卖方的角度来说,就是销售收入额;从买方的角度来说,则是购进商品支付金额。非商品流转额一般是指一切不从事商品生产和商品交换活动的单位和个人,因从事其他经营活动所取得的业务或劳务收入金额,如从事交通运输、建筑安装、金融保险、邮政电讯、娱乐业及其他各种服务业所取得的收入等。

随着我国"营改增"试点的不断推进,现行税制在商品及劳务税实务操作中的税种有三个,即增值税、消费税、关税。它是以规范化的增值税为核心,与消费税和关税相互协调配套的流转税制,即在我国境内销售货物,提供加工修理修配劳务,销售服务、无形资产及不动产,以及进口货物的企业、单位和个人,就其销售货物、提供应税劳务、发生应税行为和货物进口普遍征收增值税;有选择地对某些消费品征收消费税;在进出口环节征收关税。

二、商品与劳务税的特点

与其他税类相比,商品与劳务税有以下几个方面的特点:

(一) 课税对象广泛,税源充足

对商品与劳务征税的经济前提是商品经济,征税范围较为广泛,既包括第一产业和第二产业的产品销售收入,也包括第三产业的营业收入;既对国内商品征税,也对进出口的商品征税,税源比较充足,可以保证国家能够及时、稳定、可靠地取得财政收入。

(二) 税负易于转嫁

商品与劳务税中的增值税是价外税,税收一般由购买者支付,由消费者负担。即便是价内税,税收是价格的组成部分,在市场价格情况下,纳税人所缴纳的商品与劳务税最终也部分或全部地转移到消费者头上。例如,通过提高商品价格,转嫁给消费者;或者以压低收购价格而转嫁给生产者等,从而将税款部分或全部地转嫁给他人。所以,企业是商品与劳务税的纳税人,而消费者是商品与劳务税的负税人。消费者承担该税负是在消费商品、支付价格时间接受的,所以没有强烈的纳税意识和负税感觉,使商品与劳务税在征收上具有隐蔽性。

(三) 税收分配的累退性

税收可分为累进、比例和累退三种征收方式。累进征收应使税负随个人收入增加、负担能力增强而加重;比例征收应使税负和个人收入始终保持等比例关系;而累退征收应使税负随个人收入增加,负担能力增强而减轻。商品与劳务税在名义上一般按比例征收,但消费者的实际负担却具有累退特点。这是因为随个人收入增加,个人边际消费倾向下降,个人边际储蓄倾向提高,这意味着随个人收入增加,个人消费支出占收入比例下降,如果按消费支出比例征税,那么,商品与劳务税占个人收入比例必然下降,从而使商品与劳务税比例征收具有累退特点,不符合公平税收原则要求。

(四) 易于征收管理

对商品及劳务课税,其税额大小决定于流转额与税率高低,相对于所得税而言,商品与劳务税不需要核算成本、费用、利润等,在征收核算和管理上比较简单,计税依据主要是商品的流转额,在计算征收上较为简便易行,也容易为纳税人所接受,即使在经济基础相对薄弱的国家和地区也容易推行。

三、商品与劳务税的分类

按照我国1994年税制改革的内容,目前税制在商品与劳务税制度中具体包括三个税种,即增值税、消费税和关税,依据不同的标准可以进行不同的分类。

(一)按课税对象不同分类

商品与劳务税的课税对象为商品流转额和非商品流转额,具体可分为总值型和增值型两种类型。

1. 总值型

总值型的商品与劳务税课税对象为从事商品生产经营的商品销售收入总额,或从事劳务服务的营业收入总额,例如消费税和关税。由于不涉及扣除额的核算,计税核算和征管难度降低,但在多环节征税的情况下,会引起重复征税、重叠征税,不利于产品间和企业间的税负平衡。

2. 增值型

增值型的商品与劳务税课税对象为从事商品生产经营或劳务服务的增值额。增值额是企业从事生产经营活动新创价值额,或者说是企业商品销售或营业服务收入额扣除同企业商品产销或营业服务有关的物质消耗后新增价值额,主要指增值税。以增值额为课税对象相对于以收入总额为课税对象,税基缩小,计税核算和征管难度增大。但在多环节征税情况下可减少或消除重复征税,解决产品间或企业间税负不平衡的问题,实现税负公平。

(二)按征收范围不同分类

商品与劳务税以商品流转额和非商品流转额为课税对象征税,但并不意味着对全部商品和劳务征税。现行流转税按其征收范围的宽狭不同可分为对商品普遍征税、只对消费品征税和选择少数消费品征税三种类型。

1. 对商品普遍征税

商品可分为消费品和资本品,因而,最广阔的税基应该包括最终销售的消费商品和资本商品,在其他条件不变的情况下,实行对商品普遍征税,可以扩大商品与劳务税税基,平衡消费品和资本品的税负,有利于增加商品与劳务税收入,减少对消费品和资本品产销选择的干预;不过,对资本品征税,会使资本品价格提高、资本品生产者垫支的资金增加、成本上升,不利于资本品的生产和社会投资的扩大,因此选择对商品普遍征税的国家不多。

2. 选择全部的消费品征税

商品与劳务税的范围只对消费品征税,而对资本品不予征税。由于商品与劳务税既影响消费者价格,又影响生产者利润,因而对产销两方面产生影响。采取对消费品和资本品区别对待的税收政策,有利于从税收上激励资本品的生产和消费,同时也对投资产生激励效果。

3. 选择部分消费品征税

选择部分消费品征税即对资本品和大部分消费品不征税,从而使商品与劳务税税基缩小,商品税收减少。这主要出于几方面考虑:① 减少课税对商品生产、流通和消费的不利影响。② 发挥税收对资源配置的作用,更好地调节产业结构和产品结构。例如,对于烟、酒、化妆品等少数高利润商品采用较高的税收,从而起到调节和限制作用,而对利润较低的商品采用不征税或少征税,可进一步促进其发展。通过税收调节有可能提高资源配置效率。目前我国开征的消费税、欧共体国家的国内消费税等属于选择部分消费品征税的项目。

(三) 按计税依据不同分类

商品与劳务税的计税依据按计税单位的不同可分为从价计税和从量计税两种。

1. 从价计税

从价计税是以计税金额为计税依据来计算应纳税额,计税金额是计税价格乘以计税数量。由于从价计税是以商品价格或劳务价格为依据,因此,商品价格变化会影响计税金额变化,从而影响税额变化,同种商品由于价格不同而税额不同。例如增值税就是从价计税的税种。从价计税的计税价格还应区别含税价格和不含税价格。

(1) 含税价格。含税价格是包含税金在内的计税价格,是由成本、利润和税金组成,税金内含于价格之中。一旦商品销售实现,就可取得包含在商品价格中的税款。一般在实行价内税的情况下,商品交易价格即为含税价格。如果商品价格为不含税价格,就要按组成计税价格计算含税价格。组成计税价格计算公式为:

$$组成计税价格 = 不含税价 \div (1 - 税率)$$
$$= (成本 + 利润) \div (1 - 税率)$$

(2) 不含税价格。不含税价格是不包含税金的计税价格,是由成本、利润组成,税金依附于价格之外。一般在实行价外税的情况下,交易价格即为不含税价格。如果商品价格为含税价格,也要按不含税价格计算计税价格。不含税价格计算公式为:

$$不含税价格 = 含税价格 \div (1 + 税率)$$

2. 从量计税

从量计税是以计税数量为计税依据来计算应纳税额,计税数量包括计税重量、容积、体积。从量计税由于以商品数量为依据,因此,商品价格变化不影响税额变化,同种商品也不会因价格差异而引起税额差异。例如消费税种对啤酒、黄酒的课税就采用从量计税的方式。

(四) 按税率不同分类

作为税收制度的中心环节,税率的高低直接关系到国家税收收入和纳税人税收负担,流转税税率的选择主要涉及税率形式、税率结构和税率水平三方面。

1. 税率形式

商品与劳务税税率可选择比例税率,也可选择定额税率。税率形式的确定与计税依据的确定有关。凡是从价税一般适用比例税率,按商品售价计算应纳税额;凡是从量税一般适用定额税率,按商品销售的数量、容积、体积等计算应纳税额;复合计征时,则两种税率都采用。在通货膨胀情况下,采用比例税率征收时,征收方商品与劳务税税额增加,但纳税方的税负不变;采用从量税征收时,商品价格的变化不会影响征税方的税额,但纳税方的税负反而降低。

2. 税率结构

在从价税情况下所适用的比例税有单一比例税率和差别比例税率之分,前者具有中性特征,主要发挥税收的收入功能,而后者则不仅具有收入功能,还可以根据不同的行业、产品或地区设计不同的税率,发挥税收的调节功能。

3. 税率水平

税率水平的决定取决于多种因素:首先,在以间接税为主的税制结构中,如果税基不变,则任何提高商品与劳务税税负水平的举措必然导致税率的提高;其次,在税制结构既定时,宽税基可以实行相对低的税率,窄税基则要求相对高的税率;最后,国家通过商品与劳务税对经济进行结构性调节时也会导致税率的变化,以体现区别对待的国家政策要求。

(五)按纳税环节不同分类

纳税环节是指商品从生产到消费的流转过程中,应当缴纳税款的环节。由于商品与劳务税主要是对商品流转额征税,而商品流转一般要经过原材料采购、生产制造、商业批发、商业零售等多道流转环节,在同一流转环节也会经过多次流转过程。因此,选择在哪一环节或哪些环节纳税,涉及商品与劳务税制设计问题。

1. 多环节普遍征税

即在生产流通每一环节普遍征税,或者说每经过一道流转环节就征一次税。这种多环节道道征税的方法有利于扩大征税面,加强商品与劳务税对生产流通过程的调节,减少税收流失,增加国家的财政收入,目前我国实行的增值税即是采取多环节普遍征税。但多环节普遍征税会增加税收管理的复杂性,如果按全额征税,更会造成重复征税、重叠征税、税负不平衡等问题。同时道道征税会使商品价格扭曲,加重消费者的负担,妨碍商品的生产与销售。

2. 单一环节征税

即在生产流通的诸环节中只选择某个环节征税。单一环节征税减少了纳税环节,具体可分为以下两种情况:

(1)在产制(进口)环节征税。商品从生产到消费尽管要经过多道流转环节,但各个流转环节情况不完全相同,有些流转环节必须经过,如产制(进口)环节,有些流转环节不一定经过,如批发、零售环节。因此,选择商品必须经过的产制(进口)环节征税,税源较为集中,既保证国家的税收收入,又可以简化税收的征收管理。但如果征税后,商品价值不能最终实现,则可能形成虚假的税收收入。

(2)在零售环节征税。选择零售环节征税,主要是对消费品征税,会使税基相对缩小,容易引起税收流失;但在此环节征税,可以减少税收对生产流通的干扰,从而减少因税收导致的商品价格扭曲,有利于保持商品税"中性"特征。

第二节 增值税

一、增值税概述

(一)增值税的概念

增值税是对在我国境内销售货物,提供加工修理修配劳务(以下简称提供应税劳务)、销售服务、无形资产及不动产(以下简称发生应税行为),以及进口货物的企业、单位和个人,就其销售货物、提供应税劳务、发生应税行为的增值额和货物进口金额为计税依据而课征的一种税。所谓增值额,是指企业或其他经营者,在一定时期内,因从事生产和商品经营或提供劳务而"增加的价值额"。它是纳税人在一定时期内,所取得的商品销售(或劳务)收入额大于购进商品(或取得劳务)所支付金额的差额。

增值额可从以下几个方面来理解:① 从马克思的劳动价值理论上看,增值额相当于商品价值(W)扣除在商品生产过程中所消耗掉的生产资料转移价值(C)的余额,即由企业劳动者所创造的新价值($V+M$)。这部分由劳动者所创造的新价值则称为增值额。在我国,产品生产过程中的增值部分基本上相当于净产值。它主要包括工资、利息、租金、利润及其他具有增值性的内容。② 就商品生产经营的全过程而言,一件商品最终实现消费时的最后销售额,相当于该商品从生产到流通各个经营环节的增值额之和。③ 从一个生产经营单位来看,增值额是该单位商品销售收入额或营业收入额扣除非增值项如外购原材料、燃料、动力、包装物、低值易耗品等金额之后的余额,也就是商品生产经营中的进销差。它大体上相当于该单位活劳动创造的价值。④ 从国民收入分配角度上看,增值额在我国相当于净产值或国民收入,即包括劳动工资、经营利润、资本利息、奖金、租金及其他增值性质的项目之和。

增值税之所以能够在世界上众多国家推广,是因为其可以有效地防止商品在流转过程中的重复征税问题,并使其具备保持税收中性、普遍征收、税收负担由最终消费者承担、实行税款抵扣制度、实行比例税率、实行价外税制度等特点。

我国从1979年开始在部分城市试行生产型增值税。2008年国务院决定全面实施增值税改革,即将生产型增值税转为消费型增值税。2011年年底国家决定在上海试点营业税改征增值税工作,并已逐步将试点地区扩展到全国。2016年3月23日,经国务院批准,财政部和国家税务总局发布了《关于全面推开营业税改征增值税试点的通知》(财税[2016]36号),通知决定自2016年5月1日起,在全国范围内全面推开"营改增"试点,将建筑业、房地产业、金融业、生活服务业等全部营业税纳税人,纳入试点范围,由缴纳营业税改为缴纳增值税。

我国现行增值税的基本规范是2008年11月10日国务院令第538号公布的《中华人民共和国增值税暂行条例》(以下简称《增值税暂行条例》)、《中华人民共和国增值税暂行条例实施细则》(以下简称《增值税暂行条例实施细则》)以及2016年3月发布的《关于全面推开营业税改征增值税试点的通知》。

(二)增值税的类型

实行增值税的国家根据本国经济发展状况和财政政策确定增值额,各国在确定据以征税的增值额时,对外购流动资产的价款一般都允许从货物总价值中扣除。但对外购固定资产的价款,各国处理办法则有所不同。有些国家允许扣除,有些国家则不允许扣除。在允许扣除的国家,扣除情况也不一样。有些国家允许将当期购入的固定资产价款一次全部从货物总销售额中扣除;有些国家则只允许扣除一部分,即根据固定资产的使用年限扣除,相当于折旧的部分。按各国法定增值额中对固定资产价款是否扣除及如何扣除的不同,可将增值税分为消费型、收入型、生产型增值税三种类型。

1. 消费型增值税

消费型增值税是指计算增值税时,允许将当期购入的固定资产价款一次性全部扣除,作为课税基数的法定增值额相当于纳税人当期的全部销售额扣除外购的全部生产资料价款后的余额。从整个国民经济来看,这一课税基数仅限于消费资料价值的部分,因而称为消费型增值税。

它的缺点是由于全部外购物资消耗的一次性被全额抵扣,会使当期增值额明显减少,将直接导致当期财政收入的减少,但从长远看,消费型增值税有利于促进投资、加速设备更新,对经济的持续发展有利,因此,目前在世界各国普遍采用消费型增值税,欧盟各国已全面实行了消费型增值税,我国自2009年1月1日起,已将生产型增值税转化为消费型增值税。

2. 收入型增值税

收入型增值税是指计算增值税时,对外购固定资产价款只允许扣除当期计入产品价值的折旧费部分,作为课税基数的法定增值额相当于当期工资、利息、租金和利润等各增值项目之和。从整个国民经济来看,这一课税基数相当于国民收入部分,故称为收入型增值税。

收入型增值税有利于加速折旧政策,但却给凭发票扣税的计算方法带来了困难。

3. 生产型增值税

生产型增值税是指计算增值税时,不允许扣除任何外购固定资产的价款,作为课税基数的法定增值额除包括纳税人新创造价值外,还包括当期计入成本的外购固定资产价款部分,即法定增值额相当于当期工资、利息、租金、利润等理论增值额和折旧额之和。从整个国民经济来看,这一课税基数大体相当于国民生产总值的统计口径,故称为生产型增值税。

这种类型的增值税由于课税基数的增值额中不仅包括企业新创造价值,还包括外购的固定资产价款部分,因此这种类型增值税基较宽,易于取得财政收入,但存在着对固定资产重复征税,不利于鼓励投资等问题。

(三) 增值税的特征

1. 以增值额为课税对象

增值税只就商品销售额中的增值部分征税,避免了征收的重叠性,具有中性税收的特征,这是增值税最基本最本质的特征,也是增值税区别于其他流转税的一个最显著的特征。这说明了增值税的征收,对任何交纳增值税的纳税人来说,只就本纳税人在生产经营过程中新创造的价值征税,它在对本环节的征税中已扣除了上道环节生产经营者已纳过税的那部分转移的价值,只就本环节生产经营者没有纳过税的新增的价值征税。因此,增值税在征税的过程中避免了按流转额全值课税的重叠性。

2. 征税具有广泛性和连续性

这一特征具有流转税类的基本特征,凡是纳入增值税征收范围的,只要经营收入具有增值因素就要征税,实行了普遍征收的原则。并且,它的征收范围可以延伸到生产流通的各个领域,因此从征收面看,增值税具有征收的广泛性。从连续性来看,一件商品从生产到产成品实现消费经历了从生产经流通到消费的连续过程,而该商品销售总值也是在这连续过程中逐步增值产生的。由于增值税具有征收的广泛性,它就能对这连续的过程实行道道征税,并且同每一环节的增值部分发生紧密联系,因此,增值税也具有征收的连续性。

3. 税负的公平性

增值税的征收不因生产或流转环节的变化而影响税收负担,同一商品只要税率统一、最后销售的价格相同,则产品不受生产经营环节多少的影响,税收负担始终保持一致。增值税的这种特征称之为同一商品税负的公平性。由于征收普遍,使得各国产品的实际税负基本相近,有效地达到横向公平与纵向公平的统一,有利于市场竞争机制的建立和发展。

4. 征管的严密性

由于增值税实行凭发票注明税款的抵扣制,在商品和劳务的生产直至销售的每一个环节无一遗漏地课税,购销环节相联,形成相互交叉审计关系,大大减少了偷税的可能性,提高了征收管理的严密程度。

二、增值税征税范围、纳税人及税率

(一)征税范围

增值税的征税范围包括在境内销售货物、提供应税劳务、发生应税行为以及进口货物等。根据《增值税暂行条例》《增值税暂行条例实施细则》和"营改增"的规定,我们将增值税的征税范围分为一般规定和特殊规定。

1. 征税范围的一般规定

现行增值税征税范围的一般规定包括销售或者进口的货物、提供的应税劳务和发生的应税行为。

(1)销售或者进口的货物

货物是指有形动产,包括电力、热力、气体在内。销售货物是指有偿转让货物的所有权。

(2)提供的应税劳务

应税劳务是指纳税人提供的加工、修理修配劳务。加工是指受托加工货物,即委托方提供原料及主要材料,受托方按照委托方的要求制造货物并收取加工费的业务;修理修配是指受托对损伤和丧失功能的货物进行修复,使其恢复原状和功能的业务。

提供应税劳务是指有偿提供加工、修理修配劳务。单位或者个体工商户聘用的员工为本单位或者雇主提供加工、修理修配劳务不包括在内。

(3)发生的应税行为

应税行为分为三大类,即销售应税服务、销售无形资产和销售不动产。其中应税服务包括交通运输服务、邮政服务、电信服务、建筑服务、金融服务、现代服务、生活服务。具体征税范围如下:

① 交通运输服务。交通运输服务是指利用运输工具将货物或者旅客送达目的地,使其空间位置得到转移的业务活动,包括陆路运输服务、水路运输服务、航空运输服务和管道运输服务。

② 邮政服务。邮政服务是指中国邮政集团公司及其所属邮政企业提供邮件寄递、邮政汇兑和机要通信等邮政基本服务的业务活动,包括邮政普遍服务、邮政特殊服务和其他邮政服务。

③ 电信服务。电信服务是指利用有线、无线的电磁系统或者光电系统等各种

通信网络资源,提供语音通话服务,传送、发射、接受或者应用图像、短信等电子数据和信息的业务活动,包括基础电信服务和增值电信服务。

④ 建筑服务。建筑服务是指各类建筑物、构筑物及其附属设施的建造、修缮、装饰,线路、管道、设备、设施等的安装以及其他工程作业的业务活动,包括工程服务、安装服务、修缮服务和其他建筑服务。

⑤ 金融服务。金融服务是指经营金融保险的业务活动,包括贷款服务、直接收费金融服务、保险服务和金融商品转让。"保本收益、报酬、资金占用费、补偿金",是指合同中明确承诺到期本金可全部收回的投资收益。金融商品持有期间(含到期)取得的非保本的上述收益,不属于利息或利息性质的收入,不征收增值税。

⑥ 现代服务。现代服务是指围绕制造业、文化产业、现代物流产业等提供技术性、知识性服务的业务活动,包括研发和技术服务、信息技术服务、文化创意服务、物流辅助服务、租赁服务、鉴证咨询服务、广播影视服务、商务辅助服务和其他现代服务。

⑦ 生活服务。生活服务是指为满足城乡居民日常生活需求提供的各类服务活动,包括文化体育服务、教育医疗服务、旅游娱乐服务、餐饮住宿服务、居民日常服务和其他生活服务。提供餐饮服务的纳税人销售的外卖食品,按照"餐饮服务"缴纳增值税。

⑧ 销售无形资产。销售无形资产是指转让无形资产所有权或者使用权的业务活动。无形资产是指不具实物形态,但能带来经济利益的资产,包括技术、商标、著作权、商誉、自然资源使用权和其他权益性无形资产。技术包括专利技术和非专利技术;自然资源使用权包括土地使用权、海域使用权、探矿权、采矿权、取水权和其他自然资源使用权;其他权益性无形资产包括基础设施资产经营权、公共事业特许权、配额、经营权(包括特许经营权、连锁经营权、其他经营权)、经销权、分销权、代理权、会员权、席位权、网络游戏虚拟道具、域名、名称权、肖像权、冠名权、转会费等。

⑨ 销售不动产。销售不动产是指转让不动产所有权的业务活动。不动产是指不能移动或者移动后会引起性质、形状改变的财产,包括建筑物、构筑物等。建筑物包括住宅、商业营业用房、办公楼等可供居住、工作或者进行其他活动的建造物。构筑物包括道路、桥梁、隧道、水坝等建造物。转让建筑物有限产权或者永久使用权的,转让在建的建筑物或者构筑物所有权的,以及在转让建筑物或者构筑物时一并转让其所占土地的使用权的,按照销售不动产缴纳增值税。

确定一项经济行为是否需要缴纳增值税,根据《营业税改征增值税试点实施办法》(财税[2016]36号),除另有规定外,一般应同时具备以下四个条件:应税行为是发生在中华人民共和国境内；应税行为是属于《销售服务、无形资产、不动产注释》范围内的业务活动；应税服务是为他人提供的；应税行为是有偿的。

上述所说的有偿有两类情形属于例外：第一种情形是满足上述四个增值税征税条件但不需要缴纳增值税的情形，主要包括：行政单位收取的同时满足条件的政府性基金或者行政事业性收费；存款利息；被保险人获得的保险赔付；房地产主管部门或者其指定机构、公积金管理中心、开发企业以及物业管理单位代收的住宅专项维修资金；在资产重组过程中，通过合并、分立、出售、置换等方式，将全部或者部分实物资产以及与其相关联的债权、负债和劳动力一并转让给其他单位和个人，其中涉及的不动产、土地使用权转让行为。第二种情形是不同时满足上述四个增值税征税条件但需要缴纳增值税，主要包括某些无偿的应税行为需要缴纳增值税。即《营业税改征增值税试点实施办法》第十四条规定的三种视同销售服务、无形资产或者不动产情形：单位或者个体工商户向其他单位或者个人无偿提供服务，但用于公益事业或者以社会公众为对象的除外；单位或者个人向其他单位或者个人无偿转让无形资产或者不动产，但用于公益事业或者以社会公众为对象的除外；财政部和国家税务总局规定的其他情形。按照此条规定，向其他单位或者个人无偿提供服务、无偿转让无形资产或销售不动产，除用于公益事业或者以社会公众为对象外，应视同发生应税行为，照章缴纳增值税。

(4) 非经营活动

销售服务、无形资产或者不动产是指有偿提供服务、有偿转让无形资产或者不动产，但属于下列非经营活动的情形除外：① 行政单位收取的同时满足以下条件的政府性基金或者行政事业性收费：由国务院或者财政部批准设立的政府性基金，由国务院或者省级人民政府及其财政、价格主管部门批准设立的行政事业性收费；收取时开具省级以上(含省级)财政部门监(印)制的财政票据；所收款项全额上缴财政。② 单位或者个体工商户聘用的员工为本单位或者雇主提供取得工资的服务。③ 单位或者个体工商户为聘用的员工提供服务。④ 财政部和国家税务总局规定的其他情形。

(5) 境内销售服务、无形资产或者不动产

在境内销售服务、无形资产或者不动产是指：① 服务(租赁不动产除外)或者无形资产(自然资源使用权除外)的销售方或者购买方在境内；② 所销售或者租赁的不动产在境内；③ 所销售自然资源使用权的自然资源在境内；④ 财政部和国家税务总局规定的其他情形。

2. 征税范围的特殊规定

增值税的征税范围除了上述的一般规定以外，还对经济实务中某些特殊项目或行为是否同于增值税的征税范围做出了具体界定。

(1) 属于征税范围的特殊项目

① 货物期货(包括商品期货和贵金属期货),应当征收增值税。纳税人应在期货的实物交割环节纳税,其中:交割时采取由期货交易所开具发票的,以期货交易所为纳税人,期货交易所缴纳的增值税按次计算,其进项税额为该货物交割时供货会员单位开具的增值税专用发票上注明的销项税额,期货交易所本身发生的其他各种进项税额不得抵扣;交割时采取由供货的会员单位直接将发票开给购货会员单位的,以供货会员单位为纳税人;但是上海期货交易所的会员和客户通过上海期货交易所交易的期货保税交割标的物,仍按保税货物暂免征收增值税;另外,根据《关于原油和铁矿石期货保税交割业务增值税政策的通知》(财税[2015]35 号)的规定,上海国际能源交易中心股份有限公司的会员和客户通过上海国际能源交易中心股份有限公司交易的原油期货保税交割业务,大连商品交易所的会员和客户通过大连商品交易所交易的铁矿石期货保税交割业务,暂免征收增值税。

② 对增值税纳税人收取的会员费收入不征收增值税。

③ 各燃油电厂从政府财政专户取得的发电补贴不属于增值税规定的价外费用,不计入应税销售额,不征收增值税。

④ 供电企业利用自身输变电设备对并入电网的企业自备电厂生产的电力产品进行电压调节,属于提供加工劳务。对供电企业进行电力调压并按电量向电厂收取的并网服务费,应当征收增值税。

⑤ 经批准允许从事二手车经销业务的纳税人按照《机动车登记规定》的有关规定,收购二手车时将其办理过户登记到自己名下,销售时再将该二手车过户登记到买家名下的行为,属于《增值税暂行条例》规定的销售货物的行为,应按照现行规定征收增值税。

⑥ 罚没物品征收与不征增值税的处理。执罚部门和单位查处的属于一般商业部门经营的商品,具备拍卖条件的,由执罚部门或单位商同级财政部门同意后,公开拍卖,其拍卖收入作为罚没收入由执罚部门和单位如数上缴财政,不予征税。对经营单位购入拍卖物品再销售的应照章征收增值税。执罚部门和单位查处的属于一般商业部门经营的商品,不具备拍卖条件的,由执罚部门、财政部门、国家指定销售单位会同有关部门按质论价,交由国家指定销售单位纳入正常销售渠道变价处理。执罚部门按商定价格所取得的变价收入作为罚没收入如数上缴财政,不予征税。国家指定销售单位将罚没物品纳入正常销售渠道销售的,应照章征收增值税。执罚部门和单位查处的属于专管机关管理或专管企业经营的财物,如金银(不包括金银首饰)、外币、有价证券、非禁止出口文物,应交由专管机关或专营企业收兑或收购。执罚部门和单位按收兑或收购价所取得的收入作为罚没收入如数上缴财政,不予征税。专管机关或专营企业经营上述物品中属于应征增值税的货物,应

照章征收增值税。

⑦ 航空运输企业已售票但未提供航空运输服务取得的逾期票证收入，按照航空运输服务征收增值税。

⑧ 纳税人取得的中央财政补贴，不属于增值税应税收入，不征收增值税。

⑨ 融资性售后回租业务中，承租方出售资产的行为不属于增值税的征税范围，不征收增值税。药品生产企业销售自产创新药的销售额，为向购买方收取的全部价款和价外费用，其提供给患者后续免费使用的相同创新药，不属于增值税视同销售范围。创新药是指经国家食品药品监督管理部门批准注册、获批前未曾在中国境内外上市销售，通过合成或者半合成方法制得的原料药及其制剂。

⑩ 根据国家指令无偿提供的铁路运输服务、航空运输服务，属于《营业税改征增值税试点实施办法》第十四条规定的用于公益事业的服务；存款利息不征收增值税；被保险人获得的保险赔付不征收增值税；房地产主管部门或者其指定机构、公积金管理中心、开发企业以及物业管理单位代收的住宅专项维修资金，不征收增值税；纳税人在资产重组过程中，通过合并、分立、出售、置换等方式，将全部或者部分实物资产以及与其相关联的债权、负债和劳动力一并转让给其他单位和个人，不属于增值税的征税范围；单用途商业预付卡（以下简称单用途卡）业务按照以下规定执行：单用途卡发卡企业或者售卡企业（以下统称售卡方）销售单用途卡，或者接受单用途卡持卡人充值取得的预收资金，不缴纳增值税。售卡方可按照《关于营改增试点若干征管问题的公告》（国家税务总局公告2016年第53号）第九条的规定，向购卡人、充值人开具增值税普通发票，不得开具增值税专用发票。

(2) 属于征税范围的特殊行为

① 视同销售货物或视同发生应税行为。单位或者个体工商户的下列10项行为，视同销售货物或发生应税行为：

第一，将货物交付其他单位或者个人代销。

第二，销售代销货物。

第三，设有两个以上机构并实行统一核算的纳税人，将货物从一个机构移送至其他机构用于销售，但相关机构设在同一县（市）的除外。"用于销售"，是指受货机构发生以下情形之一的经营行为：一是向购货方开具发票；二是向购货方收取货款。受货机构的货物移送行为有上述两项情形之一的，应当向所在地税务机关缴纳增值税；未发生上述两项情形的，则应由总机构统一缴纳增值税；如果受货机构只就部分货物向购买方开具发票或收取货款，则应当区别不同情况计算并分别向总机构所在地或分支机构所在地缴纳税款。

第四，将自产或者委托加工的货物用于非应税项目。

第五，将自产、委托加工的货物用于集体福利或者个人消费。

第六,将自产、委托加工或者购进的货物作为投资,提供给其他单位或者个体工商户。

第七,将自产、委托加工或者购进的货物分配给股东或者投资者。

第八,将自产、委托加工或者购进的货物无偿赠送其他单位或者个人。

第九,单位或者个体工商户向其他单位或者个人无偿销售应税服务、无偿转让无形资产或者不动产,但用于公益事业或者以社会公众为对象的除外。

第十,财政部和国家税务总局规定的其他情形。

上述10种情况应该确定为视同销售货物或发生应税行为,均要征收增值税。其确定的目的主要有三个:一是保证增值税税款抵扣制度的实施,不致因发生上述行为而造成各相关环节税款抵扣链条的中断;二是避免因发生上述行为而造成销售货物、提供应税劳务和发生应税行为税收负担不平衡的矛盾;三是体现增值税计算的配比原则。即购进货物、接受应税劳务和应税行为已经在购进环节实施了进项税额抵扣,这些购进货物、接受应税劳务和应税行为应该产生相应的销售额,同时就应该产生相应的销项税额,否则就会产生不配比情况。如上述第四~九项讲的几种情况就属于此种原因。

② 混合销售。一项销售行为如果既涉及货物又涉及服务,为混合销售。从事货物的生产、批发或者零售的单位和个体工商户的混合销售,按照销售货物缴纳增值税;其他单位和个体工商户的混合销售,按照销售服务缴纳增值税。

上述从事货物的生产、批发或者零售的单位和个体工商户,包括以从事货物的生产、批发或者零售为主,并兼营销售服务的单位和个体工商户在内。混合销售行为成立的行为标准有两点:一是其销售行为必须是一项;二是该项行为必须既涉及货物销售又涉及应税行为。

在确定混合销售是否成立时,其行为标准中的上述两点必须是同时存在,如果一项销售行为只涉及销售服务,不涉及货物,这种行为就不是混合销售行为;反之,如果涉及销售服务和涉及货物的行为不是存在一项销售行为之中,这种行为也不是混合销售行为。

(二)纳税人

1. 纳税义务人

在中华人民共和国境内(以下简称境内)销售服务、无形资产或者不动产(以下简称应税行为)的单位和个人,为增值税纳税人。

单位,是指企业、行政单位、事业单位、军事单位、社会团体及其他单位。

个人,是指个体工商户和其他个人。

单位以承包、承租、挂靠方式经营的,承包人、承租人、挂靠人(以下统称承包人)以发包人、出租人、被挂靠人(以下统称发包人)名义对外经营并由发包人承担相关法律责任的,以该发包人为纳税人。否则,以承包人为纳税人。

资管产品运营过程中发生的增值税应税行为,以资管产品管理人为增值税纳税人。

采用承包、承租、挂靠经营方式下,区分以下两种情况界定纳税人:

(1) 同时满足以下两个条件的,以发包人为纳税人:以发包人名义对外经营;由发包人承担相关法律责任。

(2) 不同时满足上述两个条件的,以承包人为纳税人。

两个或者两个以上的纳税人,经财政部和国家税务总局批准可以视为一个纳税人合并纳税。具体办法由财政部和国家税务总局另行制定。

纳税人应当按照国家统一的会计制度进行增值税会计核算。

2. 扣缴义务人

中华人民共和国境外(以下简称境外)单位或者个人在境内发生应税行为,在境内未设有经营机构的,以购买方为增值税扣缴义务人。财政部和国家税务总局另有规定的除外。

3. 小规模纳税人和一般纳税人的认定标准

增值税实行凭专用发票抵扣税款的制度,客观上要求纳税人具备健全的会计核算制度和能力。在实际经济生活中我国增值税纳税人众多,会计核算水平差异较大,大量的小企业和个人还不具备用发票抵扣税款的条件,为了既简化增值计算和征收,也有利于减少税收征管漏洞,将增值税纳税人按会计核算水平和经营规模分为一般纳税人和小规模纳税人两类纳税人,分别采取不同的增值税计税方法。

(1) 小规模纳税人的认定标准

小规模纳税人是指年销售额在规定标准以下,并且会计核算不健全,不能按规定报送有关税务资料的增值税纳税人。

根据《增值税暂行条例》《增值税暂行条例实施细则》和"营改增"相关文件的规定,小规模纳税人的具体认定标准是:① 从事货物生产或者提供应税劳务的纳税人,以及以从事货物生产或者提供应税劳务为主,并兼营货物批发或者零售的纳税人,年应税销售额在 50 万元以下(含本数,下同)的;"以从事货物生产或者提供应税劳务为主"是指纳税人的年货物生产或者提供应税劳务的销售额占年应税销售额的比重在 50% 以上。② 对上述规定以外的纳税人(不含发生应税行为的纳税人),年应税销售额在 80 万元以下的。③ 年应税销售额超过小规模纳税人标准的其他个人按小规模纳税人纳税。④ 非企业性单位可选择按小规模纳税人纳税。⑤ 发生应税行为的纳税人年销售额标准为 500 万元(不含税销售额,下同),应税行为年销售额未超过 500 万元的纳税人为小规模纳税人。

(2) 一般纳税人的认定标准

一般纳税人是指年应征增值税销售额(以下简称年应税销售额,包括一个公历年度内的全部应税销售额),超过《增值税暂行条例实施细则》规定的小规模纳税人标准的企业和企业性单位(以下简称企业)。下列纳税人不属于一般纳税人:① 年应税销售额未超过小规模纳税人标准的企业(以下简称小规模企业);② 个人(除个体经营者以外的其他个人);③ 非企业性单位;④ 不经常发生增值税应税行为的企业。另外,为了加强对加油站成品油销售的增值税征收管理,对从事成品油销售的加油站,无论其年应税销售额是否超过80万元,一律按增值税一般纳税人征税。

除了上述基本规定外,国家税务总局还就资格判断做出如下规定:除国家税务总局另有规定外,一经登记为一般纳税人后,不得转为小规模纳税人;年应税销售额未超过规定标准的纳税人,会计核算健全,能够提供准确税务资料的,可以向主管税务机关办理一般纳税人资格登记,成为一般纳税人,会计核算健全,是指能够按照国家统一的会计制度规定设置账簿,根据合法、有效凭证核算。该规定主要是指有专业财务会计人员,能按照财务会计制度规定设置总账和有关明细账进行会计核算,能准确核算增值税销售额、销项税额、进项税额和应纳税额等。

(三) 税率与征收率

1. 增值税税率

现行增值税税率为四档,即17%、11%、6%和零税率。其中:

(1) 增值税一般纳税人适用17%的基本税率

增值税一般纳税人销售或者进口货物,提供应税劳务,发生应税行为除下列(2)(3)(4)外,一律为17%的基本税率。

(2) 增值税一般纳税人适用11%的税率

增值税一般纳税人销售或者进口下列货物,按11%的低税率计征增值税:

① 粮食、食用植物油、食用盐。食用盐是指符合《食用盐》(GB5461-2000)和《食用盐卫生标准》(GB2721-2003)两项国家标准的食用盐。

② 自来水、暖气、冷气、热水、煤气、石油液化气、天然气、沼气、居民用煤炭制品。

③ 图书、报纸、杂志。

④ 音像制品。音像制品是指正式出版的录有内容的录音带、录像带、唱片、激光唱盘和激光视盘。

⑤ 电子出版物。电子出版物是指以数字代码方式,使用计算机应用程序,将图文声像等内容信息编辑加工后存储在具有确定的物理形态的磁、光、电等介质上,通过内嵌在计算机、手机、电子阅读设备、电子显示设备、数字音频视频播放设备、电子游戏机、导航仪以及其他具有类似功能的设备上读取使用,具有交互功能,

用以表达思想、普及知识和积累文化的大众传播媒体。

⑥ 饲料、化肥、农药、农机、农膜。

⑦ 农产品。农产品是指种植业、养殖业、林业、牧业、水产业生产的各种植物、动物的初级产品。农业产品的征税范围包括：植物类和动物类。植物类具体征税范围为：粮食、蔬菜、烟叶、茶叶、园艺植物、药用植物、油料植物、纤维植物、糖料植物、林业产品和其他植物。动物类具体征税范围为：水产品、畜牧产品、动物皮张、动物毛绒和其他动物组织。按照《食品安全国家标准——巴氏杀菌乳》(GB19645—2010)生产的巴氏杀菌乳和按照《食品安全国家标准——灭菌乳》(GB25190—2010)生产的灭菌乳，均属于初级农业产品，可依照鲜奶按13%的税率征收增值税；按照《食品安全国家标准——调制乳》(GB25191—2010)生产的调制乳，不属于初级农业产品，应按照17%的税率征收增值税；肉桂油、桉油、香茅油，适用税率为17%；淀粉不属于农业产品的范围，应按照17%的税率征收增值税。对农产品深加工企业购入农产品维持原扣除力度13%不变。

⑧ 二甲醚。二甲醚是指化学分子式为CH_3OCH_3，常温常压下为具有轻微醚香味，易燃、无毒、无腐蚀性的气体。

⑨ 增值税一般纳税人提供交通运输、邮政、基础电信、建筑、不动产租赁服务，销售不动产，转让土地使用权。

(3) 增值税一般纳税人适用6%的税率

纳税人发生提供增值电信服务、金融服务、现代服务（租赁服务除外）、生活服务、转让土地使用权以外的其他无形资产的应税行为，税率为6%。

(4) 增值税一般纳税人适用零的税率

纳税人出口货物，境内单位和个人发生符合规定的跨境应税行为，税率为零。

① 按照国家有关规定应取得相关资质的国际运输服务项目，纳税人取得相关资质的，适用增值税零税率政策，未取得的，适用增值税免税政策。

② 境内的单位或个人提供程租服务，如果租赁的交通工具用于国际运输服务和港澳台运输服务，由出租方按规定申请适用增值税零税率。

③ 境内的单位和个人向境内单位或个人提供期租、湿租服务，如果承租方利用租赁的交通工具向其他单位或个人提供国际运输服务和港澳台运输服务，由承租方适用增值税零税率。境内的单位或个人向境外单位或个人提供期租、湿租服务，由出租方适用增值税零税率。

④ 境内单位和个人以无运输工具承运方式提供的国际运输服务，由境内实际承运人适用增值税零税率；无运输工具承运业务的经营者适用增值税免税政策。

境内单位和个人发生的与香港、澳门、台湾有关的应税行为，除另有规定外，参照上述规定执行。

2. 增值税征收率

增值税征收率是指对特定的货物或特定的纳税人销售货物、提供应税劳务、发生应税行为在某一生产流通环节缴纳税额与销售额的比率。增值税征收率适用于两种情况,一是小规模纳税人;二是一般纳税人销售货物、提供应税劳务、发生应税行为按规定可以选择简易计税方法计税的。

(1) 征收率的一般规定

① 根据"营改增"的规定,下列情况适用5%征收率:小规模纳税人销售自建或者取得的不动产;一般纳税人选择简易计税方法计税的不动产销售;房地产开发企业中的小规模纳税人,销售自行开发的房地产项目;其他个人销售其取得(不含自建)的不动产(不含其购买的住房);一般纳税人选择简易计税方法计税的不动产经营租赁;小规模纳税人出租(经营租赁)其取得的不动产(不含个人出租住房);其他个人出租(经营租赁)其取得的不动产(不含住房);个人出租住房,应按照5%的征收率减按1.5%计算应纳税额;一般纳税人和小规模纳税人提供劳务派遣服务选择差额纳税的;一般纳税人2016年4月30日前签订的不动产融资租赁合同,或以2016年4月30日前取得的不动产提供的融资租赁服务,选择适用简易计税方法的;一般纳税人收取试点前开工的一级公路、二级公路、桥、闸通行费,选择适用简易计税方法的;一般纳税人提供人力资源外包服务,选择适用简易计税方法的;纳税人转让2016年4月30日前取得的土地使用权,选择适用简易计税方法的。

② 除上述适用5%征收率以外的纳税人选择简易计税方法销售货物、提供应税劳务、发生应税行为均为3%。

(2) 征收率的特殊政策

根据增值税法的有关规定,适用3%征收率的某些一般纳税人和小规模纳税人可以减按2%计征增值税。

① 一般纳税人销售自己使用过的属于《增值税暂行条例》第十条规定不得抵扣且未抵扣进项税额的固定资产,按照简易办法依照3%征收率减按2%征收增值税;纳税人销售自己使用过的固定资产,适用简易办法依照3%征收率减按2%征收增值税政策的,可以放弃减税,按照简易办法依照3%征收率缴纳增值税,并可以开具增值税专用发票;"已使用过的固定资产"是指纳税人根据财务会计制度已经计提折旧的固定资产。

② 小规模纳税人(除其他个人外,下同)销售自己使用过的固定资产,减按2%征收率征收增值税。

③ 纳税人销售旧货,按照简易办法依照3%征收率减按2%征收增值税。所称旧货,是指进入二次流通的具有部分使用价值的货物(含旧汽车、游艇),但不包括自己使用过的物品。上述纳税人销售自己使用过的固定资产、旧货适用按照简易办法

依照3%征收率减按2%征收增值税的,按下列公式确定销售额和应纳税额:

$$销售额 = 含税销售额 \div (1+3\%)$$
$$应纳税额 = 销售额 \times 2\%$$

④ 提供物业管理服务的纳税人,向服务接受方收取的自来水水费,以扣除其对外支付的自来水水费后的余额为销售额,按照简易计税方法依3%的征收率计算缴纳增值税。

⑤ 小规模纳税人提供劳务派遣服务,可以按照《关于全面推开营业税改征增值税试点的通知》的有关规定,以取得的全部价款和价外费用为销售额,按照简易计税方法依3%的征收率计算缴纳增值税;也可以选择差额纳税,以取得的全部价款和价外费用,扣除代用工单位支付给劳务派遣员工的工资、福利和为其办理社会保险及住房公积金后的余额为销售额,按照简易计税方法以5%的征收率计算缴纳增值税。

⑥ 非企业性单位中的一般纳税人提供的研发和技术服务、信息技术服务、鉴证咨询服务,以及销售技术、著作权等无形资产,可以选择简易计税方法按照3%征收率计算缴纳增值税;非企业性单位中的一般纳税人提供《营业税改征增值税试点过渡政策的规定》(财税〔2016〕36号)第一条第(二十六)项中的"技术转让、技术开发和与之相关的技术咨询、技术服务",可以参照上述规定,选择简易计税方法按照3%征收率计算缴纳增值税。

⑦ 一般纳税人提供教育辅助服务,可以选择简易计税方法按照3%征收率计算缴纳增值税;选择差额纳税的纳税人,向用工单位收取用于支付给劳务派遣员工工资、福利和为其办理社会保险及住房公积金的费用,不得开具增值税专用发票,可以开具普通发票。

3. 兼营行为的税率选择

试点纳税人销售货物、提供应税劳务、发生应税行为适用不同税率或者征收率的,应当分别核算适用不同税率或者征收率的销售额,未分别核算销售额的,按照以下方法适用税率或者征收率:

① 兼有不同税率的销售货物、提供应税劳务、发生应税行为,从高适用税率。

② 兼有不同征收率的销售货物、提供应税劳务、发生应税行为,从高适用征收率。

③ 兼有不同税率和征收率的销售货物、提供应税劳务、发生应税行为,从高适用税率。

三、增值税应纳税额的计算

增值税的计税方法,包括一般计税方法、简易计税方法和扣缴计税方法。

（一）一般纳税人增值税的计算

我国目前对一般纳税人采用的一般计税方法是间接计算法，即先按当期销售额和适用税率计算出销项税额，然后将当期准予抵扣的进项税额进行抵扣，从而间接计算出当期增值额部分的应纳税额。

增值税一般纳税人销售货物、提供应税劳务以及发生应税行为的应纳税额，应该等于当期销项税额抵扣当期进项税额后的余额。其计算公式如下：

$$当期应纳税额 = 当期销项税额 - 当期进项税额$$
$$= 当期销售额 \times 适用税率 - 当期进项税额$$

从上述计算公式中可以看出，对于增值税一般纳税人而言，增值税计算取决于两个因素：一是当期的销项税额，二是当期的进项税额。

1. 销项税额的确定

销项税额是指纳税人销售货物、提供应税劳务以及发生应税行为时，按照销售额或者应税劳务收入或者应税行为收入与规定税率计算并向购买方收取的增值税税额。其计算公式为：

$$销项税额 = 销售额 \times 税率$$

或

$$销项税额 = 组成计税价格 \times 税率$$

从销项税额的定义和公式中我们可以知道，它是由购买方在购买货物、应税劳务、应税行为支付价款时，一并向销售方支付的税额。对于属于一般纳税人的销售方来说，在没有抵扣其进项税额前，销售方收取的销项税额还不是其应纳增值税税额。销项税额的计算取决于销售额和适用税率两个因素。在适用税率既定的前提下，销项税额的大小主要取决于销售额的大小。

（1）增值税销售额的一般规定

销售额是指纳税人销售货物、提供应税劳务以及发生应税行为时向购买方（承受应税劳务和应税行为也视为购买方）收取的全部价款和价外费用。特别需要强调的是，尽管销项税额也是销售方向购买方收取的，但是由于增值税采用价外计税方式，用不含税价作为计税依据，因而销售额中不包括向购买方收取的销项税额。价外费用是指价外收取的各种性质的收费，但下列项目不包括在内：① 受托加工应征消费税的消费品所代收代缴的消费税。② 同时符合以下条件代为收取的政府性基金或者行政事业性收费：由国务院或者财政部批准设立的政府性基金，由国务院或者省级人民政府及其财政、价格主管部门批准设立的行政事业性收费；收取时开具省级以上财政部门印制的财政票据；所收款项全额上缴财政。③ 以委托方名义开具发票代委托方收取的款项。④ 销售货物的同时代办保险等而向购买方收取的保险费，以及向购买方收取的代购买方缴纳的车辆购置税、车辆牌照费。

凡随同销售货物或者提供应税劳务或者发生应税行为向购买方收取的价外费用，无论其会计制度如何核算，均应并入销售额计算应纳税额。应当注意，根据国家税务总局规定：对增值税一般纳税人（包括纳税人自己或代其他部门）向购买方收取的价外费用和逾期包装物押金，应视为含税收入，在征税时应换算成不含税收入再并入销售额。销售额应以人民币计算。纳税人以人民币以外的货币结算销售额的，应当折合成人民币计算。折合率可以选择销售额发生的当天或者当月1日的人民币汇率中间价。纳税人应当在事先确定采用何种折合率，确定后12个月内不得变更。

(2) 增值税销售额的特殊规定

在销售活动中，为了达到促销之目的，纳税人有多种销售方式选择。不同销售方式下，销售者取得的销售额会有所不同。税法对以下几种销售方式分别作了规定。

① 折扣方式下销售货物，如果销售额和折扣额在同一张发票上分别注明的，可按折扣后的余额作为销售额计算增值税；如果将折扣额另开发票，不论其在财务上如何处理，均不得从销售额中减除折扣额。

② 以旧换新方式销售货物，应按新货物的同期销售价格确定销售额。

③ 还本销售方式销售货物，不得从销售额中减除还本支出。

④ 采取以物易物方式销售，以各自发出的货物核算销售额并计算销项税额，以各自收到的货物核算购货额并计算进项税额。

⑤ 包装物押金，根据税法规定，纳税人为销售货物而出租出借包装物收取的押金，单独记账核算的，时间在1年以内且未过期的，不并入销售额征税，但对因逾期未收回包装物不再退还的押金，应按所包装货物的适用税率计算销项税额；包装物租金在销货时作为价外费用并入销售额计算销项税额；从1995年6月1日起，对销售除啤酒、黄酒外的其他酒类产品而收取的包装物押金，无论是否返还以及会计上如何核算，均应并入当期销售额征税，对销售啤酒、黄酒所收取的押金，按上述一般押金的规定处理。

⑥ 直销的税务处理，直销企业先将货物销售给直销员，直销员再将货物销售给消费者的，直销企业的销售额为其向直销员收取的全部价款和价外费用。直销员将货物销售给消费者时，应按照现行规定缴纳增值税。直销企业通过直销员向消费者销售货物，直接向消费者收取货款，直销企业的销售额为其向消费者收取的全部价款和价外费用。

⑦ 贷款服务，以提供贷款服务取得的全部利息及利息性质的收入为销售额。银行提供贷款服务按期计收利息的，结息日当日计收的全部利息收入，均应计入结息日所属期的销售额，按照现行规定计算缴纳增值税。另外，直接收费金融服务的

销售额的确认,直接收费金融服务,以提供直接收费金融服务收取的手续费、佣金、酬金、管理费、服务费、经手费、开户费、过户费、结算费、转托管费等各类费用为销售额。

(3) 按差额确定销售额

虽然原营业税的征税范围全行业均纳入了增值税的征收范围,但是目前仍然有无法通过抵扣机制避免重复征税的情况存在,因此引入了差额征税的办法,解决纳税人税收负担增加问题。以下项目属于按差额确定销售额:

① 金融商品转让的销售额。金融商品转让,按照卖出价扣除买入价后的余额为销售额。转让金融商品出现的正负差,按盈亏相抵后的余额为销售额。若相抵后出现负差,可结转下一纳税期与下期转让金融商品销售额相抵,但年末时仍出现负差的,不得转入下一个会计年度。纳税人2016年1~4月份转让金融商品出现的负差,可结转下一纳税期,与2016年5~12月份转让金融商品销售额相抵;证券公司、保险公司、金融租赁公司、证券基金管理公司、证券投资基金以及其他经人民银行、银监会、证监会、保监会批准成立且经营金融保险业务的机构发放贷款后,自结息日起90天内发生的应收未收利息按现行规定缴纳增值税,自结息日起90天后发生的应收未收利息暂不缴纳增值税,待实际收到利息时按规定缴纳增值税;金融商品的买入价,可以选择按照加权平均法或者移动加权平均法进行核算,36个月内不得变更;金融商品转让,不得开具增值税专用发票。

② 经纪代理服务的销售额。经纪代理服务,以取得的全部价款和价外费用,扣除向委托方收取并代为支付的政府性基金或者行政事业性收费后的余额为销售额。向委托方收取的政府性基金或者行政事业性收费,不得开具增值税专用发票。

③ 融资租赁和融资性售后回租业务的销售额。经中国人民银行、银监会或者商务部批准从事融资租赁业务的试点纳税人(包括经上述部门备案从事融资租赁业务的试点纳税人),提供融资租赁服务,以取得的全部价款和价外费用,扣除支付的借款利息(包括外汇借款和人民币借款利息)、发行债券利息和车辆购置税后的余额为销售额;经中国人民银行、银监会或者商务部批准从事融资租赁业务的试点纳税人,提供融资性售后回租服务,以取得的全部价款和价外费用(不含本金),扣除对外支付的借款利息(包括外汇借款和人民币借款利息)、发行债券利息后的余额作为销售额;试点纳税人根据2016年4月30日前签订的有形动产融资性售后回租合同,在合同到期前提供的有形动产融资性售后回租服务,可继续按照有形动产融资租赁服务缴纳增值税。

(4) 视同销售货物和发生应税行为的销售额确定

纳税人发生视同销售货物或者视同发生应税行为的情形,价格明显偏低或者偏高且不具有合理商业目的的,或者发生"营改增"实施办法第十四条所列行为而无销售额的,主管税务机关有权按照下列顺序确定销售额:按照纳税人员近时期销售同类货物或者应税行为的平均价格确定;按照其他纳税人员近时期销售同类货物或者应税行为的平均价格确定;按照组成计税价格确定。组成计税价格的公式为:

$$组成计税价格 = 成本 \times (1 + 成本利润率)$$

式中的成本利润率由国家税务总局确定。

(5) 含税销售额的换算

为了符合增值税作为价外税的要求,纳税人在填写进销货及纳税凭证、进行账务处理时,应分项记录不含税销售额、销项税额和进项税额,以正确计算应纳增值税额。然而,在实际工作中,常常会出现一般纳税人将销售货物或者提供应税劳务或者发生应税行为采用销售额和销项税额合并定价收取的方法,这样,就会形成含税销售额。我国增值税是价外税,计税依据中不含增值税本身的数额。在计算应纳税额时,如果不将含税销售额换算为不含税销售额,就不符合我国增值税的设计原则,即仍会导致对增值税销项税额本身的重复征税现象,也会影响企业成本核算过程,如果普遍出现以含税销售额作为计税依据的做法会在某种程度上推动物价非正常上涨情况的出现。因此,一般纳税人销售货物或者提供应税劳务或者发生应税行为取得的含税销售额在计算销项税额时,必须将其换算为不含税的销售额。对于一般纳税人销售货物或者提供应税劳务或者发生应税行为,采用销售额和销项税额合并定价方法的,按下列公式计算销售额:

$$销售额 = 含税销售额 \div (1 + 税率)$$

公式中的税率为销售的货物或者提供应税劳务或者发生应税行为时按《增值税暂行条例》和《关于全面推开营业税改征增值税试点的通知》所适用的税率。

2. 进项税额的确定

纳税人购进货物或者接受应税劳务,所支付或者负担的增值税额为进项税额。进项税额是与销项税额相对应的另一个概念。在开具增值税专用发票的情况下,它们之间的对应关系是,销售方收取的销项税额,就是购买方支付的进项税额。对于任何一个一般纳税人而言,由于其在经营活动中,既会发生销售货物或提供应税劳务,又会发生购进货物或接受应税劳务。因此,每一个一般纳税人都会有收取的销项税额和支付进项税额。增值税的核心就是用纳税人收取的销项税额抵扣其支付的进项税额,其余额为纳税人实际应缴纳的增值税税额。这样,进项税额作为可抵扣的部分,对于纳税人实际纳税就产生了举足轻重的作用。增值税必须凭扣税凭证才能进行抵扣,所谓扣税凭证,是指增值税专用发票、海关进口增值税专用缴款书、农产品收购发票和农产品销售发票。即使纳税人支付的进项税额获取扣税凭证,也不是都能从销项税额中予以抵扣的。这里分准予抵扣、不准予抵扣两部分分别介绍。

(1) 准予从销项税额中抵扣的进项税额

限于下列增值税扣税凭证上注明的增值税税额和按规定的扣除率计算的进项税额:

① 从销售方取得的增值税专用发票上注明的增值税税额,增值税专用发票具体包括增值税专用发票和税控机动车销售统一发票两种:"增值税专用发票"是增值税一般纳税人销售货物、提供应税劳务或者发生应税行为开具的发票,税控"机动车销售统一发票"是增值税一般纳税人从事机动车零售业务开具的发票。

② 海关取得的完税凭证上注明的增值税额。

③ 从境外单位或者个人购进服务、无形资产或者不动产,为税务机关或者扣缴义务人取得的解缴税款的完税凭证上注明的增值税额。

④ 购进农产品,按照农产品收购发票或者销售发票上注明的农产品买价和13%的扣除率计算的进项税额。进项税额计算公式为:进项税额=买价×扣除率。

⑤ 收费公路通行费增值税抵扣规定。通行费是指有关单位依法或者依规设立并收取的过路、过桥和过闸费用。增值税一般纳税人支付的通行费,暂凭取得的通行费发票(不含财政票据),注明的收费金额按照下列公式计算可抵扣的进项税额:高速公路通行费可抵扣进项税额=高速公路通行费发票上注明的金额÷(1+3%)×3%,一级公路、二级公路、桥、闸通行费可抵扣进项税额=一级公路、二级公路、桥、闸通行费发票上注明的金额÷(1+5%)×5%。

⑥ 原增值税一般纳税人从境外单位或者个人购进服务、无形资产或者不动产,按照规定应当缴增值税的,准予从销项税额中抵扣的进项税额为自税务机关或者扣缴义务人取得的解缴税款的完税凭证上注明的增值税额。

⑦ 原增值税一般纳税人购进货物或者接受加工修理修配劳务,用于《销售服务、无形资产或者不动产注释》所列项目的,不属于《增值税暂行条例》第十条所称的用于非增值税应税项目,其进项税额准予从销项税额中抵扣。

⑧ 按照《营业税改征增值税试点实施办法》第二十七条第(一)项规定不得抵扣且未抵扣进项税额的固定资产、无形资产、不动产,发生用途改变,用于允许抵扣进项税额的应税项目,可在用途改变的次月按照下列公式计算可以抵扣的进项税额:可以抵扣的进项税额=固定资产(无形资产、不动产)净值÷(1+适用税率)×适用税率,上述可以抵扣的进项税额应取得合法有效的增值税扣税凭证。

(2) 不得抵扣的进项税额

按《增值税暂行条例》规定,取得专用发票、完税凭证,但不得作为进项税抵扣的几种基本情况:

① 用于简易计税方法计税项目、免征增值税项目、集体福利或者个人消费的购进货物、加工修理修配劳务、服务、无形资产和不动产。其中涉及的固定资产、无形资产、不动产,仅指专用于上述项目的固定资产、无形资产(不包括其他权益性无形资产)、不动产。但是发生兼用于上述不允许抵扣项目情况的,该进项税额准予全部抵扣。另外,纳税人购进其他权益性无形资产无论是专用于简易计税方法计税项目、免征增值税项目、集体福利或者个人消费,还是兼用于上述不允许抵扣项目,均可以抵扣进项税额。纳税人的交际应酬消费属于个人消费,即交际应酬消费不属于生产经营中的生产投入和支出。

② 非正常损失的购进货物以及相关的加工修理修配劳务和交通运输服务。

③ 非正常损失的在产品、产成品所耗用的购进货物(不包括固定资产)、加工修理修配劳务和交通运输服务。

④ 非正常损失的不动产,以及该不动产所耗用的购进货物、设计服务和建筑服务。

⑤ 非正常损失的不动产在建工程所耗用的购进货物、设计服务和建筑服务。纳税人新建、改建、扩建、修缮、装饰不动产,均属于不动产在建工程。上述②③④⑤项所说的非正常损失,是指因管理不善造成货物被盗、丢失、霉烂变质,以及因违反法律法规造成货物或者不动产被依法没收、销毁、拆除的情形。这些非正常损失是由纳税人自身原因造成导致征税对象实体的灭失,为保证税负公平,其损失不应由国家承担,因而纳税人无权要求抵扣进项税额。

⑥ 购进的旅客运输服务、餐饮服务、居民日常服务和娱乐服务。一般情况下,旅客运输服务、餐饮服务、居民日常服务和娱乐服务主要接受对象是个人。对于一般纳税人购买的旅客运输服务、餐饮服务、居民日常服务和娱乐服务,难以准确地界定接受劳务的对象是企业还是个人,因此,一般纳税人购进的旅客运输服务、餐饮服务、居民日常服务和娱乐服务的进项税额不得从销项税额中抵扣。

⑦ 纳税人接受贷款服务、向贷款方支付的与该笔贷款直接相关的投融资顾问费、手续费、咨询费等费用,其进项税额不得从销项税额中抵扣。

⑧ 适用一般计税方法的纳税人,兼营简易计税方法计税项目、免征增值税项目而无法划分不得抵扣的进项税额,按照下列公式计算不得抵扣的进项税额:

$$不得抵扣的进项税额 = 当期无法划分的全部进项税额$$
$$= (当期简易计税方法计税项目销售额 + 免征增值税项目销售额) \div 当期全部销售额$$

主管税务机关可以按照上述公式依据年度数据对不得抵扣的进项税额进行清算。这是因为对于纳税人而言,进项税额转出是按月进行的,但由于年度内取得进项税额的不均衡性,有可能会造成按月计算的进项税转出与按年度计算的进项税转出产生差异,主管税务机关可在年度终了对纳税人进项税转出计算公式进行清算,可对相关差异进行调整。如果一般纳税人已抵扣进项税额的固定资产、无形资产或者不动产,发生"营改增"办法第二十七条规定不得从销项税额中抵扣进项税额情形的,按照下列公式计算不得抵扣的进项税额:

不得抵扣的进项税额 = 固定资产、无形资产或者不动产净值 × 适用税率

固定资产、无形资产或者不动产净值,是指纳税人根据财务会计制度计提折旧或摊销后的余额。

有下列情形之一者,应当按照销售额和增值税税率计算应纳税额,不得抵扣进项税额,也不得使用增值税专用发票:一般纳税人会计核算不健全,或者不能够提供准确税务资料的;应当办理一般纳税人资格登记而未办理的。该规定是为了加强对符合一般纳税人条件的纳税人的管理,防止利用一般纳税人和小规模纳税人的两种不同的征税办法少缴税款。

(3) 一般纳税人应纳税额计算举例

[例 4-1] 某机械厂(一般纳税人)2017 年 9 月份外购项目如下:

外购钢材 30 吨,价款 150 000 元,发票注明进项税额 25 500 元。

外购协作件,价款 90 000 元,发票注明进项税额 15 300 元。

外购低值易耗品 19 500 元,其中从"一般纳税人"购入物品 12 000 元,发票注明税额 2 040 元,从"小规模纳税人"购入物品 7 500 元,发票未注明税额。

外购生产用电力,价款 6 000 元,发票注明进项税额 1 020 元。

外购生产用水,价款 3 530.79 元,发票注明进项税额为 388.39 元。

本厂本月销售情况如下:

采用托收承付结算方式销售给甲厂机床,价款 18 000 元,货已发出,托收已在银行办妥,货款尚未收到。

采用分期收款结算方式销售给乙厂机床及配件:价款 300 000 元,货已发出,合同规定本月到期货款 120 000,但实际只收到货款 60 000 元。

采用其他结算方式销售给丙厂机床及配件,价款 240 000 元,货已发出,货款已收到。

根据上述资料,计算该厂本月应纳增值税。

解:该企业本月销项税额的计算:

该厂本月销售货物的结算方式分为托收承付、分期收款和其他结算方式三种。

按照增值税有关政策规定,对采用托收承付和其他结算方式的,其纳税义务发生时间为货物发出,同时收讫价款或者取得索取价款凭证的当天;对采用分期收款结算方式销售货物的,其纳税义务发生时间为销售合同规定的收款日期当天。因此,该厂本月份的计税销售额为:

销售给甲厂货物,价款 180 000 元;

销售给乙厂货物,价款 120 000 元;

销售给丙厂货物,价款 240 000 元;

合计 540 000 元。

$$本月销项税额 = 540\,000 \times 17\% = 91\,800(元)$$

本月进项税额的计算:钢材进项税额为 25 500 元、外协件进项税额为 15 300 元、低值易耗品进项税额为 2 040 元、电力进项税额为 1 020 元、外购水进项税额为 388.39 元;合计 44 248.39 元。

本月应纳增值税为:

$$本月应纳增值税 = 销项税额 - 进项税额 = 91\,800 - 49\,248.39 = 47\,551.61(元)$$

[例 4-2] 本市某金属公司(一般纳税人)主要从事工业金属材料的采购和供应业务。2017 年某月各类金属材料的销售收入额为 6 200 000 元,本月外购货物情况如下:

① 外购螺纹钢 1 200 吨,单价每吨 4 300 元,价款 5 160 000 元,发票注明进项税额 877 200 元。

② 外购镀锌板 120 吨,单价每吨 4 900 元,价款 588 000 元,发票注明进项税额 99 960 元。

③ 外购铲车一部,价款 142 000 元,发票注明进项税额 24 140 元,交仓库使用。

④ 由于公司仓库管理不善,本月购进的镀锌板被盗丢失 30 吨,价款合计 147 000 元。

根据上述资料,计算本公司本月应纳增值税。

解:

该公司本月的经济业务,除货物的正常购销外,还有两个特点:第一,购进一部铲车,按照规定应作为固定资产处理,在消费型增值税情况下,其进项税额可以抵扣。第二,购进镀锌板被盗丢失,按照规定属非正常损失,其进项税额也不得抵扣。因此,本月不得抵扣的购进货物的进项税额为:

购进货物被盗丢失(镀锌板 30 吨):

进项税额＝147 000×17％＝24 990(元)
本月应抵扣的进项税额＝877 200＋99 960－24 990＋24 140
　　　　　　　　　　＝976 310(元)
本月销项税额＝6 200 000×17％＝1 054 000(元)
本月应纳增值税＝1 054 000－976 310＝77 690(元)

[例4-3] 2017年7月,某计算机公司生产出最新型号计算机,为了赢得市场,公司宣布每台不含税销售单价为9 000元。当月向三大商场销售500台,对这三个商场在当月20天内付清500台计算机购货款,均给予5％的折扣。当月发给外省市分支机构200台用于销售,并支付发货运费66 818.18元,取得运输公司开具的增值税专用发票,上面注明的税金为7 350元。另采取以旧换新方式,从消费者个人手中收购旧型号计算机,销售新型号计算机100台,每台按上述不含税销售单价折价2 500元。当月购进计算机原材料零部件,取得增值税专用发票上注明的价款为200万元,增值税进项税额为34万元。当月为即将举行的全国第八届田径运动会赠送计算机50台。另外,当月还从国外购进2台计算机检测设备,取得海关开具的完税凭证上注明的增值税税额是18万元。根据以上资料计算当期应纳增值税。

解：

当月销项税额＝(500＋200＋100＋50)×9 000×17％＝1 300 500(元)
当月允许抵扣的进项税额＝7 350＋340 000＋180 000＝527 350(元)
当月应纳增值税＝1 300 500－527 350＝773 150(元)

[例4-4] 某生产企业为增值税一般纳税人,货物适用增值税税率为17％,2017年11月的有关生产经营业务如下：

(1) 销售甲产品给某大商场,开具增值税专用发票,取得不含税销售额80万元；同时取得销售甲产品的送货运输费收入5.85万元。

(2) 销售乙产品,开具普通发票,取得含税销售额29.25万元。

(3) 将试制的一批应税新产品用于本企业基建工程,成本价为20万元,国家税务总局规定成本利润率为10％,该新产品无同类产品市场销售价格。

(4) 销售2014年10月购进作为固定资产使用过的进口摩托车5辆,开具增值税专用发票、上面注明每辆取得销售额1万元。

(5) 购进货物取得增值税专用发票,注明支付的货款60万元、进项税额10.2万元；另外支付购货的运输费用6万元,取得运输公司开具的增值税专用发票,上面注明的税金为0.66万元。

(6) 向农业生产者购进免税农产品一批(不适用进项税额核定扣除办法),收购凭证上注明的收购价款为30万元,同时支付给运输单位的运费5万元(不含增值税),取得运输部门开具的增值税专用发票,上面注明的增值税税额为0.55万元。本月下旬将购进的农产品的20%用于本企业职工福利。

以上相关票据均符合税法的规定。请按下列顺序计算该企业11月应缴纳的增值税税额。

(1) 计算销售甲产品的销项税额;
(2) 计算销售乙产品的销项税额;
(3) 计算自用新产品的销项税额;
(4) 计算销售使用过的摩托车应纳税额;
(5) 计算外购货物应抵扣的进项税额;
(6) 计算外购免税农产品允许抵扣的进项税额;
(7) 计算该企业10月合计应缴纳的增值税税额。

解:

(1) 销售甲产品的销项税额=80×17%+5.85/(1+17%)×17%=14.45(万元)
(2) 销售乙产品的销项税额=29.25/(1+17%)×17%=4.25(万元)
(3) 自用新产品的销项税额=20×(1+10%)×17%=3.74(万元)
(4) 销售使用过的摩托车销项税额=1×17%×5=0.85(万元)
(5) 外购货物应抵扣的进项税额=10.2+0.66=10.86(万元)
(6) 外购免税农产品允许抵扣的进项税额=(30×13%+0.55)×(1-20%)=3.56(万元)
(7) 该企业11月应缴纳的增值税额=14.45+4.25+3.74+0.85-10.86-3.56=8.87(万元)

(二) 简易计税方法

小规模纳税人销售货物、提供应税劳务或者发生应税行为适用简易计税方法计税。其应纳税额的计算公式为:

$$应纳税额 = 不含税销售额 \times 征收率$$

由于增值税是价外税,同时小规模纳税人销售货物或者应税劳务时,只能开具普通发票,即取得的销售收入均为含税销售额,这就要求把原来的含税销售额换算成不含税销售额,因此在实际操作中,可将上述公式转换为:

$$应纳税额 = \frac{含税价格}{1+征收率} \times 征收率$$

一般纳税人销售或者提供或者发生财政部和国家税务总局规定的特定的货物、应税劳务、应税行为,也可以选择适用简易计税方法计税,但是不得抵扣进项税额。其主要包括以下情况：

(1) 县级及县级以下小型水力发电单位生产的自产电力。小型水力发电单位投资主体建设的装机容量为5万千瓦以下(含5万千瓦)的小型水力发电单位。

(2) 自产建筑用和生产建筑材料所用的砂、土、石料。

(3) 以自己采掘的砂、土、石料或其他矿物连续生产的砖、瓦、石灰(不含黏土实心砖、瓦)。

(4) 自己用微生物、微生物代谢产物、动物毒素、人或动物的血液或组织制成的生物制品。

(5) 自产的自来水。

(6) 自来水公司销售自来水。

(7) 自产的商品混凝土(仅限于以水泥为原料生产的水泥混凝土)。

(8) 单采血浆站销售非临床用人体血液。

(9) 寄售商店代销寄售物品(包括居民个人寄售的物品在内)。

(10) 典当业销售死当物品。

(11) 药品经营企业销售生物制品。

(12) 公共交通运输服务。公共交通运输服务包括轮客渡、公交客运、地铁、城市轻轨、出租车、长途客运、班车。班车是指按固定路线、固定时间运营并在固定站点停靠的运送旅客的陆路运输服务。

另外，还有经认定的动漫企业为开发动漫产品提供动漫脚本；在境内转让动漫版权；电影放映服务、仓储服务、装卸搬运服务、收派服务和文化体育服务；以纳入"营改增"试点之日前取得的有形动产为标的物提供的经营租赁服务；在纳入"营改增"试点之日前签订的尚未执行完毕的有形动产租赁合同；以清包工方式提供的建筑服务；销售2016年4月30日前取得的不动产；房地产开发企业销售自行开发的房地产老项目；出租2016年4月30日前取得的不动产；提供非学历教育服务；一般纳税人收取试点前开工的一级公路、二级公路、桥、闸通行费；一般纳税人提供人力资源外包服务可以选择适用简易计税方法，按照5%的征收率计算缴纳增值税；一般纳税人在2016年4月30日前签订的不动产融资租赁合同，或以2016年4月30日前取得的不动产提供的融资租赁服务；纳税人转让2016年4月30日前取得的土地使用权；一般纳税人提供劳务派遣服务，可以选择差额纳税，以取得的全部价款和价外费用，扣除代用工单位支付劳务派遣员工的工资、福利和为其办理社会保险及住房公积金后的余额为销售额，按照简易计税方法依5%的征收率计算缴纳增值税等。

一般纳税人销售或者提供或者发生财政部和国家税务总局规定的特定的货物、应税劳务、应税行为，一经选择适用简易计税方法计税，36个月内不得变更。

[例4-5] 某大型百货商场为增值税一般纳税人,2017年3月购进货物一批,取得增值税专用发票,购进价为2 500万元,当月将其中的一部分货物分别销售给宾馆和个体零售商,取得含税销售收入分别为2 574万元和585万元。个体零售商将购进的货物销售给消费者,取得含税销售收入615万元。试分别计算百货商场和个体零售商当月应缴纳的增值税税额。

解:

百货商场为增值税一般纳税人:

$$进项税额 = 2\,500 \times 17\% = 425(万元)$$

$$销项税额 = (2\,574 + 585) \div (1 + 17\%) \times 17\% = 459(万元)$$

$$应交增值税 = 459 - 425 = 34(万元)$$

个体零售商为小规模纳税人:

$$应交增值税 = 615 \div (1 + 3\%) \times 3\% = 17.91(万元)$$

[例4-6] 某餐馆为增值税小规模纳税人,2017年6月取得含增值税的餐饮收入总额为12.36万元。计算该餐馆6月应缴纳的增值税税额。

解:

(1) 6月取得的不含税销售额 = $12.36 \div (1 + 3\%) = 12$(万元)

(2) 6月应缴纳增值税税额 = $12 \times 3\% = 0.36$(万元)

纳税人适用简易计税方法计税的,因销售折让、中止或者退回而退还给购买方的销售额,应当从当期销售额中抵减。扣减当期销售额后仍有余额造成多缴的税款,可以从以后的应纳税额中扣减。

对小规模纳税人发生上述情况而退还销售额给购买方,依照规定将所退的款项扣减当期销售额的,如果小规模纳税人已就该项业务委托税务机关为其代开了增值税专用发票的,应按规定申请开具红字专用发票。

[例4-7] 某小规模纳税人仅经营某项应税服务,适用3%的征收率。2017年5月发生一笔销售额为1 000元的业务并就此缴纳了增值税。6月该业务由于合理原因发生退款(销售额均为不含税销售额)。

解:

(1) 假设6月该企业应税服务的销售额为5 000元,则:

6月最终的计税销售额:$5\,000 - 1\,000 = 4\,000$(元)

6月缴纳的增值税 $4\,000 \times 3\% = 120$(元)

(2) 假设6月该企业应税服务销售额为600元,7月该企业应税服务销售额为5 000元,则:

6月最终的计税销售额：600－600＝0(元)

6月应纳增值税额：0×3％＝0(元)

6月销售额不足扣减的部分(600－1000)而多缴的税款为12元(400×3％)可从以后纳税期的应纳税额中扣减。

7月企业实际缴纳的税额＝5 000×3％－12＝138(元)

或 ＝(5 000－400)×3％＝138(元)

(三) 扣缴计税方法

境外单位或者个人在境内发生应税行为，在境内未设有经营机构的，扣缴义务人按照下列公式计算应扣缴税额：

$$应扣缴税额 = 购买方支付的价款 \div (1＋税率) \times 税率$$

四、增值税税收优惠

(一) 增值税的免税项目

(1) 农业生产者销售的自产农产品。农业生产者，包括从事农业生产的单位和个人。农业产品是指种植业、养殖业、林业、牧业、水产业生产的各类植物、动物的初级产品。对上述单位和个人销售的外购农产品，以及单位和个人外购农产品生产、加工后销售的仍然属于规定范围的农业产品，不属于免税的范围，应当按照规定的税率征收增值税。

纳税人采取"公司＋农户"经营模式从事畜禽饲养，即公司与农户签订委托养殖合同，向农户提供畜禽苗、饲料、兽药及疫苗等(所有权属于公司)，农户饲养畜禽苗至成品后交付公司回收，公司将回收的成品畜禽用于销售。在上述经营模式下，纳税人回收再销售畜禽，属于农业生产者销售自产农产品，应根据《增值税暂行条例》的有关规定免征增值税。

(2) 避孕药品和用具。

(3) 古旧图书，是指向社会收购的古书和旧书。

(4) 直接用于科学研究、科学试验和教学的进口仪器、设备。

(5) 外国政府、国际组织无偿援助的进口物资和设备。

(6) 由残疾人的组织直接进口供残疾人专用的物品。

(7) 销售的自己使用过的物品。自己使用过的物品，是指其他个人自己使用过的物品。

(二) 增值税即征即退

(1) 增值税一般纳税人销售其自行开发生产的软件产品，按17％的税率征收增值税后,对其增值税实际税负超过3%的部分实行即征即退政策。

增值税一般纳税人将进口软件产品进行本地化改造后对外销售,其销售的软件产品可享受上述规定的增值税即征即退政策。本地化改造是指对进口软件产品进行重新设计、改进、转换等,单纯对进口软件产品进行汉字化处理不包括在内。

(2)一般纳税人提供管道运输服务,对其增值税实际税负超过3%的部分实行增值税即征即退政策。

(3)经中国人民银行、银监会或者商务部批准从事融资租赁业务的试点纳税人中的一般纳税人,提供有形动产融资租赁服务和有形动产融资性售后回租服务,对其增值税实际税负超过3%的部分实行增值税即征即退政策。

(4)本规定所称增值税实际税负,是指纳税人当期提供应税服务实际缴纳的增值税额占纳税人当期提供应税服务取得的全部价款和价外费用的比例。

(5)纳税人享受安置残疾人增值税即征即退优惠政策。

(6)增值税的退还。

纳税人本期已缴增值税额小于本期应退税额不足退还的,可在本年度内以前纳税期已缴增值税额扣除已退增值税额的余额中退还,仍不足退还的可结转本年度内以后纳税期退还。

年度已缴增值税额小于或等于年度应退税额的,退税额为年度已缴增值税额;年度已缴增值税额大于年度应退税额的,退税额为年度应退税额。年度已缴增值税额不足退还的,不得结转以后年度退还。

(三)扣减增值税规定

1. 退役士兵创业就业

(1)对自主就业退役士兵从事个体经营的,在3年内按每户每年8 000元为限额依次扣减其当年实际应缴纳的增值税、城市维护建设税、教育费附加、地方教育附加和个人所得税。限额标准最高可上浮20%,各省、自治区、直辖市人民政府可根据本地区实际情况在此幅度内确定具体限额标准,并报财政部和国家税务总局备案。

(2)对商贸企业、服务型企业、劳动就业服务企业中的加工型企业和街道社区具有加工性质的小型企业实体,在新增加的岗位中,当年新招用自主就业退役士兵,与其签订1年以上期限劳动合同并依法缴纳社会保险费的,在3年内按实际招用人数予以定额依次扣减增值税、城市维护建设税、教育费附加、地方教育附加和企业所得税优惠。定额标准为每人每年4 000元,最高可上浮50%,各省、自治区、直辖市人民政府可根据本地区实际情况在此幅度内确定具体定额标准,并报财政部和国家税务总局备案。

2. 重点群体创业就业

(1)对持《就业创业证》(注明"自主创业税收政策"或"毕业年度内自主创业税

收政策")或2015年1月前取得的《就业失业登记证》(注明"自主创业税收政策"或附着《高校毕业生自主创业证》)的人员从事个体经营的,在3年内按每户每年8 000元为限额依次扣减其当年实际应缴纳的增值税、城市维护建设税、教育费附加、地方教育附加和个人所得税。限额标准最高可上浮20%,各省、自治区、直辖市人民政府可根据本地区实际情况在此幅度内确定具体限额标准,并报财政部和国家税务总局备案。

(2) 对商贸企业、服务型企业、劳动就业服务企业中的加工型企业和街道社区具有加工性质的小型企业实体,在新增加的岗位中,当年新招用在人力资源社会保障部门公共就业服务机构登记失业半年以上且持《就业创业证》或2015年1月27日前取得的《就业失业登记证》(注明"企业吸纳税收政策")人员,与其签订1年以上期限劳动合同并依法缴纳社会保险费的,在3年内按实际招用人数予以定额依次扣减增值税、城市维护建设税、教育费附加、地方教育附加和企业所得税优惠。定额标准为每人每年4 000元,最高可上浮30%,各省、自治区、直辖市人民政府可根据本地实际情况在此幅度内确定具体定额标准,并报财政部和国家税务总局备案。

(四) 增值税的起征点

纳税人销售额未达到规定的增值税起征点的免征增值税。增值税起征点的适用范围只限于个人。增值税起征点的幅度规定为:按期纳税的,为月销售额5 000~20 000元;按次纳税的,为每次(日)销售额300~500元。各地区适用的起征点,《增值税暂行条例实施细则》规定省、自治区、直辖市财政厅(局)和国家税务局应在规定的幅度内,根据实际情况确定本地区适用的起征点,并报财政部、国家税务总局备案。

(五) "营改增"规定的税收优惠政策

下列项目免征增值税:

(1) 托儿所、幼儿园提供的保育和教育服务。
(2) 养老机构提供的养老服务。
(3) 残疾人福利机构提供的育养服务。
(4) 婚姻介绍服务。
(5) 殡葬服务。
(6) 残疾人员本人为社会提供的服务。
(7) 医疗机构提供的医疗服务。
(8) 从事学历教育的学校提供的教育服务。
(9) 学生勤工俭学提供的服务。
(10) 农业机耕、排灌、病虫害防治、植物保护、农牧保险以及相关技术培训业务,家禽、牲畜、水生动物的配种和疾病防治。

(11) 纪念馆、博物馆、文化馆、文物保护单位管理机构、美术馆、图书馆在自己的场所提供文化体育服务取得的第一道门票收入。

(12) 寺院、宫观、清真寺和教堂举办文化、宗教活动的门票收入。

(13) 行政单位之外的其他单位收取的符合《营改增试点实施办法》第十条规定条件的政府性基金和行政事业性收费。

(14) 个人转让著作权。

(15) 个人销售自建自用住房。

(16) 台湾航运公司、航空公司从事海峡两岸海上直航、空中直航业务在大陆取得的运输收入。

(17) 纳税人提供的直接或者间接国际货物运输代理服务。

另外，被撤销金融机构以货物、不动产、无形资产、有价证券、票据等财产清偿债务；保险公司开办的一年期以上人身保险产品取得的保费收入、再保险服务；金融同业往来利息收入；国家商品储备管理单位及其直属企业承担商品储备任务，从中央或者地方财政取得的利息补贴收入和价差补贴收入；纳税人提供技术转让、技术开发和与之相关的技术咨询、技术服务；等等。

五、增值税征收管理

（一）纳税义务发生时间

增值税纳税义务发生时间是指增值税纳税人发生应税行为应承担纳税义务的起始时间。目前实行的增值税纳税义务发生时间基本上是按照财务制度规定，根据权责发生制的原则，以销售实现时间来确定的。

增值税暂行条例明确规定了增值税纳税义务发生时间有以下两个方面：一是销售货物或者应税劳务，为收讫销售款或者取得索取销售款凭据的当天，先开具发票的，为开具发票的当天；二是进口货物，为报关进口的当天。增值税扣缴义务发生时间为纳税人增值税纳税义务发生的当天。

（二）纳税期限

增值税的纳税期限规定为1日、3日、5日、10日、15日或者1个月。纳税人的具体纳税期限，由主管税务机关根据纳税人应纳税额的大小分别核定；不能按照固定期限纳税的，可以按次纳税。以一个季度为纳税期限的规定仅适用于小规模纳税人。小规模纳税人的具体纳税期限，由主管税务机关根据其应纳税额的大小分别核定。

（三）纳税地点

为了保证纳税人按期申报纳税，根据企业跨地区经营和搞活商品流通的特点及不同情况，税法具体规定了增值税的纳税地点：

（1）固定业户应当向其机构所在地主管税务机关申报纳税；固定业户到外县（市）销售货物的，应当向其机构所在地主管税务机关申请开具外出经营活动税收管理证明，向其机构所在地主管税务机关申报纳税；未向销售地或者劳务发生地的主管税务机关申报纳税的，由其机构所在地的主管税务机关补征税款。

（2）非固定业户销售货物或者应税劳务，应当向销售地或者劳务发生地的主管税务机关申报纳税；未向销售地或者劳务发生地的主管税务机关申报纳税的，由其机构所在地或者居住地的主管税务机关补征税款。

（3）进口货物，应当向报关地海关申报纳税。

（4）扣缴义务人应当向其机构所在地或者居住地的主管税务机关申报缴纳其扣缴的税款。

六、出口货物退（免）税政策

出口货物退（免）税是指货物报关出口销售后，将其国内所缴纳的税收（目前仅限于已缴纳的增值税和消费税）退还给货物出口企业或给予免税的一种制度。对出口货物实行退（免）税是国际通行的一项税收措施，是符合WTO规则并为世界各国普遍认可的国际惯例。我国为鼓励货物出口，增强国际市场竞争能力，从1985年起也实行了出口货物退（免）税制度。

我国的出口货物退（免）税是指在国际贸易业务中，对我国报关出口的货物退还或免征其在国内各生产和流转环节按税法规定缴纳的增值税和消费税，即对增值税出口货物实行零税率，对消费税出口货物免税。

增值税出口货物的零税率，从税法上理解有两层含义：一是对本道环节生产或销售货物的增值部分免征增值税；二是对出口货物前道环节所含的进项税额进行退付。当然，由于各种货物出口前涉及征免税情况有所不同，且国家对少数货物有限制出口政策，因此，对货物出口的不同情况国家在遵循"征多少、退多少""未征不退和彻底退税"基本原则的基础上，制定了不同的税务处理办法。2009年1月1日起实行新修订的《增值税暂行条例》及《增值税暂行条例实施细则》，仍然贯彻"纳税人出口货物，税率为零，但是，国务院另有规定的除外"的政策。目前，我国的出口货物税收政策分为以下三种形式：

（一）出口免税并退税

出口免税是指对货物在出口销售环节不征增值税、消费税，这是把货物出口环节与出口前的销售环节都同样视为一个征税环节；出口退税是指对货物在出口前实际承担的税收负担，按规定的退税率计算后予以退还。

（二）出口免税不退税

出口免税与上述第（一）项含义相同。出口不退税是指适用这项政策的出口货物因在前一道生产、销售环节或进口环节是免税的,因此,出口时该货物的价格中本身就不含税,也无须退税。

(三) 出口不免税也不退税

出口不免税是指对国家限制或禁止出口的某些货物的出口环节视同内销环节,照常征税;出口不退税是指对这些货物出口不退还出口前其所负担的税款。适用这项政策的主要是税法列举限制或禁止出口的货物,如天然牛黄、麝香等。

七、增值税专用发票

(一) 专用发票的联次

专用发票由基本联次或者基本联次附加其他联次构成,基本联次为三联:发票联、抵扣联和记账联。发票联,作为购买方核算采购成本和增值税进项税额的记账凭证;抵扣联,作为购买方报送主管税务机关认证和留存备查的凭证;记账联作为销售方核算销售收入和增值税销项税额的记账凭证。其他联次用途,由一般纳税人自行确定。

(二) 专用发票的开具

专用发票应按下列要求开具:

(1) 项目齐全,与实际交易相符。

(2) 字迹清楚,不得压线、错格。

(3) 发票联和抵扣联加盖财务专用章或者发票专用章。

(4) 按照增值税纳税义务的发生时间开具。

对不符合上述要求的专用发票,购买方有权拒收。

(5) 一般纳税人销售货物或者提供应税劳务可汇总开具专用发票。汇总开具专用发票的,同时使用防伪税控系统开具《销售货物或者提供应税劳务清单》,并加盖财务专用章或者发票专用章。

(6) 保险机构作为车船税扣缴义务人,在代收车船税并开具增值税发票时,应在增值税发票备注栏中注明代收车船税税款信息。具体包括:保险单号、税款所属期(详细至月)、代收车船税金额、滞纳金金额、金额合计等。该增值税发票可作为纳税人缴纳车船税及滞纳金的会计核算原始凭证。

除上述规定外,"营改增"还结合实际情况对专用发票的开具做出了一些具体的规定,诸如个人出租住房适用优惠政策减按 1.5% 征收,纳税人自行开具或者税务机关代开增值税发票时,通过新系统中征收率减按 1.5% 征收开票功能,录入含税销售额,系统自动计算税额和不含税金额,发票开具不应与其他应税行为混开;税务机关代开增值税发票时,"销售方开户行及账号"栏填写税收完税凭证字母及号码或系统税票号码(免税代开增值税普通发票可不填写)等。

(三)专用发票的领购

一般纳税人凭《发票领购簿》、IC卡和经办人身份证明领购专用发票。一般纳税人有下列情形之一的,不得领购开具专用发票:

(1) 会计核算不健全,不能向税务机关准确提供增值税销项税额、进项税额、应纳税额数据及其他有关增值税税务资料的。上述其他有关增值税税务资料的内容,由省、自治区、直辖市和计划单列市国家税务局确定。

(2) 有《税收征收管理法》规定的税收违法行为,拒不接受税务机关处理的。

(3) 有下列行为之一,经税务机关责令限期改正而仍未改正的:虚开增值税专用发票、私自印制专用发票、向税务机关以外的单位和个人买取专用发票、借用他人专用发票、未按要求开具专用发票、未按规定保管专用发票和专用设备;有下列情形之一的,为未按规定保管专用发票和专用设备、未按规定申请办理防伪税控系统变更发行和未按规定接受税务机关检查。有上述情形的,如已领购专用发票,主管税务机关应暂扣其结存的专用发票和IC卡。

(四)专用发票开具范围

(1) 一般纳税人销售货物或者提供应税劳务和应税服务,应向购买方开具专用发票。

(2) 商业企业一般纳税人零售的烟、酒、食品、服装、鞋帽(不包括劳保专用部分)、化妆品等消费品不得开具专用发票。

(3) 增值税小规模纳税人需要开具专用发票的,可向主管税务机关申请代开。

(4) 销售免税货物不得开具专用发票,法律、法规及国家税务总局另有规定的除外。

(5) 纳税人提供应税服务,应当向索取增值税专用发票的接受方开具增值税专用发票,并在增值税专用发票上分别注明销售额和销项税额。

属于下列情形之一的,不得开具增值税专用发票:向消费者个人提供应税服务和适用免征增值税规定的应税服务。

(五)开具增值税专用发票后发生退货或开票有误的处理

(1) 增值税一般纳税人开具增值税专用发票(以下简称专用发票)后,发生销货退回、开票有误、应税服务中止等情形但不符合发票作废条件,或者因销货部分退回及发生销售折让,需要开具红字专用发票的,按以下方法处理:

① 购买方取得专用发票已用于申报抵扣的,购买方可在增值税发票管理新系统(以下简称新系统)中填开并上传《开具红字增值税专用发票信息表》(以下简称《信息表》),在填开《信息表》对不填写相对应的蓝字专用发票信息,应暂依《信息表》所列增值税税额从当期进项税额中转出,待取得销售方开具的红字专用发票后,与《信息表》一并作为记账凭证。购买方取得专用发票未用于申报报扣但发票

联或抵扣联无法退回的，购买方填开《信息表》对应填写相对应的蓝字专用发票信息。销售方开具专用发票尚未交付购买方，以及购买方未用于申报抵扣并将发票联及抵扣联退回的，销售方可在新系统中填开并上传《信息表》。销售方填开《信息表》时应填写相对应的蓝字专用发票信息。

② 主管税务机关通过网络接收纳税人上传的《信息表》，系统自动校验通过后，生成带有"红字发票信息表编号"的《信息表》，并将信息同步至纳税人端系统中。

③ 销售方凭税务机关系统校验通过的《信息表》开具红字专用发票，在新系统中以销项负数开具。红字专用发票应与《信息表》一一对应。纳税人也可凭《信息表》电子信息或纸质资料到税务机关对《信息表》内容进行系统校验。

(2) 税务机关为小规模纳税人代开专用发票，需要开具红字专用发票的，按照一般纳税人开具红字专用发票的方法处理。

(3) 纳税人需要开具红字增值税普通发票的，可以在所对应的蓝字发票金额范围内开具多份红字发票。红字机动车销售统一发票需与原蓝字机动车销售统一发票一一对应。

(4) 按照《国家税务总局关于纳税人认定或登记为一般纳税人前进项税额抵扣问题的公告》（国家税务总局公告 2015 年第 59 号）的规定，需要开具红字专用发票的，按照上述规定执行。

(六) 增值税专用发票不得抵扣进项税额的规定

(1) 有下列情形之一的，不得作为增值税进项税额的抵扣凭证：

① 无法认证。这是指专用发票所列密文或者明文不能辨认，无法产生认证结果。

② 纳税人识别号认证不符。这是指专用发票所列购买方纳税人识别号有误。

(2) 有下列情形之一的，暂不得作为增值税进项税额的抵扣凭证，税务机关扣留原件，查明原因，分别情况进行处理：

① 重复认证。这是指已经认证相符的同一张专用发票再次认证。

② 密文有误。这是指专用发票所列密文无法解译。

③ 认证不符。这是指纳税人识别号有误，或者专用发票所列密文解译后与明文不一致。

④ 列为失控专用发票。这是指认证时的专用发票已被登记为失控专用发票。

(3) 对丢失已开具专用发票的发票联和抵扣联的处理：

① 一般纳税人丢失已开具专用发票的发票联和抵扣联，如果丢失前已认证相符的，购买方凭销售方提供的相应专用发票记账联复印件及销售方所在地主管税务机关出具的《丢失增值税专用发票已报税证明单》，经购买方主管税务机关审核同意后，可作为增值税进项税额的抵扣凭证；如果丢失前未认证的，购买方凭销售

方官方提供的相应专用发票记账联复印件到主管税务机关进行认证,认证相符的凭该专用发票记账联复印件及销售方所在地主管税务机关出具的《丢失增值税专用发票已报税证明单》,可作为增值税进项税额的抵扣凭证。

② 一般纳税人丢失已开具专用发票的抵扣联,如果丢失前已认证相符的,可使用专用发票发票联复印件留存备查;如果丢失前未认证的,可使用专用发票发票联到主管税务机关认证,专用发票发票联复印件留存备查。

③ 一般纳税人丢失已开具专用发票的发票联,可将专用发票抵扣联作为记账凭证,专用发票抵扣联复印件留存备查。

(4) 专用发票抵扣联无法认证的发票,发票联复印件留存备查。

(七) 增值税专用发票的管理

税法除了对纳税人领购、开具专用发票做了上述各项具体规定外,在严格管理上也做了多项规定。主要有:

1. 关于被盗、丢失增值税专用发票的处理

(1) 纳税人必须严格按照《增值税专用发票使用规定》保管使用专用发票,对违反规定发生被盗、丢失专用发票的纳税人,按《税收征收管理法》和《发票管理办法》的规定,处以1万元以下的罚款,并可视具体情况,对丢失专用发票的纳税人,在一定期限内(最长不超过半年)停止领购专用发票,对纳税人申报遗失的专用发票,如发现非法代开、虚开问题的,该纳税人应承担偷税、骗税的连带责任。

(2) 纳税人丢失专用发票后,必须按规定程序向当地主管税务机关、公安机关报失。

2. 关于对代开、虚开增值税专用发票的处理

对代开、虚开专用发票的,一律按票面所列货物的适用税率全额征补税款,并按《税收征收管理法》的规定按偷税给予处罚。对纳税人取得代开、虚开的增值税专用发票,不得作为增值税合法抵扣凭证抵扣进项税额。代开、虚开发票构成犯罪的,按全国人大常委会发布的《关于惩治虚开、伪造和非法出售增值税专用发票犯罪的决定》处以刑罚。

3. 纳税人善意取得虚开的增值税专用发票处理

根据《国家税务总局关于纳税人善意取得虚开的增值税专用发票处理问题的通知》(国家税发〔2000〕187号)及相关规定:

纳税人善意取得虚开的增值税专用发票指购货方与销售方存在真实交易,如能重新取得合法、有效的专用发票,准许其抵扣进项税;如不能重新取得合法有效的专用发票,不准抵扣进项税额或追缴其已抵扣的进项税额。

(1) 购货方与销售方存在真实的交易,销售方使用的是其所在省(自治区、直辖市和计划单列市)的专用发票,专用发票注明的销售方名称、印章、货物数量、金

额及税额等全部内容与实际相符,且没有证据表明购货方知道销售方提供的专用发票是以非法手段获得的,对购货方不以偷税或者骗取出口退税论处。但应按照有关规定不予抵扣进项税款或者不予出口退税;购货方已经抵扣的进项税额或者取得的出口退税,应依法追缴。

(2) 购货方能够重新从销售方取得防伪税控系统开出的合法、有效专用发票的,或者取得手工开出的合法、有效专用发票且取得了销售方所在地税务机关已经或者正在依法对销售方虚开专用发票行为进行查处证明的,购货方所在地税务机关应依法准予抵扣进项税款或者出口退税。

(3) 如有证据表明购货方在进项税款得到抵扣或者获得出口退税前知道该专用发票是销售方以非法手段获得的,对购货方应按国家税务总局关于纳税人取得虚开的增值税专用发票处理问题的通知的规定处理。

(4) 有下列情形之一的,对其均按偷税或者骗取出口退税处理:① 购货方取得的增值税专用发票所注明的销售方名称、印章与其进行实际交易的销售方不符的,即国税发〔1997〕134号文件第二条规定的。② 购货方取得的增值税专用发票为销售方所在省(自治区、直辖市和计划单列市)以外地区的,即134号文件第二条规定的"从销货地以外的地区获得专用发票"的情况。③ 其他有证据表明购货方明知取得的增值税专用发票系销售方以非法手段获得的,即134号文件第一条规定的"受票方利用他人虚开的专用发票,向税务机关申报报扣税款进行偷税"的情况。

(5) 纳税人虚开增值税专用发票,未就其虚开金额申报并缴纳增值税的,应按照其虚开金额补缴增值税;已就其虚开金额申报并缴纳增值税的,不再按照其虚开金额补缴增值税。税务机关对纳税人虚开增值税专用发票的行为,应按《税收征收管理法》及《发票管理办法》的有关规定给予处罚。纳税人取得虚开的增值税专用发票,不得作为增值税合法有效的扣税凭证抵扣其进项税额。

4. 税控系统增值税专用发票的管理

(1) 税务机关专用发票管理部门在运用防伪税控发售系统进行发票入库管理或向纳税人发售专用发票时,要认真录入发票代码、号码,并与纸质专用发票进行仔细核对,确保发票代码、号码电子信息与纸质发票的代码、号码完全一致。

(2) 纳税人在运用防伪税控系统开具专用发票时,应认真检查系统中的电子发票代码;号码与纸质发票是否一致。如发现税务机关错填电子发票代码、号码的,应持纸质专用发票和税控IC卡到税务机关办理退回手续。

(3) 对税务机关错误录入代码或号码后又被纳税人开具的专用发票,按以下办法处理:纳税人当月发现上述问题的,应按照专用发票使用管理的有关规定,对纸质专用发票和防伪税控开票系统中专用发票电子信息同时进行作废,并及时报主管税务机关。纳税人在以后月份发现的,应按有关规定开具负数专用发票;主管税务机关按照有关规定追究有关人员责任,同时将有关情况,如发生原因、主管税务机关名称、编号、纳税人名称、纳税人识别号、发票代码号码(包括错误的和正确的)、发生时间、责任人以及处理意见或请求等,逐级上报至总局;对涉及发票数量多、影响面较大的,总局按规定程序对"全国作废发票数据库"进行修正。

(4) 在未收回专用发票抵扣联及发票联,或虽已收回专用发票抵扣联及发票联但购货方已将专用发票抵扣联报送税务机关认证的情况下,销货方一律不得作废已开具的专用发票。

(八) 税务机关代开增值税专用发票管理办法

(1) 代开专用发票是指主管税务机关为所管辖范围内的增值税纳税人(指已办理税务登记的小规模纳税人,包括个体经营者以及国家税务总局确定的其他可予代开增值税专用发票的纳税人)代开专用发票,其他单位和个人不得代开。主管税务机关应设立代开专用发票岗位和税款征收岗位,并分别确定专人负责代开专用发票和税款征收工作。

(2) 代开专用发票统一使用增值税防伪税控代开票系统开具。通过防伪税控报税子系统采集代开增值税专用发票开具信息,不再填报《代开发票开具清单》,同时停止使用非防伪税控系统为纳税人代开增值税专用发票(包括手写版增值税专用发票和计算机开具不带密码的电脑版增值税专用发票)。非防伪税控代开票系统开具的代开专用发票不得作为增值税进项税额抵扣凭证。增值税防伪税控代开票系统由防伪税控企业发行岗位按规定发行。

(3) 增值税纳税人发生增值税应税行为需要开具专用发票时,可向其主管税务机关申请代开。申请代开专用发票时,应填写《代开增值税专用发票缴纳税款申报单》,连同税务登记证副本,到主管税务机关税款征收岗位按专用发票上注明的税额全额申报缴纳税款,同时缴纳专用发票工本费。

(4) 税款征收岗位接到《申报单》后,应对以下事项进行审核:

① 是否属于本税务机关管辖的增值税纳税人;《申报单》上增值税征收率填写、税额计算是否正确。

② 税务机关可采取银联网划款、银行卡(POS机)划款或现金收取三种方式征收税款。

(5) 增值税纳税人缴纳税款后,凭《申报单》和税收完税凭证及税务登记证副本,到代开专用发票岗位收取代开专用发票。

(6) 代开发票岗位应按下列要求填写专用发票的有关项目:

① "单价"栏和"金额"栏分别填写不含增值税税额的单价和销售额;

② "税率"栏填写增值税征收率;

③ 销货单位栏填写代开税务机关的统一代码和代开税务机关名称；
④ 销货方开户银行及账号栏内填写税收完税凭证号码；
⑤ 备注栏内注明增值税纳税人的名称和纳税人识别码。

第三节 消费税

一、消费税概述

(一) 消费税的概念

消费税是对我国境内从事生产、委托加工和进口应税消费品的单位和个人，就其销售额和销售数量，在特定环节征收的一种税。简单地说，消费税的征税对象主要是与居民消费相关的最终消费品和消费行为征收的一种税。消费税有广义和狭义之分。广义消费税是指对一切以消费品或消费行为为课税对象而征收的税。目前我国征收的消费税属于狭义消费税，是对特定的消费品或特定消费行为等课税。消费税以消费品为课税对象，属于间接税，税收随价格转嫁给消费者负担，消费税是税款的实际负担者。消费税的征收具有较强的选择性，是国家贯彻消费政策、引导消费结构从而引导产业结构的重要手段，因而在保证国家财政收入、体现国家经济政策等方面具有十分重要的意义。消费税作为价内税，属于流转税范畴。

我国曾在 1950 年 1 月全国范围内统一征收了特种消费税，当时的征收范围只限于电影戏剧及娱乐、舞厅、冷食、旅馆等消费行为。1953 年修订税制时将其取消。1989 年针对当时流通领域出现的彩色电视机、小轿车等商品供不应求的矛盾，为了调节消费，在全国范围内对彩色电视机和小轿车开征了特别消费税，后来由于彩电市场供求状况有了改善，1992 年取消了对彩电征收的特别消费税。1994 年新税制改革时，在总结以往经验和参照国际做法的基础上，根据社会和经济发展的需要，国务院颁布了《中华人民共和国消费税暂行条例》。消费税在增值税普遍调节的基础上，选择少数有害人民健康、危害社会生态环境、不可再生和替代的稀缺资源的 11 种消费品再征收一道税收。2006 年 4 月 1 日起，我国消费税制又进行了调整，消费税的税目由原来的 11 个增至 14 个。这次调整主要突出了两个重点：一是促进环境保护和节约资源，二是合理引导消费和间接调节收入分配，这将进一步增强消费税的调节功能，完善消费税制。现行消费税法的基本规范，是 2008 年 11 月 5 日经国务院第 34 次常务会议修订通过并颁布，自 2009 年 12 月 15 日起施行的《中华人民共和国消费税暂行条例》(以下简称《消费税暂行条例》)，以及 2008 年 12 月 15 日财政部、国家税务总局第 51 号令颁布的《中华人民共和国消费税暂行条例实施细则》(以下简称《消费税暂行条例实施细则》)。2014年12月调整后,确定征收消费税的税目由原来的14个增至15个。

(二) 消费税的特征

同一般商品税比较,消费税具有以下特点:

1. 征税项目具有选择性

各国目前征收的消费税都属于对部分消费品和消费行为征税,尽管各国的征税范围宽窄有别,但在税法中都采取列举征税。我国开征消费税的主要目的是根据产业政策与消费政策,选择一些有害人民健康、危害社会生态环境、不可再生和替代特殊消费品征税,通过征收消费税调节居民的消费结构,引导居民的消费方向,也不是对所有消费品都征收消费税。

2. 征税环节具有单一性

同流转税中其他税种的多环节课税相比较,消费税是一种在单一环节征税的流转税。在世界各国税制中,一般将消费税的征收环节确定在消费品的生产或销售的某一环节,而不是道道环节征税。我国消费税主要在生产和进口环节征税,其他环节不再征税,即通常所说的一次课征制,避免了重复课征。

3. 征收方法的多样性

消费税的计税方法比较灵活,一般对一部分价格变化大、便于按价格核算的应税消费品实行从价定率征收;对一部分价格变动小、品种、规格比较单一的大宗应税消费品实行从量定额征收方法。目前,我国消费税实行从价定率、从量定额、从价定率和从量定额相结合的三种计税方法。

4. 平均税率水平比较高且税负差异大

消费税属于国家运用税收杠杆对某些消费品或消费行为特殊调节的税种。这一特殊性表现在两个方面,一是消费税的平均税率水平比较高,并且不同征税项目的税负差异较大,对需要限制或控制消费的消费品规定较高的税率,诸如香烟等。对需要限制或控制消费的消费品,通常税负较重,体现国家特定的产业政策和消费政策。二是消费税往往同有关税种配合实行加重或双重调节,通常采取增值税与消费税双重调节的办法,对某些需要特殊调节的消费品或消费行为在征收增值税的同时,再征收一道消费税,形成一种特殊的对消费品双层次调节的税收调节体系。

5. 税负具有转嫁性

政府开征消费税,从形式上看是随消费品制造厂商或消费品经营者征税,而实际上消费税的最终征收负担还是由消费者承担。这是因为消费税是间接税,税收负担易于转嫁,消费品制造商可以通过提高价格将税负转嫁给消费者。消费税转嫁性的特征,要较其他商品课税形式更为明显。

二、消费税纳税人、征税范围及税率

(一)纳税人

消费税的纳税义务人是在中华人民共和国境内生产、委托加工和进口应税消费品的单位和个人。

在中华人民共和国境内,是指生产、委托加工和进口属于应当缴纳消费税的消费品的启运地或者所在地在境内。

单位是指企业、行政单位、事业单位、军事单位、社会团体及其他单位。

个人是指个体工商户及其他个人。

金银首饰消费税的纳税人则是在我国境内从事商业零售金银首饰的单位和个人;委托加工、委托代销金银首饰的,委托方也是纳税人。

(二)征税范围

目前,消费税的征税范围包括生产、委托加工、进口、零售、移送使用应税消费品及卷烟批发,他们分别在相应的环节征税:

1. 对生产应税消费品在生产销售环节征税

生产应税消费品销售是消费税征收的主要环节,因为在一般情况下,消费税具有单一环节征税的特点,对于大多数消费税应税商品而言,在生产销售环节征税以后,流通环节不用再缴纳消费税。纳税人生产应税消费品,除了直接对外销售应征收消费税外,如将生产的应税消费品换取生产资料、消费资料、投资入股、偿还债务,以及用于继续生产应税消费品以外的其他方面都应缴纳消费税。

另外,工业企业以外的单位和个人的下列行为视为应税消费品的生产行为,按规定征收消费税:将外购的消费税非应税产品以消费税应税产品对外销售的、将外购的消费税低税率应税产品以高税率应税产品对外销售的。

2. 对委托加工应税消费品在委托加工环节征税

委托加工应税消费品是指委托方提供原料和主要材料,受托方只收取加工费和代垫部分辅助材料加工的应税消费品。由受托方提供原材料或其他情形的一律不能视同加工应税消费品。委托加工的应税消费品收回后,再继续用于生产应税消费品销售且符合现行政策规定的,其加工环节缴纳的消费税款可以扣除。

3. 对进口应税消费品在进口环节征税

单位和个人进口属于消费税征税范围的货物,在进口环节要缴纳消费税。为了减少征税成本,进口环节缴纳的消费税由海关代征。

4. 对零售应税消费品在零售环节征税

经国务院批准,自1995年1月1日起,金银首饰消费税由生产销售环节征收改为零售环节征收。改在零售环节征收消费税的金银首饰仅限于金基、银基合金首饰以及金、银和金基、银基合金的镶嵌首饰,进口环节暂不征收,零售环节适用税率为5%,在纳税人销售金银首饰、钻石及钻石饰品时征收。

5. 对移送使用应税消费品在移送使用环节征税

如果企业在生产经营的过程中,将应税消费品移送用于加工非应税消费品,则对移送部分征收消费税。

6. 对批发卷烟在卷烟的批发环节征税

与其他消费税应税商品不同的是,卷烟除了在生产销售环节征收消费税外,还在批发环节征收一次。纳税人兼营卷烟批发和零售业务的,应当分别核算批发和零售环节的销售额、销售数量;未分别核算批发和零售环节销售额、销售数量的,按照全部销售额、销售数量计征批发环节消费税。纳税人销售给纳税人以外的单位和个人的卷烟于销售时纳税。纳税人之间销售的卷烟不缴纳消费税。卷烟批发企业的机构所在地,总机构与分支机构不在同一地区的,由总机构申报纳税。卷烟消费税在生产和批发两个环节征收后,批发企业在计算纳税时不得扣除已含的生产环节的消费税税款。

(三) 税目、税率

1. 税目

税目是按照一定的标准和范围对课税对象进行划分从而确定的具体征税品种或项目,反映了征收的具体范围。目前我国消费税税目包括烟、酒、化妆品等15种商品,部分税目还进一步划分了若干子目。

(1) 烟。凡是以烟叶为原料加工生产的产品,不论使用何种辅料,均属于本税目的征收范围。包括卷烟(进口卷烟、白包卷烟、手工卷烟和未经国务院批准纳入计划的企业及个人生产的卷烟)、雪茄烟和烟丝。在"烟"税目下分"卷烟"等子目,"卷烟"又分为"甲类卷烟"和"乙类卷烟"。其中,甲类卷烟是指每标准条(200支,下同)调拨价格在70元(含70元,不含增值税)以上的卷烟;乙类卷烟是指每标准条调拨价格在70元(不含增值税)以下的卷烟。

(2) 酒。酒是酒精度在1°以上的各种酒类饮料,包括粮食白酒、薯类白酒、黄酒、啤酒和其他酒。啤酒每吨出厂价(含包装物及包装物押金)在3 000元(含3 000元,不含增值税)以上的是甲类啤酒,每吨出厂价(含包装物及包装物押金)在3 000元(不含增值税)以下的是乙类啤酒。包装物押金不包括重复使用的塑料周转箱的押金。对饮食业、商业、娱乐业举办的啤酒屋(啤酒坊)利用啤酒生产设备生产的啤酒,应当征收消费税。果啤属于啤酒,按啤酒征收消费税。配制酒是指以发酵酒、蒸馏酒或食用酒精为酒基,加入可食用或药食两用的辅料或食品添加剂,进行调配、混合或再加工制成的并改变了其原酒基风格的饮料酒。

(3) 高档化妆品。自2016年10月1日起,本税目调整为包括高档美容、修饰类化妆品,高档护肤类化妆品和成套化妆品。高档美容、修饰类化妆品和高档护肤类化妆品是指生产(进口)环节销售(完税)价格(不含增值税)在10元/毫升(克)或15元/片(张)及以上的美容、修饰类化妆品和护肤类化妆品。美容、修饰类化妆品是指香水、香水精、香粉、口红、指甲油、胭脂、眉笔、唇笔、蓝眼油、眼睫毛以及成套化妆品。舞台、戏剧、影视演员化妆用的上妆油、卸妆油、油彩,不属于本税目的征收范围。高档护肤类化妆品征收范围另行制定。

(4) 贵重首饰及珠宝玉石。包括以金、银、白金、宝石、珍珠、钻石、翡翠、珊瑚、玛瑙等高贵稀有物质以及其他金属、人造宝石等制作的各种纯金银首饰及镶嵌首饰和经采掘、打磨、加工的各种珠宝玉石。对出国人员免税商店销售的金银首饰征收消费税。

(5) 鞭炮、焰火。包括各种鞭炮、焰火。体育上用的发令纸、鞭炮药引线,不按本税目征收。

(6) 成品油。本税目包括汽油、柴油、石脑油、溶剂油、航空煤油、润滑油、燃料油7个子目;航空煤油暂缓征收。

(7) 小汽车。小汽车是指由动力驱动,具有4个或4个以上车轮的非轨道承载的车辆。本税目征收范围包括含驾驶员座位在内最多不超过9个座位(含)的,在设计和技术特性上用于载运乘客和货物的各类乘用车和含驾驶员座位在内的座位数在10～23座(含23座)的在设计和技术特性上用于载运乘客和货物的各类中轻型商用客车。用排气量小于1.5升(含)的乘用车底盘(车架)改装、改制的车辆属于乘用车征收范围。用排气量大于1.5升的乘用车底盘(车架)或用中轻型商用客车底盘(车架)改装、改制的车辆属于中轻型商用客车征收范围。含驾驶员人数(额定载客)为区间值的(如8～10人、17～26人)小汽车,按其区间值下限人数确定征收范围。电动汽车不属于本税目征收范围。车身长度大于7米(含),并且座位在10～23座(含)以下的商用客车,不属于中轻型商用客车征税范围,不征收消费税。沙滩车、雪地车、卡丁车、高尔夫车不属于消费税征收范围,不征收消费税。

(8) 摩托车。包括轻便摩托车和摩托车两种。对最大设计车速不超过50千米/小时,发动机气缸总工作容量不超过50毫升的三轮摩托车不征收消费税。气缸容量250毫升(不含)以下的小排量摩托车不征收消费税。

(9) 高尔夫球及球具。高尔夫球及球具是指从事高尔夫球运动所需的各种专用装备,包括高尔夫球、高尔夫球杆及高尔夫球包(袋)等。高尔夫球是指重量不超过45.93克、直径不超过42.67毫米的高尔夫球运动比赛、练习用球;高尔夫球杆是指被设计用来打高尔夫球的工具,由杆头、杆身和握把三部分组成;高尔夫球包(袋)是指专用于盛装高尔夫球及球杆的包(袋)。本税目征收范围包括高尔夫球、高尔夫球杆、高尔夫球包(袋)。高尔夫球杆的杆头、杆身和握把属于本税目的征收范围。

(10) 高档手表。高档手表是指销售价格(不含增值税)每只在 10 000 元(含)以上的各类手表。本税目征收范围包括符合以上标准的各类手表。

(11) 游艇。游艇是指长度大于 8 米小于 90 米,船体由玻璃钢、钢、铝合金、塑料等多种材料制作,可以在水上移动的水上浮载体。按照动力划分,游艇分为无动力艇、帆艇和机动艇。本税目征收范围包括艇身长度大于 8 米(含)小于 90 米(含),内置发动机,可以在水上移动,能为私人或团体购置,主要用于水上运动和休闲娱乐等非营利活动的各类机动艇。

(12) 木制一次性筷子。木制一次性筷子又称卫生筷子,是指以木材为原料经过锯段、浸泡、旋切、刨切、烘干、筛选、打磨、倒角、包装等环节加工而成的各类供一次性使用的筷子。本税目征收范围包括各种规格的木制一次性筷子。未经打磨、倒角的木制一次性筷子属于本税目征税范围。

(13) 实木地板。实木地板是指以木材为原料,经锯割、干燥、刨光、截断、开榫、涂漆等工序加工而成的块状或条状的地面装饰材料。实木地板按生产工艺不同,可分为独板(块)实木地板、实木指接地板、实木复合地板三类;按表面处理状态不同,可分为未涂饰地板(白坯板、素板)和漆饰地板两类。本税目征收范围包括各类规格的实木地板、实木指接地板、实木复合地板及用于装饰墙壁、天栅的侧端面为榫、槽的实木装饰板。未经涂饰的素板也属于本税目征税范围。

(14) 电池。电池是一种将化学能、光能等直接转换为电能的装置,一般由电极、电解质、容器、极端,通常还有隔离层组成的基本功能单元,以及用一个或多个基本功能单元装配成的电池组。范围包括:原电池、蓄电池、燃料电池、太阳能电池和其他电池。自 2015 年 2 月 1 日起对电池(铅蓄电池除外)征收消费税,对无汞原电池、金属氢化物镍蓄电池(又称"氢镍蓄电池"或"镍氢蓄电池")、锂原电池、锂离子蓄电池、太阳能电池、燃料电池、全钒液流电池免征消费税。2015 年 12 月 31 日前对铅蓄电池缓征消费税;自 2016 年 1 月 1 日起,对铅蓄电池按 4% 的税率征收消费税。

(15) 涂料。涂料是指涂于物体表面能形成具有保护、装饰或特殊性能的固态涂膜的一类液体或固体材料之总称。自 2015 年 2 月 1 日起对涂料征收消费税。

2. 消费税的税率

消费税的税率有两种形式:比例税率和定额税率,以适应不同应税消费品的实际情况。消费税根据不同的税目或子目确定相应的税率或单位税额。例如,白酒税率为 20%,摩托车税率为 3% 等;黄酒、啤酒、汽油、柴油等分别按单位重量或单位体积确定单位税额。现行消费税的税目税率见表 4-1。

表 4-1　　　　　　　　　消费税税目税率(税额)表

税　　目	计税单位	税　额	税率
一、烟			
1. 卷烟			
(1) 甲类卷烟(生产或进口环节)	标准箱(5万支)	150元/箱	56%
(2) 乙类卷烟(生产或进口环节)	标准箱(5万支)	150元/箱	36%
(3) 批发环节	标准箱(5万支)	250元/箱	11%
2. 雪茄烟			36%
3. 烟丝			30%
二、酒			
1. 白酒	斤(或者500毫升)	0.5元	20%
2. 黄酒	吨	240元	
3. 啤酒			
(1) 出厂价3 000元以上(含)	吨	250元	
(2) 出厂价3 000元以下	吨	220元	
4. 其他酒			10%
三、高档化妆品			15%
四、贵重首饰及珠宝玉石			
1. 金银首饰和钻石饰品			5%
2. 其他贵重首饰和珠宝玉石			10%
五、鞭炮、焰火			15%
六、成品油			
1. 汽油	升	1.52元	
2. 柴油	升	1.2元	
3. 航空煤油	升	1.2元	
4. 石脑油	升	1.52元	
5. 溶剂油	升	1.52元	
6. 润滑油	升	1.52元	
7. 燃料油	升	1.2元	

(续表)

税　　　　目	计 税 单 位	税　额	税率
七、小汽车			
1. 乘用车			
(1) 气缸容量（排气量，下同）在 1.0 升（含 1.0 升）以下的			1%
(2) 气缸容量在 1.0 升以上至 1.5 升（含 1.5 升）的			3%
(3) 气缸容量在 1.5 升以上至 2.0 升（含 2.0 升）的			5%
(4) 气缸容量在 2.0 升以上至 2.5 升（含 2.5 升）的			9%
(5) 气缸容量在 2.5 升以上至 3.0 升（含 3.0 升）的			12%
(6) 气缸容量在 3.0 升以上至 4.0 升（含 4.0 升）的			25%
(7) 气缸容量在 4.0 升以上的			40%
2. 中轻型商用客车			5%
八、摩托车			
1. 气缸容量（排气量，下同）在 250 毫升（含 250 毫升）以下的			3%
2. 气缸容量在 250 毫升以上的			10%
九、高尔夫球及球具			10%
十、高档手表			20%
十一、游艇			10%
十二、木制一次性筷子			5%
十三、实木地板			5%
十四、电池			4%
十五、涂料			4%

三、消费税的计算

消费税实行属于价内税，采用从价定率、从量定额和从价从量复合计征三种方法。消费税应纳税额的计算公式为：

$$消费税额 = 计税依据 \times 税率（税额）$$

（一）消费税计税依据的规定

消费税的计税依据有两种：销售额和销售数量。对于供求矛盾突出、价格差异较大的产品采用以销售额为计税依据；对于供求矛盾较小、价格差异不大、计量单位规范的产品采用以销售数量为计税依据。

1. 消费税计税依据的一般规定

消费税实行从价定率、从量定额，或者从价定率和从量定额复合计税（以下简称复合计税）的办法计算应纳税额，计税依据包括销售额和销售数量。

实行从价定率计征办法的计税依据——销售额；

实行从量定额计征办法的计税依据——销售数量；

实行复合计税计征办法的计税依据——销售数量和销售额。

（1）销售额的确定。销售额为纳税人销售应税消费品向购买方收取的全部价款和价外费用。销售是指有偿转让应税消费品的所有权；有偿是指从购买方取得货币、货物或者其他经济利益；价外费用是指价外收取的基金、集资费、返还利润、补贴、违约金（延期付款利息）和手续费、包装费、储备费、优质费、运输装卸费、代收款项、代垫款项以及其他各种性质的价外收费。但下列项目不包括在内：同时符合以下条件的代垫运输费用——承运部门的运输费用发票开具给购买方的，纳税人将该项发票转交给购买方的；同时符合以下条件代为收取的政府性基金或者行政事业性收费。除此之外，其他价外费用，无论是否属于纳税人的收入，均应并入销售额计算征税。

"销售额"不包括应向购买方收取的增值税款，如果纳税人的应税销售额是价税合并收取的，在计算消费税时，应当换算为不含增值税税款的销售额。其换算公式为：

$$应税消费品的销售额 = \frac{含增值税的销售额}{1 + 增值税税率或征收率}$$

（2）销售数量的确定。销售数量具体为：

销售应税消费品的，为应税消费品的销售数量；

自产自用应税消费品的，为应税消费品的移送使用数量；

委托加工应税消费品的，为纳税人收回的应税消费品数量；

进口的应税消费品，为海关核定的应税消费品进口征税数量。

《消费税暂行条例》规定，黄酒、啤酒是以吨为税额单位；汽油、柴油是以升为税额单位的。但是，考虑到在实际销售过程中，一些纳税人会把吨或升这两个计量单位混用，为了规范不同产品的计量单位，以准确计算应纳税额，吨与升两个计量单位的换算标准见表 4-2。

2. 消费税计税依据的特殊规定

（1）纳税人通过自设非独立核算门市部销售的自产应税消费品，应当按照门市部对外销售额或者销售数量征收消费税。

表 4-2 吨、升换算表

啤酒 1 吨＝988 升	石脑油 1 吨＝1 385 升
黄酒 1 吨＝962 升	溶剂油 1 吨＝1 282 升
汽油 1 吨＝1 388 升	润滑油 1 吨＝1 126 升
柴油 1 吨＝1 176 升	燃料油 1 吨＝1 015 升
航空煤油 1 吨＝1 246 升	

(2) 纳税人用于换取生产资料和消费资料,投资入股和抵偿债务等方面的应税消费品,应当以纳税人同类应税消费品的最高销售价格作为计税依据计算消费税。

(3) 酒类关联企业间关联交易消费税问题处理。白酒生产企业向商业销售单位收取的"品牌使用费"是随着应税白酒的销售而向购货方收取的,属于应税白酒销售价款的组成部分,因此,不论企业采取何种方式或以何种名义收取价款,均应并入白酒的销售额中缴纳消费税。

(4) 对既销售金银首饰又销售非金银首饰的生产、经营单位,应将两类商品划分清楚,分别核算销售额。凡划分不清楚或不能分别核算的,在生产环节销售的,一律从高适用税率征收消费税;在零售环节销售的,一律按金银首饰征收消费税。金银首饰与其他产品组成成套消费品销售的,应按销售额全额征收消费税。金银首饰连同包装物销售的,无论包装是否单独计价,也无论会计上如何核算,均应并入金银首饰的销售额,计征消费税。带料加工的金银首饰,应按受托方销售同类金银首饰的销售价格确定计税依据征收消费税。没有同类金银首饰销售价格的,按照组成计税价格计算纳税。纳税人采用以旧换新(含翻新改制)方式销售的金银首饰,应按实际收取的不含增值税的全部价款确定计税依据征收消费税。

(5) 兼营不同税率应税消费品的税务处理。纳税人生产销售应税消费品,如果不是单一经营某一税率的产品,而是经营多种不同税率的产品,这就是兼营行为。由于《消费税暂行条例》税目税率表列举的各种应税消费品的税率高低不同,因此,纳税人在兼营不同税率应税消费品时,税法就要针对其不同的核算方式分别规定税务处理办法,以加强税收管理,避免因核算方式不同而出现税款流失的现象。纳税人兼营不同税率的应税消费品,应当分别核算不同税率应税消费品的销售额、销售数量。未分别核算销售额、销售数量,或者将不同税率的应税消费品组成成套消费品销售的,从高适用税率。

需要解释的是,纳税人兼营不同税率的应税消费品,是指纳税人生产销售两种税率以上的应税消费品。所谓"从高适用税率",就是对兼营高低不同税率的应税消费品,当不能分别核算销售额、销售数量,或者将不同税率的应税消费品组成成套消费品销售的,就以应税消费品中适用的高税率与混合在一起的销售额、销售数量相乘,得出应纳消费税额。例如,某酒厂既生产税率为20%的粮食白酒,又生产税率为10%的其他酒,如汽酒、药酒等。对于这种情况税法规定,该厂应分别核算白酒与其他酒的销售额,然后按各自适用的税率计税;如不分别核算各自的销售额,其他酒也按白酒的税率计算纳税。如果该酒厂还生产白酒与其他酒小瓶装礼品套酒,就是税法所指的成套消费品,应按全部销售额按白酒的税率20%计算应纳消费税额,而不能以其他酒10%的税率计算其中任何一部分的应纳税额了。对未分别核算的销售额按高税率计税,意在督促企业对不同税率应税消费品的销售额分别核算,准确计算纳税。

(二)消费税应纳税额的计算

纳税人在生产销售环节应缴纳的消费税,包括直接对外销售应税消费品应缴纳的消费税和自产自用应税消费品应缴纳的消费税。

1. 生产销售环节直接对外销售应纳消费税的计算

直接对外销售应税消费品涉及三种计算方法。

(1) 实行从量定额计征方法

$$应纳消费税额 = 应税消费品的数量 \times 消费税单位税额$$

适用税目:啤酒、黄酒、成品油。

(2) 实行从价定率和从量定额相结合计征方法

$$应纳消费税额 = 应税消费品的销售额 \times 消费税税率 + 应税消费品的数量 \times 消费税单位税额$$

适用税目:卷烟、白酒。

(3) 实行从价定率计征方法

$$应纳消费税额 = 应税消费品的销售额 \times 消费税税率$$

$$应税消费品的销售额 = 应税消费品单位计税价格 \times 课税对象的数量$$

适用税目:除上述以外的其他项目。

[例 4-8] 某啤酒厂2017年5月销售啤酒410吨,出厂价3 500元/吨。计算当月应纳消费税税额。

解:应纳消费税额 = 应税消费品的数量 × 消费税单位税额
       = 410 × 250 = 102 500(元)

[例 4-9] 某啤酒厂销售A型啤酒20吨给副食品公司,开具税控专用发票

收取价款 58 000 元,收取包装物押金 3 000 元,销售 B 型啤酒 10 吨给宾馆,开具普通发票取得收入 32 760 元,收取包装物押金 1 500 元。计算该啤酒厂应缴纳的消费税额。

解:

A 型啤酒出厂价格
(含包装物和包装物押金) = 58 000 ÷ 20 + 3 000 ÷ (1 + 17%) ÷ 20
= 3 028.21(元) > 3 000 元

B 型啤酒出厂价格
(含包装物和包装物押金) = (32 760 + 1 500) ÷ (1 + 17%) ÷ 10
= 2 928.21(元) < 3 000 元

该酒厂应纳消费税 = 20 吨 × 250 元/吨 + 10 吨 × 220 元/吨 = 7 200 元

[例 4-10] 某卷烟厂 2017 年 6 月生产并通过交易市场销售甲级香烟 1 500 箱,每标准箱国家调拨价 18 000 元,当月移送到本市非独立核算门市部 250 箱,实际销售了 135 箱,每箱销售价 19 000 元;另外,该卷烟厂将 75 箱卷烟作为礼品赠送给协作单位。计算该厂当月应纳消费税。

解:

$$\text{应纳消费税额} = \text{应税消费品的销售额} \times \text{消费税税率} + \text{应税消费品的数量} \times \text{消费税单位税额}$$

= [(1 500 + 75) × 1.8 + 135 × 1.9] × 56% + (1 500 + 135 + 75) × 0.015
= 3 091.5 × 56% + 1 710 × 0.015
= 1 731.24 + 25.65
= 1 756.89(万元)

[例 4-11] 某化妆品生产企业为增值税一般纳税人。2017 年 3 月 10 日向某大型商场销售化妆品一批,开具增值税专用发票,取得不含增值税销售额 50 万元,增值税额 8.5 万元;3 月 20 日向某单位销售化妆品一批,开具普通发票,取得含增值税销售额 4.68 万元。计算该化妆品生产企业上述业务应缴纳的消费税额。

(1) 化妆品适用消费税税率 15%。
(2) 化妆品的应税销售额 = 50 + 4.68 ÷ (1 + 17%) = 54(万元)
(3) 应缴纳的消费税额 = 54 × 15% = 8.1(万元)

[例 4-12] 某大型家电商场本月从国外进口一批摩托车(气缸容量在 250 毫升以上的),假定到岸价格为 400 000 元,关税税额为 50 000 元。该商场本月将所购进的摩托车全部出售给消费者个人,取得销售收入 702 000 元。试计算该企业

进口、销售这批摩托车应纳的消费税和增值税。

解：

实行从价定率办法应纳税额的计算，按照组成计税价格计算纳税。组成计税价格计算公式：

组成计税价格＝（关税完税价格＋关税）÷（1－消费税税率）

应纳税额＝组成计税价格×适用税率

组成计税价格＝（400 000＋50 000）÷（1－10%）
　　　　　　＝500 000（元）

进口环节应纳增值税＝500 000×17%＝85 000（元）

进口环节应纳消费税＝500 000×10%＝50 000（元）

国内销售环节应纳增值税＝702 000÷（1＋17%）×17%－85 000
　　　　　　　　　　　＝17 000（元）

2. 生产销售环节自产自用应纳消费税的计算

所谓自产自用，就是纳税人生产应税消费品后，不是用于直接对外销售，而是用于自己连续生产应税消费品或用于其他方面。这种自产自用应税消费品形式，在实际经济活动中是很常见的，但也是在是否纳税或如何纳税上最容易出现问题的。例如，有的企业把自己生产的应税消费品，以福利或奖励等形式发给本厂职工，以为不是对外销售，不必计入销售额，无须纳税，这样就出现了漏缴税款的现象。因此，很有必要认真理解税法对自产自用应税消费品的有关规定。

（1）用于连续生产应税消费品。纳税人自产自用的应税消费品，用于连续生产应税消费品的，不纳税。所谓"纳税人自产自用的应税消费品，用于连续生产应税消费品的"，是指作为生产最终应税消费品的直接材料并构成最终产品实体的应税消费品。例如，卷烟厂生产出烟丝，再用生产出的烟丝连续生产卷烟，虽然烟丝是应税消费品，但用于连续生产卷烟的烟丝就不用缴纳消费税，只对生产销售的卷烟征收消费税。如果生产的烟丝直接用于销售，则烟丝需要缴纳消费税。税法规定对自产自用的应税消费品，用于连续生产应税消费品的不征税，体现了不重复课税原则。

（2）用于其他方面的应税消费品。纳税人自产自用的应税消费品，除用于连续生产应税消费品外，凡用于其他方面的，于移送使用时纳税。用于其他方面是指纳税人用于生产非应税消费品、在建工程、管理部门、非生产机构、提供劳务，以及用于馈赠、赞助、集资、广告、样品、职工福利、奖励等方面，所谓"用于生产非应税消费品"，是指把自产的应税消费品用于生产《消费税暂行条例》税目、税率表所列15

类产品以外的产品。

如原油加工厂用生产出的应税消费品汽油调和制成溶剂汽油,该溶剂汽油就属于非应税消费品,加工厂应就该自产自用行为缴纳消费税,但是不用缴纳增值税。所谓"用于在建工程",是指把自产的应税消费品用于本单位的各项建设工程。例如,石化工厂把自己生产的柴油用于本厂基建工程的车辆、设备使用。所谓"用于管理部门、非生产机构",是指把自己生产的应税消费品用于与本单位有隶属关系的管理部门或非生产机构。例如,汽车制造厂把生产出的小汽车提供给上级主管部门使用。所谓"用于馈赠、赞助、集资、广告、样品、职工福利、奖励",是指把自己生产的应税消费品无偿赠送给他人,或以资金的形式投资于外单位,或作为商品广告、经销样品,或以福利、奖励的形式发给职工。例如,小汽车生产企业把自己生产的小汽车赠送或赞助给小汽车拉力赛赛手使用,兼作商品广告;酒厂把生产的滋补药酒以福利的形式发给职工等。总之,企业自产的应税消费品虽然没有用于销售或连续生产应税消费品,但只要是用于税法所规定的范围的都要视同销售,依法缴纳消费税。

（3）组成计税价格及税额的计算。纳税人自产自用的应税消费品,凡用于其他方面,应当纳税的,按照纳税人生产的同类消费品的销售价格计算纳税。同类消费品的销售价格是指纳税人当月销售的同类消费品的销售价格,如果当月同类消费品各期销售价格高低不同,应按销售数量加权平均计算。但销售的应税消费品有下列两种情况之一的,不得列入加权平均计算：销售价格明显偏低又无正当理由的；无销售价格的。如果当月无销售或者当月未完结,应按照同类消费品上月或者最近月份的销售价格计算纳税。

没有同类消费品销售价格的,按照组成计税价格计算纳税。

① 实行从价定率办法计算纳税的组成计税价格计算公式为：

$$组成计税价格 = (成本 + 利润) \div (1 - 比例税率)$$
$$应纳税额 = 组成计税价格 \times 比例税率$$

② 实行复合计税办法计算纳税的组成计税价格计算公式为：

$$组成计税价格 = (成本 + 利润 + 自产自用数量 \times 定额税率) \div (1 - 比例税率)$$
$$应纳税额 = 组成计税价格 \times 比例税率 + 自产自用数量 \times 定额税率$$

上述公式中所说的"成本",是指应税消费品的产品生产成本。应税消费品全国平均成本利润率由国家税务总局确定。

（4）应税消费品全国平均成本利润率。我国现行的应税消费品全国平均成本利润率见表 4-3。

表 4-3　　　　　　　　　　平均成本利润率表　　　　　　　　　　单位：%

货物名称	利润率	货物名称	利润率
1. 甲类卷烟	10	10. 贵重首饰及珠宝玉石	6
2. 乙类卷烟	5	11. 摩托车	6
3. 雪茄烟	5	12. 高尔夫球及球具	10
4. 烟丝	5	13. 高档手表	20
5. 粮食白酒	10	14. 游艇	10
6. 薯类白酒	5	15. 木制一次性筷子	5
7. 其他酒	5	16. 实木地板	5
8. 化妆品	5	17. 乘用车	5
9. 鞭炮、焰火	5	18. 中轻型商用客车	5

[例 4-13]　某化妆品公司将一批自产的化妆品用作职工福利，化妆品的成本 80 000 元，该化妆品无同类产品市场销售价格，但已知其成本利润率为 5%，消费税税率为 30%。计算该批化妆品应缴纳的消费税税额。

解：

(1) 组成计税价格 = 成本 × (1 + 成本利润率) ÷ (1 - 消费税税率)

= 80 000 × (1 + 5%) ÷ (1 - 30%)

= 84 000 ÷ 0.7 = 120 000(元)

(2) 应纳税额 = 120 000 × 30% = 36 000(元)

3. 委托加工环节应税消费品应纳消费税的计算

企业、单位或个人由于设备、技术、人力等方面的局限或其他方面的原因，常常要委托其他单位代为加工应税消费品，然后，将加工好的应税消费品收回，直接销售或自己使用。这是生产应税消费品的另一种形式，也需要纳入征收消费税的范围。例如，某企业将购来的小客车底盘和零部件提供给某汽车改装厂，加工组装成小客车供自己使用，则加工、组装成的小客车就需要缴纳消费税。按照规定，委托加工的应税消费品，由受托方在向委托方交货时代收代缴税款。

(1) 委托加工应税消费品的确定。委托加工的应税消费品是指由委托方提供原料和主要材料，受托方只收取加工费和代垫部分辅助材料加工的应税消费品。对于由受托方提供原材料生产的应税消费品，或者受托方先将原材料卖给委托方，然后再接受加工的应税消费品，以及由受托方以委托方名义购进原材料生产的应税消费品，不论纳税人在财务上是否作销售处理，都不得作为委托加工应税消费品，而应当按照销售自制应税消费品缴纳消费税。

（2）代收代缴税款的规定。对于确实属于委托方提供原料和主要材料，受托方只收取加工费和代垫部分辅助材料加工的应税消费品，《税法》规定，由受托方在向委托方交货时代收代缴消费税。这样，受托方就是法定的代收代缴义务人。如果受托方对委托加工的应税消费品没有代收代缴或少代收代缴消费税，应按照《税收征收管理法》的规定，承担代收代缴的法律责任。因此，受托方必须严格履行代收代缴义务，正确计算和按时代缴税款。为了加强对受托方代收代缴税款的管理，委托个人（含个体工商户）加工的应税消费品，由委托方收回后缴纳消费税。委托加工的应税消费品，受托方在交货时已代收代缴消费税，委托方将收回的应税消费品，以不高于受托方的计税价格出售的，为直接出售，不再缴纳消费税；委托方以高于受托方的计税价格出售的，不属于直接出售，需按照规定申报缴纳消费税，在计税时准予扣除受托方已代收代缴的消费税。对于受托方没有按规定代收代缴税款的，不能因此免除委托方补缴税款的责任。在对委托方进行税务检查中，如果发现受其委托加工应税消费品的受托方没有代收代缴税款，则应按照《税收征收管理法》规定，对受托方处以应代收代缴税款 50% 以上 3 倍以下的罚款；委托方要补缴税款，对委托方补征税款的计税依据是：如果在检查时，收回的应税消费品已经直接销售的，按销售额计税；收回的应税消费品尚未销售或不能直接销售的（如收回后用于连续生产等），按组成计税价格计税。组成计税价格的计算公式与下列（3）组成计税价格公式相同。

（3）组成计税价格及应纳税额的计算。委托加工的应税消费品，按照受托方的同类消费品的销售价格计算纳税，同类消费品的销售价格是指受托方（即代收代缴义务人）当月销售的同类消费品的销售价格，如果当月同类消费品各期销售价格高低不同，应按销售数量加权平均计算。但销售的应税消费品有下列情况之一的，不得列入加权平均计算：

① 销售价格明显偏低又无正当理由的；
② 无销售价格的。

如果当月无销售或者当月未完结，应按照同类消费品上月或最近月份的销售价格计纳税。没有同类消费品销售价格的，按照组成计税价格计算纳税。组成计税价格的计算公式为：

$$组成计税价格 = （材料成本 + 加工费） \div （1 - 比例税率）$$

实行复合计税办法计算纳税的组成计税价格计算公式为：

$$组成计税价格 = （材料成本 + 加工费 + 委托加工数量 \times 定额税率） \div （1 - 比例税率）$$

上述组成计税价格公式中有两个重要的专用名词解释如下：材料成本，是指委托方所提供加工材料的实际成本。加工费,是指受托方加工应税消费品向委托方所收取的全部费用(包括代垫辅助材料的实际成本,不包括增值税税金),这是税法对受托方的要求。受托方必须如实提供向委托方收取的全部费用,这样才能既保证组成计税价格及代收代缴消费税准确地计算出来,也使受托方按加工费得以正确计算其应纳的增值税。

[**例 4 - 14**] 某鞭炮企业 2017 年 4 月受托为某单位加工一批鞭炮,委托单位提供的原材料金额为 60 万元,收取委托单位不含增值税的加工费 8 万元,鞭炮企业无同类产品市场价格。请计算鞭炮企业应代收代缴的消费税。

解:
(1) 鞭炮的适用税率 15%
(2) 组成计税价格 = (60+8) ÷ (1-15%) = 80(万元)
(3) 应代收代缴消费税 = 80 × 15% = 12(万元)

4. 进口环节应纳消费税的计算

进口的应税消费品,于报关进口时缴纳消费税;进口的应税消费品的消费税由海关代征;进口的应税消费品由进口人或者其代理人向报关地海关申报纳税;纳税人进口应税消费品,按照关税征收管理的相关规定,应当自海关填发海关进口消费税专用缴款书之日起 15 日内缴纳税款。

1993 年 12 月,国家税务总局、海关总署联合颁布的《关于对进口货物征收增值税、消费税有关问题的通知》规定,进口应税消费品的收货人或办理报关手续的单位和个人,为进口应税消费品消费税的纳税义务人。进口应税消费品消费税的税目、税率(税额),依照《消费税暂行条例》所附的《消费税税目税率(税额)表》执行。

纳税人进口应税消费品,按照组成计税价格和规定的税率计算应纳税额。计算方法如下:

(1) 从价定率计征应纳税额的计算。实行从价定率办法计算纳税的组成计税价格计算公式为:

组成计税价格 = (关税完税价格+关税) ÷ (1-消费税比例税率)
应纳税额 = 组成计税价格 × 消费税比例税率

[**例 4 - 15**] 某商贸公司 2016 年 5 月从国外进口一批应税消费品,已知该批应税消费品的关税完税价格为 90 万元,按规定应缴纳关税 18 万元,假定进口的应税消费品的消费税税率为 10%。请计算该批消费品进口环节应缴纳的消费税税额。

解:
① 组成计税价格 = (90+18) ÷ (1-10%) = 120(万元)
② 应缴纳消费税税额 = 120 × 10% = 12(万元)

公式中所称"关税完税价格",是指海关核定的关税计税价格。

(2) 实行从量定额计征应纳税额的计算。应纳税额的计算公式为：

$$应纳税额 = 应纳消费品数量 \times 消费税定额税率$$

(3) 实行从价定率和从量定额复合计税办法应纳税额的计算。应纳税额的计算公式为：

$$组成计税价格 = (关税完税价格 + 关税 + 进口数量 \times 消费税定额税率) \div (1 - 消费税比例税率)$$

$$应纳税额 = 组成计税价格 \times 消费税税率 + 应税消费品进口数量 \times 消费税定额税率$$

进口环节消费税除国务院另有规定者外，一律不得给予减税、免税。

5. 消费税出口退税的计算

对纳税人出口应税消费品，免征消费税；国务院另有规定的除外。

(1) 出口免税并退税。有出口经营权的外贸企业购进应税消费品直接出口，以及外贸企业受其他外贸企业委托代理出口应税消费品。外贸企业只有受其他外贸企业委托，代理出口应税消费品才可办理退税，外贸企业受其他企业（主要是非生产性的商贸企业）委托，代理出口应税消费品是不予退（免）税的。属于从价定率计征消费税的，为已征且未在内销应税消费品应纳税额中抵扣的购进出口货物金额；属于从量定额计征消费税的，为已征且未在内销应税消费品应纳税额中抵扣的购进出口货物数量；属于复合计征消费税的，按从价定率和从量定额的计税依据分别确定。

$$消费税应退税额 = 从价定率计征消费税的退税计税依据 \times 比例税率 + 从量定额计征消费税的退税计税依据 \times 定额税率$$

(2) 出口免税但不退税。有出口经营权的生产性企业自营出口或生产企业委托外贸企业代理出口自产的应税消费品，依据其实际出口数量免征消费税，不予办理退还消费税。免征消费税是指对生产性企业按其实际出口数量免征生产环节的消费税。不予办理退还消费税，因已免征生产环节的消费税，该应税消费品出口时，已不含有消费税，所以无须再办理退还消费税。

(3) 出口不免税也不退税。除生产企业、外贸企业外的其他企业，具体是指一般商贸企业，这类企业委托外贸企业代理出口应税消费品一律不予退（免）税。出口货物的消费税应退税额的计税依据，按购进出口货物的消费税专用缴款书和海关进口消费税专用缴款书确定。

四、消费税征收管理

（一）纳税义务发生时间

消费税纳税义务发生的时间，以货款结算方式或行为发生时间分别确定。

(1) 纳税人销售的应税消费品,其纳税义务的发生时间为:

① 纳税人采取赊销和分期收款结算方式的,为书面合同约定的收款日期的当天,书面合同没有约定收款日期或者无书面合同的,为发出应税消费品的当天。

② 纳税人采取预收货款结算方式的,其纳税义务的发生时间,为发出应税消费品的当天。

③ 纳税人采取托收承付和委托银行收款方式销售的应税消费品,其纳税义务的发生时间,为发出应税消费品并办妥托收手续的当天。

④ 纳税人采取其他结算方式的,其纳税义务的发生时间,为收讫销售款或者取得索取销售款凭据的当天。

(2) 纳税人自产自用的应税消费品,其纳税义务的发生时间,为移送使用的当天。

(3) 纳税人委托加工的应税消费品,其纳税义务的发生时间,为纳税人提货的当天。

(4) 纳税人进口的应税消费品,其纳税义务的发生时间,为报关进口的当天。

(二) 纳税期限

按照《消费税暂行条例》规定,消费税的纳税期限分别为1日、3日、5日、10日、15日、1个月或者1个季度。纳税人的具体纳税期限,由主管税务机关根据纳税人应纳税额的大小分别核定;不能按照固定期限纳税的,可以按次纳税。

纳税人以1个月或以1个季度为一期纳税的,自期满之日起15日内申报纳税;以1日、3日、5日、10日或者15日为一期纳税的,自期满之日起5日内预缴税款,于次月1日起至15日申报纳税并结清上月应纳税额。

纳税人进口应税消费品,应当自海关填发海关进口消费税专用缴款书之日起15日内缴纳税款。

(三) 纳税地点

消费税具体纳税地点有:

(1) 纳税人销售的应税消费品,以及自产自用的应税消费品,除国务院财政、税务主管部门另有规定外,应当向纳税人机构所在地或者居住地的主管税务机关申报纳税。

(2) 委托加工的应税消费品,除受托方为个人外,由受托方向机构所在地或者居住地的主管税务机关解缴消费税税款。

(3) 进口的应税消费品,由进口人或者其代理人向报关地海关申报纳税。

(4) 纳税人到外县(市)销售或者委托外县(市)代销自产应税商品的,于应税消费品销售后,向机构所在地或者居住地主管税务机关申报纳税。

纳税人的总机构与分机构不在同一县(市),但在同一省(自治区、直辖市)范围内,经省(自治区、直辖市)财政厅(局)、国家税务局审批同意,可以由总机构汇总向总机构所在地的主管税务机关申报缴纳消费税。省(自治区、直辖市)财政厅(局)、国家税务局应将审批同意的结果,上报财政部、国家税务总局备案。

(5) 纳税人销售的应税消费品,因质量等原因发生退货的,其已缴纳的消费税税款可予以退还。纳税人办理退税手续时,应将开具的红字增值税发票、退税证明等资料报主管税务机关备案。主管税务机关核对无误后办理退税。

(6) 纳税人直接出口的应税消费品办理免税后,发生退关或者国外退货,复进口时已予以免税的,可暂不办理补税,待其转为国内销售的当月申报缴纳消费税。

第四节 关 税

一、关税概述

（一）关税的概念

关税是由海关对进出国境或关境的货物和物品征收的一种税,是世界各国普遍征收的一种税收。

关境又称税境或海关境域,是一个国家的关税法令完全实施的领域;而国境是一个主权国家的领土范围。在通常情况下,国境的范围同关境的领域大小是一致的,货物进出国境也就是进出关境,要按照境内统一的贸易法令和关税法令征收关税;但是,两者的大小也有不一致的情况,这就是存在有关税同盟和自由港、自由区的时候。当国境内设有自由港或自由贸易区时,关境就小于国境,如我国,自由港或自由区虽在国境之内,但从征收关税的角度来说,它是在该关境之外,进出自由港(区)的货物可以不征关税。当几个国家结成关税联盟,组成一个共同关境,实施统一的关税法令和对外税则,彼此之间货物进出国境不征关税,这时关境就大于其成员国的各自国境,如欧洲联盟。

关税的历史十分悠久。早在公元前 8 至公元前 6 世纪古希腊的雅典,就已形成了古代欧洲关税的雏形。据考证,最早的关税是为了保护过往客商交通安全而产生的;随着商品经济的发展,特别是国与国之间出现商品交换后,作为对进出口商品征税的关税在各国普遍起来,并成为国家取得财政收入的一种重要手段而在历史上占有重要地位;而在现代,尤其是对于经济发达国家而言,关税已成为其实现贸易保护主义政策的有力工具。根据文字记载,我国直到西周后期才出现关税,当时被称为"关市之赋",规定货物通过边境的"关"都要征收税赋。春秋战国时代,各国已产生了关境征税制度。在相当长的一段时间内,关税在国家财政收入中并不占有十分重要的地位;往往是在国家财政十分困难之时才注意到关税的作用。

随着商品经济的发展和对外贸易的扩大,关税逐渐成为财政收入的重要来源之一。

新中国成立以后,1951年5月政务院颁布了《中华人民共和国暂行海关法》《中华人民共和国海关进出口税则》和《中华人民共和国海关进出口税则暂行实施条例》,统一了国家的关税政策,建立了完全独立自主的保护关税制度,这些关税制度执行了三十多年,期间虽经多次修改和补充,但没有很大的变动;随着我国经济体制改革和贯彻执行对外开放政策,原有的税则已不能适应新形势的需要,因此,1985年3月,国务院制定了新的《中华人民共和国进出口关税条例》和《中华人民共和国海关进出口税则》,进一步完善了我国的关税制度;1987年1月发布了《中华人民共和国海关法》,对海关征税原则进行了修改;1987年根据《海关法》对关税条例再次修订并发布了《进出口关税条例》;1992年修订发布了《进出口关税条例》。现行关税法律规范是以2000年7月修正颁布的《中华人民共和国暂行海关法》(简称《海关法》)为法律依据,以国务院2003年11月发布的《中华人民共和国进出口关税条例》以及作为条例组成部分的《中华人民共和国海关进出口税则》和《中华人民共和国海关入境旅客行李物品和个人邮递物品征收进口税办法》为基本法规,由负责关税政策制定和征收管理的主管部门依据基本法规拟订的管理办法和实施细则为主要内容。

关税作为我国流转税中的重要税种,不仅是在国际经济交往中维护国家权益的重要手段,而且也是取得财政收入的一种形式。近10年关税平均水平保持在9.8%,2016年关税实现收入2 603亿元[①],占税收总收入的比重约为2%。

(二) 关税的分类

1. 按课征目的分类,分为财政关税和保护关税

财政关税又称收入关税,是以增加国家财政收入为主要目的而课征的一种关税,通常选择本国不能生产或国内无代用品的消费品征收。

保护关税是以保护本国的工农业生产为主要目的而课征的一种税,税率比财政关税高,通过征收较高的进口税,使进口商品价格提高,削弱其在本国市场上的竞争力,达到限制进口、扶植国内幼稚产业、保护本国经济发展的目的。

从关税的发展历史来看,我国在鸦片战争以前、欧美在中世纪以前,征收关税的目的单纯是为了取得财政收入。资本主义发展以后,财政关税地位的削弱,保护关税的地位日益加强,保护关税成为关税征收的主要目的。美国在1805年时,联邦政府收益的90%~95%来自关税,目前已降至2%以下。

2. 按货物或物品的流向进行分类,分为进口税、出口税、过境税及进口附加税

进口税是指对从国外进入的货物或物品征收的一种关税;出口税是指对从本

---

① 中华人民共和国财政部2016年财政收支情况。

国出口的货物或物品征收的一种关税;过境税是指对运经本国国境或关境,销往第三国的外国货物所课征的一种关税;进口附加税是指国家根据某种特定目的,在征收一般进口税之外,加征的一种附加税,其目的在于防止外国商品倾销、应付国际收支逆差和对抗别国的歧视。

为了提高本国商品在国际市场上的竞争力,各国一般都不征收出口税,我国现在也只是针对少数货物或物品征收,以达到限制目的;由于过境货物或物品对本国市场和国内生产经营没有影响,而且还可以从交通运输、仓储保管等方面得到一定收入,所以随着国际交通的发展,国际经济往来的频繁,现在各国一般均取消了此税,只有伊朗、委内瑞拉等极少数国家征收过境税。

3. 按计税标准进行分类,分为从价关税、从量关税、复合关税、选择关税和滑动关税

从价关税是以货物或物品的价格为计税标准来计算征收的一种关税,如我国的进口税、出口税分别以货物的到岸价格、离岸价格为完税价格计算征税,属于从价税。从量关税是以货物或物品的计量单位(重量、数量、长度、体积等)为计税标准来计算征收的一种关税。复合关税是对同一种进口货物或物品同时采用从价与从量两种标准课征的一种关税;课征时或以从价为主加征从量税,或以从量为主加征从价税。选择关税是对同一种进口货物或物品,同时采用从价税与从量税两种税率,征收时选择其中的一种进行课征的一种关税;滑动关税是对某种进口货物或物品规定其价格的上、下限,按国内物价的涨落情况,分别采用几种高低不同税率的一种关税;当货物价格高于上限时,减低税率,低于下限时,提高税率,在幅度以内的,按原定税率征收,其目的是保护国内生产不受国外物价波动的影响;如英国和马来半岛一些国家曾实行滑动关税。

4. 按关税政策标准进行分类,分为普通关税、优惠关税和加重关税

普通关税是指对与本国政府没有签订互惠协定的国家或地区运入本国国境的货物或物品征收的一种关税,一般税率较高;优惠关税是对与本国政府签订互惠协定的国家或地区运入本国国境的货物或物品征收的一种关税,一般税率较低,这是对特定的受惠国给予的关税优惠待遇,主要有:互惠关税、特惠关税、最惠国待遇、普遍优惠制、国际组织成员国间的关税减让等;加重关税是对个别国家或地区运入货物或物品或者个别的货物或物品征收的一种关税,其税率比普通税率高,其目的是为了加强关税的保护作用或用作争取与外国签订贸易协定的手段。主要有:反倾销关税、反补贴关税、报复关税等。

5. 按关税制定方法分类,分为国定关税和协定关税

国定关税由本国独立自主而制定的关税,也称自主关税。一国有权随时变更关税;协定关税由本国根据双边或多边贸易条约,协定所制定的关税。对一个国家

而言,国定关税与协定关税往往同时并存和使用。

（三）关税的特征

与其他税种相比较,关税具有以下特点:

1. 对进出关境的货物和物品征税

关税是对进出关境的货物和物品征收的。货物是指贸易性进出口商品,物品是指非贸易性商品。因此,关税不同于因商品交换或提供劳务取得收入而课征的流转税,也不同于因取得所得或拥有财产而课征的所得税或财产税,而是因为特定货物和物品途经海关通道进出口而课征。

2. 执行统一的对外经济政策,具有涉外统一性

国家征收关税不单纯是为了满足政府财政上的需要,更重要的是利用关税来贯彻执行统一的对外经济政策,实现国家的政治经济目的。

3. 关税由海关征收

《海关法》规定,海关是代表国家在口岸行使征收关税、监督管理、查缉走私等职权的机关。因此,关税由海关代表国家征收,这与由税务机关或财政机关代表国家征收的税种完全不同。

（四）关税的作用

新中国成立以来,关税在贯彻对外开放政策,促进对外经济贸易和国民经济的发展等方面,发挥了重要作用,主要表现如下:

1. 保护和促进国民经济发展

通过对进口货物征收关税,提高进口货物的成本,进而影响其商品的市场价格,削弱其与本国同类产品的竞争能力,保护本国产品的生产;对于国家不鼓励出口的商品征收关税,可抵制这些商品的输出,而对于国家鼓励的商品,免征关税,鼓励出口,体现既保护本国资源又有利于出口换汇的政策;同时,对关税制定高低不同的税率以及减免税的使用,最终将对生产和消费起引导作用。所以,国家往往通过关税来调节市场、调节经济,从而达到调控国民经济、保护民族工业、促进经济健康发展的目的。

2. 维护国家权益,促进对外开放和对外贸易

世界各国在国际贸易中都把关税作为合法使用的一种工具。我国关税通过不同税率的运用,对取得国际之间的关税互惠、贯彻平等互利和对等的原则、反对别国对我国进行关税歧视、促进对外交往、维护国家主权,起到相当重要的作用;现行的《海关法》和《进出口关税条例》,制定了一系列对国家经济建设必需物资和人民生活必需品的进口、引进外资、引进先进技术等关税优惠措施,有力地促进了改革开放的深入发展,同时也促进了对外贸易的发展。

3. 为国家建设积累资金

近代关税大多为保护性关税,财政作用正逐渐减少,我国关税也是如此;但作

为一种税收其财政意义仍然是很明显的;我国关税在税收收入中所占的比重虽然不大,2016年约占整个税收收入的2%,但是收入比较稳定,特别是我国的关税收入全部归中央财政,这对于保护中央财政收入有稳定的来源、保证国家重点建设有着重要意义。

二、关税课税对象、纳税人及税率

(一)征税对象

关税的征税对象是准许进出国境的货物和物品。货物是指贸易性商品;物品指入境旅客随身携带的行李物品、个人邮递物品、各种运输工具上的服务人员携带进口的自用物品、馈赠物品以及其他方式进入国境的个人物品。

(二)纳税人

根据关税法的规定,进口货物的收货人、出口货物的发货人、进出境物品的所有人,是关税的纳税义务人。

一般情况下,对于携带进境的物品,推定其携带人为所有人;对分离运输的行李,推定相应的进出境旅客为所有人;对以邮递方式进境的物品,推定其收件人为所有人;以邮递或其他运输方式出境的物品,推定其寄件人或托运人为所有人。

(三)税率

关税政策是通过关税税率具体体现和贯彻实施的,关税的经济杠杆作用也是通过不同的关税税率和关税结构来实现的。现行关税实行差别比例税率,将同一税目的货物分为两类:进口关税税率和出口关税税率。

1. 进口关税税率

(1)税率设置和适用。在我国加入世界贸易组织(WTO)之前,我国进口税则设有两栏税率,即普通税率和优惠税率。在我国加入WTO之后,为履行我国在加入WTO关税减让谈判中承诺的有关义务,享有WTO成员应有的权利,自2002年1月1日起,我国进口税则设有最惠国税率、协定税率、特惠税率、普通税率、关税配额税率等,对进口货物在一定时间内可以实行暂定税率。最惠国税率是对原产于与我国共同适用最惠国待遇条款的WTO成员国或地区的进口货物,或原产于与我国签订有相互给予最惠国待遇条款的双边贸易协定的国家或地区进口的货物,以及原产于我国境内的进口货物所征收的税率;协定税率是对原产于我国参加的含有关税优惠条款的区域性贸易协定有关缔约方的进口货物所征收的税率;特惠税率是对原产于与我国签订有特殊优惠关税协定的国家或地区的进口货物所征收的税率;普通税率是对原产于上述国家或地区以外的其他国家或地区的进口货物所征收的税率。按照普通税率征税的进口货物,经国务院税则委员会特别批准,可以适用最惠国税率。适用最惠国税率、协定税率、特惠税率的国家或者地区名单,由国务院关税税则委员会决定。

进口关税税率的适用与货物的原产地有着紧密的关系。我国参照国际上通用的一些原产地规则结合我国的实际情况,制定了我国海关的原产地规定:① 全部产地生产标准。对于完全在一个国家内生产或制造的进口货物,生产国或制造国即视为该货物的原产国。② 实质性加工标准。对经过几个国家加工、制造的进口货物,以最后一个对货物进行经济上可以视为实质性加工的国家作为有关货物的原产国。实质性加工是指:加工后税则 4 位归类发生改变;加工增值占新产品总值超过 30% 及以上的。③ 对于机器、仪器、器材或车辆所用的零件、部件、备件工具,如与主件同时进口,而且数量合理,其原产地按主件的原产地予以确定;如分别进口,则按其各自的原产国确定。

(2) 进口关税税率的种类。按征收关税的标准,可分成从价税、从量税、选择税、复合税、滑准税。从价税是一种最常见的关税计税标准,它以货物价格或价值作为征收标准,以应征税额占货物价格或价值的百分比为税率,价格越高,税额越高。从量税是以进口货物的重量、数量、长度、容量和面积等计量单位为标准计征的关税;其中,重量单位是最常用的从量税计税依据。选择税是指对某种商品同时订有从量和从价两种税率,征税时由海关选择其中一种征税,作为该种商品的应征关税额。复合税是对某种进口商品同时使用从价和从量计征的一种计征关税的方法,如现行进口税则中"广播级录像机"的最惠国税率:当每台价格不高于 2 000 美元时,执行 36% 的单一从价税;当每台价格高于 2 000 美元时,每台征收 5 480 元的从量税,再加上 3% 的从价税。滑准税又称滑动税,是对进口税则中的同一种商品按其市场价格标准分别制定不同价格档次的税率而征收的一种进口关税;其高档商品价格的税率低或不征税,低档商品价格的税率高。征收这种关税的目的是使该种进口商品,不论其进口价格高低,其税后价格保持在一个预定的价格标准上,以稳定进口国内该种商品的市场价格。滑准税最早出现于重商主义时期(1670 年)的英国谷物法。该法规定,当小麦每夸脱价格在 53 先令 4 便士至 80 先令时征税 8 先令,当小麦每夸脱价格低于 53 先令 4 便士时征税 16 先令,以便使英国小麦市场经常保持较高价格,保护封建农场主的谷物生产。1997 年 10 月 1 日到 2002 年,我国首次对进口新闻纸实行滑准税。2005 年 5 月 1 日开始,我国对关税配额外进口的棉花实行滑准税,较好地解决了国内棉花供应不足的问题,又稳定了国内棉花价格,保障了棉农利益。

(3) 暂定税率与关税配额税率。我国根据经济发展需要对部分进口原材料、零部件、农药原药和中间体、乐器及生产设备实行暂定税率。暂定税率优先适用于普通税率或最惠国税率,按普通税率征税的进口货物不适用暂定税率。同时,对部分进口农产品和化肥产品实行关税配额,即一定数量内的上述进口商品适用税率较低的配额内税率,超出该数量的进口商品适用税率较高的配额外税率。现行税则对 700 多个税目进口商品实行了暂定税率,对小麦、豆油等 7 种农产品和尿素等 3 种化肥产品实行关税配额管理。

2. 出口关税税率

我国出口税则为一栏税率,即出口税率。国家仅对少数资源性产品及易于竞相杀价、盲目进口、需要规范出口秩序的半制成品征收出口关税。现行税则对 100 余种商品计征出口关税。主要是鳗鱼苗、部分有色金属矿砂及其精矿、生锑、磷、氟钽酸钾、苯、山羊板皮、部分铁合金、钢铁废碎料、铜和铝原料及其制品、镍锭、锌锭、锑锭,税率为 0~25% 的暂定税率。此外,根据需要对其他 200 余种商品征收暂定关税。与进口暂定税率一样,出口暂定税率优先适用于出口税则中规定的出口税率。

3. 特别关税

特别关税包括报复性关税、反倾销税、反补贴税、保障性关税。

报复性关税是为对抗他国对本国商品给予的歧视待遇所征收的关税。报复性关税是一种临时性措施,当两国关系正常时即可取消。

反倾销税是对于实行商品倾销的进口货物征收的一种进口附加税。《关税与贸易总协定》(简称 GATT)第六条规定:用倾销的手段将一国产品以低于正常价格的办法挤入另一国贸易时,如已对该国已建工业造成重大损害或重大威胁或新建工业生产产生严重阻碍时,即构成倾销,该国可以对倾销的产品征收数量不超过倾销差额的反倾销税。征收反倾销税是 GATT 所认可的一种保障本国贸易的措施,须经各国政府有关部门的行政审理程序做出判决。

反补贴税是对于直接或间接接受任何资金或补贴的外国进口商品所征收的一种进口附加税。GATT 第七次东京回合中达成"补贴规则"规定:对于该规则签字国之间是否征收反补贴税,应视是否达到的补贴对进口国某工业造成重大损害或重大威胁。而非签字国不必证实。反补贴税的征收也须经过行政审理程序。

保障性关税是指当某类商品进口量剧增,对本国相关产业带来巨大威胁或损害时,按照 WTO 有关规则,可以启动一般保障措施,即在与有实质利益的国家或地区进行磋商后,在一定时期内提高该项商品的进口关税或采取数量限制措施,以保护国内相关产业不受损害。

征收特别关税的货物、适用国别、税率、期限和征收办法,由国务院关税税则委员会决定,海关总署负责实施。

三、关税的计算

(一) 计税依据

《海关法》规定,关税的计税依据是海关以进出口货物成交价格为基础审查确定的完税价格。成交价格不能确定时,完税价格由海关依法估定。

1. 进口货物的完税价格

进口货物的完税价格可分为两种情况:一是以成交价格为基础的完税价格;二是进口货物的完税价格由海关估定。

以成交价格为基础的完税价格。根据《海关法》,进口货物的完税价格包括货物的货价、货物运抵我国境内输入地点起卸前的运输及其相关费用、保险费,即到岸价格(CIF)。货物的货价以成交价格为基础。进口货物的成交价格是指买方为购买该货物,并按《完税价格办法》有关规定调整后的实付或应付价格。

进口货物的海关估定方法。进口货物的价格不符合成交价格条件或者成交价格不能确定的,海关应当依次以相同货物成交价格方法、类似货物成交价格方法、倒扣价格方法、计算价格方法及其他合理方法确定的价格为基础,估定完税价格。

2. 出口货物的完税价格

出口货物的完税价格由海关以该货物的成交价格为基础审查确定,并应当包括货物运至中华人民共和国境内输出地点装载前的运输及其相关费用,如保险费。具体可分为两种情况:一是以成交价格为基础的完税价格;二是出口货物完税价格由海关估价的方法。

以成交价格为基础的完税价格。出口货物的成交价格是指该货物出口销售到我国境外时,买方向卖方实付或应付的价格。出口货物的成交价格中含有支付给境外的佣金的,如果单独列明,应当扣除。

出口货物海关估定方法。出口货物的成交价格不能确定的,海关经了解有关情况,并与纳税义务人进行价格磋商后,依次以下列价格估定该货物的完税价格:① 同时或者大约同时向同一国家或者地区出口的相同货物的成交价格;② 同时或者大约同时向同一国家或者地区出口的类似货物的成交价格;③ 根据境内生产相同或者类似货物的成本、利润和一般费用(包括直接费用和间接费用)、境内发生的运输及其相关费用、保险费计算所得的价格;④ 按照合理方法估定的价格。

(二)关税应纳税额的计算

1. 从价税应纳税额

$$关税税额 = 应税进(出)口货物数量 \times 单位完税价格 \times 税率$$

2. 从量税应纳税额

$$关税税额 = 应税进(出)口货物数量 \times 单位货物税额$$

3. 复合税应纳税额

我国目前实行的复合税都是先计征从量税,再计征从价税。

$$关税税额 = 应税进(出)口货物数量 \times 单位货物数量 + 应税进(出)口货物数量 \times 单位完税价格 \times 税率$$

4. 滑准税应纳税额

$$关税税额 = 应税进(出)口货物数量 \times 单位完税价格 \times 滑准税税率$$

[例 4-16] 某企业海运进口一批货物,海关审定货价折人民币 9 780 万元,运保费无法确定。海关按同类货物同程运输费估定运费折人民币 8.15 万元,该批货物进口关税税率为 18%,则其进口关税为多少?

解:按照海关有关法规规定,如果进口货物的运费无法确定或未实际发生,海关应该按照该货物进口同期运输行业公布的运费率计算运费;按"货价加运费"两者总额的 3‰ 计算保险费。

完税价格 = $(9\,780 + 8.15) \times (1 + 3‰) = 9\,817.51$(万元)

应纳关税税额 = $9\,817.51 \times 18\% = 1\,767.15$(万元)

[例 4-17] 上海市某进出口企业进口材料一批,合同规定货款 86 000 美元,进口海运费 1 500 美元,报关费及港口至企业内陆运费 200 美元,买方另支付进口货物保险费 140 美元,向采购中介支付中介费 750 美元。进口后将此批材料以 1 000 000 元含税价格销售。请计算其内销环节各项税金及附加之和为多少元?(材料关税税率 8%,当期汇率 1∶7)

解:

(1) 进口关税完税价格 = 成交价格 + 进口海运费 + 进口保险费 + 买方支付中介费

   = $(86\,000 + 1\,500 + 140 + 750) \times 7 = 618\,730$(元)

(2) 应缴关税 = $618\,730 \times 8\% = 49\,498.4$(元)

进口材料不缴纳消费税。

(3) 应缴增值税用关税完税价格加关税税额组成计税价格

   = $(618\,730 + 49\,498.4) \times 17\%$

   = $113\,598.83$(元)

(4) 内销环节增值税销项税 = $1\,000\,000 \div (1 + 17\%) \times 17\% = 145\,299.15$(元)

(5) 应缴增值税 = $145\,299.15 - 113\,598.83 = 31\,700.32$(元)

(6) 应缴城市维护建设税和教育费附加 = $31\,700.32 \times (7\% + 3\%)$

   = $3\,170.03$(元)

(7) 内销环节合计纳税 = $31\,700.32 + 3\,170.03 = 34\,870.35$(元)

[例 4-18] 某商场进口一批高档化妆品。该批货物在国外的买价为 120 万

元,货物运抵我国入关前发生的运输费、保险费和其他费用分别为10万元、6万元、4万元。货物报关后,该商场按照规定缴纳了进口环节的增值税、消费税并取得了海关开具的缴款书。从海关将化妆品运往商场所在地取得增值税专用发票,注明运输费用5万元、增值税进项税额0.55万元,该批化妆品当月在国内全部销售,取得不含税销售额520万元(假设化妆品进口关税税率为20%,增值税税率17%,消费税税率15%)。

要求:计算该批化妆品进口环节应纳的关税、增值税、消费税和国内环节应纳的增值税。

解:
(1) 关税完税价格 $= 120 + 10 + 6 + 4 = 140$(万元)
(2) 应缴纳进口关税 $= 140 \times 20\% = 28$(万元)
(3) 进口环节的组成计税价格 $= (140 + 28)/(1 - 15\%) = 197.65$(万元)
(4) 进口环节应缴纳的增值税 $= 197.65 \times 17\% = 33.6$(万元)
(5) 进口环节应缴纳的消费税 $= 197.65 \times 15\% = 29.65$(万元)
(6) 国内环节应缴纳的增值税 $= 520 \times 17\% - 0.55 - 33.6 = 54.25$(万元)

四、关税减免

关税减免是减征关税和免征关税的简称,是海关全部或部分免除应税货品纳税人的关税给付义务的一种行政措施。我国关税减免政策由法定减免、特定减免和临时减免三部分组成。

(一) 法定减免

法定减免是指《海关法》《关税条例》和《进出口税则》中所规定的给予进出口货物的关税减免。进出口货物属于法定减免税的,进出口人或代理人无需事先向海关提出申请,海关征税人员可凭有关证明文件和报关单证按规定直接给予减免税,海关对法定减免税货物一般不进行后续管理,也不作减免税统计。

我国《海关法》和《进出口条例》明确规定,下列货物、物品予以减免关税:

1. 关税税额在人民币50元以下的一票货物,可免征关税;
2. 无商业价值的广告品和货样,可免征关税;
3. 外国政府、国际组织无偿赠送的物资,可免征关税;
4. 进出境运输工具装载的途中必需的燃料、物料和饮食用品,可免征关税;
5. 在海关放行前遭受损坏或者损失的货物,可免征关税;
6. 进口货物因故退回,由原发货人或其代理人申报出境,并能提供原进口单证,经海关核实可免征出口关税,但已征的进口关税不予退还;
7. 中华人民共和国缔结或者参加的国际条约规定减征、免征关税的货物、物品。

(二) 特定减免

特定减免是政策性减免税,指由国务院或国务院授权的海关总署、财政部根据国家政治、经济政策的需要,在关税基本法规确定的法定减免以外特别规定的减免,特定减免包括对特定地区、特定用途、特定的资金来源的进出口货物制定的专项减免税规定。海关对特定减免税货物一般需要进行后续管理。具体为:

1. 进口科教用品

经国务院批准,由海关总署发布实施的《科学研究和教学用品免征进口税收暂行规定》指出,科研机构和学校在合理数量范围内进口国内不能生产的科研和教学用品,直接用于科研或教学的,免征进口关税和进口环节增值税、消费税。免税用品范围具体为:科学研究、科学试验和教学用仪器、设备、可编程控制器、优良品种植物及种子、专业级乐器和音像资料、教练飞机、科学研究用的非汽油、柴油动力样车等,免征进口环节的关税、增值税和消费税。

2. 残疾人组织及个人进口物品

经国务院批准,海关总署发布《残疾人专用品免征进口税收暂行规定》及其实施办法规定:

(1) 个人进口残疾人专用物品在自用合理数量范围内,由纳税人直接在进口地海关办理免税进口手续,免征进口环节的关税、增值税和消费税。

(2) 福利、康复机构进口国内不能生产的残疾人专用品,免征进口环节的关税、增值税和消费税。

(3) 境外捐赠给残疾人个人或有关福利、康复机构的国内不能生产的残疾人专用品,凭捐赠证明按本法办理。

此外,对境外自然人、法人或者其他组织等境外捐赠人,无偿向经国务院主管部门依法批准成立的社会团体以及国务院有关部门和各省级人民政府捐赠的,直接用于扶贫、慈善事业,免征进口关税和进口环节增值税。

(三) 临时减免税

临时减免税也称特案减免,是指法定减免税和特定减免税以外的其他形式的减免税。临时减免由海关总署或会同财政部按照国务院的规定,根据某个单位、某类商品、某个时期或某批进出口货物的特殊情况,需要对其进口应税货物特案予以关税减免。对于临时减免税的进出口货物,除海关总署批复有用途限制要加以管理外,其余的货物,海关一般不需要进行后续管理,但要进行免税统计。我国加入世界贸易组织后,为了遵循统一、规范、公平、公正的原则,有利于统一税法、公平税负、平等竞争,国家严格控制减免税,一般不办理个案临时减免税,对特定减免税也在逐步规范和清理,对不符合国际惯例的税收优惠政策将逐步予以废止。

五、关税征收管理

(一)关税申报缴纳

1. 关税的申报

进口货物自运输工具申报进境之日起 14 日内,出口货物在货物运抵海关监管区后装货的 24 小时以前,应由进出口货物的纳税义务人向货物进(出)境地海关申报,海关根据税则归类和完税价格计算应缴纳的关税和进口环节代征税,并填发税款缴款书。

2. 关税的缴纳

纳税义务人应当自海关填发税款缴款书之日起 15 日内,向指定银行缴纳税款。如关税缴纳期限的最后一日是周末或法定节假日则顺延至周末或法定节假日过后的第一个工作日。为方便纳税义务人,经申请且海关同意,进(出)口货物的纳税义务人可以在设有海关的指运地(启运地)办理海关申报、纳税手续。

关税纳税义务人因特殊情况不能按期缴纳税款的,经海关总署审核批准将纳税义务人的全部或部分应纳税款的缴纳期限予以延长,但最长不得超过 6 个月。

(二)关税的强制执行

纳税义务人未在关税缴纳期限内缴纳税款,即构成关税滞纳。为保证海关征收关税决定的有效执行和国家财政收入的及时入库,《海关法》赋予海关对滞纳关税的纳税义务人强制执行的强制措施主要有两类:

1. 征收关税滞纳金

滞纳金自关税缴纳期限届满之次日,至纳税义务人缴纳关税之日止,按滞纳税款万分之五的比例按日征收,周末或法定节假日不予扣除,滞纳金的起征点为 50 元。具体计算公式为:

$$关税滞纳金 = 滞纳关税税额 \times 滞纳金征收比率 \times 滞纳天数$$

2. 关税强制征收

如纳税义务人自海关填发缴款书之日起 3 个月仍未缴纳税款,经海关关长批准,海关可以采取强制扣缴、变价抵缴等强制措施。强制扣缴即海关从纳税义务人在开户银行或者其他金融机构的存款中直接扣缴税款。变价抵缴即海关将应税货物依法变卖,以变卖所得抵缴税款。

(三)关税退还、补征和追征

海关退还,是海关将实际征收多于应当征收的税额(称为溢征关税)退还给原纳税义务人的一种行政行为。根据《海关法》规定,有下列情形之一的,进出口货物的纳税义务人可以自缴纳税款之日起一年内,书面声明理由,连同原纳税收据向海关申请退税，逾期不予受理：

（1）因海关误征，多纳税款的；

（2）海关核准免验进口的货物，在完税后，发现有短卸情形，经海关审查认可的；

（3）已征出口关税的货物，因故未将其运出口，申报退关；

（4）对已征出口关税的出口货物已征进口关税的进口货物，因货物品种或规格原因（非其他原因）原状复运进境或出境的，经海关查验属实的，也应退还已征关税。

海关发现多征税款的，应当立即通知纳税义务人办理退税手续。纳税义务人应当自收到海关通知之日起3个月内办理有关退税手续。纳税人发现自纳税之日起1年内书面申请退税，并加算银行同期存款利息。

补征和追征是海关在关税纳税义务人按海关核定的税额缴纳关税后，发现实际征收税额少于应当征收的税额（称为短征关税）时，责令纳税义务人补缴所差税款的一种行政行为。海关根据短征关税的原因，将海关征收原短征关税的行为分为补征和追征两种。由于纳税人违反海关规定造成短征关税的，称为追征；非因纳税人违反海关规定造成短征关税的，称为补征。区分关税追征和补征的目的是为了区别不同情况适用不同的征收时效，超过时效规定的期限，海关就丧失了追征关税的权利。根据《海关法》规定，进出境货物和物品放行后，海关发现少征或者漏征税款，应当自缴纳税款或者货物、物品放行之日起一年内，向纳税义务人补征；因纳税义务人违反规定而造成的少征或者漏征，海关在3年以内可以追征，按日期加收万分之五的滞纳金。

（四）关税纳税争议的处理

为保护纳税人合法权益，我国《海关法》和《关税条例》都规定了纳税义务人对海关确定的进出口货物的征税、减税、补税或者退税等有异议时，有提出申诉的权利。在纳税义务人同海关发生纳税争议时，可以向海关申请复议，但同时应当在规定期限内按海关核定的税额缴纳关税，逾期则构成滞纳，海关有权按规定采取强制执行措施。

纳税争议的内容一般为进出境货物和物品的纳税义务人对海关在原产地认定、税则归类、税率或汇率适用、完税价格确定、关税减征、免征、追征、补征和退还等征税行为是否合法或适当，是否侵害了纳税义务人的合法权益，而对海关征收关税的行为表示异议。

纳税争议的申诉程序：纳税义务人自海关填发税款缴款书之日起30日内，向原征税海关的上一级海关书面申请复议。逾期申请复议的，海关不予受理。海关应当自收到复议申请之日起60日内做出复议决定，并以复议决定书的形式正式答复纳税义务人;纳税义务人对海关复议决定仍然不服的,可以自收到复议决定书之日起15日内,向人民法院提起诉讼。

复习思考题

一、名词解释

增值税 混合销售行为 销项税额 进项税额 财政关税 保护关税 过境税 进口附加税 从价关税 从量关税 复合关税 选择关税 滑动关税 互惠关税 特惠关税 最惠国待遇 协定关税

二、简答题

1. 如何理解增值税和增值额的概念?
2. 增值税有哪几种类型? 各自有哪些优缺点?
3. 增值税的征收范围具体包括哪些?
4. 混合销售行为和兼营行为的计税销售额是如何规定的?
5. 准予抵扣的进项税额和不得抵扣的进项税额各包括哪些内容?
6. 增值税的零税率和免税有何区别?
7. 混合销售行为和兼营非应税劳务应如何征税?
8. 现行消费税的征税范围是如何确定的?
9. 现行消费税的纳税人是如何规定的?
10. 什么是委托加工应税消费品? 对其应如何征税?
11. 我国关税的征收对象包括哪些?
12. 特别关税包括哪些内容?
13. 海关对进口货物完税价格的估计方法有哪些? 应按什么顺序进行估计?

三、计算题

1. 某商店为增值税小规模纳税人,8月取得零售收入总额12.36万元。计算该商店8月应缴纳的增值税税额。

2. 百盛化工厂为增值税一般纳税人,主要生产各种橡胶制品及化工原料,企业的所有销售产品和购进材料的税率均为17%。当年7月份发生如下经济业务:

(1) 7月1日,企业销售产品一批,取得销售收入30万元,同时收取送货上门运费收入2340元(含税)。

(2) 7月4日,购进原材料一批,价款60万元,专用发票注明的进项税额为10.2万元,货款尚未支付,材料已经验收入库;并支付铁路部门运费20000元,其中运费15000元,建设基金2000元,保管费2000元,装卸费1000元。

(3) 7月5日,企业接受另一单位捐赠转入原材料一批,价值10000元,取得增值税专用发票,注明的进项税额为1700元,材料已经验收入库。

第四章 商品与劳务税制度

(4) 7月12日,企业购入设备一台,价款80万元,取得增值税专用发票,注明的进项税额13.6万元,不需安装,直接投入生产车间使用。

(5) 7月18日,对外捐赠材料一批,进价50 000元,同类产品市场上售价60 000元,进货价、售价均不含税,货已发出。

(6) 7月20日,企业采取预收货款的方式销售货物一批,当日已收到预收货款50万元,按合同规定货物在8、9两月发出。

(7) 7月27日,企业采取分期收款方式销售货物600件,每件售价1 500元,合同规定购货方7、8、9月每月付款1/3,货已发出,7月份货款及税款尚未收到。

根据上述资料,计算百盛化工厂7月份应纳的增值税。

3. 某日化厂为增值税一般纳税人。当年12月生产的高档化妆品对外零售价格为1 170 000元,当月向一家大型超市销售化妆品一批,开具增值税发票,发票显示销售收入800 000元。计算该日化厂当月应纳消费税税额。

4. 甲厂委托乙厂加工一批应税消费品,甲厂提供的原材料成本为240 000元,乙厂收取加工费40 000元,该应税消费品适用税率为20%,受托的乙厂没有同类消费品的销售价格。甲厂将委托加工的已税消费品一半用于直接销售,一半用于继续生产最终应税消费品,然后销售,并取得销售收入360 000元(不含增值税),消费税适用税率为36%。要求计算甲厂实际负担的消费税税额。

5. 某汽车运输公司当年4月取得货运收入300 000元;托运装卸收入60 000元;代政府有关部门收取建设基金20 000元。另取得货物堆存收入15 000元,租借固定资产(汽车)租金收入30 000元。试计算该汽车运输公司4月应纳增值税税额。

第五章 所得税制度

【本章学习目的与要求】

通过本章学习，了解我国现行所得税包括的企业所得税、个人所得税的基本概念、特点和模式。熟悉各税种的构成要素，即纳税人、征税范围、税率、计税依据以及征收管理等，掌握企业所得税、个人所得税计税依据和应纳税额的正确计算。

第一节 所得税制度概述

一、所得税的概念

所得税是以个人和法人的所得为征税对象的一种税制体系。这里所说的所得，通常是指单位和个人在一定时期内所取得的总收入扣除成本费用经必要调整后的余额。对企业来说，是指销售收入额扣除成本、费用和缴纳流转税金后的生产经营所得和其他所得；对个人来说，是指国家规定应税的各种个人所得。目前，所得税已成为许多国家尤其是经济发达国家的主体税种。所得税直接依据纳税人所得的有无和多少，所得多的多征，所得少的少征，无所得的不征。对所得税征税具有调节各地区、各部门之间以及个人之间收入的特殊作用。所得税税率一般采用累进税率和比例税率两种。

所得税最早产生于英国。1799年，英国和法国发生了战争，为了满足由战争引起的庞大的军费开支，英国政府开征了所得税，开始只是一个临时税，随着战争的发生和停止而时兴时废，直到1842年才成为英国税制中的一个永久性税种。19世纪后半期、20世纪初期，美国、法国、德国、日本相继开征所得税。目前，所得税已成为许多国家特别是经济发达国家的主体税种。我国首次提倡对所得课税是清朝末年,但由于当时经济非常落后、清政府濒于崩溃,没能开征。1936年国民党政府公布了《所得税暂行条例》,并于同年开始征收所得税。新中国成立后,1950年政务院发布的《全国税政实施要则》规定了工商税中的所得税、存款利息所得税与薪给报酬所得税属于所得税性质,标志着我国所得税体系的建立。

目前我国的所得税包括企业所得税、个人所得税。

二、所得税的特点

同其他类型的税类相比,所得税具有如下特点:

(一)税负不易转嫁

所得税由纳税人直接负担,一般不能转嫁,因而被称为直接税,即纳税人和负税人是一致的。故国家通过对不同的企业和个人征税能直接调节纳税人的收入水平。

(二)征税的公开性

所得税在征收方式上一般由企业和个人自行申报,即使实行源泉课征,也必须申报纳税。所得税在征收环节上选择收入分配环节,是对企业利润和个人所得征收,关系到所得的归属。所以,所得税征收具有公开性、透明度强的特点,容易引起对抗。

(三)税务成本较高,征收管理复杂

所得税的纳税人量多、面广,核实的难度大。一方面所得税是对所得额征税,而所得额要通过一系列收入、成本、费用的核算或收入、免征额、扣除额等的计算才能得到,不仅成本核算和管理难度大而且征管成本较高;另一方面,所得税也受经济波动和企业经营管理水平的影响较大,所以,征管情况较为复杂。

(四)具有收入弹性和自动稳定器的功能

所得税的课税对象分为企业所得税和个人所得税,对个人所得税采取超额累进税率以后,在缩小纳税人税后收入的差距方面有着相当的作用,一定程度上限制了过高的收入;对需要支持的产业,企业所得税在政策法规的制定上,采取了定期减免或实行优惠税率的办法,故能起到调节国民经济、调整产业结构、调节不同收入的杠杆作用,以保持收入弹性功能。除此之外,所得税还具有随经济发展变化而发挥自动稳定器的作用,主要表现为税率的适用范围、扣除标准适用范围、优惠范围等方面,会随着经济水平的变化,相应扩大或缩小,进而达到稳定经济的目的。

三、所得税的基本模式

目前世界上所得税的课税模式分为三大类:分类所得税模式、综合所得课税模式和混合所得课税模式。

（一）分类所得税模式

这种模式的特点是对不同性质的所得项目设计不同的税率和费用扣除标准，分别计征；采取源泉一次课征的办法计算征收，年终不再进行汇算清缴。

分类所得税制首创于英国，其主要优点是，可以对不同性质、不同来源的所得（如劳务所得和投资所得），分别适用不同的税率，实行差别待遇；同时，还可广泛进行源泉课征，从而既可控制税源，又可节省税收成本。但分类所得税制也有其缺点，不仅存在所得来源日益复杂并因而会加大税收成本的问题，而且存在着有时不符合量能课税原则的问题，这些欠缺需要综合所得税制来弥补。目前我国在个人所得税中所使用的是分类所得课税模式。

（二）综合所得课税模式

这种模式是把归属于同一纳税人的各种课税所得，不论其性质和来源如何，一律并在一起综合计算，减去各项法定宽免额和扣除额后，按统一的一套累进税率课征。

综合所得税制首创于德国，其后渐为美国等国家所接受。确立综合所得税的根据主要是：所得税作为一种对人税，应充分体现税收公平原则和量能纳税原则，而只有综合纳税人全年的各项所得并减去各项法定宽免额和扣除额后得出的应税所得，才最能体现纳税人的实际负担水平，据此课税，才最符合上述原则的精神，这也是综合所得税制的优点所在。但此种模式也有其缺点，主要是计税依据的确定较为复杂和困难，征税成本较高，不便实行源泉扣缴，税收逃避现象较为严重。

（三）混合所得课税模式

这种模式是对某些特定所得项目分类单独课税，对某些所得项目合并综合课税，是对分类课税和综合课税的并列使用。

分类综合所得税制已在许多国家广泛实行。其主要优点是，既坚持了量能纳税的原则，对各类所得实行综合计税；又坚持了区别对待的原则，对不同性质的所得分别适用不同的税率。同时，它还有利于防止税收逃避，降低税收成本。此外，这种混合所得税制也反映了分类、综合两类所得税制的趋同的态势，就像各国经济体制的趋同一样。

第二节 企业所得税

一、企业所得税概述

（一）企业所得税的概念

企业所得税是对我国境内的企业和其他取得收入的组织所取得的生产、经营所得和其他所得征收的一种税。我国企业所得税与其他国家的公司所得税比较，纳税人的范围更广。企业所得税以应纳税所得额为计税依据，是国家参与企业利润分配的法定形式。企业所得税的多少，直接影响每个企业的税后利润，进而影响其再投资的规模。虽然我国不是以所得税为主的国家，但是近年来企业所得税占税收收入的比重不断提高，目前企业所得税已成为我国第二大主体税种。2016 年我国企业所得税实现收入 28 850 亿元，占税收总收入的比重为 22.13%[1]，图 5-1 是我国近 10 年来企业所得税的增长情况。

资料来源：国家统计局 2016 年度数据，比重为计算而得。

图 5-1　2007～2016 年我国企业所得税收入增长情况

（二）企业所得税的发展

自 1909 年，英国开始正式征收公司所得税，随后各国相继开征，之后大多数国家都开征了该税种。截至 2010 年上半年，普遍征收公司所得税的国家和地区有 203 个，没有开征公司所得税或者对普通企业征收所得税时适用零税率的国家和地区只有 17 个[2]。

我国的企业所得税是由原营企业所得税、集体企业所得税和私营企业所得税合并而来。新中国成立以后至 1978 年的很长一段时间里，我国对国有企业不征收所得税，实行上缴利润制度，对集体企业、个体经济、供销合作社、预算外的国有企业和事业单位、外国在我国境内经营工商企业和交通运输企业征收"工商所得税"。1978 年起，我国对国有企业上缴利润制度多次进行了改革，先后实行过企业基金、利润留存、盈亏包干等制度，这些改革对扩大企业的自主权、搞活企业生产经营起到了一定作用，但未能从根本上解决国家与国有企业分配制度中的积弊。因

---

[1]　财政部.2010～2016 年税收收入增长的结构性分析.
[2]　龚辉文.全球公司所得税税率呈下降趋势[N].中国财经报，2010-09-21：(6).

此1983年实行了第一步"利改税",1984年实行了第二步"利改税"。1984年税制改革后,根据企业不同的经济性质,分别发布《国营企业所得税条例(草案)》《集体企业所得税暂行条例》《私营企业所得税暂行条例》。1993年12月13日,国务院颁布了《中华人民共和国企业所得税暂行条例》,规定除外商投资企业和外国企业外,在中国境内的其他各类企业均应依法缴纳企业所得税,从而实现了由内资企业所得税制的合并与统一。而外商投资企业和外国企业继续执行1991年4月9日在中华人民共和国第七届全国人民代表大会第四次会议通过并于1991年7月1日起施行的《外商投资企业和外国企业所得税法》。至此,在一个国家内部,内、外资企业实行不同的所得税制度,采用不同的税前列支范围和标准,不同的税率,不同的税收减免优惠。

随着改革的深入,为进一步完善社会主义市场经济体制,落实科学发展观、建设创新型国家、促进国民经济可持续发展战略的配套措施,必将为促进我国经济结构优化和产业升级,为各类企业创造公平竞争的税收法制环境,促进我国经济持续健康发展,根据党的十六届三中全会关于"统一各类企业税收制度"的精神,2007年3月16日在中华人民共和国第十届全国人民代表大会第五次会议通过《中华人民共和国企业所得税法》,将内、外企业所得税合并,从而实现了企业所得税制的真正统一。2007年12月6日国务院又颁布了《中华人民共和国企业所得税法实施条例》,现行的《企业所得税法》于2008年1月1日起施行。

(三)现行企业所得税的特点

1. 征税范围广泛

企业所得税是对我国境内企业的生产经营所得和其他所得征收的税种。涉及每一个参与生产经营取得收入的纳税人,既包括我国企业,也包括取得相应收入的外国企业;既包括各种所有制形式的内资企业,也包括中外合资经营企业、中外合作经营企业、外商投资企业等三资企业;既包括经常参与各种生产经营的企业性单位,也包括取得收入的非企业性组织。

企业所得税的广泛性还体现在征税对象方面,企业所得包括企业从事产品生产、交通运输、商品流通、劳务服务和其他经营活动取得的生产经营所得、利息股息红利所得、租金所得、财产转让所得、特许权使用费等各类所得。除了规定的免税项目,企业的各类所得都在企业所得税的征税范围。企业所得税征税范围的广泛,不仅使其成为国家取得财政收入的主要税种,更是体现国家经济产业政策的重要税种。

2. 计税依据是应纳税所得额

企业所得税的计税依据是应纳税所得额,即纳税人每个纳税年度的收入总额减去准予扣除项目金额之后的余额。应纳税所得额并不等同于企业的实际所得,而是根据企业所得税法的规定核算各类收入以及成本费用后计算而得的法定所得。较之其他税种,所得税的计税涉及纳税人财务会计核算的各个方面,与企业会计核算关系密切,并且对纳税人的会计核算能力提出更高要求。纳税人在计算应纳税额时,必须按照企业所得税法的规定确认每笔收入,核算每笔成本、费用、税金、损失等各项支出;否则,税务机关可以做必要的纳税调整。如果纳税人的行为已触犯行政法律、刑事法律的,还要承担相应的行政责任甚至刑事责任。较之其他税种,企业所得税的计税依据具有更鲜明的法定性。

同时,应税所得额的计算要经过一系列复杂的程序,与成本,费用关系密切。企业所得税以净所得为征税对象。因此,应税所得额的计算要涉及一定时期成本、费用的收集与分摊。而且,由于政府往往将所得作为调节国民收入分配、执行经济政策和社会政策的重要工具,这样,为了对纳税人的不同所得项目实行区别对待,需要通过不予计列项目,将某些收入所得排除在应税所得之外。由于以上两方面的原因,就使得应税所得额的计算程序较为复杂。

3. 体现征税以量能负担的原则

企业所得税对企业,不分所有制,不分地区、行业和层次,实行统一的税率。在普遍征收的基础上,能使各类企业税负较为公平。企业所得税以纳税人的生产、经营所得和其他所得为税基,所以企业一般都具有所得税的承受能力,而且企业所得税的负担水平与纳税人所得多少直接关联,贯彻了量能负担的原则,即所得多、负担能力强的,多纳税;所得少、负担能力弱的,少纳税;无所得、没有负担能力的,不纳税。所以所得税是体现税负公平和税收中性的一个良性税种。

4. 一般实行按年计征、分期预缴的征收办法

通过利润所得综合反映的企业经营业绩,一般是按年计算、衡量的,所以企业所得税一般是以全年的应纳税所得额作为计税依据,分月或分季预缴,年终汇算清缴。对经营时间不足1年的企业,要将经营期间的所得额,换算成1年的所得额,计算应纳的所得税。

(四)企业所得税的作用

企业所得税是对所得征税,有所得者缴税,无所得者不缴税。就其计税原理而言,所得税的作用体现在以下几个方面:

1. 促进企业改善经营管理活动,提升企业的盈利能力

由于企业所得税只对利润征税,往往采用比例税率,因此,投资能力和盈利能力较强的企业能产生较多的利润。但在适用比例税率的情况下,盈利能力越强,则税负承担能力越强,相对降低了企业的税负水平,也相对增加了企业的税后利润。并且,在征税过程中,对企业的收入、成本、费用等进行检查,对企业的经营管理活动和财务管理活动都展开监督,促使企业改善经营管理活动,提高盈利能力。

2. 调节产业结构，促进经济发展

所得税的调节作用在于公平税负、量能负担，虽然各国的法人所得税往往采用比例税率，在一定程度上削弱了所得税的调控功能，但在税制设计中，各国往往通过各项税收优惠政策的实施，发挥其对纳税人投资、产业结构调整、环境治理等方面的调控作用。

3. 为国家建设筹集财政资金

税收的首要职能就是筹集财政收入。随着我国收入向企业和居民分配的倾斜，随着经济的发展和企业盈利水平的提高，企业所得税占全部税收收入的比重越来越高，将成为我国税制的主体税种之一。1994～2016年企业所得税的收入和占税收总额的比重情况见表5-1。

表 5-1　　　　　1994～2016 年企业所得税的收入情况表　　　　　单位：亿元

年 度	税收收入总额	内企所得税	外企所得税	企业所得税总额	企业所得税占税收总额的比重(%)
1994	5 070.8	639.7	48.1	687.8	13.57
1995	5 973.7	753.1	74.2	827.3	13.85
1996	7 050.6	811.5	104.4	915.9	12.99
1997	8 225.5	931.7	143.1	1 074.8	13.07
1998	9 093.0	856.3	182.5	1 033.8	11.43
1999	10 315.0	1 009.4	217.8	1 227.2	11.90
2000	12 665.8	1 444.6	326.1	1 770.7	13.98
2001	15 165.5	2 121.9	512.6	2 634.5	17.37
2002	16 996.6	1 972.6	616.0	2 588.6	15.23
2003	20 466.1	2 342.2	705.4	3 047.6	14.89
2004	25 718.0	3 141.7	932.5	4 074.2	15.85
2005	30 865.8	4 363.1	1 147.7	5 510.8	17.86
2006	37 636.3	5 545.9	1 534.8	7 080.7	18.84
2007	49 449.3	7 723.7	1 951.2	9 674.9	19.57
2008	54 219.6			12 068.7	22.26
2009	59 521.6			11 536.8	19.38

(续表)

年 度	税收收入总额	内企所得税	外企所得税	企业所得税总额	企业所得税占税收总额的比重(%)
2010	73 210.8	—	—	12 843.5	17.54
2011	89 738.4	—	—	16 769.6	19.69
2012	100 600.9	—	—	19 653.6	19.54
2013	110 530.7	—	—	22 427.2	19.50
2014	119 158.0	—	—	24 632.0	20.67
2015	124 892.0	—	—	27 125.0	21.72
2016	130 354.0	—	—	28 850.0	22.13

资料来源：根据《中国统计年鉴》各年公布的收入数据；2008年开始内外资企业所得税合并。

总的来说，自1994年至2016年间，无论是企业所得税收入的绝对数还是企业所得税占税收总额的相对数情况都是在不断上升的。

二、企业所得税纳税人、征税对象及税率

（一）纳税人

企业所得税的纳税人是指在中华人民共和国境内取得收入的企业和其他组织（以下统称企业），具体包括国有企业、集体企业、联营企业、私营企业、股份制企业、外商投资企业和外国企业、事业单位、社会团体、民办非企业单位和从事经营活动的其他组织，以及在中国境内设立机构、场所从事生产经营或虽然未设立机构、场所而有来源于中国境内所得的外国公司、企业和其他所得的组织。但不包括个人、独资企业和合伙企业。

按照国际通行做法，企业所得税法将纳税人划分为"居民企业"和"非居民企业"。

1. 居民企业

居民企业是指依法在中国境内成立，或者依照外国（地区）法律成立但实际管理机构在中国境内的企业。其中，"依法在中国境内成立的企业"包括依照中国法律、行政法规在中国境内成立的企业、事业单位、社会团体及其他取得收入的组织；"依照外国（地区）法律成立的企业"包括依照外国（地区）法律成立的企业和其他取得收入的组织；"实际管理机构"是指对企业的生产经营、人员、账务、财产等实施实质性全面管理和控制的机构。例如，在我国注册成立的沃尔玛（中国）公司、通用汽车（中国）公司，就是我国的居民企业；在英国、百慕大群岛等国家和地区注册的公司，如果实际管理机构在我国境内，也是我国的居民企业。

2. 非居民企业

非居民企业是指依照外国(地区)法律成立且实际管理机构不在中国境内,但在中国境内设立机构、场所的,或者在中国境内未设立机构、场所,但有来源于中国境内所得的企业。其中,"机构、场所"是指在中国境内从事生产经营活动的机构、场所,包括：管理机构、营业机构、办事机构；工厂、农场、开采自然资源的场所；提供劳务的场所；从事建筑、安装、装配、修理、勘探等工程作业的场所及其他从事生产经营活动的机构、场所。

非居民企业在中国境内未设立机构、场所的,或者虽设立机构、场所但取得的所得与其所设机构、场所没有实际联系的,其来源于中国境内的所得缴纳企业所得税,实行源泉扣缴,以支付人为扣缴义务人。税款由扣缴义务人在每次支付或者到期应支付时,从支付或者到期应支付的款项中扣缴。对非居民企业在中国境内取得工程作业和劳务所得应缴纳的所得税,税务机关可以指定工程价款或者劳务费的支付人为扣缴义务人。

(二) 征税对象

1. 征税对象确定的原则

(1) 应税所得是有合法来源的所得。企业所得税征税对象为税法规定的所得,但并不是任何一项所得都是应税所得。能够构成应税所得的必须具有合法性,即纳税人从事生产经营、对外投资、转让技术或财产等所取得的所得,应当是国家法律和行政法规允许并予以保护的所得。非法所得不作为应税所得,例如企业的违法经营所得,按有关规定应当全部没收,并应给予一定的处罚,此类所得就不是企业所得税的征税对象。但是,在国家有关部门没有认定处理前,税务机关也难以在征税前判定纳税人的所得是否合法,这些所得应当按规定缴纳所得税。

(2) 临时性、偶然性所得也是企业所得税的征税对象。税法除规定纳税人的连续性所得(生产经营所得)是征税对象外,对临时性、偶然性所得也作为征税对象。例如转让财产所得、接受捐赠所得,体现了企业所得税公平纳税及普遍征收原则。

(3) 应税所得是扣除成本、费用等后的纯收益,企业所得税对纳税人的纯收益征收,是区别于其他税种的本质特性。因此,纳税人取得任何一项所得,都必然发生相应的消耗或支出,税法规定应予以扣除。

(4) 应税所得必须是货币或者非货币的所得。纳税人在社会经济活动中通过自身努力可以得到各类所得,有物质所得和精神所得,而税法规定作为征税所得的,只是物质上的所得,对于荣誉性、知识性所得以及体能、心理上的收获,都不是应税所得。

2. 征税对象的具体内容

企业所得税的征税对象从内容上看包括生产经营所得和其他所得及清算所

得,从范围上看包括来源于中国境内、境外的所得。

(1) 居民企业的征税对象:居民企业应就来源于中国境内、境外的所得作为征税对象。所得,包括销售货物所得、提供劳务所得、转让财产所得、股息红利等权益性投资所得、利息所得、租金所得、特许权使用费所得、接受捐赠所得和其他所得。

(2) 非居民企业的征税对象:非居民企业在中国境内设立机构、场所的,应当就其所设机构、场所取得的来源于中国境内的所得,以及发生在中国境外但与其所设机构、场所有实际联系的所得,缴纳企业所得税。非居民企业在中国境内未设立机构、场所,或者虽设立机构、场所,但取得的所得与其所设机构、场所没有实际联系的,应当就其来源于中国境内的所得缴纳企业所得税。上述所称实际联系,是指非居民企业在中国境内设立的机构、场所拥有的据以取得所得的股权、债权,以及拥有、管理、控制据以取得所得的财产。

3. 所得来源的确定

依据《企业所得税法》及其实施条例的规定,所得来源地的确定有如下方法:

(1) 销售货物所得,按照交易活动发生地确定。

(2) 提供劳务所得,按照劳务发生地确定。

(3) 转让财产所得。不动产转让所得按照不动产所在地确定;动产转让所得按照转让动产的企业或者机构、场所所在地确定;权益性投资资产转让所得按照被投资企业所在地确定。

(4) 股息、红利等权益性投资所得,按照分配所得的企业所在地确定。

(5) 利息所得、租金所得、特许权使用费所得,按照负担、支付所得的企业或者机构、场所所在地确定,或者按照负担、支付所得的个人的住所地确定。

(6) 其他所得,由国务院财政、税务主管部门确定。

(三) 税率

企业所得税税率是指对纳税人应纳税所得额征税的比率,即企业应纳税额与应纳税所得额的比率。企业所得税税率是正确处理国家与企业分配关系的核心要素。税率设计要兼顾国家、企业、职工个人三者间的利益,既要保证财政收入的稳定增长,又要使企业发展生产、经营方面有一定的财力保证;既要考虑到企业的实际情况和负担能力,又要维护税率的统一性。按照企业所得税法的规定,我国所得税税率采用比例税率,分为两档:

(1) 居民企业取得的所得实行 25% 的基本税率;

(2) 非居民企业取得的所得,适用税率为 20% 的低税率。

现行企业所得税基本税率设定为 25%,与世界各国比较而言还是偏低的。据有关资料显示:目前美国、法国、意大利、英国、德国的企业所得税的基准税率分别为 35%、33.33%、33%、30%、25%,全世界 160 个实行企业所得税的国家(地区)平均税率为 28.6%;东南亚国家如日本、韩国、越南、印度尼西亚、马来西亚、新加坡则为 30%、27.5%、28%、30%、28%、20%。从我国周边 18 个国家(地区)来看,其平均税率为 26.7%,高于我国现行税法中规定的 25%税率的水平。现行税率的确定,既考虑了我国财政承受能力,又考虑了企业负担水平。

三、企业所得税应纳税额的计算

(一)应纳税所得额的确定

企业所得税的计税依据或税基,是企业的应纳税所得额。

根据《企业所得税法》第五条的规定:所谓应纳税所得额,是指企业每一纳税年度的收入总额,减除不征税收入、免税收入、各项扣除以及允许弥补的以前年度亏损后的余额。实施条例规定,企业应纳税所得额的计算,以权责发生制为原则。属于当期的收入和费用,不论款项是否收付,均作为当期的收入和费用;不属于当期的收入和费用,即使款项已经在当期收付,均不作为当期的收入和费用。

应纳税所得额计算的基本公式为:

$$应纳税所得额 = 收入总额 - 不征税收入 - 免税收入 - 各项扣除 - 以前年度亏损$$

上述公式适用于纳税人自行申报、税务机关查账征收方式,在实际业务中,纳税人通常是以会计上的利润总额为基础加上纳税调整增加额、减去纳税调整减少额的方法计算得出应纳税所得额。其计算公式为:

$$应纳税所得额 = 利润总额 + 纳税调整增加额 - 纳税调整减少额$$

纳税人在计算应纳税所得额时,按照税法规定计算出的应纳税所得额与企业依据财务会计制度计算的利润所得额,往往是不一致的。当企业财务、会计处理办法与有关税收法规相抵触时,应依照国家有关税收的规定计算纳税。企业按照有关财务会计制度规定计算的利润,必须按税法的规定进行必要的调整后,才能作为应纳税所得额,计算缴纳所得税。

非居民企业在中国境内未设立机构、场所的,或者虽设立机构、场所但取得的所得与其所设机构、场所没有实际联系的,取得来源于中国境内的所得缴纳企业所得税时,按照下列方法计算其应纳税所得额:股息、红利等权益性投资收益和利息、租金、特许权使用费所得,以收入全额为应纳税所得额,其中收入全额是指非居民企业向支付人收取的全部价款和价外费用;转让财产所得,以收入全额减除财产净值后的余额为应纳税所得额;其他所得,参照前两项规定的方法计算应纳税所得额。

由于企业应纳税所得额的正确计算,直接影响国家财政收入和企业负担,并且同成本、费用核算关系密切,所以,税法必须就涉及企业应税所得额确定的系列基本问题做出明确规定。主要内容包括收入总额、扣除范围和标准、资产的税务处理、亏损弥补等。

1. 收入总额的确定

收入总额是指纳税人在一个纳税年度内从各种来源以货币形式和非货币形式取得的各项收入的总和。货币形式是指现金、存款、应收账款、应收票据、准备持有至到期的债券投资以及债务的豁免等。非货币形式是指固定资产、生物资产、无形资产、股权投资、存货、不准备持有至到期的债券投资、劳务以及有关权益等。非货币形式取得的收入，应当按照公允的市场价格确定收入额。纳税人取得收入包括来源于中国境内、境外的收入。具体各类收入的内容如下：

(1) 一般收入的确认

① 销售货物收入。售货物收入是指企业销售商品、产品、原材料、包装物、低值易耗品以及其他存货取得的收入。当企业销售货物同时满足下列条件时，应当确认销售货物收入：一是企业获得已实现经济利益或潜在的经济利益的控制权；二是与交易相关的经济利益能够流入企业；三是相关的收入和成本能够合理地计量。

② 提供劳务收入。提供劳务收入是指企业从事建筑安装、修理修配、交通运输、仓储租赁、金融保险、邮电通信、咨询经纪、文化体育、科学研究、技术服务、教育培训、餐饮住宿、中介代理、卫生保健、社区服务、旅游、娱乐、加工以及其他劳务服务活动取得的收入。劳务收入的确认标准为同时符合下列条件时：第一是企业获得的经济利益能够合理地计量；第二是与交易相关的经济利益能够流入企业；第三是交易中发生的成本能够合理地计量。

③ 转让财产收入。转让财产收入是指企业转让固定资产、生物资产、无形资产、股权、债权等财产取得的收入。当企业转让财产同时满足下列条件时，应当确认转让财产收入：第一是企业获得已实现经济利益或潜在的经济利益的控制权；第二是与交易相关的经济利益能够流入企业；第三是相关的收入和成本能够合理地计量。

④ 股息、红利等权益性投资收益。股息、红利等权益性投资收益是指企业因权益性投资从被投资方取得的收入。股息、红利等权益性投资收益，除国务院财政、税务主管部门另有规定外，按照被投资方做出利润分配决定的日期确认收入的实现。

⑤ 利息收入。利息收入是指企业将资金提供他人使用但不构成权益性投资，或者因他人占用本企业资金取得的收入，包括存款利息、贷款利息、债券利息、欠款利息等收入。利息收入，按照合同约定的债务人应付利息的日期确认收入的实现。

⑥ 租金收入。租金收入是指企业提供固定资产、包装物或者其他有形资产的使用权取得的收入。租金收入，按照合同约定的承租人应付租金的日期确认收入

的实现。

⑦ 特许权使用费收入。特许权使用费收入是指企业提供专利权、非专利技术、商标权、著作权以及其他特许权的使用权取得的收入。特许权使用费收入,按照合同约定的特许权使用人应付特许权使用费的日期确认收入的实现。

⑧ 接受捐赠收入。接受捐赠收入是指企业接受的来自其他企业、组织或者个人无偿给予的货币性资产、非货币性资产。接受捐赠收入,按照实际收到捐赠资产的日期确认收入的实现。

⑨ 其他收入。其他收入是指企业取得的除《企业所得税法》第六条第(一)项至第(八)项规定的收入外的其他收入,包括企业资产溢余收入、逾期未退包装物押金收入、确实无法偿付的应付款项、已作坏账损失处理后又收回的应收款项、债务重组收入、补贴收入、违约金收入、汇兑收益等。

(2) 特殊收入的确认

① 以分期收款方式销售货物的,按照合同约定的收款日期确认收入的实现。

② 企业受托加工制造大型机械设备、船舶、飞机,以及从事建筑、安装、装配工程业务或者提供其他劳务等,持续时间超过12个月的,按照纳税年度内完工进度或者完成的工作量确认收入的实现。

③ 采取产品分成方式取得收入的,按照企业分得产品的日期确认收入的实现,其收入额按照产品的公允价值确定。

④ 企业发生非货币性资产交换、偿债,以及将财产用于捐赠、赞助、集资、广告、样品、职工福利和利润分配,应当视同转让财产,按以上规定确认收入。但国务院财政、税务主管部门另有规定的除外。

(3) 不征税收入和免税收入

① 不征税收入。根据《中华人民共和国企业所得税法》第七条规定,收入总额中的下列收入为不征税收入:第一,财政拨款,是指各级人民政府对纳入预算管理的事业单位、社会团体等组织拨付的财政资金,但国务院和国务院财政、税务主管部门另有规定的除外。依法收取并纳入财政管理的行政事业性收费、政府性基金。第二,行政事业性收费,是指依照法律法规等有关规定,按照国务院规定程序批准,在实施社会公共管理,以及在向公民、法人或者其他组织提供特定公共服务过程中,向特定对象收取并纳入财政管理的费用。第三,政府性基金,是指企业依照法律、行政法规等有关规定,代政府收取的具有专项用途的财政资金。第四,其他不征税收入,是指企业取得的,由国务院财政、税务主管部门规定专项用途并经国务院批准的财政性资金。

我国税法规定不征税收入,其主要目的是对非经营活动或非营利活动带来的经济利益流入从应税总收入中排除。目前,我国组织形式多样,除企业外,有的以半政府机构(比如事业单位)的形式存在,有的以公益慈善组织形式存在,还有其他复杂的社会团体和民办非企业单位等。这些机构严格讲是不以盈利活动为目的的,其收入的形式主要靠财政拨款以及为承担行政性职能所收取的行政事业性收费等,对这类组织取得的非营利性收入征税没有实际意义。

② 免税收入。免税收入虽同不征税收入一样,都不具有可税性,但本质上属于对特定纳税人和征税对象的税收优惠,免税收入本身已构成应税收入,但因税收优惠政策而予以免除。《企业所得税法》第二十六条规定,企业的下列收入为免税收入:第一,国债利息收入为免税收入,是指企业持有国务院财政部门发行的国债取得的利息收入。第二,符合条件的居民企业之间的股息、红利等权益性投资收益为免税收入,是指居民企业直接投资于其他居民企业取得的投资收益。第三,在中国境内设立机构、场所的非居民企业从居民企业取得与该机构、场所有实际联系的股息、红利等权益性投资收益为免税收入。上述第二项和第三项所称股息、红利等权益性投资收益,不包括连续持有居民企业公开发行并上市流通的股票不足12个月取得的投资收益。第四,符合条件的非营利组织的收入为免税收入。非营利组织,是指同时符合下列条件的组织:依法履行非营利组织登记手续;从事公益性或者非营利性活动;取得的收入除用于与该组织有关的、合理的支出外,全部用于登记核定或者章程规定的公益性或者非营利性事业;财产及其孳息不用于分配;按照登记核定或者章程规定,该组织注销后的剩余财产用于公益性或者非营利性目的,或者由登记管理机关转赠给与该组织性质、宗旨相同的组织,并向社会公告;投入人对投入该组织的财产不保留或者享有任何财产权利;工作人员工资福利开支控制在规定的比例内,不变相分配该组织的财产。国务院财政、税务主管部门规定的其他条件。

不征税收入与免税收入两者的区别。不征税收入本身不构成应税收入,而免税收入本身已构成应税收入,但基于税收优惠政策而予以免除,这可以说是新企业所得税法区分不征税收入和免税收入的理论意义所在。

2. 扣除项目的范围及其扣除标准

(1) 税前扣除项目的原则

① 权责发生制原则。即纳税人应在费用发生时而不是实际支付时确认扣除。

② 配比原则。即纳税人发生的费用应当与收入配比扣除。纳税人某一纳税年度应申报的可扣除费用不得提前或滞后申报扣除。

③ 相关性原则。即纳税人可扣除的费用从性质和根源上必须与取得应税收入直接相关。

④ 确定性原则。即纳税人可扣除的费用不论何时支付,其金额必须是确定的。

⑤ 合理性原则。即纳税人可扣除费用的计算和分配方法应符合一般的经营常规和会计惯例。

(2) 税前扣除项目的范围

在计算应税所得额时准予从收入总额中扣除的项目,是指纳税人实际发生的与取得收入直接相关的、合理的支出,包括成本、费用、税金、损失和其他支出,准予在计算应纳税所得额时扣除。这里的相关支出是指企业实际发生支出与取得收入直接相关的支出;这里的合理的支出,也就是符合生产经营活动常规,应当计入当期损益或者有关资产成本的必要和正常的支出。具体内容是指:

① 成本。是指企业在生产经营活动中发生的销售成本、销货成本、业务支出以及其他耗费,即指企业纳税申报期间已经申报确认的销售商品(包括产品、材料、下脚料、废料和废旧物资等)、提供劳务、转让、处置固定资产和无形资产的成本。企业对象化的费用,有的成为在产品、产成品等存货,只有销售出去,并在申报纳税期间确认了销售(营业)收入的相关部分商品的成本才能申请扣除。

税法所指的成本概念与一般会计意义上的成本概念有所不同。会计上的成本,是指企业在生产产品、提供劳务过程中劳动对象、劳动手段和活劳动的耗费,是对象化的费用,针对一定的产出物计算归集的。在实务中,成本一般包括直接材料、直接人工、燃料和动力、制造费用。由于企业所得税法和财务会计制度的目的不同,会计收入分类侧重于经济收入的稳定性和经常性,税法收入分类的基础是税收政策待遇的异同。因此,税法中成本归集的内容不仅包括企业的主营业务成本(销售商品、提供劳务、提供他人使用本企业的无形资产),还包括其他业务成本(销售材料、转让技术等)和营业外支出(固定资产清理费用等)。

② 费用。是指企业每一纳税年度为生产、经营商品和提供劳务等所发生的销售(经营)费用、管理费用和财务费用,已经计入成本的有关费用除外。

企业所发生的费用必须是在生产经营活动过程中的支出或耗费、在非生产经营活动过程中所发生的支出,不得作为企业的生产经营费用予以认定。即企业所发生的费用,必须是企业生产产品、提供劳务、销售商品等过程中的支出和耗费。

③ 税金。是指企业发生的除企业所得税和允许抵扣的增值税以外的各项税金及其附加。在我国目前的税收体系中,允许税前扣除的税收种类主要有消费税、营业税、资源税和城市维护建设税、教育费附加等产品销售税金及附加,关税、资源税、土地增值税、房产税、车船税、土地使用税、印花税等。

④ 损失。是指企业在生产经营活动中发生的固定资产和存货的盘亏、毁损、报废损失,转让财产损失,呆账损失,坏账损失,自然灾害等不可抗力因素造成的损失以及其他损失。企业发生的损失,可以扣除的应该是净损失,即损失减除责任人赔偿和保险赔款后的余额,依照国务院财政、税务主管部门的规定扣除。企业已经

作为损失处理的资产,在以后纳税年度又全部收回或部分收回,应当计入当期收入。

⑤ 其他支出。是指除成本、费用、税金、损失外,企业在生产经营活动中发生的与生产经营活动有关的、合理的支出。

在实际中,计算应纳税所得额时还应注意三方面的内容:一是企业发生的支出应当区分收益性支出和资本性支出,收益性支出在发生当期直接扣除;资本性支出应当分期扣除或者计入有关资产成本,不得在发生当期直接扣除。二是企业的不征税收入用于支出所形成的费用或者财产,不得扣除或者计算对应的折旧、摊销扣除。三是除企业所得税法和本条例另有规定外,企业实际发生的成本、费用、税金、损失和其他支出,不得重复扣除。

(3) 准予扣除项目的标准

在计算应纳税所得额时,下列项目可按照实际发生额或规定的标准扣除。

① 工资、薪金支出。企业发生的合理的工资薪金支出,准予扣除。其中,工资、薪金是指企业每一纳税年度支付给在本企业任职或者受雇的员工的所有现金形式或者非现金形式的劳动报酬,包括基本工资、奖金、津贴、补贴、年终加薪、加班工资,以及与员工任职或者受雇有关的其他支出。根据《国家税务总局关于企业工资薪金及职工福利费扣除问题的通知》,合理工资薪金是指企业按照股东大会、董事会、薪酬委员会或相关管理机构制定的工资薪金制度规定实际发放给员工的工资薪金。税务机关在对工资薪金进行合理性确认时,可按以下原则掌握:企业制定了较为规范的员工工资薪金制度;企业所制定的工资薪金制度符合行业及地区水平;企业在一定时期所发放的工资薪金是相对固定的,工资薪金的调整是有序进行的;企业对实际发放的工资薪金,已依法履行了代扣代缴个人所得税义务;有关工资薪金的安排,不以减少或逃避税款为目的。

② 职工福利费、职工工会经费和职工教育经费。企业发生的职工福利费支出、职工工会经费和职工教育经费,不超过工资、薪金总额14%、2%、2.5%的部分,准予扣除。其中,按照《工会法》规定建立工会组织的企业、事业单位、机关,按每月全部职工工资总额的2%向工会拨缴的经费,可在税前列支;职工教育经费,超过工资薪金总额2.5%的部分,当年不准税前列支,但准予在以后纳税年度结转扣除。

③ 社会保险费和住房公积金。企业依照国务院有关主管部门或者省级人民政府规定的范围和标准为职工缴纳的基本养老保险费、基本医疗保险费、失业保险费、工伤保险费、生育保险费等基本社会保险费和住房公积金,准予扣除;企业为投资者或者职工支付的补充养老保险费、补充医疗保险费,在国务院财政、税务主管部门规定的范围和标准内,准予扣除。

社会保险费的处理方法有两种:一是在按国家规定标准或在合理范围内的

保险费可以扣除;二是不得扣除。在规定范围和标准内可以扣除的有:企业依照国务院有关主管部门或者省级人民政府规定的范围和标准为职工缴纳的基本养老保险费、基本医疗保险费、失业保险费、工伤保险费、生育保险费等基本社会保险费和住房公积金,准予扣除;企业为投资者或者职工支付的补充养老保险费、补充医疗保险费,在国务院财政、税务主管部门规定的范围和标准内,准予扣除;依照国家有关规定为特殊工种职工支付的人身安全保险费可以扣除;国务院财政、税务主管部门规定可以扣除的其他商业保险费。不得扣除的项目为:企业为投资者或者职工支付的商业保险费,不得扣除。例如:纳税人为其投资者或雇员个人向商业保险机构投保的人寿保险或财产保险,不得税前扣除。

④ 利息费用。企业为购置、建造固定资产、无形资产和经过 12 个月以上的建造才能达到预定可销售状态的存货发生的借款的,在有关资产购置、建造期间发生的合理的利息费用,应予以资本化,作为资本性支出计入有关资产的成本;有关资产交付使用后发生的利息费用,或在生产经营活动中发生的合理的不需要资本化的借款费用,准予扣除。

企业在生产经营活动中发生的下列利息支出,按以下规定扣除:

非金融企业向金融企业借款的利息支出、金融企业的各项存款利息支出和同业拆借利息支出、企业经批准发行债券的利息支出,准予扣除;

非金融企业向非金融企业借款的利息支出,不超过按照金融企业同期同类贷款利率计算的数额部分准予扣除。

在计算应纳税所得额时,企业实际支付给关联方的利息支出,不超过以下规定比例和税法及其实施条例有关规定计算的部分,准予扣除,超过的部分不得在发生当期和以后年度扣除。企业实际支付给关联方的利息支出,除符合利息支出不超过金融企业同期同类贷款利率计算的数额规定外,其接受关联方债权性投资与其权益性投资比例未超过:金融企业为 5∶1,其他企业为 2∶1;企业如果能够按照税法及其实施条例的有关规定提供相关资料,并证明相关交易活动符合独立交易原则的,或者该企业的实际税负不高于境内关联方的,其实际支付给境内关联方的利息支出,在计算应纳税所得额时准予扣除;企业同时从事金融业务和非金融业务,其实际支付给关联方的利息支出,应按照合理方法分开计算;没有按照合理方法分开计算的,一律按利息支出不超过金融企业同期同类贷款利率计算的数额和企业债权性投资与权益性投资比例计算准予税前扣除的利息支出。

企业向自然人借款的利息支出,企业所得税税前扣除规定如下:企业向股东或其他与企业有关联关系的自然人借款的利息支出,应根据《企业所得税法》第四十六条及《财政部、国家税务总局关于企业关联方利息支出税前扣除标准有关税收政策问题的通知》规定的条件,计算企业所得税扣除额;企业向除这条规定以外的内部职工或其他人员借款的利息支出,其借款情况同时符合以下两个条件的,其利息支出在不超过按照金融企业同期同类贷款利率计算的数额的部分,准予扣除。条件一:企业与个人之间的借贷是真实、合法、有效的,并且不具有非法集资目的或其他违反法律、法规的行为;条件二:企业与个人之间签订了借款合同。

[例5-1] 某公司2016年度实现会计利润总额56.66万元。经注册税务师审核,"财务费用"账户中列支有两笔利息费用:向银行借入生产用资金400万元,借用期限6个月,支付借款利息10万元;经过批准向本企业职工借入生产用资金120万元,借用期限10个月,支付借款利息6.8万元。问该公司2016年度的应纳税所得额为多少万元?

解:

利息＝本金×利率×时期

向银行借款400万元,利率＝$10 \times 2/400 \times 100\% = 5\%$

向本企业职工借入生产用资金120万元,根据《企业所得税法》的规定,允许扣除的借款利息费用限额:$120 \times 5\% \times 10/12 = 5$(万元)

而实际支付借款利息6.8万元,可以扣除5万元

应纳税所得额＝$56.66 + 6.8 - 5 = 58.46$(万元)

⑤ 汇兑损失。企业在货币交易中产生的汇兑损失,准予扣除;纳税年度终了时将人民币以外的货币性资产、负债按照期末即期人民币汇率中间价折算为人民币时产生的汇兑损失,准予扣除。已经计入有关资产成本以及与向所有者进行利润分配相关的部分的汇兑损失,不予扣除。

⑥ 业务招待费。企业发生的与其生产、经营业务有关的业务招待费支出,按照发生额的60%扣除,但最高不得超过当年销售(营业)收入的5‰。

销售(营业)收入应当包括主营业务收入、其他业务收入和视同销售收入。不包括营业外收入、税收上应确认的其他收入,例如因债权人原因确实无法支付的应付款项、债务重组收益、接受捐赠的资产、资产评估增值等。

[例5-2] 某内资企业全年产品销售收入6 700万元,出租包装物租金收入300万元,接受捐赠收入40万元,投资收益70万元;发生的业务招待费为60万元,该企业当年准予在税前扣除的业务招待费限额为多少万元?

解:

根据《企业所得税法》规定,企业发生的与生产经营有关的业务招待费支出,按照发生额的60%扣除,但最高不得超过当年销售(营业)收入的5‰;业务招待费的扣除限额基础为销售(营业)收入合计数。产品销售收入6 700万元是主营业务收入,出租包装物租金收入300万元是其他业务收入,捐赠收入40万元是营业外收

入。投资收益 70 万元也不是营业收入。

$$业务招待费发生额的 60\% = 60 \times 60\% = 36(万元)$$
$$营业收入 = 6\,700 + 300 = 7\,000(万元)$$
$$业务招待费限额 = 7\,000 \times 5‰ = 35(万元)$$

比较当期业务招待费的 60% 和当年销售收入的 5‰,取其小者;故允许在所得税前扣除的最高限额为 35 万元。

⑦ 广告费和业务宣传费。企业发生的符合条件的广告费和业务宣传费支出,除国务院财政、税务主管部门另有规定外,不超过当年销售(营业)收入 15% 的部分,准予扣除;超过部分,准予在以后纳税年度结转扣除。

企业申报扣除的广告费支出应与赞助支出严格区分。企业申报扣除的广告费支出,必须符合下列条件:广告是通过工商部门批准的专门机构制作的;已经实际支付费用,并已取得相应的发票;通过一定的媒体传播。

[例 5-3] 某企业第一年收入 1 000 万元,实际广告费和业务宣传费发生 215 万元;假如第二年收入 5 000 万元,实际广告支出发生 555 万元,问第一年、第二年允许扣除的广告宣传费各是多少?

解:

第一年可以扣除的标准 = $1\,000 \times 15\% = 150$(万元);纳税调整增加 65 万元,但该 65 万元可以向以后纳税年度结转。

第二年可以扣除的标准 = $5\,000 \times 15\% = 750$(万元)。555 万元小于 750 万元,555 万元可以全部扣除。同时上一年结转而来的 65 万元也可以扣除,实际扣除 620 万元。

⑧ 环境保护专项资金。企业依照法律、行政法规有关规定提取的用于环境保护、生态恢复等方面的专项资金,准予扣除。上述专项资金提取后改变用途的,不得扣除。

⑨ 商业保险费。企业参加财产商业保险,按照规定缴纳的保险费,准予扣除。当企业发生保险事故时,企业将依据合同约定获得相应的赔偿。由于企业因参加商业保险的保险费支出允许扣除,其所获取的赔偿,在计算应纳税所得额时,应抵扣相应财产的损失后,再计算出企业参加商业保险的财产的净损失,计入当期损益。

⑩ 有关资产的费用。企业转让各类固定资产发生的费用,允许扣除。企业按规定计算的固定资产折旧费,无形资产和递延资产的摊销费,准予扣除。企业转让各类固定资产发生的费用,包括转售固定资产发生的清理费用、营业税、城市维护建设税、教育费附加、土地增值税、印花税等。

总机构分摊的费用。非居民企业在中国境内设立的机构、场所,就其中国境外总机构发生的与该机构、场所生产经营有关的费用,准予扣除。允许分摊有关费用,必须满足以下几个要求:所分摊的费用必须是由中国境外总机构所负担,且与其在中国境内设立的机构、场所生产经营有关;在中国境内设立的机构、场所能够提供总机构出具的费用汇集范围、定额、分配依据和方法等证明文件;有关费用必须是合理分摊的,才准予扣除。

资产损失。企业当期发生的固定资产和流动资产盘亏、毁损净损失,由其提供清查盘存资料经税务机关审核后,准予扣除;企业因存货盘亏,毁损、报废等原因不得从销项税中抵扣的进项税,应视同财产损失,准予与存货损失一起在所得税前按规定扣除。

准予扣除的费用还包括会员费、合理的会议费、差旅费、违约金、诉讼费用等。

其他费用,包括以下内容:第一,租赁费。企业根据生产经营活动的需要租入固定资产支付的租赁费,按照以下方法扣除:以经营租赁方式租入固定资产发生的租赁费支出,按照租赁期均匀扣除;以融资租赁方式租入固定资产发生的租赁费支出,按照规定构成融资租入固定资产价值的部分应当提取折旧费用,分期扣除。第二,劳动保护费。是指确因工作需要为雇员配备或提供工作服、手套、安全保护用品、防暑降温用品等所发生的支出,需要满足以下条件:必须是确因工作需要;为其雇员配备或提供,而不是给其他与其没有任何劳动关系的人配备或提供;限于工作服、手套、安全保护用品、防暑降温品等,如高温冶炼企业职工、道路施工企业的防暑降温品,采煤工人的手套、头盔等用品。企业发生的合理的劳动保护费,准予扣除。第三,公益救济性捐赠支出。公益性捐赠,是指企业通过公益性社会团体或者县级以上人民政府及其部门,用于《中华人民共和国公益事业捐赠法》规定的公益事业的捐赠。企业发生的公益性捐赠支出,不超过年度利润总额12%的部分,准予扣除。企业对外捐赠,除符合税收法律法规规定的公益救济性捐赠外,一律不得在税前扣除。这里的公益性社会团体,是指同时符合下列条件的基金会、慈善组织等社会团体。符合以下条件:依法登记,具有法人资格;以发展公益事业为宗旨,且不以盈利为目的;全部资产及其增值为该法人所有;收益和营运结余主要用于符合该法人设立目的的事业;终止后的剩余财产不归属任何个人或者营利组织;不经营与其设立目的无关的业务;有健全的财务会计制度;捐赠者不以任何形式参与社会团体财产的分配;国务院财政、税务主管部门会同国务院民政部门等登记管理部门规定的其他条件;等等。

[例5-4] 某纳税人全年收入1 200万元,成本650万元,费用190万元,税金90万元;费用中本年各项捐赠支出50万元,其中:通过红十字会向云南灾区捐赠40万元,直接捐赠10万元。则企业所得税前可以扣除的公益性捐赠额为多少?

解:

公益、救济性捐赠扣除限额的计算:

第一步，以"会计利润"乘以税收规定的扣除比例，计算出公益救济性捐赠的扣除限额；

第二步，确定在税前扣除的"允许税前扣除的公益救济性捐赠"，如果公益性捐赠支出大于等于"公益救济性捐赠的扣除限额"时，按公益救济性捐赠的扣除限额；如果公益性捐赠支出小于"公益救济性捐赠的扣除限额"，据实扣除公益性捐赠支出。

$$公益性捐赠扣除限额 = (1\,200 - 650 - 190 - 90 - 40 - 10) \times 12\%$$
$$= 26.4(万元)$$

企业所得税前可以扣除的公益性捐赠额是 26.4 万元＜40 万元，直接捐赠 10 万元不得扣除。所以当年准予在应纳税所得额前扣除的捐赠支出为 26.4 万元。

(4) 税前不准予扣除项目

按照《企业所得税法》及有关规定，在计算应纳税所得额时，下列支出不得扣除。

① 向投资者支付的股息、红利等权益性投资收益款项。

② 企业所得税税款。

③ 税收滞纳金是指纳税人违反税收法规，被税务机关处以的滞纳金。

④ 罚金、罚款和被没收财物的损失。

⑤ 超过规定标准的捐赠支出。

⑥ 赞助支出。这里的赞助支出是指企业发生的与生产经营活动无关的各种非广告性质支出。

⑦ 未经核定的准备金支出。这里所称的未经核定的准备金支出是指不符合国务院财政、税务主管部门规定的各项资产减值准备、风险准备等准备金支出。

⑧ 企业之间支付的管理费、企业内营业机构之间支付的租金和特许权使用费，以及非银行企业内营业机构之间支付的利息，不得扣除。

⑨ 与取得收入无关的其他支出。

3. 资产的税务处理

企业的各项资产，包括固定资产、生物资产、无形资产、长期待摊费用、投资资产、存货等，均以历史成本为计税基础。历史成本是指企业取得该项资产时实际发生的支出。企业持有各项资产期间资产增值或者减值，除国务院财政、税务主管部门规定可以确认损益外，不得调整该资产的计税基础。

企业转让资产，该项资产的净值，准予在计算应纳税所得额时扣除。所谓资产净值，是指有关资产、财产的计税基础减除已经按照规定扣除的折扣、折耗、摊销、准备金等后的余额。

(1) 资产税务处理的基本原则

资产税务处理的基本原则是历史成本原则。其中，历史成本是指企业取得该项资产时实际发生的支出。企业持有各项资产期间资产增值或者减值,除国务院财政、税务主管部门规定可以确认损益外,不得调整该资产的计税基础。之所以以历史成本为资产税务处理的基本原则,主要是由于历史成本真实可靠,符合成本补偿要求,也有利于税收征管,是我国历来的做法。

(2) 固定资产的税务处理

固定资产,是指企业为生产产品、提供劳务、出租或者经营管理而持有的、使用时间超过12个月的非货币性资产。包括房屋、建筑物、机器、机械、运输工具以及其他与生产经营活动有关的设备、器具、工具等。

① 固定资产的计税基础。固定资产根据《企业所得税法实施条例》的规定,按照以下方法确定计税基础:外购的固定资产,以购买价款和支付的相关税费及直接归属于使该资产达到预定用途发生的其他支出为计税基础;自行建造的固定资产,以竣工结算前发生的支出为计税基础;融资租入的固定资产,以租赁合同约定的付款总额和承租人在签订租赁合同过程中发生的相关费用为计税基础;租赁合同未约定付款总额的,以该资产的公允价值和承租人在签订租赁合同过程中发生的相关费用为计税基础;盘盈的固定资产,以同类固定资产的重置完全价值为计税基础;通过捐赠、投资、非货币性资产交换、债务重组等方式取得的固定资产,资产的公允价值和支付的相关税费为计税基础;改建的固定资产,除企业所得税法有特殊规定外,以改建过程中发生的改建支出增加为计税基础。

② 固定资产折旧的范围。在计算应纳税所得额时,企业按照规定计算的固定资产折旧,准予扣除。下列固定资产不得计算折旧扣除:房屋、建筑物以外未投入使用的固定资产;以经营租赁方式租入的固定资产;以融资租赁方式租出的固定资产;已足额提取折旧仍继续使用的固定资产;与经营活动无关的固定资产;单独估价作为固定资产入账的土地;其他不得计算折旧扣除的固定资产。

③ 固定资产折旧的计提方法。固定资产按照直线法计算的折旧,准予扣除;企业应当自固定资产投入使用月份的次月起计算折旧,停止使用的固定资产,应当自停止使用月份的次月起停止计算折旧,即折旧额的计提依据始终是固定资产的当期的期初余额;企业应当根据固定资产的性质和使用情况,合理确定固定资产的预计净残值。固定资产的预计净残值一经确定,不得变更。

④ 固定资产折旧的计提年限。除国务院财政、税务主管部门另有规定外,固定资产计算折旧的最低年限如下:房屋、建筑物,为20年;飞机、火车、轮船、机器、机械和其他生产设备,为10年;与生产经营活动有关的器具、工具、家具等,为5年;飞机、火车、轮船以外的运输工具,为4年;电子设备,为3年;从事开采石油、天然气等矿产资源的企业,在开始商业性生产前发生的费用和有关固定资产的折耗、折旧方法,由国务院财政、税务主管部门另行规定。

⑤ 缩短折旧年限或采取加速折旧法的特殊规定。税法规定的可以采取缩短折旧年限或者采取加速折旧的方法的固定资产，包括：由于技术进步，产品更新换代较快的固定资产；常年处于强震动、高腐蚀状态的固定资产。

采取缩短折旧年限方法的，最低折旧年限不得低于上述规定折旧年限的60%；采取加速折旧方法的，可以采取双倍余额递减法或年数总和法。

(3) 无形资产的税务处理

在计算应纳税所得额时，企业按照规定计算的无形资产摊销费用，准予扣除。具体摊销规定：无形资产按照直线法计算的摊销费用，准予扣除；无形资产的摊销年限不得低于10年；作为投资或者受让的无形资产，有关法律规定或者合同约定了使用年限的，可以按照规定或者约定的使用年限分期摊销；外购商誉的支出，在企业整体转让或者清算时，准予扣除。

下列无形资产不得计算摊销费用扣除：自行开发的支出已在计算应纳税所得额时扣除的无形资产；自创商誉；与经营活动无关的无形资产；其他不得计算摊销费用扣除的无形资产。

(4) 投资资产的税务处理

投资资产是指企业对外进行权益性投资、债权性投资和混合性投资所形成的资产。投资资产成本原则上以投资方实际支付的全部价款，包括支付的税金和手续费等相关费用确定。投资资产按照以下方法确定成本：① 通过支付现金方式取得的投资资产，以购买价款为成本；② 通过支付现金以外的方式取得的投资资产，以该资产的公允价值和支付的相关税费为成本。

税法规定，企业对外投资期间，投资资产成本在计算应纳税所得额时不得扣除。企业收回、转让、处置投资资产，在计算应纳税所得额时，允许扣除相关投资资产的成本。

(5) 存货的税务处理

存货是指企业持有以备出售的产品或者商品、处在生产过程中的在产品、在生产或者提供劳务过程中耗用的材料和物料等。存货应当按照初始取得成本作为计税基础。存货按照以下方法确定成本：① 通过支付现金方式取得的存货，以购买价款和支付的相关税费为成本；② 通过支付现金以外的方式取得的存货，以该存货的公允价值和支付的相关税费为成本；③ 生产性生物资产收获的农产品，以产出或者采收过程中发生的材料费、人工费和分摊的间接费用等必要支出为成本。

税法上允许企业按照先进先出法、加权平均法或个别计价法确定存货的实际成本，并在税前扣除，但不允许企业采用后进先出法结转已售存货成本。计价方法一经选用，不得随意变更。

企业出售、转让存货，处置收入扣除计税成本和相关税费后所产生的所得，计入应纳税所得额,计算纳税;所产生的损失,可冲减应纳税所得额。存货报废、毁损、盘亏造成的损失,可作为财产损失在税前扣除。

(6) 长期待摊费用的税务处理

在计算应纳税所得额时,企业发生的下列支出作为长期待摊费用,按照规定摊销的,准予扣除。具体规定如下:① 已足额提取折旧的固定资产的改建支出;② 租入固定资产的改建支出;③ 固定资产的大修理支出;④ 其他应当作为长期待摊费用的支出。

所称固定资产的大修理支出,是指同时符合下列条件的支出:① 修理支出达到取得固定资产时的计税基础50%以上;② 修理后固定资产的使用年限延长2年以上。固定资产的大修理支出,按照固定资产尚可使用年限分期摊销。

(7) 生物资产的税务处理

生产性生物资产,是指企业为生产农产品、提供劳务或者出租等而持有的生物资产,包括经济林、薪炭林、产畜和役畜等。生产性生物资产按照以下方法确定计税基础:① 外购的生产性生物资产,以购买价款和支付的相关税费为计税基础。② 通过捐赠、投资、非货币性资产交换、债务重组等方式取得的生产性生物资产,以该资产的公允价值和支付的相关税费为计税基础。

生产性生物资产按照直线法计算的折旧,准予扣除。企业应当自生产性生物资产投入使用月份的次月起计算折旧;停止使用的生产性生物资产,应当自停止使用月份的次月起停止计算折旧。企业应当根据生产性生物资产的性质和使用情况,合理确定生产性生物资产的预计净残值。生产性生物资产的预计净残值一经确定,不得变更。生产性生物资产计算折旧的最低年限如下:林木类生产性生物资产为10年;畜类生产性生物资产为3年。

(8) 税法规定与会计规定差异的处理问题

在计算应纳税所得额时,企业财务、会计处理办法与税收法律、行政法规的规定不一致的,应当依照税收法律、行政法规的规定计算。企业在平时进行会计核算时,可以按会计制度的有关规定进行账务处理,但在申报纳税时,对税法规定和会计准则有差异的,要完全按照税法规定进行纳税调整。具体规定如下:

企业不能提供完整、准确的收入和成本、费用等凭证资料的,不能准确计算应纳税所得额的,由税务机关核定其应纳税所得额。

企业依法清算时,以其清算所得向税务机关申报并依法缴纳企业所得税。所谓清算所得,是指企业的全部资产可变现价值或者交易价格减除资产净值、清算费用以及相关税费等后的余额。

企业应纳税所得额是根据税收法规计算出来的,它在数额上与依据财务会计制度计算的利润总额往往不一致。因此,税法规定,对企业按照有关财务会计规定计算的利润总额，必须依照税法的规定进行必要调整后，才能作为应纳税所得额计算并缴纳所得税。

[例5-5] 某企业年终进行清算时的全部资产可变现价值为1 000万元，清算费用为50万元，清算时的负债为680万元，企业的资本公积金为40万元，问该企业清算所得为多少？

解：

清算所得为：1 000－50－680－40＝230(万元)

通过上述问题的描述，我们已经了解了收入总额的确定，不征税收入和免税收入的范围，也清楚知道了准予扣除项目的扣除方法、亏损的弥补情况以及资产的税务处理。在此基础上，就可以计算应纳税所得额。

4. 亏损弥补

纳税人发生年度亏损的，可以用下一纳税年度的所得弥补；下一纳税年度的所得不足弥补的，可以逐年延续弥补，但是延续弥补期最长不得超过5年。5年内不论是盈利或亏损，都作为实际弥补期限计算。这里所指的亏损不是企业财务报表中反映的亏损额，而是企业财务报表中的亏损额经主管税务机关按税法规定核实调整后的金额，是企业依照《企业所得税法》和《企业所得税法实施条例》的规定将每一纳税年度的收入总额减除不征税收入、免税收入和各项扣除后小于零的数额。

亏损弥补自亏损年度报告的下一个年度起连续5年不间断地计算。如果连续发生年度亏损，也必须从第一个亏损年度算起，先亏先补，按顺序连续计算亏损弥补期，不得将每个亏损年度的连续弥补期相加，更不得断开计算。

联营企业的亏损，由联营企业就地依法进行弥补。投资方企业从联营企业分回的税后利润按规定应补缴所得税的，如果投资方企业发生亏损，其分回的利润可先用于弥补亏损，弥补亏损后仍有余额的，再按规定补缴企业所得税。

企业境外业务之间(企业境外业务在同一国家)的盈亏可以相互弥补，但企业境内外之间的盈亏不得相互弥补。

纳税人可在税前弥补的亏损数额，是指经主管税务机关按照税收法规规定核实、调整后的数额。纳税人发生年度亏损，必须在年度终了后45天内，将本年度纳税申报表和财务决算报表报送当地主管税务机关。主管税务机关要依据税收法规及有关规定，认真审核纳税人年度纳税申报表及有关资料，以确保税前弥补数额的准确。

[例5-6] 2010～2016年度某企业的盈亏情况如表5-2所示。请分析该企业亏损弥补的正确方法。

表 5-2　　　　　　　　　　盈 亏 情 况

年　　度	2010	2011	2012	2013	2014	2015	2016
盈亏（万元）	−240	−100	20	60	60	80	140

解：

该企业 2010 年度亏损 240 万元，按照税法规定可以申请用 2011～2015 年 5 年的盈利弥补。虽然该企业在 2011 年度也发生了亏损，但仍应作为计算 2010 年度亏损弥补的第一年。因此，2010 年度的亏损实际上是用 2012～2015 年度的盈利 220 万元来弥补。当 2015 年度终了后，2010 年度的亏损弥补期限已经结束，剩余的 20 万元亏损不能再用以后年度的盈利弥补。2011 年度的亏损额 100 万元，按照税法规定可以申请用 2012～2016 年 5 年的盈利弥补。由于 2012～2015 年度的盈利已用于弥补 2010 年度的亏损，因此 2011 年度的亏损只能用 2016 年度的盈利弥补。2016 年度该企业盈利 140 万元，其中可用 100 万元来弥补 2011 年度发生的亏损，剩余 40 万元应按税法规定缴纳企业所得税 10 万元（40×25％）。

（二）企业所得税应纳税额的计算

企业的应纳税所得额乘以适用税率，减除按税收优惠规定减免和抵免的税额后的余额，为应纳税额。计算公式如下：

应纳税额 = 应纳税所得额 × 适用税率 − 减免税额 − 抵免税额

公式中的减免税额和抵免税额，是指依照《企业所得税法》和国务院的税收优惠规定减征、免征和抵免的应纳税额。

1. 居民纳税人应纳税额计算

（1）一般计算方法

一般计算方法包括直接计算法和间接计算法。

① 直接计算法。直接法是在已知纳税收入的情况下，用纳税收入扣除不征税收入等得到应纳税所得额，再乘以相应的税率后扣除减免税额和抵免税额就是应纳税额。计算公式为：

应纳税额 = 应纳税所得额 × 税率

应纳税所得额 = 收入总额 − 法定准予扣除项目金额

［例 5-7］　某企业 2016 年度生产经营情况如下：产品销售收入 5 000 万元；出租固定资产收入 40 万元；转让商标使用权收入 80 万元；国库券利息收入 6 万元；产品销售成本 3 000 万元；产品销售费用 500 万元；准许税前扣除的有关税费 100 万元；管理费用 450 万元，其中业务招待费用 60 万元；经批准向企业职工集资

1 000万元，支付年息120万元，同期银行贷款利率为7%；经核定，年终原材料盘亏净损失7万元；职工50人全年工资总额600万元，当年发生的职工福利费90万元、工会经费10万元、职工教育经费20万元。根据上述资料计算该企业2016年度应缴纳多少企业所得税？

解：

第一步：应税收入总额 = 5 000 + 40 + 80 = 5 120（万元）

第二步：扣除项目中，工资、产品销售成本、产品销售费用、其他管理费用、准许税前扣除的有关税费、原材料盘亏净损失可据实扣除；业务招待费、利息支出、职工福利费、工会经费、职工教育经费扣除标准均按税法规定标准予以扣除。

业务招待费用：业务招待费发生额的60% = 60 × 60% = 36（万元）

业务招待费限额 = 5 120 × 5‰ = 25.6（万元）

比较当期业务招待费的60%和当年销售收入的5‰，取其小者；故允许在所得税前扣除的最高限额为25.6万元。

利息支出：允许税前扣除的利息 = 1 000 × 7% = 70（万元）

实际支付利息120万元，故税前扣除额为70万元。

允许税前扣除的职工福利费限额 = 600 × 14% = 84（万元）

实际发生的职工福利费90万元，故税前扣除额为84万元。

允许税前扣除的工会经费 = 600 × 2% = 12（万元）

实际发生的工会经费10万元，故税前扣除额为10万元。

允许税前扣除的职工教育经费限额 = 600 × 2.5% = 15（万元）

实际发生的职工教育经费20万元，故税前扣除额为15万元。

第三步：应纳税所得额 = 5 120 − 3 000 − 500 − 100 − (450 − 60 + 25.6)
　　　　　　　　　− 70 − 7 + (90 − 84) + (20 − 15)
　　　　　　　　= 1 038.4（万元）

第四步：应纳税额 = 应纳税所得额 × 税率 = 1 038.4 × 25% = 259.6（万元）

因此，该企业应纳税额为259.6万元。

注：按税法规定，国库券利息不征税。工资及三项费用归属于管理费用等项目。

但是，我们知道在实际工作中，税法规定下的应纳税所得额很难获得，而会计利润一般直接可通过会计报表获得，所以实际上直接计算法用得并不多，除非在会计规定和税收规定基本一致的情况下。因此我们必须还有另外一种计算法，那就是间接计算法。

② 间接计算法。如果已知的是会计利润和一些需要调整的事项,则用间接法计算应纳税额。在具体计算应纳税所得额时,纳税人的应税所得额是以利润总额为基础,加减税收调整项目金额后的数额。公式如下:

$$应纳税额 = 应纳税所得额 \times 税率$$
$$应纳税所得额 = 利润总额 + 纳税调整增加额 - 纳税调整减少额$$

[例 5-8] 某国有企业 2016 年度实现销售收入 8 000 万元,向税务机关申报的应纳税所得额为 1 000 万元;经税务机关核实,申报的应税所得额中含有上年度购买的国库券利息收入 28 万元,企业实际发放职工工资为 800 万元,并按实发工资总额计提了职工福利费 120 万元、工会经费 19 万元、职工教育经费 18 万元,当年企业发生的业务招待费 75 万元,向非金融机构借款 450 万元,支付利息 45 万元(同期银行利率为 6.5%),在营业外支出中列支被工商管理部门的罚款支出 17 万元、公益性捐赠 150 万元和直接捐赠 75 万元。根据已知资料计算该公司 2016 年度应缴纳多少企业所得税?

解:
第一步:计算纳税调整减少额,即国库券利息。

$$纳税调整减少额 = 28(万元)$$

第二步:计算纳税调整增加额。
三项费用调整额:

$$允许税前扣除的职工福利费限额 = 800 \times 14\% = 112(万元)$$

实际发生的职工福利费 120 万元,故纳税调整增加额为 8 万元。

$$允许税前扣除的工会经费 = 800 \times 2\% = 16(万元)$$

实际发生的工会经费 19 万元,故纳税调整增加额为 3 万元。

$$允许税前扣除的职工教育经费限额 = 800 \times 2.5\% = 20(万元)$$

实际发生的职工教育经费 18 万元,故不进行纳税调整。

$$纳税调整增加额 = 8 + 3 = 11(万元)$$

业务招待费用调整额:

$$业务招待费发生额的 60\% = 75 \times 60\% = 45(万元)$$
$$业务招待费限额 = 7\ 500 \times 5‰ = 37.5(万元)$$

比较当期业务招待费的 60% 和当年销售收入的 5‰,取其小者;故允许在所得税前扣除的最高限额为 37.5 万元。

$$纳税调整增加额 = 75 - 37.5 = 37.5(万元)$$

借款利息调整额：

$$借款利息允许扣除限额 = 450 \times 6.5\% = 29.25(万元)$$

实际扣除 45 万元。

$$纳税调整增加额 = 45 - 29.25 = 15.75(万元)$$

在营业外支出中的调整额：

被工商管理部门罚款的支出 17 万元，应纳税调增 17 万元；

公益性捐赠允许扣除限额 = 会计利润 $\times 12\% = 1\,000 \times 12\% = 120$(万元)

实际捐赠 150 万元，应纳税调增 30 万元。

直接捐赠 75 万元，应纳税调增 75 万元。

$$纳税调整增加额 = 17 + 30 + 75 = 122(万元)$$

第三步：应纳税所得额 = 利润总额 + 纳税调整增加额 − 纳税调整减少额

$$= 1\,000 + 11 + 37.5 + 15.75 + 122 - 28$$
$$= 1\,158.25(万元)$$

第四步：应纳所得税额 $= 1\,158.25 \times 25\% = 289.56$(万元)

(2) 预缴及汇算清缴所得税计算

企业所得税实行按年计征、分月(季)预缴、年终汇算清缴、多退少补的办法。其应纳企业所得税额的计算分为预缴所得税额计算和年终汇算清缴所得税额计算两部分。

① 按月(季)预缴所得税的计算方法

企业预缴所得税时，应当按纳税期限内应纳税所得额的实际数预缴；按实际数预缴有困难的，可按上一年度应纳税所得额的 1/2 或 1/4 预缴，或者经当地税务机关认可的其他方法分期预缴所得税。其计算公式为：

$$应纳所得税额 = 月(季)应纳税所得额 \times 25\%$$
$$= 上年应纳税所得额 \times 1/2(或\ 1/4) \times 25\%$$

② 年终汇算清缴纳所得税的计算方法

计算公式为：

$$全年应纳所得税额 = 全年应纳税所得额 \times 25\%$$
$$多退少补所得税额 = 全年应纳所得税额 - 月(季)已预缴所得税额$$

企业所得税税款应以人民币为计算单位。若所得为外国货币的,应当按照国家外汇管理机关公布的外汇汇率折合人民币缴纳。

[例5-9] 某企业2016年全年应税所得额300万元。2017年企业经税务机关同意,每季按2009年应纳税所得额的1/4预缴企业所得税。2017年全年实现利润经调整后的应纳税所得额为415万元。计算该企业在年终汇算清缴时应补缴的所得税额。

解:
2016年每季应预缴所得税额为:

$$应纳税额 = 300 \div 4 \times 25\% = 18.75(万元)$$

2016年4个季度实际预缴所得税额为:

$$实际预缴额 = 18.75 \times 4 = 75(万元)$$

2016年全年实际应纳所得税税额为:

$$应纳税额 = 415 \times 25\% = 103.75(万元)$$

年终汇算清缴时应补缴税额为:

$$应补缴税额 = 103.75 - 75 = 28.75(万元)$$

(3) 境外所得税抵免和应纳税额的计算方法

企业来源于我国境外的所得,应按我国税法汇总计算缴纳企业所得税。境外所得在境外实际缴纳的所得税款,准予在汇总纳税时从其应纳税额中抵免。

① 税收抵免范围。居民企业来源于中国境外的应税所得,居民企业从其直接或者间接控制的外国企业分得的来源于中国境外的股息、红利等权益性投资收益,非居民企业在中国境内设立机构、场所,取得发生在中国境外但与该机构、场所有实际联系的应税所得,均应按我国税法汇总计算缴纳企业所得税。企业来源于中国境外的所得依照中国境外税收法律以及相关规定应当缴纳并已经实际缴纳的企业所得税性质的税款,准予在汇总纳税时从其应纳税额中抵免。上述直接控制是指居民企业直接持有外国企业20%以上的股份,间接控制是指居民企业以间接持股方式持有外国企业20%以上的股份,具体认定办法由国务院财政、税务主管部门另行制定。

② 税收抵免限额。抵免限额为该项所得依照企业所得税法规定计算的应纳税额。超过抵免限额的部分,可在以后5个年度内,用每年度抵免限额抵免当年应抵税额后的余额进行抵补。抵免限额应当分国(地区)不分项计算,计算公式如下:

$$税收抵免限额 = 境内、境外所得按税法计算的应纳税总额 \times \frac{来源于某国的所得额}{境内、境外所得总额}$$

③ 抵免不足部分的处理。纳税人来源于境外所得实际缴纳的所得税款,如果低于按规定计算出的扣除限额(即抵免限额),可以从应纳税额中如数扣除其在境外实际缴纳的所得税税款;如果超过扣除限额,其超过部分不得在本年度作为税额扣除,也不得列为费用支出,但可用以后年度税额扣除不超过限额的余额补扣,补扣期限最长不得超过5年。

[例5-10] 某公司全年实现应税所得额800万元,其中来源于境外A国分支机构的所得额为280万元,境外所得已在该国缴纳企业所得税84万元。请计算其汇总时在我国应该缴纳的企业所得税税额为多少?

解:
向我国税务机关缴纳的税款计算步骤如下:
第一步:按我国税法计算境内、境外所得应缴纳的税款:

应纳税额=(境内所得+境外所得)×境内税率=800×25%=200(万元)

第二步:计算A国扣除限额:

A国扣除限额=200×280/800=70(万元)

境外实缴税款84万元大于抵免限额70万元,其超过扣除限额的部分14万元不能扣除。

第三步:计算该公司实际向我国税务机关缴纳的税款:

该公司当年实际应缴纳所得税=200-70=130(万元)

[例5-11] 承上例,如果境外所得已在A国缴纳企业所得税64万元,请计算其汇总时在我国应该缴纳的企业所得税税额为多少?

解:
① 该公司境内、境外所得应纳税款=800×25%=200(万元)
② A国扣除限额=200×280/800=70(万元)
境外实缴税款64万元小于抵免限额70万元,可以如数抵免。
③ 该公司当年实际应缴纳所得税=200-64=136(万元)

(4) 居民企业核定征收应纳税额的计算

为了加强企业所得税征收管理,规范核定征收企业所得税工作,保障国家税款及时足额入库,维护纳税人合法权益,根据《企业所得税法》及其实施条例、《税收征管法》及其实施细则的有关规定,核定征收企业所得税的有关规定如下:

① 核定征收企业所得税的范围
依照法律、行政法规的规定可以不设置账簿的;
依照法律、行政法规的规定应当设置但未设置账簿的;

擅自销毁账簿或者拒不提供纳税资料的;

虽设置账簿,但账目混乱或者成本资料、收入凭证、费用凭证残缺不全,难以查账的;

发生纳税义务,未按照规定的期限办理纳税申报,经税务机关责令限期申报,逾期仍不申报的;

申报的计税依据明显偏低,又无正当理由的。

② 核定征收的办法

税务机关应根据纳税人的具体情况,对核定征收企业所得税的纳税人,核定应税所得率或者核定应纳所得税额。

具有下列情形之一的,核定其应税所得率:能正确核算(查实)收入总额,但不能正确核算(查实)成本费用总额的;能正确核算(查实)成本费用总额,但不能正确核算(查实)收入总额的;通过合理方法,能计算和推定纳税人收入总额或成本费用总额的。纳税人不属于以上情形的,核定其应纳所得税额。

税务机关采用下列方法核定征收企业所得税:参照当地同类行业或者类似行业中经营规模和收入水平相近的纳税人的税负水平核定;按照应税收入额或成本费用支出额定率核定;按照耗用的原材料、燃料、动力等推算或测算核定;按照其他合理方法核定。

采用前款所列一种方法不足以正确核定应纳税所得额或应纳税额的,可以同时采用两种以上的方法核定。采用两种以上方法测算的应纳税额不一致时,可按测算的应纳税额从高核定。各行业应税所得率幅度见表5-3。

表5-3　　　　　　　　　各行业应税所得率幅度表

行　业	应税所得率(%)	行　业	应税所得率(%)
农、林、牧、渔业	3～10	建筑业	8～20
制造业	5～15	饮食业	8～25
批发和零售贸易业	4～15	娱乐业	15～30
交通运输业	7～15	其他行业	10～30

采用应税所得率方式核定征收企业所得税的,应纳所得税额计算公式如下:

应纳所得税额＝应纳税所得额×适用税率应纳税所得额
＝应税收入额×应税所得率

或　　　应纳税所得额＝成本(费用)支出额÷(1－应税所得率)×应税所得率

实行应税所得率方式核定征收企业所得税的纳税人,经营多业的,无论其经营项目是否单独核算,均由税务机关根据其主营项目确定适用的应税所得率。

主营项目应为纳税人所有经营项目中,收入总额或者成本(费用)支出额或者耗用原材料、燃料、动力数量所占比重最大的项目。纳税人的生产经营范围、主营业务发生重大变化,或者应纳税所得额或应纳税额增减变化达到20%的,应及时向税务机关申报调整已确定的应纳税额或应税所得率。

2. 非居民企业应纳税额的计算

(1) 核算征收应纳税额的计算

对于在中国境内未设立机构、场所的,或者虽设立机构、场所但取得的所得与其所设机构、场所没有实际联系的非居民企业的所得,按照下列方法计算其应纳税所得额。

① 股息、红利等权益性投资收益和利息、租金、特许权使用费所得,以收入全额为应纳税所得额;

② 转让财产所得,以收入全额减除财产净值后的余额为应纳税所得额;

③ 其他所得,参照前两项规定的方法计算应纳税所得额。

上述财产净值是指有关资产、财产的计税基础减除已经按照规定扣除的折旧、折耗、摊销、准备金等后的余额。

(2) 核定征收应纳税额的计算

非居民企业因会计账簿不健全,资料残缺难以查账,或者其他原因不能准确计算并据实申报其应纳税所得额的,税务机关有权采取以下方法核定其应纳税所得额:

① 按收入总额核定应纳税所得额:适用于能够正确核算收入或通过合理方法推定收入总额,但不能正确核算成本费用的非居民企业。计算公式如下:

$$应纳税所得额 = 收入总额 \times 经税务机关核定的利润率$$

② 按成本费用核定应纳税所得额:适用于能够正确核算成本费用,但不能正确核算收入总额的非居民企业。计算公式如下:

$$应纳税所得额 = 成本费用总额 \div (1 - 经税务机关核定的利润率) \times 经税务机关核定的利润率$$

③ 按经费支出换算收入核定应纳税所得额:适用于能够正确核算经费支出总额,但不能正确核算收入总额和成本费用的非居民企业。计算公式为:

$$应纳税所得额 = 经费支出总额 \div (1 - 经税务机关核定的利润率 - 营业税税率) \times 经税务机关核定的利润率$$

(3) 外国企业常驻代表机构应纳税额的计算

《外国企业常驻代表机构登记管理条例》所称外国企业常驻代表机构(以下简

称代表机构),是指外国企业依照本条例规定,在中国境内设立的从事与该外国企业业务有关的非营利性活动的办事机构。代表机构不具有法人资格。

所有的代表机构应当按照有关法律、行政法规和国务院财政、税务主管部门的规定设置账簿,根据合法、有效凭证记账,进行核算,并应按照实际履行的功能和承担的风险相配比的原则,准确计算其应税收入和应纳税所得额。

同时,对账簿不健全,不能准确核算收入或成本费用,以及无法按照规定据实申报的代表机构,税务机关有权采取以下两种方式核定其应纳税所得额:

① 按经费支出换算收入。适用于能够准确反映经费支出但不能准确反映收入或成本费用的代表机构。计算公式为:

$$收入额 = 本期经费支出额 \div (1 - 核定利润率 - 营业税税率)$$
$$应纳企业所得税额 = 收入额 \times 核定利润率 \times 企业所得税税率$$

代表机构的经费支出额包括:在中国境内、外支付给工作人员的工资薪金、奖金、津贴、福利费、物品采购费(包括汽车、办公设备等固定资产)、通信费、差旅费、房租、设备租赁费、交通费、交际费、其他费用等。其中:购置固定资产所发生的支出,以及代表机构设立时或者搬迁等原因所发生的装修费支出,应在发生时一次性作为经费支出额换算收入计税;利息收入不得冲抵经费支出额;发生的交际应酬费,以实际发生数额计入经费支出额;以货币形式用于我国境内的公益、救济性质的捐赠、滞纳金、罚款,以及为其总机构垫付的不属于其自身业务活动所发生的费用,不应作为代表机构的经费支出额;其他费用包括:为总机构从中国境内购买样品所支付的样品费和运输费用;国外样品运往中国发生的中国境内的仓储费用、报关费用;总机构人员来华访问聘用翻译的费用;总机构为中国某个项目投标由代表机构支付的购买标书的费用;等等。

② 按收入总额核定应纳税所得额。适用于可以准确反映收入但不能准确反映成本费用的代表机构。计算公式为:

$$应纳企业所得税额 = 收入总额 \times 核定利润率 \times 企业所得税税率$$

③ 代表机构核定利润率。代表机构的核定利润率不应低于15%。采取核定征收方式的代表机构,如能建立健全会计账簿,准确计算其应税收入和应纳税所得额,报主管税务机关备案,可调整为据实申报方式。

四、税收优惠

税收优惠是指国家运用税收政策在税收法律、行政法规中规定对某一部分特殊企业和课税对象给予减轻或免除税收负担的一种措施。

企业所得税法根据国民经济和社会发展需要,借鉴国际上的成功经验,按照

"简税制、宽税基、低税率、严征管"的要求,鼓励农业等基础产业发展,鼓励基础设施建设,鼓励环境保护,促进科技创新与技术进步,建立以"产业优惠为主、区域优惠为辅"的税收优惠新格局。

税收优惠的主要原则是:促进技术创新和科技进步,鼓励基础设施建设,鼓励农业发展及环境保护与节能,支持安全生产,统筹区域发展,促进公益事业和照顾弱势群体等,促进国民经济全面、协调、可持续发展和社会全面进步。现行企业所得税法从税基优惠、税率优惠到税额优惠三方面进行了具体规定,充分体现了税收优惠格局从地区优惠向产业优惠转移的变化。

(一)税基优惠

1. 免税收入

根据《企业所得税法》的规定,企业的下列收入为免税收入。

(1)国债利息收入。国债利息收入是指企业持有国务院财政部门发行的国债取得的利息收入。

(2)符合条件的居民企业之间的股息、红利等权益性投资收益。符合条件的居民企业之间的股息、红利等权益性投资收益是指居民企业直接投资于其他居民企业取得的投资收益。

(3)在中国境内设立机构、场所的非居民企业从居民企业取得与该机构、场所有实际联系的股息、红利等权益性投资收益。

需要注意的是,(2)和(3)两项所称股息、红利等权益性投资收益,不包括连续持有居民企业公开发行并上市流通的股票不足12个月取得的投资收益。

(4)符合条件的非营利组织的收入。

2. 减计收入

根据《企业所得税法》的规定,对企业综合利用资源、生产符合国家产业政策规定的产品所取得的收入,可以在计算应纳税所得额时减计收入。其中,减计收入是指企业以《资源综合利用企业所得税优惠目录》规定的资源作为主要原材料,生产国家非限制和禁止并符合国家和行业相关标准的产品取得的收入,减按90%计入收入总额。需要注意的是,原材料占生产产品材料的比例不得低于《资源综合利用企业所得税优惠目录》规定的标准。

3. 抵扣应纳税所得额

按照《企业所得税法》的规定,对创业投资企业从事国家需要重点扶持和鼓励创业投资的,可以按投资额的一定比例抵扣应纳税所得额。其中,抵扣应纳税所得额是指创业投资企业采取股权投资方式投资于未上市的中小高新技术企业2年以上的,可以按照其投资额的70%在股权持有满2年的当年抵扣该创业投资企业的应纳税所得额;当年不足抵扣的,可以在以后纳税年度结转抵扣。

4. 加计扣除

加计扣除是指按照税法规定,在实际发生数额的基础上,再加成一定比例,作为计算应纳税所得额时的扣除数额的一种税收优惠措施。包括如下内容:

(1) 开发新技术、新产品、新工艺发生的研究开发费用。研究开发费用的加计扣除,是指企业为开发新技术、新产品、新工艺发生的研究开发费用,未形成无形资产计入当期损益的,在按照规定据实扣除的基础上,按照研究开发费用的50%加计扣除;形成无形资产的,按照无形资产成本的150%摊销。

(2) 安置残疾人员及国家鼓励安置的其他就业人员所支付的工资。企业安置残疾人员所支付的工资的加计扣除,是指企业安置残疾人员的,在按照支付给残疾职工工资据实扣除的基础上,按照支付给残疾职工工资的100%加计扣除。残疾人员的范围适用《中华人民共和国残疾人保障法》的有关规定。《企业所得税法》所称的企业安置国家鼓励安置的其他就业人员所支付的工资的加计扣除办法,由国务院另行规定。

5. 加速折旧

根据《企业所得税法》的规定,企业的固定资产由于技术进步等原因,确需加速折旧的,可以缩短折旧年限或者采取加速折旧的方法。

可以采取缩短折旧年限或者采取加速折旧方法的固定资产,包括:由于技术进步,产品更新换代较快的固定资产;常年处于强震动、高腐蚀状态的固定资产。

采取缩短折旧年限方法的,最低折旧年限不得低于上述规定折旧年限的60%;采取加速折旧方法的,可以采取双倍余额递减法或者年数总和法。

(二) 税率优惠

1. 小型微利企业减按20%的优惠税率

根据《企业所得税法》的规定,对符合条件的小型微利企业,减按20%的税率征收企业所得税。

《企业所得税法实施条例》第九十二条规定,符合条件的小型微利企业,是指从事国家非限制和禁止行业,并符合下列条件的企业:

(1) 工业企业,年度应纳税所得额不超过30万元,从业人数不超过100人,资产总额不超过3 000万元;

(2) 其他企业,年度应纳税所得额不超过30万元,从业人数不超过80人,资产总额不超过1 000万元。

2. 高新技术企业减按15%的优惠税率

对国家需要重点扶持的高新技术企业,减按15%的税率征收企业所得税。《企业所得税法实施条例》第九十三条、《企业所得税法》第二十八条第二款所称国家需要重点扶持的高新技术企业,减按15%的税率征收企业所得税,是指拥有核心自主知识产权,并同时符合下列条件的企业:

(1) 产品（服务）属于《国家重点支持的高新技术领域》规定的范围；
(2) 研究开发费用占销售收入的比例不低于规定比例；
(3) 高新技术产品（服务）收入占企业总收入的比例不低于规定比例；
(4) 科技人员占企业职工总数的比例不低于规定比例；
(5) 高新技术企业认定管理办法规定的其他条件。

《国家重点支持的高新技术领域》和高新技术企业认定管理办法由国务院科技政策、税务主管部门会同国务院有关部门制定，报国务院批准后公布施行。

（三）税额优惠

1. 减免税额

根据《企业所得税法》的规定，企业的下列所得可以免征、减征企业所得税：

(1) 从事农、林、牧、渔业项目的所得。下列项目的所得，免征企业所得税：蔬菜、谷物、薯类、油料、豆类、棉花、麻类、糖料、水果、坚果的种植；农作物新品种的选育；中药材的种植；林木的培育和种植；牲畜、家禽的饲养；林产品的采集；灌溉、农产品初加工、兽医、农技推广、农机作业和维修等农、林、牧、渔服务业项目；远洋捕捞。企业从事下列项目的所得，减半征收企业所得税：花卉、茶及其他饮料作物和香料作物的种植；海水养殖、内陆养殖。企业从事国家限制和禁止发展的项目，不得享受企业所得税优惠。

(2) 从事国家重点扶持的公共基础设施项目投资经营的所得。国家重点扶持的公共基础设施项目，是指《公共基础设施项目企业所得税优惠目录》规定的港口码头、机场、铁路、公路、城市公共交通、电力、水利等项目。企业从事国家重点扶持的公共基础设施项目投资经营的所得，自项目取得第一笔生产经营收入所属纳税年度起，第一年至第三年免征企业所得税，第四年至第六年减半征收企业所得税。依照规定享受减免税优惠的项目，在减免税期限内转让的，受让方自受让之日起，可以在剩余期限内享受规定的减免税优惠；减免税期限届满后转让的，受让方不得就该项目重复享受减免税优惠。

企业承包经营、承包建设和内部自建自用上述规定的项目，不得享受上述规定的企业所得税优惠。

(3) 从事符合条件的环境保护、节能节水项目的所得。企业从事符合条件的环境保护、节能节水项目的所得，自项目取得第一笔生产经营收入所属纳税年度起，第一年至第三年免征企业所得税，第四年至第六年减半征收企业所得税。依照规定享受减免税优惠的项目，在减免税期限内转让的，受让方自受让之日起，可以在剩余期限内享受规定的减免税优惠；减免税期限届满后转让的，受让方不得就该项目重复享受减免税优惠。

(4) 符合条件的技术转让所得。符合条件的技术转让所得免征、减征企业所得税,是指一个纳税年度内,居民企业技术转让所得不超过500万元的部分,免征企业所得税;超过500万元的部分,减半征收企业所得税。

(5)非居民企业在中国境内未设立机构、场所的,或者虽设立机构、场所但取得所得与其所设机构、场所没有实际联系的,其来源于中国境内的所得,减按10%的税率征收企业所得税。

下列所得可以免征企业所得税:外国政府向中国政府提供贷款取得的利息所得;国际金融组织向中国政府和居民企业提供优惠贷款取得的利息所得;经国务院批准的其他所得。

根据《企业所得税法》的规定,民族自治地方的自治机关对本民族自治地方的企业应缴纳的企业所得税中属于地方分享的部分,可以决定减征或者免征。自治州、自治县决定减征或者免征的,须报省、自治区、直辖市人民政府批准。其中,民族自治地方是指依照《中华人民共和国民族区域自治法》的规定,实行民族区域自治的自治区、自治州、自治县。对民族自治地方内国家限制和禁止行业的企业,不得减征或者免征企业所得税。

2. 税额抵免

按照《企业所得税法》的规定,企业购置用于环境保护、节能节水、安全生产等专用设备的投资额,可以按一定比例实行税额抵免。

税额抵免,是指企业购置并实际使用《环境保护专用设备企业所得税优惠目录》《节能节水专用设备企业所得税优惠目录》和《安全生产专用设备企业所得税优惠目录》规定的环境保护、节能节水、安全生产等专用设备的,该专用设备的投资额的10%可以从企业当年的应纳税额中抵免;当年不足抵免的,可以在以后5个纳税年度结转抵免。

享受上述规定的企业所得税优惠的企业,应当实际购置并自身实际投入使用上述规定的专用设备;企业购置上述专用设备在5年内转让、出租的,应当停止享受企业所得税优惠,并补缴已经抵免的企业所得税税款。

(四)其他税收优惠和过渡性税收优惠

1. 关于居民企业选择适用税率及减半征税的具体界定问题

(1)居民企业被认定为高新技术企业,同时又处于《国务院关于实施企业所得税过渡优惠政策的通知》(国发〔2007〕39号)第一条第三款规定享受企业所得税"两免三减半""五免五减半"等定期减免税优惠过渡期的,该居民企业的所得税适用税率可以选择依照过渡期适用税率并适用减半征税至期满,或者选择适用高新技术企业的15%税率,但不能享受15%税率的减半征税。

(2)居民企业被认定为高新技术企业,同时又符合软件生产企业和集成电路生产企业定期减半征收企业所得税优惠条件的,该居民企业的所得税适用税率可以选择适用高新技术企业的15%的税率,也可以选择依照25%的法定税率减半征税,但不能享受15%税率的减半征税。

(3) 居民企业取得《企业所得税法实施条例》第八十六条、第八十七条、第八十八条和第九十条规定可减半征收企业所得税的所得,是指居民企业应就该部分所得单独核算并依照25%的法定税率减半缴纳企业所得税。

2. 西部大开发的税收优惠

(1) 适用范围

优惠政策的适用范围包括重庆市、四川省、贵州省、云南省、西藏自治区、陕西省、甘肃省、宁夏回族自治区、青海省、新疆维吾尔自治区、新疆生产建设兵团、内蒙古自治区和广西壮族自治区(上述地区以下统称西部地区)。湖南省湘西土家族苗族自治州、湖北省恩施土家族苗族自治州、吉林省延边朝鲜族自治州,可以比照西部地区的税收优惠政策执行。

(2) 具体内容

① 对西部地区内资鼓励类产业、外商投资鼓励类产业及优势产业的项目在投资总额内进口的自用设备,在政策规定范围内免征关税。

② 自2011年1月1日至2020年12月31日,对设在西部地区的鼓励类产业企业减按15%的税率征收企业所得税。

上述鼓励类产业企业是指以《西部地区鼓励类产业目录》中规定的产业项目为主营业务,且其主营业务收入占企业收入总额70%以上的企业。《西部地区鼓励类产业目录》另行发布。

③ 对西部地区2010年12月31日前新办的、根据《财政部国家税务总局海关总署关于西部大开发税收优惠政策问题的通知》(财税〔2001〕202号)第二条第三款规定可以享受企业所得税"两免三减半"优惠的交通、电力、水利、邮政、广播电视企业,其享受的企业所得税"两免三减半"优惠可以继续享受到期满为止。

企业同时从事适用不同企业所得税待遇的项目的,其优惠项目应当单独计算所得,并合理分摊企业的期间费用;没有单独计算的,不得享受企业所得税优惠。

归纳起来,企业所得税的税收优惠主要概括为税基优惠、税率优惠和税额优惠,主要涉及农业项目优惠,基础产业优惠,小型微利企业优惠,高新技术优惠,民族自治地方优惠,安置特殊人员就业优惠,环境保护、资源再利用优惠,股息、红利收入优惠,非营利组织的非营利收入优惠,企业研发费用优惠,创业投资优惠和自然灾害、突发事件优惠等。

五、企业所得税征收管理

(一) 纳税地点

《企业所得税法》结合我国具体情况,参照国际税收惯例,采用"登记注册地标准"和"实际管理机构所在地标准"相结合的方式来确定企业的纳税地点。

1. 居民企业的纳税地点

除税收法律、行政法规另有规定外,居民企业以企业登记注册地为纳税地点;但登记注册地在境外的,以实际管理机构所在地为纳税地点。

居民企业在中国境内设立不具有法人资格的营业机构的,应当汇总计算并缴纳企业所得税,企业汇总计算并缴纳企业所得税时,应当统一核算应纳税所得额,具体办法由国务院财政、税务主管部门另行制定。

2. 非居民企业的纳税地点

非居民企业在中国境内设立机构、场所的,其所设机构、场所取得来源于中国境内的所得,以及发生在中国境外但与其所设机构、场所有实际联系的所得缴纳企业所得税,以机构、场所所在地为纳税地点。

非居民企业在中国境内未设立机构、场所的,或虽设立机构、场所,但取得的所得与其所设机构、场所没有实际联系的所得,以扣缴义务人所在地为纳税地点。

(二)纳税期限

企业所得税按纳税年度计算,分月或者分季预缴,年终汇算清缴,多退少补。

企业所得税的纳税年度自公历1月1日起至12月31日止。企业在一个纳税年度中间开业,或者终止经营活动,使该纳税年度的实际经营期不足12个月的,应当以其实际经营期为一个纳税年度。企业依法清算时,应当以清算期间作为一个纳税年度。

企业应当自月份或者季度终了之日起15日内,向税务机关报送预缴企业所得税纳税申报表,预缴税款。企业应当自年度终了之日起5个月内,向税务机关报送年度企业所得税纳税申报表,并汇算清缴,结清应缴应退税款。

企业在年度中间终止经营活动的,应当自实际经营终止之日起60日内,向税务机关办理当期企业所得税汇算清缴。

(三)纳税申报

企业应当在办理注销登记前,就其清算所得向税务机关申报并依法缴纳企业所得税。

企业所得以人民币以外的货币计算的,预缴企业所得税时,应当按照月度或者季度最后1日的人民币汇率中间价,折合成人民币计算应纳税所得额。年度终了汇算清缴时,对已经按照月度或者季度预缴税款的,不再重新折合计算,只就该纳税年度内未缴纳企业所得税的部分,按照纳税年度最后1日的人民币汇率中间价,折合成人民币计算应纳税所得额。

经税务机关检查确认,企业少计或者多计前款规定的所得的,应当按照检查确认补税或者退税时的上个月最后1日的人民币汇率中间价,将少计或者多计的所得折合成人民币计算应纳税所得额,再计算应补缴或者应退的税款。

企业在纳税年度内无论盈利或者亏损,都应当依照《企业所得税法》规定的期限,向税务机关报送预缴企业所得税纳税申报表、年度企业所得税纳税申报表、财务会计报告和税务机关规定应当报送的其他有关资料。

第三节 个人所得税

一、个人所得税概述

(一)个人所得税概念

个人所得税是对个人取得的各项应税所得征收的一种税。作为征税对象的个人所得,在理论上有狭义和广义两种之分。狭义的个人所得,仅限于每年经常、反复发生的所得。广义的个人所得,是指个人在一定期间内,通过各种来源或方式所获得的一切利益,而不论这种利益是偶然的还是临时的,是货币、有价证券还是实物。目前,包括我国在内的世界各国所实行的个人所得税,其所设的概念大多以这种广义解释的概念为基础。

个人所得税最早产生于英国(1799年),目前世界上已有140多个国家开征了个人所得税。据统计,个人所得税占税收总收入的比重,在发达国家一般为25%~40%,个别发达国家达到40%以上;在发展中国家,一般不超过10%。

目前个人所得税为我国第五大税种。2016年个人所得税实现收入10 089亿元,占税收总收入的比重为7.7%[①],图5-2是我国自1999年以来个人所得税的增长情况,总的来说,个人所得税在我国是一个很有发展前途的税种。

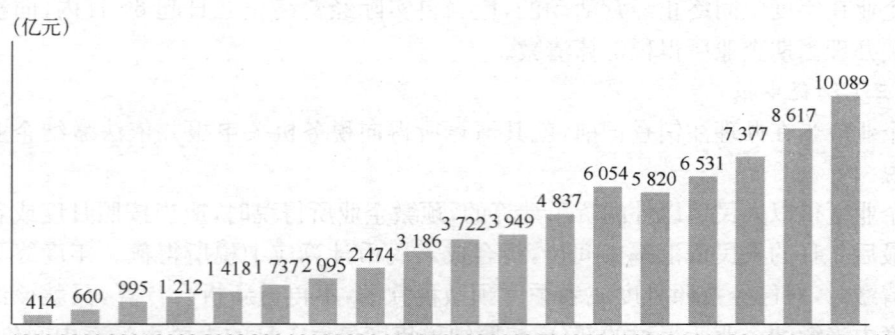

资料来源:各年中国统计年鉴并整理。

图5-2 1999~2016年我国个人所得税的增长情况

[①] 财政部.2016年中华人民共和国统计公报.

(二) 我国现行个人所得税的特点

我国现行个人所得税有以下几个特点:

1. 实行分类征收

世界各国的个人所得税制大体可分为三种类型:分类所得税制、综合所得税制和混合所得税制。这三种税制各有所长,各国可根据本国具体情况选择、运用。我国现行个人所得税采用的是分类所得税制,即将个人取得的各种所得划分为 11 类,分别适用不同的费用减除规定、不同的税率和不同的计税方法。实行分类课征制度,可以广泛采用源泉扣缴办法,加强源泉控管,简化纳税手续,方便征纳双方。同时,还可以对不同所得实行不同的征税方法,便于体现国家的政策。

2. 征收范围广

现行税法是将以前的三个相关的个人所得税法规进行合并调整,因此,其征税对象将中国公民、外籍人员和个体工商户纳入统一的个人所得税征收范围。现行税法引入"居民"概念,以居民为标志区分纳税人的纳税义务,进而明确了个人所得税的课税对象。

3. 累进税率与比例税率并用

其中,对工资、薪金所得,个体工商户生产、经营所得,对企事业单位的承包、承租经营所得,采用累进税率,实行量能负担。对劳务报酬、稿酬等其他各类所得,采用比例税率,实行等比负担。现行个人所得税以取得收入的个人为计算单位,对工资、薪金所得实行 7 级超额累进税率,对个体经营者,承包承租者的生产经营所得实行 5 级超额累进税率,对劳务报酬、稿酬等其他各类所得,实行 20% 的比例税率。

4. 实行定额和定率相结合,内外有别的费用扣除方法

目前,个人所得税对纳税人的各项所得,视情况不同分别采用定额扣除和定率扣除、内外有别的办法。如对本国居民取得的工资、薪金所得每月定额扣除 3 500 元,对外籍居民和非中国居民每月定额扣除 4 800 元;对其他所得统一采取定额扣除 800 元或定率 20% 扣除费用的办法。计算比较简单,符合税制简便原则。

5. 采取课源制和申报制两种征纳方法

我国个人所得税法规定,对纳税人的应纳税额分别采取由支付单位源泉扣缴和纳税人自行申报两种方法。凡是向个人支付应税所得的,均由扣缴义务人履行代扣代缴义务。对于没有扣缴义务人的,以及个人在两处以上取得工资、薪金所得的,由纳税人自行申报纳税。此外,对其他不便于扣缴税款的,也规定由纳税人自行申报纳税。

(三) 个人所得税的类型

理论上所得税通常被划分为以下三种类型。

1. 分类所得税型

个人分类所得税型又称个别所得税型,是指纳税人取得的所得按不同性质来源分类,对不同类型的所得规定不同税率课征的一种所得税制,这类所得税以"所得源泉说"为理论基础,认为政府课税的所得应局限于每年经常反复发生,具有源泉性质的所得。对于偶然所得或临时所得、资本利得、意外所得和一次性收入等,均不包括在所得之中,因此分类所得税一般限于有经常连续来源的所得课以不同税率的所得税,例如,对土地房屋课以不动产所得税;对工资薪金所得课以薪金报酬所得税;对银行储蓄所得课以存款利息所得税;等等。个人分类所得税的优点有两个:一是可以广泛采用源泉一次性课征,控制税源,防止税款流失,也减少了汇算清缴的麻烦;二是便于区分不同的所得规定不同的税率,如对劳动所得采用较低税率。个人分类所得税制的缺点主要着眼于有连续稳定收入来源的单项所得,是不能按纳税人的综合负担能力课税。

分类所得税制最早创始于英国,多数西方国家在建立所得税制之初也采用此种所得税制,但随着时间推移,除少数国家外,大多数已摒弃这类所得税制改行综合所得税制,我国目前仍使用这种分类所得税型。

2. 综合所得税型

综合所得税型又称一般所得税,是指综合纳税人一定期间内各种不同来源的所得,从其所得总额中减除各种费用扣除额、税收扣除额和各项政策宽免额后就其余额为应纳税所得额,按适用税率课税的一种所得税制。综合所得税制以"净资产增加论"为理论基础,认为政府课税的所得是指一定期间内的净资产增加额减去同一期间内的负债增加额后的余额,这一所得包括纳税人在此期间所获得的一切经济利益。综合所得税针对足以带来净资产增加的各种来源的收入进行综合课征,并往往采用累进税率形式。由于综合所得税征税面广,税基大,有利于增加国家财政收入,因而被认为能较好地体现税收量能负担、税收公平原则的税型。但由于综合所得由个人申报,汇总个人各种所得总额综合计征,征收手续较为复杂,并要求纳税义务人有较强的纳税意识,有健全的会计核算及税务机构,先进的征管制度,否则容易发生税收流失。个人综合所得税不利于区别个人各种类型所得及在税收上区别对待。

综合所得税型最早形成于19世纪中叶的德国普鲁士邦。美国是典型的并一直实行"综合所得税型"的国家,当今西方国家大多实行这种所得税制。目前综合所得税型已成为所得税课税制度的一个发展方向。

3. 分类综合所得税型

分类综合所得税型又称混合所得税型,是指对纳税人各类所得按照标准税率分别征收,然后再综合纳税人一定期间内的各种来源所得总额按适用税率综合计征。并就其某些类别所得已在源泉课征的纳税额给予全部或部分抵扣的一种所得税制。分类综合所得税制将分类所得税与综合所得税的优点兼收并蓄，便于对不同来源和性质的所得采用不同税率，有利于政府实现政策目标，也易于实行源泉扣缴，防止逃税漏税，而且全部所得项目最终又要合并申报，按累进税率综合课征，符合合理负担、税负公平的原则，因而分类综合所得税是一种适用性较强的所得税类型。其缺点就是计算征收较麻烦。日本是实行这种所得税课税制度的国家之一。

(四) 我国个人所得税制的演变

我国个人所得税制的演变，大致经历了20世纪50年代个人所得税的设置、80年代个人所得税的建立、90年代个人所得税制的完善、加入WTO前后的个人所得税制的进一步完善四个阶段。

1. 20世纪50年代个人所得税制的设置

中华人民共和国成立以后，在1949年11月底至12月初召开的首届全国税务会议上，确定了统一全国税收制度、税收政策的大政方针和拟出台的主要税法的基本方案，其中包括对个人某些所得（包括经营所得，工资、薪金所得和利息所得等）征税的方案。1950年1月30日，政务院发布了新中国税制建设的纲领性文件——《全国税政实施要则》，其中规定全国共设置14种税收。在这些税种中，涉及对个人所得征税的有"薪给报酬所得税"和"存款利息所得税"。这两个税种都是现行个人所得税的组成部分。前者是对个人工资、薪金劳务报酬所得征收，后者对在我国境内取得银行存款利息、公司债券利息、有价证券利息等利息所得征收。这两个税种终因征税范围小、人们收入水平普遍较低、对外经济交往十分有限而没有有效开征。

2. 20世纪80年代个人所得税制建立

我国的个人所得税法，诞生于1980年。为了维护中国的合法税收权益，本着遵从国际惯例，1980年9月10日，第五届全国人民代表大会第三次会议通过了《中华人民共和国个人所得税法》。这是新中国成立以后制定的第一部个人所得税法，至此，一个比较完整的个人所得税制度方始在中国建立。同年12月14日，经国务院批准，财政部公布了个人所得税实施细则。该法律、法规体现了适当调节个人收入、贯彻公平税负、实施合理负担原则，并采取分项的征收制，具有税率低、扣除额宽、征收面小、计算简便等特点。对在中国境内居住的个人所得和不在中国境内居住的个人而从中国取得所得都要征税。为了适应个体工商业户迅速发展的情况，有效地调节社会成员收入水平的差距，1986年，国务院发布了《中华人民共和国城乡个体工商业户所得税暂行条例》和《中华人民共和国个人收入调节税暂行条例》，该规定仅适用于本国居民，而个人所得税法适用于从中国取得个人所得的外籍人员和其他个人。这样,就形成了对内对外两套个人所得税制度。这些法律、法规在运行过程中,在缓解社会分配不公、增加财政收入等方面发挥了积极作用。但是,随着形势的发展,这些税收法律、法规逐渐暴露出一些矛盾和问题。

3. 20世纪90年代按国际惯例改革个人所得税制

20世纪80年代个人所得税制的建立,虽然顺应了当时改革和开放的客观需要,但随着社会主义市场经济体制的建立,内外有别的个人所得税征税制度不符合公平税负的治税思想,为了有利于形成合理的收入分配机制,我国于1993年底对个人所得税实行了全面的改革。将80年代开征的个人所得税、城乡个体工商业户所得税、个人收入调节税"三税合一"于个人所得税内,并于1994年1月1日起实行。个人所得税实行超额累进税率和比例税率相结合的分类所得税制,定额与定率相结合的法定费用扣除办法,征税范围为税法列举的11项所得,实行源泉扣缴与个人申报相结合的征管办法。

4. 加入WTO前后的个人所得税制的进一步完善

加入WTO前后,随着我国国际、国内经济形势的不断发展,我国个人所得税又历经多次修订。

(1) 涉及中央与地方财权方面调整

2002年1月1日,个人所得税收入实行中央与地方按比例分享。除储蓄存款利息所得的个人所得税外,2002年所得税收入中央分享50%、地方分享50%;2003年起个人所得税收入基本按中央分享60%、地方分享40%处理。

(2) 涉及税种变化方面的调整

按照《关于个人独资企业和合伙企业投资者征收个人所得税的规定》及实施细则的有关内容,从2001年1月1日起,个人独资企业和合伙企业的生产经营所得,比照个人所得税法的"个体工商户的生产经营所得"应税项目,适用5%～35%的五级超额累进税率计算征收个人所得税。

(3) 涉及个税具体税目征免的调整

储蓄存款免征个人所得税。1999年8月30日,第九届全国人大常务委员会第十一次会议通过了《关于修改〈中华人民共和国个人所得税法〉的决定》,开征了个人储蓄存款利息所得税;适用20%的比例税率。2007年,为了减少因物价指数上涨对居民储蓄存款利息收益的影响,降低广大中低收入储户的税负,国务院做出了2007年8月15日以后(含8月15日)滋生的利息减按5%征收个人所得税的决定。针对2008年下半年起,我国社会经济面临的新情况,为符合国家宏观调控的需要,有利于增加个人储蓄存款收益,国务院决定自2008年10月9日起,对储蓄存款利息所得(包括人民币、外币储蓄利息所得)暂免征收个人所得税。

个人股息红利所得减征个人所得税。为促进资本市场发展,2005年6月13日财政部、国家税务总局发布了《关于股息红利个人所得税有关政策的通知》,对个人投资者从上市公司取得的股息红利所得,暂减按50%计入个人应纳税所得额,依照现行税法规定计征个人所得税。

对工资、薪金收入提高免征额。2005年10月27日第十届全国人大常委会第十八次会议上通过了全国人大常委会关于修改《个人所得税法》的决定,自2006年1月1日起,将工资、薪金费用扣除额从800元提高到1600元,全国实行统一的费用扣除额标准。2007年12月29日,中华人民共和国第十届全国人民代表大会常务委员会第三十一次会议上,对《个人所得税法》做第5次修改。规定自2008年3月1日起,工资、薪金所得,以每月收入额减除费用2000元后的余额,为应纳税所得额。

针对2008年下半年起,由于国际金融危机的影响,国家为了配合宏观调控的需要,国务院决定自2008年10月9日起,对储蓄存款利息所得(包括人民币、外币储蓄利息所得)暂免征收个人所得税。

2011年6月30日,第十一届全国人大常委会第二十一次会议表决通过全国人民代表大会常务委员会关于修改《个人所得税法》的决定,将工薪所得减除费用标准由每月2000元提高至3500元,将工薪所得税率结构由9级超额累进税率修改为7级,并将第一级税率由5%降至3%,并决定自2011年9月1日起施行。

二、纳税人、征税范围和税率

(一)纳税人

个人所得税的纳税人是指在税法上负有纳税义务的个人,包括自然人个人以及从事生产经营但不具有法人资格的个体工商户、独资合伙企业。具体包括:在中国境内有住所;或者无住所而在境内居住满1年的个人;以及在中国境内无住所又不居住或者无住所而在境内居住不满1年的个人,但有来源于中国境内所得的个人(以下简称纳税人)。

世界各国的个人所得税,都是按照属地主义和属人主义两种原则确定税收管辖权。按照属地主义税收管辖权(收入来源税收管辖权),凡来源于本国的所得均要纳税;按照属人主义税收管辖权(居住国税收管辖权),凡本国公民(居民)对其来源于国内外所得均要征税。参照国际通行的做法,我国的个人所得税的纳税人,也是按照属地主义和属人主义双重税收管辖权来确定,既包括我国境内有所得的公民(居民),也包括从我国境内取得所得的非居民。

对于居民与非居民划分的标准,国际上有两种做法:一是法律标准。即凡本国公民和有居留证明的外国侨民,都属于本国居民;其余则为非居民。二是户籍标准。即凡在本国有住所,居住达到一定时间的个人,包括本国居民和外国人,均为本国居民；没有达到居住时间的为非居民。对居住时间的规定，各个国家不尽一致，有的国家规定为半年，也有的国家规定为1年。

我国根据世界上多数国家的做法，采用了按住所和居住年限确定居民的原则，居住时间规定为1年。即凡是在中国境内有住所，或者无住所而在境内居住满1年的个人，均为我国居民纳税人。在中国境内无住所又不居住或者无住所而在境内居住不满1年的个人为非居民纳税人。纳税人的具体规定如下：

1. 居民纳税人

税法规定，在中国境内有住所，或者无住所而在境内居住满1年的个人均为我国居民。从这个规定可以看出居民包括两种人：一是在中国境内有住所的人，即因户籍、家庭、经济利益关系而在中国境内习惯性居住的个人。对居民的确定，加上"住所"的条件，可以因公或其他原因到境外工作的人员纳入征税范围，堵塞了征税漏洞，也符合国际惯例。二是在中国境内无住所而在境内居住满1年的个人。所谓满1年，是指一个纳税年度内（公历每年1月1日起至12月31日）在我国境内居住满365日的个人。如果一个纳税年度内，在我国居住不满365日，则不是居民。此外，税法还规定，在纳税年度内临时离境，不扣减日数。所谓临时离境，是指在一个纳税年度中一次不超过30日或多次累计不超过90日的离境。

对于我国居民，就其来源于我国境内和境外的所得征收个人所得税。

为了有利于发展对外经济合作，贯彻从宽从简的原则，我国的个人所得税对居民的境外所得征税时，作了从宽的规定：在中国境内无住所，但是居住1年以上5年以下的个人，其来源于中国境外的所得，经主管税务机关批准，可以只就由中国境内公司、企业以及其他经济组织或者个人支付的部分缴纳个人所得税；在我国境内居住满5年，从第6年起，就其在我国境内、境外取得的全部所得征收个人所得税。

现行税法中关于"中国境内"，是指中国大陆地区，目前还不包括香港、澳门和台湾地区。

2. 非居民纳税人

在我国境内无住所又不居住或者无住所而在境内居住不满1年的个人，则是非居民，只就从我国境内取得的所得征收个人所得税。所谓我国境内取得的所得，是从所得来源的角度来说的，是指该项所得来源于我国境内，即在我国境内工作或提供劳务取得的所得，而不论其支付地点是否在我国境内。

非居民纳税人负有限的纳税义务，即只就其从中国境内取得的所得在中国缴纳个人所得税。

本着从宽从简的原则，税法对特殊情况作了优惠的规定，即在中国境内无住所并在一个纳税年度中在中国境内连续或累计居住不超过90日或183日（协议国之间)的个人,其来源于中国境内提供劳务取得的所得,由境外雇主支付并且不由该雇主在中国境内营业机构、场所负担的部分,免于征税。在中国境内连续或累计居住超过90日或183日(协议国之间)的个人,其实际在中国境内工作期间取得的由中国境内企业和个人雇主支付的和有境外雇主支付的工资、薪金等所得,均应缴纳个人所得税。

（二）征税对象

个人所得税以纳税人取得的个人所得为征税对象。由于个人所得的范围很广,在征税时,必须明确规定征税的所得项目。根据在我国取得收入的实际情况,税法列举了应纳税所得的项目。征收个人所得税,要从纳税人的收入总额中扣除一些必要的费用,这是征收个人所得税的一般原则,也是世界各国的通行做法。

具体的应税所得项目有：

1. 工资、薪金所得

工资、薪金所得,是指个人因任职或受雇而取得的工资、薪金、奖金、年终加薪、劳动分红、津贴、补贴以及其他与任职、受雇有关的所得。其中,年终加薪、劳动分红不分种类和取得情况,一律按工资、薪金所得课税;对津贴、补贴等则有例外。下列项目不予征税：

（1）独生子女补贴；

（2）执行公务员工资制度未纳入基本工资总额的补贴、津贴差额和家属成员的副食品补贴；

（3）托儿补助费；

（4）差旅费津贴、误餐补助。

其中,误餐补助是指按照财政部规定,个人因公在城区、郊区工作,不能在工作单位或返回就餐的,根据实际误餐顿数,按规定的标准领取的误餐费。单位以误餐补助名义发给职工的补助、津贴不能包括在内。

2. 个体工商户的生产、经营所得

个体工商户的生产、经营所得,是指：个体工商户或个人从事工业、手工业、建筑业、交通运输业、商业、饮食业、服务业、修理业及其他行业生产、经营取得的所得；个人经政府有关部门批准从事的办学、医疗、咨询以及其他盈利行业取得的所得；其他个人从事个体工商业生产、经营取得的所得；上述个体工商业户和个人取得的与生产、经营有关的各项应纳税所得。

3. 对企事业单位的承包经营、承租经营所得

对企事业单位的承包经营、承租经营所得,是指个人承包经营或承租经营,以及转包、转租取得的所得。上述所得包括纳税人按月或按次领取的工资、薪金性质的所得。

4. 劳务报酬所得

劳务报酬所得,是指个人从事设计、装潢、安装、制图、化验、测试、医疗、法律、会计、咨询、讲学、新闻、广播、翻译、审稿、书画、雕刻、影视、录音、录像、各种演出与表演、广告、展览、技术服务、介绍服务、经纪服务、代办服务以及其他劳务取得的所得。

5. 稿酬所得

稿酬所得,是指个人的作品被以图书、报刊方式出版、发表取得的所得。这里所说作品,包括文字、书画、摄影、乐谱等能以图书、报刊方式出版、发表的作品。作者去世后,财产继承人取得的遗作稿酬,也应按稿酬所得项目计税。

6. 特许权使用费所得

特许权使用费所得,是指个人提供专利权、著作权、商标、非专利技术以及其他特许权利的使用权取得的所得。以上所说的提供著作权的所得,不包括稿酬所得。作者将自己的文字作品手稿原件或复印件公开拍卖(竞价)取得的所得,应按特许权使用费所得项目计税。

7. 利息、股息、红利所得

利息、股息、红利所得,是指个人拥有债权、股权而取得的利息、股息、红利所得。利息是指个人拥有债权而取得的利息,包括存款利息、贷款利息和各种债券的利息。股息、红利是指个人拥有股权取得的股息、红利。按照一定的比率对每股发给的息金,叫股息;根据公司、企业应分配的利润,按股份分配的叫红利。

8. 财产租赁所得

财产租赁所得,是指个人出租建筑物、土地使用权、机器设备、车船以及其他财产取得的所得。

9. 财产转让所得

财产转让所得,是指个人转让有价证券、股权、建筑物、土地使用权、机器设备、车船以及其他财产取得的所得。对股票转让所得征收个人所得税的办法,由财政部另行规定,报国务院批准施行。

10. 偶然所得

偶然所得,是指个人得奖、中奖、中彩以及其他偶然性质的所得。其中,得奖是指参加各种有奖竞赛活动,取得名次获得的奖金;中奖、中彩是指参加各种有奖活动,如有奖销售、有奖储蓄或购买彩票,经过规定程序,抽中、摇中号码而取得的奖金。

11. 经国务院、财政部另行确定的其他所得

上述 11 项个人应税所得是根据所得的不同性质划分的。除了 11 项个人应税所得外,对于今后可能出现的需要征税的新项目,以及纳税人取得的所得,难以界

定应纳税所得项目的,由主管税务机构确定。

纳税人取得的应纳税所得,包括现金、实物和有价证券。实物应按取得时的凭证价格,无凭证的实物由税务机关参照当地的市场价格核定应纳税所得额,有价证券由主管税务机关按票面价格和市场价格核定应纳税所得额。

(三) 税率

现行税法规定,个人所得税实行分项定率、分项扣除、分项征收的模式。

(1) 工资、薪金所得,采用七级超额累进税率,税率为3%~45%,见表5-4。

表5-4　　　　　　　　　个人所得税税率表

级　数	全月应纳税所得额	税率(%)	速算扣除数(元)
1	不超过1 500元的	3	0
2	超过1 500~4 500元的部分	10	105
3	超过4 500~9 000元的部分	20	555
4	超过9 000~35 000元的部分	25	1 005
5	超过35 000~55 000元的部分	30	2 755
6	超过55 000~80 000元的部分	35	5 505
7	超过80 000元的部分	45	13 505

(2) 个体工商户的生产、经营所得,企事业单位的承包、承租经营所得,独资、合伙企业适用五级超额累进税率,税率为5%~35%,见表5-5。

表5-5　　　　　　　　　个人所得税税率表

级　数	全年应纳税所得额	税率(%)	速算扣除数(元)
1	不超过15 000元的	5	0
2	超过15 000~30 000元的部分	10	750
3	超过30 000~60 000元的部分	20	3 750
4	超过60 000~100 000元的部分	30	9 750
5	超过100 000元的部分	35	14 750

(3) 劳务报酬所得适用比例税率,税率为20%。对一次性劳务报酬畸高的,加成征收,即个人取得劳务报酬收入的应纳税所得额一次超过2万元至5万元的部分,税率为30%,即加五成征收;超过5万元的,税率为40%,即加十成征收。劳务报酬所得适用的速算扣除数,见表5-6。

表 5-6　　　　　　　　　劳务报酬所得适用比例税率

级　数	每次应纳税所得额	税率(%)	速算扣除数(元)
1	不超过 20 000 元的部分	20	0
2	超过 20 000～50 000 元的部分	30	2 000
3	超过 50 000 元的部分	40	7 000

(4) 稿酬所得适用 20% 的比例税率,并按应纳税额减征 30%。

(5) 特许权使用费所得、利息、股息、红利所得、财产转让所得、偶尔所得和其他所得,适用 20% 的比例税率。

(四) 所得来源地的认定

必须明确,个人所得的来源地和支付地点是不同的概念,两者有时一致,有时不一致。有些个人所得,虽然来源于我国,却不一定都在我国境内支付。例如在我国境内工作的外籍人员,其工资、薪金所得,可能由某雇主在本国支付。因此,只要来源于我国境内的所得,不论其支付地点是在我国境内还是在境外,我国对此均有权征税。具体规定如下:

(1) 对各项应税所得来源地的认定原则如下:

① 工资薪金所得和劳务报酬所得,以个人提供劳务活动的地点为所得来源地。

② 个体工商户的生产、经营所得,以其实际生产、经营地为所得来源地。

③ 稿酬所得,以稿酬的支付地为所得来源地。

④ 特许权使用费所得,以该项特许权的使用地为所得来源地。

⑤ 利息、股息、红利所得,以使用资金并支付利息或者分配股息、红利的公司、企业以及其他经济组织或个人的所在地为所得来源地。

⑥ 财产租赁所得,以被租赁财产的使用地为所得来源地。

⑦ 财产转让所得,以被转让不动产的坐落地或者转让动产的转让地为所得来源地。

⑧ 偶然所得,以所得的产生地为所得来源地。

(2) 下列所得,不论支付地点是否在中国境内,均为来源于中国境内的所得:

① 因任职、受雇、履约等而在中国境内提供劳务取得的所得。

② 在中国境内从事生产、经营而取得的生产、经营所得。

③ 将财产出租给承租人在中国境内使用而取得的所得。

④ 转让中国境内的建筑物、土地使用权等不动产或者在中国境内转让其他财产取得的所得。

⑤ 许可各种特许权在中国境内使用而取得的所得。

⑥ 从中国境内的公司、企业以及其他经济组织或者个人取得的利息、股息、红利所得。

⑦ 在中国境内参加各种竞赛活动取得所得以及参加有奖活动、购买彩票等中奖所得。

三、个人所得税应纳税额的计算

（一）计税依据

个人所得税以应纳税所得额为计税依据。应纳税所得额是指纳税人的收入总额扣除税法规定的扣除项目和扣除金额后的余额。税法规定的扣除项目和扣除金额是指为取得收入所支出的必要成本或费用。这也符合国际通行做法。但由于各国具体情况不一致，其扣除费用、扣除项目和扣除方法也不尽一致。

1. 费用减除标准

我国现行的个人所得税采用分项确定、分类扣除，根据所得的不同情况分别实行定额、定率和会计核算三种扣除办法。

（1）工资薪金所得实行定额扣除的办法。工资薪金所得以每月收入减除费用3 500元之后的余额为应纳税所得额。除了每月减除费用3 500元之外，有一部分人员可再减除附加减除费用1 300元，这部分人员主要有四类：在中国境内外商投资企业或外国企业工作的外籍人员；在中国境内的企业工作的外籍专家，在境外工作而在境内有住所的中国居民；华侨和香港、澳门和台湾同胞。

对特定行业职工的工资、薪金所得的费用扣除问题。为照顾采掘业、远洋运输业、远洋捕捞业因季节、产量等因素的影响，职工的工资、薪金收入呈较大幅度波动的实际情况，现行税法及其实施条例规定，这三大特定行业的职工取得的工资、薪金所得应纳的税款，可以实行按年计算，分月预缴的方式计征。年度终了后30日内，合计其全年收入的工资、薪金所得，再按12个月平均并计算实际应纳的税款，多退少补。

（2）个体工商户的生产、经营所得实行会计核算扣除的办法。个体工商户的生产、经营所得以每一纳税年度的收入总额，减除成本、费用以及损失后的余额为应纳税所得额。个体工商户借款的利息支出，凡有合法证明的，不高于按金融机构同类、同期贷款利率计算的数额的部分，准予扣除。个人独资企业的投资者以全部生产经营所得为应纳税所得额；合伙企业的投资者按照合伙企业的全部生产经营所得和合伙协议约定的分配比例，确定应纳税所得额，合伙协议没有约定分配比例的，以全部生产经营所得和合伙人数量平均计算每个投资者的应纳税所得额。

(3) 企事业单位的承包经营、承租经营所得实行会计核算扣除或定额扣除的办法。企事业单位的承包经营、承租经营所得以每一纳税年度的收入总额，减除必要费用后的余额为应纳税所得额；以每一纳税年度的收入总额，是指纳税义务人按照承包经营、承租经营合同规定分得的经营利润和工资、薪金性质的所得；所说的减除必要费用是指按月减除 3 500 元。

(4) 劳务报酬所得、稿酬所得、特许使用费所得、财产租赁所得实行定额扣除或实行按比例扣除的办法。劳务报酬所得、稿酬所得、特许使用费所得、财产租赁所得每次收入不超过 4 000 元的，减除费用 800 元，每次收入 4 000 元以上的，减除 20% 的费用，其余额为应纳税所得额。

(5) 财产转让所得实行定额扣除办法。财产转让所得以转让财产的收入额减除财产原值和合理费用后的余额为应纳税所得额，此项财产原值是指：有价证券买入时按规定缴纳的有关费用；房屋的购进价格以及其他有关费用；为取得土地使用权所支付的金额，开发土地的费用以及其他有关费用；机器设备、车船为购进价、运输费、安装费以及其他有关费用；其他财产参照上述方法确定。纳税人未提供完整准确的财产原值凭证，不能准确计算财产原值的，由主管税务机关核定其财产原值。合理费用是指卖出财产时按照规定支付的有关费用。

(6) 利息、股息红利所得、偶然所得和其他所得以每次收入额为应纳税所得额，不得有任何扣除。

(7) 个人将其所得通过中国境内的社会团体、国家机关向教育和其他社会公益事业以及遭受严重自然灾害地区、贫困地区捐赠，捐赠额未超过纳税义务人申报的应纳税所得额 30% 的部分可以从其应纳税所得额中扣除；个人通过非营利的社会团体和国家机关向红十字事业、公益性青少年活动场所、农村义务教育的捐赠，准予在缴纳个人所得税前的所得额中全部扣除。个人对非关联的科研机构和高等学校研究开发新产品、新技术、新工艺所发生的研究开发经费的资助，可以全额在下月（工资、薪金所得）或下次（按次计征的所得）或当年（按年计征的所得）计征个人所得税时，从应纳税所得额中扣除，不足抵扣的，不得结转抵扣。

2. 收入的认定标准

(1) 个人取得的应纳税所得，包括现金、实物和有价证券，所得为实物的，应当按照取得的凭证上注明的价格计算，无凭证的实物或者凭证上注明的价格偏低的，由主管税务机关参照当地的市场价格核定，所得为有价证券的由主管税务机关根据票面价格和市场价格核定。

(2) 两个或两个以上的个人共同取得同一项目收入的，应当对每个人取得的收入分别按照税法规定减除的费用后，按"先分、后扣、再税"的办法计算纳税。

(3) 在中国境内有住所，或者无住所而在境内居住满 1 年的个人，从中国境内和境外取得的所得,应当分别计算应纳税额。

(4) 对纳税义务人取得的劳务报酬所得,稿酬所得,特许权使用费所得,利息、股息、红利所得,财产租赁所得,偶然所得和其他所得7项所得,都是明确按次为计税依据计算应纳税额的。具体是:

① 劳务报酬所得,根据不同劳务项目的特点,分别规定为:只有一次性收入的,以取得该项收入为一次。例如从事设计、制图、测试等劳务,往往是接受客户的委托,按照客户的要求,完成一次劳务后取得收入。而属于同一事项连续取得收入的,以一个月内取得的收入为一次。例如,某琴手与一宾馆签约,在2009年一年内每天到该宾馆弹琴一次,每次演出后付酬180元。在计算其劳务报酬所得时,应视为同一事项的连续性收入,以其一个月内取得的收入为一次计征个人所得税,而不能以每天取得的收入为一次。

② 稿酬所得,以每次出版、发表取得的收入为一次。具体来说:同一作品再版取得的所得,应视作另一次稿酬所得计征个人所得税;同一作品先在报刊上连载,然后再出版,或先出版,再在报刊上连载的,应视为两次稿酬所得征税,即连载作为一次,出版为另一次;同一作品在报刊上连载取得收入的,以连载完成后取得所有收入合并为一次,计征个人所得税;同一作品在出版和发表时,以预付稿酬或分次支付稿酬等形式取得的稿酬收入,应合并计算为一次;同一作品出版、发表后,因添加印数而追加稿酬的,应与以前出版、发表时取得的稿酬合并计算为一次,计征个人所得税。

③ 特许权使用费所得,以某项使用权的一次转让所取得的收入为一次。一个纳税义务人,可能不仅拥有一项特许权利,每一项特许权的使用权也可能不止一次地向他人提供。因此,对特许权使用费所得的"次"的界定,明确为每一项使用权的每次转让所取得的收入为一次。如果该次转让取得的收入是分笔支付的,则应将各笔收入相加为一次的收入,计征个人所得税。

④ 财产租赁所得,以一个月内取得的收入为一次;利息、股息、红利所得,以支付利息、股息、红利时取得的收入为一次;偶然所得,以每次收入为一次;其他所得,以每次收入为一次。

(二) 应纳税额的计算

个人所得税的计算是在准确计算应纳税所得额的基础上进行的,由于个人所得税采取累进税率和比例税率两种税率形式,因此,不同税率适用的所得,在计算方法上是不同的。

1. 工资、薪金所得的计税方法

工资、薪金所得适用九级超额累进税率,按每月收入定额扣除3 500元或4 800元,就其余额作为应纳税所得额,按适用税率计算应纳税额。其计算公式为:

应纳税所得额 = 月工资、薪金收入 − 3 500(或 4 800) 元

应纳税额 = 应纳税所得额 × 适用税率 − 速算扣除数

[例 5 - 12] 某公司职员李静 2017 年 6 月份工资 7 600 元,该职工不适用附加减除费用标准,则李静当月应纳个人所得税为多少?

解：月应纳税所得额 = 7 600 − 3 500 = 4 100(元)

月应纳税额 = 4 100 × 10% − 105 = 305(元)

[例 5 - 13] 某外籍个人 2017 年 4 月份被派到中国境内一合资企业任技术顾问。2017 年 9~11 月,被调回国外所在公司履行职务,合资企业每月仍支付其工资 1 万元,所在公司每月支付其工资 3 万元。2017 年 12 月份,该个人又回到合资企业。则 2017 年 9~11 月其应纳个人所得税为多少?

解：月应纳税所得额 = 10 000 − 4 800 = 5 200(元)

月应纳税额 = 5 200 × 20% − 555 = 485(元)

9~11 月应纳个人所得税 = 485 × 3 = 1 455(元)

即：该外籍个人 2011 年 9~11 月应纳个人所得税 1 455 元。

2. 个体工商户生产经营所得的计税方法

个体工商户生产经营所得应纳税额的计算公式为：

应纳税额 = 应纳税所得额 × 适用税率 − 速算扣除数

$$= \left(\begin{matrix}全年收\\入总额\end{matrix} - \begin{matrix}成本、费\\用和损失\end{matrix}\right) \times \begin{matrix}适用\\税率\end{matrix} - \begin{matrix}速算\\扣除数\end{matrix}$$

$$\begin{matrix}本月应\\预缴税额\end{matrix} = \begin{matrix}本月累计\\纳税所得额\end{matrix} \times \begin{matrix}适用\\税率\end{matrix} - \begin{matrix}速算\\扣除数\end{matrix} - \begin{matrix}上月累计\\已预缴税额\end{matrix}$$

全年应纳税额 = 全年应纳税所得额 × 适用税率 − 速算扣除数

汇算清缴税额 = 全年应纳税额 − 全年累计已预缴税额

这里需要指出的是：

(1) 2011 年 9 月 1 日对个体工商户个人所得税计算征收的有关规定

① 自 2011 年 9 月 1 日起,个体工商户业主的费用扣除标准统一确定为 42 000 元/年,即 3 500 元/月。

② 个体工商户向其从业人员实际支付的合理的工资、薪金支出,允许在税前据实扣除。

③ 个体工商户拨缴的工会经费、发生的职工福利费、职工教育经费支出分别在工资薪金总额 2%、14%、2.5% 的标准内据实扣除。

④ 个体工商户每一纳税年度发生的广告费和业务宣传费用不超过当年销售(营业)收入 15% 的部分,可据实扣除;超过部分,准予在以后纳税年度结转扣除。

⑤ 个体工商户每一纳税年度发生的与其生产经营业务直接相关的业务招待费支出,按照发生额的 60% 扣除,但最高不得超过当年销售(营业)收入的 5‰。

⑥ 个体工商户在生产、经营期间借款利息支出,凡有合法证明的,不高于按金融机构同类、同期贷款利率计算的数额的部分,准予扣除。

⑦ 个体工商户或个人专营种植业、养殖业、饲养业、捕捞业,应对其所得计征个人所得税。兼营上述四业并且四业的所得单独核算的,对属于征收个人所得税的,应与其他行业的生产经营所得合并计征个人所得税;对于四业的所得不能单独核算的,应就其全部所得计征个人所得税。

⑧ 个体工商户和从事生产、经营的个人,取得与生产、经营活动无关的各项应税所得,应分别适用各应税项目的规定计算征收个人所得税。

[例 5-14] 某小型运输公司系个体工商户,账证比较健全,2016 年 12 月取得营业额为 240 000 元,准许扣除的当月成本、费用及相关税金共计为 180 800 元。1~11 月累计应纳税所得额为 88 400 元,1~11 月累计已预缴个人所得税为 16 770 元。计算该个体工商户 2016 年度应补缴的个人所得税。

按照税收法律、法规和文件规定,先计算全年应纳税所得额,再计算全年应纳税额。该个体工商户 2013 年度应补缴的个人所得税计算方法如下:

$$\text{本月应预缴税额} = \text{本月累计应纳税所得额} \times \text{适用税率} - \text{速算扣除数} - \text{上月累计已预缴税额}$$

全年应纳税所得额 = 240 000 - 180 800 + 88 400 = 147 600(元)

全年应缴纳个人所得税 = 147 600 × 35% - 14 750 = 36 910(元)

该个体工商户 2011 年度应补缴的个人所得税 = 36 910 - 16 770 = 20 140(元)

(2) 个人独资企业和合伙企业应纳个人所得税的计算

对个人独资企业和合伙企业生产经营所得,其个人所得税应纳税额的计算有以下两种方法:

第一种:查账征税。

① 自 2011 年 9 月 1 日起,个人独资企业和合伙企业投资者的生产经营所得依法计征个人所得税时,个人独资企业和合伙企业投资者本人的费用扣除标准统一确定为 42 000 元/年,即 3 500 元/月。投资者的工资不得在税前扣除。

② 投资者及其家庭发生的生活费用不允许在税前扣除。投资者及其家庭发生的生活费用与企业生产经营费用混合在一起,并且难以划分的,全部视为投资者个人及其家庭发生的生活费用,不允许在税前扣除。

③ 企业生产经营和投资者及其家庭生活共用的固定资产,难以划分的,由主管税务机关根据企业的生产经营类型、规模等具体情况,核定准予在税前扣除的折旧费用的数额或比例。

④ 企业向其从业人员实际支付的合理的工资、薪金支出,允许在税前据实扣除。

⑤ 企业拨缴的工会经费、发生的职工福利费、职工教育经费支出分别在工资薪金总额2%、14%、2.5%的标准内据实扣除。

⑥ 每一纳税年度发生的广告费和业务宣传费用不超过当年销售(营业)收入15%的部分,可据实扣除;超过部分,准予在以后纳税年度结转扣除。

⑦ 每一纳税年度发生的与其生产经营业务直接相关的业务招待费支出,按照发生额的60%扣除,但最高不得超过当年销售(营业)收入的5‰。

⑧ 企业计提的各种准备金不得扣除。

⑨ 投资者兴办两个或两个以上企业,并且企业性质全部是独资的,年度终了后,汇算清缴时,应纳税款的计算按以下方法进行:汇总其投资兴办的所有企业的经营所得作为应纳税所得额,以此确定适用税率,计算出全年经营所得的应纳税额,再根据每个企业的经营所得占所有企业经营所得的比例,分别计算出每个企业的应纳税额和应补缴税额。计算公式如下:

第一步:

$$应纳税所得额 = \sum 各个企业的经营所得$$

第二步:

$$应纳税额 = 应纳税所得额 \times 税率 - 速算扣除数$$

第三步:

$$本企业应纳税额 = 应纳税额 \times 本企业的经营所得 \div \sum 各个企业的经营所得$$

第四步:

$$本企业应补缴的税额 = 本企业应纳税额 - 本企业预缴的税额$$

第二种:核定征收。

核定征收方式,包括定额征收、核定应税所得率征收以及其他合理的征收方式。

实行核定应税所得率征收方式的,应纳所得税额的计算公式如下:

第一步:

$$应纳所得税额 = 应纳税所得额 \times 适用税率$$

第二步:

$$应纳税所得额 = 收入总额 \times 应税所得率$$

或

$$= 成本费用支出额 \div (1 - 应税所得率) \times 应税所得率$$

应税所得率应按表5-7规定的标准执行。

表 5-7　　　　　　　　　　个人所得税应税所得率表

行　业	应税所得率(%)
工业、交通运输业、商业	5~20
建筑业、房地产开发业	7~20
饮食服务业	7~25
娱乐业	20~40
其他行业	10~30

企业经营多业的,无论其经营项目是否单独核算,均应根据其主营项目确定其适用的应税所得率。

实行核定征税的投资者,不能享受个人所得税的优惠政策。

实行查账征税方式的个人独资企业和合伙企业改为核定征税方式后,在查账征税方式下认定的年度经营亏损未弥补完的部分,不得再继续弥补。

3. 对企事业单位的承包、承租经营所得计税方法

对企事业单位的承包、承租经营所得,其个人所得税应纳税额的计算公式为:

$$应纳税额 = 应纳税所得额 \times 适用税率 - 速算扣除数$$

$$= \left(\begin{array}{c}纳税年度\\收入总额\end{array} - \begin{array}{c}必要\\费用\end{array}\right) \times \begin{array}{c}适用\\税率\end{array} - \begin{array}{c}速算\\扣除数\end{array}$$

[例 5-15]　范某 2013 年承包某商店,承包期限 1 年,取得承包经营所得 57 000 元。此外,范某还按月从商店领取工资,每月 5 000 元。计算范某全年应缴纳的个人所得税。

解:

① 全年应纳税所得额 =(57 000 + 12 × 5 000) - 12 × 3 500 = 75 000(元)

② 全年应缴纳个人所得税 = 75 000 × 30% - 9 750 = 16 500(元)

4. 劳务报酬所得的计税方法

(1) 应纳税所得额

① 费用扣除。每次收入不超过 4 000 元的,定额减除费用 800 元;每次收入在 4 000 元以上的,定率减除 20% 的费用。

② 次的规定。属于一次性收入的,以取得该项收入为一次,按次确定应纳所得额;属于同一项目连续性收入的,以一个月内取得的收入为一次,据以确定应纳税所得额。

此外,获得劳务报酬所得的纳税人从其收入中支付给中介人和相关人员的报酬,除另有规定者外,在定率扣除 20% 的费用后,一律不再扣除。

(2) 应纳税额计算

劳务报酬所得适用 20% 的比例税率；但是，对劳务报酬所得一次收入畸高的，可实行加成征收。其具体办法是：个人一次取得劳务报酬，其应纳税所得额超过 20 000 元的，为畸高收入；对应纳税所得额超过 20 000 元至 50 000 元的部分，依照税法规定计算应纳税额后再按照应纳税额加征五成；超过 50 000 元的部分加征十成。其计算公式为：

第一种情况：

每次收入不超过 4 000 元的：

$$应纳税额 = 应纳税所得额 \times 适用税率$$
$$= (每次收入额 - 800) \times 20\%$$

第二种情况：

每次收入在 4 000 元以上的：

$$应纳税额 = 应纳税所得额 \times 适用税率$$
$$= 每次收入额 \times (1 - 20\%) \times 20\%$$

若每次收入的应纳税所得额超过 20 000 元的：

$$应纳税额 = 应纳税所得额 \times 适用税率 - 速算扣除数$$
$$= 每次收入额 \times (1 - 20\%) \times 适用税率 - 速算扣除数$$

[例 5 - 16] 赵某于 2013 年 10 月外出参加营业性演出，一次取得劳务报酬 60 000 元。计算其应缴纳的个人所得税(不考虑其他税费)。

解：

该纳税人一次演出取得的应纳税所得额超过 20 000 元，按税法规定应实行加成征税。

$$应纳税所得额 = 60 000 \times (1 - 20\%) = 48 000(元)$$
$$应纳税额 = 48 000 \times 30\% - 2 000 = 12 400(元)$$

[例 5 - 17] 某歌星于 201× 年 9 月份在某市的三个县区各演出一场。其中 A 县是歌星所在公司安排友情参与，获取收入 1.5 万元，B 县和 C 区分别支付其出场费 4.5 万元和 7 万元，则其应纳的个人所得税为多少？

解：

现行政策规定，以县(含县级市、区)为一地，其管辖内的一个月内的劳务服务为一次；当月跨县地域的，则应分别计算。

(1) 在 A 县取得的出场费：$应纳税所得额 = 15 000 \times (1 - 20\%) = 12 000(元)$

$$应纳税额 = 12 000 \times 20\% = 2 400(元)$$

(2) 在 B 县取得的出场费：应纳税所得额＝45 000×(1－20%)＝36 000(元)

应纳税额＝36 000×30%－2 000＝8 800(元)

(3) 在 C 县取得的出场费：应纳税所得额＝70 000×(1－20%)＝56 000(元)

应纳税额＝56 000×40%－7 000＝15 400(元)

即：该歌星在某市三县、区演出取得的所得应纳个人所得税 26 600 元。

5. 稿酬所得的计税方法

稿酬所得适用 20% 的比例税率，并按规定对应纳税额减征 30%，即实际缴纳税额是应纳税额的 70%，其计算公式为：

每次收入不超过 4 000 元的：

应纳税额＝应纳税所得额×适用税率×(1－30%)
＝(每次收入额－800)×20%×(1－30%)

每次收入在 4 000 元以上的：

应纳税额＝应纳税所得额×适用税率×(1－30%)
＝每次收入额×(1－20%)×20%×(1－30%)

[例 5－18] 某大学李教授 2017 年 2 月因其编著的教材出版，获得稿酬 9 000 元，2017 年 6 月因教材加印又得到稿酬 3 000 元。试计算其应纳税额。

解：该纳税人稿酬所得按规定应属于一次收入，须合并计算应纳税额(实际缴纳税额)。

应纳税额＝(9 000＋3 000)×(1－20%)×20%×(1－30%)
＝1 344(元)

因其所得是先后取得，实际计税时应分两次缴纳税款：

第一次实际缴纳税额＝9 000×(1－20%)×20%×(1－30%)
＝1 008(元)

第二次实际缴纳税额＝(9 000＋3 000)×(1－20%)×20%
×(1－30%)－1 008
＝336(元)

6. 特许权使用费所得计税方法

特许权使用费所得应纳税额的计算公式：

每次收入不超过 4 000 元的：

应纳税额＝应纳税所得额×适用税率
＝(每次收入额－800)×20%

每次收入在 4 000 元以上的：

$$应纳税额 = 应纳税所得额 \times 适用税率$$
$$= 每次收入额 \times (1-20\%) \times 20\%$$

[例 5-19] 某专家将自己开发的一项专利技术通过专利事务所转让给某企业投入生产使用，取得特许权使用费收入 28 万元。计算其应纳的个人所得税为多少元？

解：

$$应纳税所得额 = 280\ 000 \times (1-20\%) = 224\ 000(元)$$
$$应纳税额 = 224\ 000 \times 20\% = 44\ 800(元)$$

即：该专家应纳个人所得税 44 800 元。

7. 利息、股利、红利所得计税方法

利息、股利、红利所得应纳税额的计算公式为：

$$应纳税额 = 应纳税所得额 \times 适用税率$$
$$= 每次收入额 \times 20\%$$

说明：对储蓄存款利息，1999 年 11 月 1 日前是免征个人所得税的。1999 年 11 月 1 日后滋生的利息所得，征收 20% 的个人所得税；自 2007 年 8 月 15 日起征收 5% 的个人所得税；自 2008 年 10 月 9 日起取消征收个人所得税。

[例 5-20] 某公司职员持有本公司股票 1 万股，股本总计 2 万元。2017 年 3 月份经公司董事会决定，按 10% 的比例分配 2016 年的股息，另用盈余公积金分红，每名股东 1 000 元。同时该职员自己持有工商银行股票 20 000 股，当月工商银行分配现金股利 0.15 元/股，该职工在分得股利后就出售了工商银行的股票（持有时间为 2 个月），则该职工应纳的个人所得税为多少元？

解：

① 公司股息所得

$$应纳税所得额 = 20\ 000 \times 10\% = 2\ 000(元)$$
$$应纳税额 = 2\ 000 \times 20\% = 400(元)$$

② 公司红利所得

$$应纳税所得额 = 1\ 000(元)$$
$$应纳税额 = 1\ 000 \times 20\% = 200(元)$$

③ 工商银行股息

应纳税所得额 = 20 000 × 0.15 = 3 000(元)
应纳税额 = 3 000 × 25% × 20% = 150(元)

即：该职员应纳个人所得税 750 元。

注：自 2015 年 9 月 8 日起，个人从公开发行和转让市场取得的上市公司股票，持股期限在 1 个月以内(含 1 个月)的，其股息红利所得全额计入应纳税所得额；持股期限在 1 个月以上至 1 年(含 1 年)的，暂减按 50% 计入应纳税所得额；持股期限超过 1 年的，暂免征收个人所得税。上述所得统一适用 20% 的税率计征个人所得税。上市公司派发股息红利时，对截止到股权登记日个人已持股超过 1 年的，其股息红利所得，按 25% 计入应纳税所得额。对截止到股权登记日个人持股 1 年以内(含 1 年)且尚未转让的，税款分两步代扣代缴：第一步，上市公司派发股息红利时，统一暂按 25% 计入应纳税所得额，计算并代扣税款；第二步，个人转让股票时，证券登记结算公司根据其持股期限计算实际应纳税额，超过已扣缴税款的部分，由证券公司等股份托管机构从个人资金账户中扣收并划付证券登记结算公司，证券登记结算公司应于次月 5 个工作日内划付上市公司，上市公司在收到税款当月的法定申报期内向主管税务机关申报缴纳。个人转让股票时，按照先进先出的原则计算持股期限。①

8. 财产租赁所得计税方法

财产租赁所得应纳税额的计算公式：

每次收入不超过 4 000 元的：

$$应纳税额 = 应纳税所得额 \times 适用税率$$
$$= (每次收入额 - 800) \times 20\%$$

每次收入在 4 000 元以上的：

$$应纳税额 = 应纳税所得额 \times 适用税率$$
$$= 每次收入额 \times (1 - 20\%) \times 20\%$$

[例 5-21] 王某 2017 年 5 月将自家门市房进行简单修缮后出租给某商业企业使用，修缮费用为 4 700 元，有合法凭证，租金为每月 6 500 元，租金收入已纳入营业税、城建税、教育费附加，房产税和土地使用税 1 022.5 元。则王某 2017 年 5 月应纳个人所得税为多少？

解：

---

① 财政部国家税务总局.中国证券监督管理委员会关于实施上市公司股息红利差别化个人所得税政策有关问题的通知[财税〔2015〕101 号]。

月应纳税所得额 = 6 500 − 1 022.5 − 800 = 5 477.5(元)
月应纳税额 = 5 477.5 × (1 − 20%) × 20% = 876.4(元)

注：修缮费用每月扣除上限为 800 元。

[例 5 - 22] 郑某于 2017 年 1 月将其自有的四间面积为 150 平方米的房屋出租给张某作为商店使用，租期 1 年。郑某每月取得租金收入 1 800 元，全年租金收入 21 600 元。计算郑某全年租金收入应缴纳的个人所得税。

解：财产租赁收入以每月内取得的收入为一次，因此，郑某每月及全年应纳税额为：

(1) 每月应纳税额 = (1 800 − 800) × 10% = 100(元)
(2) 全年应纳税额 = 100 × 12 = 1 200(元)

注1：本例在计算个人所得税时未考虑其他税、费。如果对租金收入计征增值税、城市维护建设税、房产税和教育费附加等，还应将其从税前的收入中先剔除后再计算应缴纳的个人所得税。

注2：个人按市场价格出租的居民住房取得的所得，自 2001 年 1 月 1 日起减按 10% 的税率征收个人所得税。

9. 财产转让所得的计税方法

(1) 一般财产转让所得的计税方法

计算公式为：

$$应纳税额 = 应纳税所得额 \times 适用税率$$
$$应纳税额 = (每次收入额 − 财产原值 − 合理费用) \times 20\%$$

[例 5 - 23] 王某于 2017 年 2 月转让给本市某企业一台印刷机，取得转让收入 150 000 元。此印刷机购进时的原价为 120 000 元，转让时支付有关费用 1 000 元，请计算王某转让这台印刷机应缴纳的个人所得税。

解：

$$应纳税所得额 = 150 000 − 120 000 − 1 000 = 29 000(元)$$
$$应纳税额 = 29 000 \times 20\% = 5 800(元)$$

(2) 个人转让限售股所得的计税方法

经国务院批准，自 2010 年 1 月 1 日起，对个人转让限售股取得的所得，按照"财产转让所得"，适用 20% 的比例税率征收个人所得税。对个人在上海证券交易所、深圳证券交易所转让从上市公司公开发行和转让市场取得的上市公司股票所得，继续免征个人所得税。

计算公式为：

应纳税额 = 应纳税所得额 × 20%

应纳税所得额 = 限售股转让收入 −（限售股原值 + 合理税费）

财政部、国家税务总局、中国证券监督管理委员会《关于实施上市公司股息红利差别化个人所得税政策有关问题的通知》(财税〔2015〕101号)规定：自2015年9月8日起，个人从公开发行和转让市场取得的上市公司股票，持股期限在1个月以内(含1个月)的，其股息红利所得全额计入应纳税所得额；持股期限在1个月以上至1年(含1年)的，暂减按50%计入应纳税所得额；持股期限超过1年的，暂免征收个人所得税。上述所得统一适用20%的税率计征个人所得税。对个人持有的上市公司限售股，解禁后取得的股息红利，按照本通知规定计算纳税，持股时间自解禁日起计算；解禁前取得的股息红利继续暂减按50%计入应纳税所得额，适用20%的税率计征个人所得税。

10. 偶尔所得和其他所得计税方法

偶尔所得应纳税所得额的计算公式为：

应纳税额 = 应纳税所得额 × 适用税率
　　　　 = 每次收入额 × 20%

[例5-24] 金某购买社会福利有奖募捐彩票中了一等奖，取得奖金10万元。则其应纳的个人所得税为多少？

解：

应纳税所得额 = 100 000(元)

应纳税额 = 100 000 × 20% = 20 000(元)

即：金某中奖所得应纳个人所得税20 000元。

说明：对个人购买社会福利有奖募捐券、购买体育彩票一次中奖收入不超过1万元的，暂免征收个人所得税；对一次中奖收入超过1万元的，应按税法规定全额征税。

[例5-25] 承上例，金某在领奖时告知颁奖部门，从中奖收入中拿出5 000元通过教育部门捐赠给某希望小学。请按照规定计算颁奖部门代扣代缴个人所得税后，金某实际可得中奖金额为多少？

解：

① 根据税法有关规定，金某的捐赠额可以全部从应纳税所得额中扣除

（因为5 000 ÷ 100 000 × 100% = 5%，小于捐赠扣除比例30%）

② 应纳税所得额 = 偶然所得 − 捐赠额 = 100 000 − 5 000 = 95 000(元)

③ 应纳税额(即颁奖部门代扣税款) = 应纳税所得额 × 适用税率

　　　　　　　　　　　　　　　 = 95 000 × 20% = 19 000(元)

④ 金某实际可得金额 = 100 000 - 5 000 - 19 000 = 76 000(元)

[例 5-26] 某歌星参加某单位举办的演唱会,取得出场费收入 80 000 元,将其中 30 000 元通过当地教育机构捐赠给某小学。计算该歌星取得的出场费收入应缴纳的个人所得税。

解:
① 未扣除捐赠的应纳税所得额 = 80 000 × (1 - 20%) = 64 000(元)
② 捐赠的扣除标准 = 64 000 × 30% = 19 200(元)
由于实际捐赠额大于扣除标准,税前只能按扣除标准扣除。
③ 应缴纳的个人所得税 = (64 000 - 19 200) × 30% - 2 000 = 11 440(元)
注:实际应纳税所得额 64 000 - 19 200 = 44 800 元,大于 20 000 元,小于 50 000 元,适用税率 30%,速算扣除数 2 000。

11. 应纳税额计算中的特殊问题

(1) 个人取得全年一次性奖金等计算征收个人所得税的方法

个人取得全年一次性奖金(包括年终加薪)的,应分两种情况计算缴纳个人所得税:

① 个人取得全年一次性奖金且获取奖金当月个人的工资、薪金所得高于(或等于)税法规定的费用扣除额 3 500 元的:计算方法是:用全年一次性奖金总额除以 12 个月,按其商数对照工资、薪金所得项目税率表,确定适用税率和对应的速算扣除数,计算缴纳个人所得税。

计算公式为:

应纳个人所得税税额 = 个人当月取得的全年一次性奖金 × 适用税率 - 速算扣除数

个人当月工资、薪金所得与全年一次性奖金应分别计算缴纳个人所得税。

[例 5-27] 王华 2016 年每月工资均为 6 500 元,且已交个税,12 月份除取得工资外,还取得全年奖金共 42 000 元,则王华 12 月份应缴个人所得税为多少?

工资计税 = (6 500 - 3 500) × 10% - 105 = 195(元)

由于 42 000/12 = 3 500(元),适用税率 10%,速算扣除数为 105,

奖金计税 = 42 000 × 10% - 105 = 4 095(元)
12 月份应缴个税 = 195 + 4 095 = 4 290(元)

② 个人取得全年一次性奖金且获取奖金当月个人的工资、薪金所得低于税法规定的费用扣除额 3 500 元的,计算方法是:用全年一次性奖金减去"个人当月工资、薪金所得与费用扣除额的差额"后的余额除以 12 个月,按其商数对照工资、薪金所得项目税率表,确定适用税率和对应的速算扣除数,计算缴纳个人所得税。

计算公式为：

$$应纳个人所得税税额 = \left(个人当月取得全年一次性奖金 - 个人当月工资、薪金所得与费用扣除额的差额\right) \times 适用税率 - 速算扣除数$$

[例 5-28] 某企业职工盛奇 2016 年各月工资均为 2 600 元，12 月份，该厂发放全年奖，盛奇得到奖金 20 000 元，则盛奇 12 月份应缴个人所得税为多少？

盛奇 12 月取得的工资收入未达到 3 500 元纳税标准，不纳税。

12 月份取得的全年奖金应缴纳个人所得税：

应纳税所得额 = 20 000 - (3 500 - 2 600) = 19 100(元)

19 100 ÷ 12 = 1 591.66(元)，适用税率 10%，速算扣除数为 105，

应纳税额 = 19 100 × 10% - 105 = 1 805(元)

即：盛奇 12 月份应缴纳个人所得税 1 805 元。

由于上述全年一次性奖金等计算征收个人所得税的方法是一种优惠办法，在一个纳税年度内，对每一个人，该计算纳税办法只允许采用一次。对于全年考核，分次发放奖金的，该办法也只能采用一次。

(2) 对在中国境内无住所的个人一次取得数月奖金或年终加薪、劳动分红的计算征税问题

个人(不包括董事、高层管理人员)取得上述奖金，可单独作为一个月的工资、薪金所得计算征税，由于对每月的工资、薪金所得计税时已按月扣除了费用，因此，对奖金不再减除费用，全额作为应纳税所得额直接按适用税率计算应纳税额，并且不再按居住天数进行划分计算。

(3) 雇主为其雇员全额负担应纳个人所得税的计算

在实际工作中，有的雇主(单位或个人)常常为纳税人负担税款，即支付给纳税人的报酬(包括工资、薪金、劳务报酬等所得)是不含税的净所得或称为税后所得，纳税人的应纳税额由雇主代为缴纳。这种情况下，就不能以纳税人实际取得的收入直接乘以适用税率计算应纳税额，否则，就会缩小税基，降低适用税率。正确的方法是，将纳税人的不含税收入换算为应纳税所得额，即含税收入，然后再计算应纳税额。计算公式为：

应纳税所得额 = (不含税收入额 - 费用扣除标准 - 速算扣除数) ÷ (1 - 税率)
应纳税额 = 应纳税所得额 × 适用税率 - 速算扣除数

在上式中，公式①中的税率，是指不含税所得按不含税级距对应的税率，见表 5-4；公式②中的税率，是指应纳税所得额按含税级距对应的税率，见表 5-8。对此，在计算过程中应特别注意，不能混淆。

表 5-8　　　　　　　　　个人工资、薪金所得不含税税率表

级　数	全月应纳税所得额	税率(%)	速算扣除数(元)
1	不超过 1 455 元的部分	3	0
2	超过 1 455 元至 4 155 元的部分	10	105
3	超过 4 155 元至 7 755 元的部分	20	555
4	超过 7 755 元至 27 255 元的部分	25	1 005
5	超过 27 255 元至 41 255 元的部分	30	2 755
6	超过 41 255 元至 57 505 元的部分	35	5 505
7	超过 57 505 元的部分	45	13 505

[例 5-29]　境内某公司代其雇员(中国居民)缴纳个人所得税。10 月支付王某的不含税工资为 6 000 元人民币。计算该公司为陈某代付的个人所得税。

解：

由于陈某的工资收入为不含税收入，应将其换算为含税的应纳税所得额，再代扣代缴其个人所得税。根据计算公式可得：

王某应纳税所得额 = (6 000 − 3 500 − 105) ÷ (1 − 10%) = 2 661.11(元)

代扣代缴的个人所得税 = 2 661.11 × 10% − 105 = 161.11(元)

(4) 对特定行业职工取得的工资、薪金所得征收个人所得税问题

为了照顾采掘业、远洋运输业、远洋捕捞业因季节、产量等因素的影响，职工的工资、薪金收入呈现较大幅度波动的实际情况，对这三种特定行业的职工取得的工资薪金所得采取可按月预缴，年度终了后 30 日内，合计其全年工资、薪金所得，再按 12 个月平均并计算实际应纳的税款，多退少补。其公式为：

应纳所得税额 = [(全年工资、薪金收入 ÷ 12 − 费用扣除后标准) × 税率 − 速算扣除数] × 12

(5) 关于企业经营者试行年薪制取得所得征收个人所得税问题

对试行年薪制的企业经营者取得的工资、薪金所得应纳的税款，可以实行按年计算、分月预缴的方式计征，即企业经营者按月领取的基本收入，应在减除 3 500 元的费用后，按适用税率计算应纳税款并预缴，年度终了领取效益收入后，合计其全年基本收入和效益收入，再按 12 个月平均计算实际应纳的税款。用公式表示为：

应纳税额 = [(全年基本收入和效益收入 ÷ 12 − 费用扣除标准) × 税率 − 速算扣除数] × 12

[例 5-30] 经上级有关部门批准,某企业对经营者试行年薪制。按照规定,总经理沈远年薪 30 万元(每月预支 6 000 元),年末还将视经营情况对其另外给予奖励。年末,沈远除按规定领取年薪 30 万元以外,因工作成效显著另获得奖金 12 万元。则沈远年末应纳的个人所得税为多少?

解:
① 每月预支的工资应预缴个人所得税

$$应纳税所得额 = 6\,000 - 3\,500 = 2\,500(元)$$
$$应纳税额 = 2\,500 \times 10\% - 105 = 100(元)$$
$$全年预缴税款 = 100 \times 12 = 1\,200(元)$$

② 全年应纳税额 = $\{[(300\,000 + 120\,000) \div 12 - 3\,500] \times 25\% - 1\,005\} \times 12$
  $= [31\,500 \times 25\% - 1\,005] \times 12 = 6\,870 \times 12 = 82\,440(元)$

③ 沈远年末应纳个人所得税 = $82\,440 - 1\,200 = 81\,240(元)$

(6) 在外商投资企业、外国企业和外国驻华机构工作的中方人员取得的工资、薪金所得的征税问题

① 在外商投资企业、外国企业和外国驻华机构工作的中方人员取得的工资、薪金收入,凡是由雇佣单位和派遣单位分别支付的,支付单位应按规定代扣代缴个人所得税,按税法规定,纳税人应以每月全部工资、薪金收入减除规定的费用后的余额为应纳税所得额。其征管方法是:对雇佣单位和派遣单位分别支付工资、薪金的,采取由支付者中的一方减除费用的方法,即只由雇佣单位在支付工资、薪金时按税法规定减除费用,计算扣缴个人所得税;派遣单位支付的工资、薪金不再减除费用,以支付金额直接确定适用税率,计算扣缴个人所得税。此后,纳税人应持两处支付单位提供的原始明细工资、薪金单(书)和完税凭证原件,选择并固定到一地税务机关申报每月工资、薪金收入,汇算清缴其工资、薪金收入的个人所得税,多退少补。

② 对外商投资企业、外国企业和外国驻华机构发放给中方工作人员的工资、薪金所得,应全额征税。但对可提供有效合同或有关凭证,能够证明其工资、薪金所得的一部分按照有关规定上交派遣(介绍)单位的,可扣除其实际上交的部分,按其余额计征个人所得税。

[例 5-31] 某中方人员黄新为外商投资企业 A 公司职员,2016 年全年被 A 公司派到 B 公司工作,在 B 公司工作期间,A 公司每月支付甲工资 4 000 元,B 公司每月支付甲工资 8 000 元,则甲全年工资、薪金应纳多少个人所得税?

解:
① 雇佣单位支付的工资、薪金应纳税额 $= [(8\,000 - 3\,500) \times 10\% - 105] \times 12$

$$= 4\ 140(元)$$

② 派遣单位支付的工资、薪金应纳税额 $= [(4\ 000 \times 10\%) - 105] \times 12$

$$= 3\ 540(元)$$

③ 黄新全年实际应纳个人所得税 $= (8\ 000 + 4\ 000 - 3\ 500) \times 20\% - 555] \times 12$

$$= 13\ 740(元)$$

应补缴个人所得税额 $= 13\ 740 - 4\ 140 - 3\ 540 = 6\ 060(元)$

（7）中国境内企业董事、高层管理人员取得境内、外征收个人所得税问题

担任中国境内企业董事或高层管理职务的个人[注：指公司正、副（总）经理、各职能技师、总监及其他类似公司管理层的职务]，其取得的由该中国境内企业支付的董事费或工资薪金，应自其担任该中国境内企业董事或高层管理职务起，至其解除上述职务止的期间，不论其是否在中国境外履行职务，均应申报缴纳个人所得税；其取得的由中国境外企业支付的工资薪金，应依照前述规定确定纳税义务。

（8）个人取得公务交通、通信补贴收入征收个人所得税问题

个人因公务用车和通信制度改革而取得的公务用车、通信补贴收入，扣除一定标准的公务费用后，按照"工资、薪金"所得项目计征个人所得税。按月发放的，并入当月"工资、薪金"所得计征个人所得税；不按月发放的，分解到所属月份并与该月份"工资、薪金"所得合并后计征个人所得税。

（9）对个人办理内部退养而取得的一次性收入征收个人所得税问题

个人在办理内部退养手续后从原任职单位取得的一次性收入，应按办理内部退养手续后至法定离退休年龄之间的所属月份进行平均，并与领取当月的"工资、薪金"所得合并后减除当月费用扣除标准，以余额为基数确定适用税率，再将当月工资、薪金加上取得的一次性收入。关于费用扣除标准，按适用税率计征个人所得税。

个人在办理内部退养手续后至法定离退休年龄之间重新就业取得的，"工资、薪金"所得，应与其从原任职单位取得的同一月份的"工资、薪金"所得合并，并依法自行向主管税务机关申报缴纳个人所得税。

（10）对个人因解除劳动合同取得经济补偿金的计税方法

① 企业依照国家有关法律规定宣告破产，企业职工从该破产企业取得的一次性安置费收入，免征个人所得税。

② 个人因与用人单位解除劳动关系而取得的一次性补偿收入（包括用人单位发放的经济补偿金、生活补助费和其他补助费用），其收入在当地上年职工平均工资3倍数额以内的部分，免征个人所得税；超过3倍数额部分的一次性补偿收入，

可视为一次取得数月的工资、薪金收入,允许在一定期限内平均计算。方法为:以超过3倍数额部分的一次性补偿收入,除以个人在本企业的工作年限数(超过12年的按12年计算),以其商数作为个人的月工资、薪金收入,按照税法规定计算缴纳个人所得税。

[例 5 - 32] 2017年3月,某单位增效减员与在单位工作了12年的张晴解除劳动关系,张晴取得一次性补偿收入18万元,当地上年职工平均工资40 000元,则张晴该项收入应纳个人所得税多少元?

具体计算过程:

第一步:计算免征额=40 000×3=120 000(元)

第二步:按其工作年限平摊其应税收入,即其工作多少年,就将应税收入看作多少个月的工资,但最多不能超过12个月,最后再推回全部应纳税额:

视同月应纳税所得额=[(180 000－120 000)÷12－3 500]=1 500(元)

第三步:应纳税额=(1 500×3%)×12=45×12=540(元)

③ 个人领取一次性补偿收入时按照国家和地方政府规定的比例实际缴纳的住房公积金、医疗保险费、基本养老保险费、失业保险费,可以在计征其一次性补偿收入的个人所得税时予以扣除。

[例 5 - 33] 2017年7月,甲公司与有本公司工龄8年的张华解除劳动合同,一次性支付经济补偿金19万元。在领取一次性补偿收入时,张华按照国家和地方政府规定实际缴纳住房公积金、医疗保险费、基本养老保险费、失业保险费共计1 000元。当地上一年度年职工平均工资为40 000元。张华应缴纳多少个人所得税?

根据有关政策规定,个人领取的经济补偿金在当地上年职工平均工资3倍数额以内的部分,免征个人所得税。计算过程如下:

第一步:190 000－40 000×3=70 000(元)

第二步:70 000－1 000=69 000(元)

第三步:69 000÷8=8 625(元)

第四步:应纳税额=[(8 625－3 500)×20%－555]×8(个月)=3 760(元)

张华应缴纳个人所得税3 760元。

(三) 个人所得税的抵免

为避免国际双重征税,我国个人所得税法做了税收抵免的规定,即纳税人从中国境外取得的所得,准予其在应纳税额中扣除已在境外缴纳的个人所得税税额。这里有两点需要说明:

一是准予抵免的应是纳税人实缴税额,即个人从中国境外取得所得依照该所得来源国的法律应缴并实际缴纳的税额。

二是准予抵免的税额有个限额,不能超过限额抵免。

抵免限额是指纳税人从中国境外取得的所得,区别国家(地区)和不同应税项目,依照税法规定的费用减除标准和适用税率计算的应纳税额;同一国家或者地区内不同应税项目之和,为该国家(地区)的扣除限额。

具体税收抵免的方法是:个人从中国境外一国(地区)取得的所得在该国(地区)实际缴纳的个人所得税税额,低于依照规定计算出的同一国家(地区)扣除限额的,应当在中国补缴差额部分的税款;超过扣除限额的,其超过部分不得在当年的税额中扣除,但可于以后年度在同一国家(地区)的扣除限额的余额中补扣,补扣期限最长不超过5年。计算扣除限额应当分国且分项,但对于同一国的分项后仍要加总,比较境外所得纳税款与扣除限额,取小的为境外所得已纳税款的扣除数。纳税人按规定申请扣除已在境外缴纳的个人所得税税额时,应当提供境外税务机关填发的完税凭证原件。

[例5-34] 有一中国公民2017年1~12月从中国境内取得工资、薪金收入120 000元,并从A国取得了稿酬收入10 000元;当年还从B国取得特许权使用费收入8 000元,该纳税人已按A国、B国税法规定分别缴纳了个人所得税1 400元和900元。请计算该纳税人2017年应纳个人所得税额。

解:

① 境内工资薪金收入每月应纳税额 $= (120\,000 \div 12 - 3\,500) \times 20\% - 555$

$= 745(元)$

全年应纳工资薪金税额 $= 745 \times 12 = 8\,940(元)$

② 稿酬收入应纳税额 $= 10\,000 \times (1 - 20\%) \times 20\% \times (1 - 30\%) = 1\,120(元)$

该纳税人在A国取得的稿酬收入实际缴纳的税额超出了抵扣限额280元(1 400 — 1 120),因此,只能在限额内抵扣1 120元,不用在我国补缴税款但超出部分280元可在以后5个纳税年度的该国减除限额的余额中补减。

③ B国收入按我国税法规定计算的应纳税额 $= 8\,000 \times (1 - 20\%) \times 20\%$

$= 1\,280(元)$

该纳税人在B国取得的特许权使用费收入实际缴纳的税额900元低于抵扣限额1 280元,因此,900元可全额抵扣,并需按我国税法规定的补缴380元(1 280 — 900)。

该纳税人2017年应纳个人所得税税额 $= 8\,940 + 380 = 9\,320(元)$

四、个人所得税税收优惠

(一) 免税规定

下列各项个人所得,免纳个人所得税:

1. 省级人民政府、国务院部委和中国人民解放军军以上单位,以及外国组织、国际组织颁发的科学、教育、技术、文化、卫生、体育、环境保护等方面的奖金。

2. 国债和国家发行的金融债券利息。其中,国债利息所得是指个人持有中华人民共和国财政部发行的债券取得的利息所得;国家发行的金融债券利息是指个人持有经国务院批准发行的金融债券取得的利息所得。

3. 按照国家统一规定发放的补贴、津贴,是指按国务院规定发放的政府特殊津贴。

4. 福利费、抚恤金、救济金。福利费,是指根据国家统一规定,从企业、行政、事业单位提留的福利费,或者工会经费中支付给个人的生活补助费。救济金是指由国家民政部门支付给个人的生活困难补助费。

5. 保险赔款。

6. 军人转业费、复员费。

7. 按照国家统一规定发给干部、职工的安家费、退职费、退休工资、离休工资、离休生活补助费。

8. 依照我国有关法律规定应予免税的各国驻华使馆、领事馆的外交代表、领事官员和其他人员的所得。即依据《中华人民共和国外交特权与豁免条例》和《中华人民共和国领事特权与豁免条例》规定免税的所得。

9. 中国政府参加的国际公约、签订的协议中规定免税的所得。

10. 关于发给见义勇为者的奖金问题。对乡、镇(含乡、镇)以上人民政府或经县(含县)以上人民政府主管部门批准成立的有机构、有章程的见义勇为基金或者类似性质组织,奖励见义勇为者的奖金或奖品,经主管税务机关核准,免征个人所得税。

11. 企业和个人按照省级以上人民政府规定的比例提取并缴付的住房公积金、医疗保险金、基本养老保险金、失业保险金,不计入个人当期的工资、薪金收入,免予征收个人所得税。超过规定的比例缴付的部分计征个人所得税。

个人领取原提存的住房公积金、医疗保险金、基本养老保险金时,免予征收个人所得税。

12. 对个人取得的教育储蓄存款利息所得以及国务院财政部门确定的其他专项储蓄存款或者储蓄性专项基金存款的利息所得,免征个人所得税。

13. 经国务院财政部门批准免税的所得。

（二）减税项目

有下列情形之一的，经批准可以减征个人所得税：

(1) 残疾、孤老人员和烈属的所得；

(2) 因严重自然灾害造成重大损失的；

(3) 其他经国务院财政部门批准减税的。

个人所得税的减征幅度和期限由省、自治区、直辖市人民政府规定。

（三）下列所得，暂免征收个人所得税

(1) 外籍个人以非现金形式或实报实销形式取得的住房补贴、伙食补贴、搬迁费、洗衣费。

(2) 外籍个人按合理标准取得的境内、外出差补贴。

(3) 外籍个人取得的探亲费、语言训练费、子女教育费等，经当地税务机关审核批准为合理的部分。可以享受免征个人所得税优惠的探亲费，仅限于外籍个人在我国的受雇地与其家庭所在地（包括配偶或父母居住地）之间搭乘交通工具，且每年不超过两次的费用。

(4) 外籍个人从外商投资企业取得的股息、红利所得。

(5) 凡符合下列条件之一的外籍专家取得的工资、薪金所得可免征个人所得税：

① 根据世界银行专项贷款协议由世界银行直接派往我国工作的外国专家；

② 联合国组织直接派往我国工作的专家；

③ 为联合国援助项目来华工作的专家；

④ 援助国派往我国专为该国无偿援助项目工作的专家；

⑤ 根据两国政府签订文化交流项目来华工作2年以内的文教专家，其工资、薪金所得由该国负担的；

⑥ 根据我国大专院校国际交流项目来华工作2年以内的文教专家，其工资、薪金所得由该国负担的；

⑦ 通过民间科研协定来华工作的专家，其工资、薪金所得由该国政府机构负担的。

(6) 个人举报、协查各种违法、犯罪行为而获得的奖金。

(7) 个人办理代扣代缴税款手续，按规定取得的扣缴手续费。

(8) 个人转让自用达5年以上并且是唯一的家庭居住用房取得的所得。

(9) 对个人购买福利彩票、赈灾彩票、体育彩票，一次中奖收入在1万元以下的（含1万元）暂免征收个人所得税，超过1万元的，全额征收个人所得税。

(10) 对按《国务院关于高级专家离休退休若干问题的暂行规定》和《国务院办公厅关于杰出高级专家暂缓离休审批问题的通知》精神，达到离休、退休年龄，但确

因工作需要，适当延长离休、退休年龄的高级专家(指享受国家发放的政府特殊津贴的专家、学者)，其在延长离休、退休期间的工资、薪金所得，视同退休工资、离休工资免征个人所得税。

(11) 个人按照国家或地方政府规定的比例提取并缴付的住房公积金、医疗保险金、基本养老保险金、失业保险金。

(12) 个人领取原提存的住房公积金、医疗保险金、基本养老保险金，以及具备规定条件的失业人员领取的失业保险金。

(13) 按照国家或省级地方政府规定的比例缴付的住房公积金、基本医疗保险金、基本养老保险金、失业保险金存入银行个人账户所取得的利息所得，免予征收个人所得税。

(14) 生育妇女按照县级以上人民政府根据国家有关规定制定的生育保险办法，取得的生育津贴、生育医疗费或其他属于生育保险性质的津贴、补贴，免征个人所得税。

五、个人所得税的征收管理

个人所得税的纳税方式，有源泉扣缴和自行申报纳税两种。

(一) 源泉扣缴方式

税法规定，凡向个人支付应纳税所得的单位或者个人为个人所得税的扣缴义务人。具体包括向个人支付应纳税所得的企业(公司)、事业单位、机关、社会团体、军队、驻华机构(不包括外国驻华使领馆和联合国及其他依法享有外交特权和豁免的国际组织驻华机构)、个体工商户等单位或者个人。

按照税法规定，代扣代缴个人所得税是扣缴义务人的法定义务。扣缴义务人在向个人支付应纳税所得(包括现金、实物、有价证券)时，无论纳税人是否属于本单位人员，均应依法代扣代缴其应纳的个人所得税税款。

1. 扣缴义务人的扣缴范围

扣缴义务人向个人支付下列所得，应代扣代缴个人所得税：

(1) 工资、薪金所得；

(2) 对企事业单位的承包经营、承租经营所得；

(3) 劳务报酬所得；

(4) 稿酬所得；

(5) 特许权使用费所得；

(6) 利息、股息、红利所得；

(7) 财产租赁所得；

(8) 财产转让所得；

(9) 偶然所得；

(10) 经国务院财政部门确定征税的其他所得。

2. 扣缴义务人的法定义务

(1) 扣缴义务人在向个人支付应纳税所得（包括现金、实物和有价证券）时，不论纳税人是否属于本单位人员，均应代扣代缴其应纳的个人所得税税款；扣缴义务人依法履行代扣代缴税款义务，纳税人不得拒绝；纳税人拒绝的，扣缴义务人应及时报告税务机关处理，并暂停支付其应纳税所得。否则，纳税人应缴纳的税款由扣缴义务人负担。

(2) 扣缴义务人在代扣税款时，必须向纳税人开具税务机关统一印制的代扣代收税款凭证，并详细注明纳税人姓名、工作单位、家庭住址和居民身份证或护照号码（无上述证件的，可用其他能有效证明身份的证件）等个人情况。对工资、薪金所得和利息、股息、红利所得等，因纳税人数众多、不便一一开具代扣代收税款凭证的，经主管税务机关同意，可不开具代扣代收税款凭证，但应通过一定形式告知纳税人已扣缴税款。

(3) 扣缴义务人应设立代扣代缴税款账簿，正确反映个人所得税的扣缴情况，并如实填写《扣缴个人所得税报告表》及其他有关资料。

3. 扣缴义务人的扣缴手续费

税务机关对扣缴义务人按照所扣缴的税款，付给 2% 的手续费。扣缴义务人可将其用于代扣代缴费用开支和奖励代扣代缴工作做得较好的办税人员。

4. 代扣代缴期限

(1) 一般按月计征，由扣缴义务人或纳税义务人在次月 15 日内缴入国库，并向税务机关报送纳税申报表。

(2) 特定行业的工资、薪金所得应纳的税款，可以实行按年计算，分月预缴的方式计征，具体办法由国务院规定。

(3) 从中国境外取得所得的纳税义务人，应当在年度终了后 30 日内，将应纳的税款缴入国库，并向税务机关报送纳税申报表。

5. 法律责任

(1) 扣缴义务人应扣未扣、应收而不收税款的，由税务机关向纳税人追缴税款，对扣缴义务人处应扣未扣、应收而不收税款 50% 以上 3 倍以下的罚款。

(2) 扣缴义务人逃避、拒绝或者以其他方式阻挠税务机关检查的，由税务机关责令改正，可以处 1 万元以下的罚款；情节严重的，处 1 万元以上 5 万元以下的罚款。

(3) 扣缴义务人在规定期限内不缴或者少缴应纳或者应解缴的税款，经税务机关责令限期缴纳，逾期仍未缴纳的，税务机关采取下列强制执行措施追缴其不缴或者少缴的税款:一是书面通知其开户银行或者其他金融机构从其存款中扣缴税款;二是扣押、查封、依法拍卖或者变卖其价值相当于应纳税款的商品、货物或者其他财产,以拍卖或者变卖所得抵缴税款。此外,可以处不缴或者少缴的税款50%以上5倍以下的罚款。

(4)扣缴义务人编造虚假计税依据的,由税务机关责令限期改正,并处5万元以下的罚款。

(二)自行申报纳税

自行申报是指纳税人取得应税所得后,根据取得的应纳税所得项目、数额,计算出应纳的个人所得税额,并在税法规定的申报期限内,如实填写相应的个人所得税纳税申报表,报送税务机关,申报缴纳个人所得税的一种方法。

1. 自行申报纳税的纳税人

凡有下列情形之一的,纳税人必须自行向税务机关申报所得并缴纳税款:

(1)年所得12万元以上的;

(2)从两处或两处以上取得的工资薪金所得;

(3)取得应纳税所得,没有扣缴义务的人;

(4)从中国境外取得所得;

(5)国务院规定的其他情形。

2. 自行申报纳税的纳税期限

一般按月计征,纳税义务人在次月15日内向税务机关报送纳税申报表并缴纳税款。对于年所得12万元以上的纳税人,在纳税年度终了后3个月内,应当向主管税务机关办理纳税申报。也就是说,每年的公历1月1日至3月31日期间的任何非公休假日,纳税人均可向主管税务机关办理纳税申报。

个体工商户的生产、经营所得应纳的税款,按年计算,分月预缴,由纳税义务人在次月15日内预缴,年度终了后3个月内汇算清缴,多退少补。

对企事业单位的承包经营、承租经营所得应纳的税款,按年计算,在年终一次性取得承包经营、承租经营所得的纳税义务人,自取得收入之日起30日内将应纳的税款缴入国库,并向税务机关报送纳税申报表;纳税义务人在1年内分次取得承包经营、承租经营所得的,应当在取得每次所得后的15日内预缴,年度终了后3个月内汇算清缴,多退少补。

3. 自行申报纳税的申报地点

(1)一般是收入来源地的主管税务机关。

(2)如果有两处或者两处以上任职、受雇单位的,选择并固定向其中一处单位所在地主管地税机关申报;从境外取得所得的,应向其境内户籍所在地或经营居住地税务机关申报纳税。

（3）无任职受雇单位的，年所得项目中有个体工商户的生产、经营所得或者对企事业单位的承包经营、承租经营所得（以下统称生产、经营所得）的，向其中一处实际经营所在地主管地税机关申报。

（4）如果在中国境内无任职、受雇单位，年所得项目中无生产、经营所得的，向户籍所在地主管地税机关申报。

纳税人要求变更申报纳税地点的，须经原主管税务机关批准。

4. 自行申报纳税的申报方式

（1）纳税人采取数据电文方式申报的，应当按照税务机关规定的期限和要求保存有关纸质资料。

（2）纳税人采取邮寄方式申报的，以邮政部门挂号信函收据作为申报凭据，以寄出的邮戳日期为实际申报日期。

（3）纳税人可以委托有税务代理资质的中介机构或者他人代为办理纳税申报。纳税期限的最后一日是法定休假日的，以休假日的次日为期限的最后一日。

复习思考题

一、关键概念

企业所得税　居民企业　非居民企业　应纳税所得额　亏损弥补　税收抵免　税收饶让　公益性捐赠　应纳税所得额　个人所得税

二、简答题

1. 什么是企业所得税？其特点主要体现在哪些方面？
2. 如何区分企业所得税居民企业和非居民企业？
3. 企业所得税的纳税人和其纳税义务是怎样规定的？
4. 企业所得税的收入如何确认？
5. 企业所得税的不征税收入、免税收入包括哪些内容？
6. 企业所得税应纳税所得额应该如何确定？
7. 企业所得税法对税前准予扣除项目和扣除标准是如何规定的？
8. 根据企业所得税法规定，税前不允许扣除的支出项目包括哪些？
9. 企业取得的所得已在境外缴纳了所得税，如何进行税收抵免？
10. 简述个人所得税的特点和分类。
11. 个人所得税应税所得计算时的费用扣除是如何规定的？
12. 简述个人所得税的特点。
13. 个人所得税中，判定中国居民和非中国居民的标准是什么？
14. 个人所得税适用税率有哪些规定？

三、计算题

1. 某国有企业在 2017 年全年实现销售收入 8 800 万元,销售成本为 4 500 万元,销售税金及附加为 45 万元,其他业务收入为 400 万元,国库券利息收入为 30 万元,企业债券利息收入为 40 万元。发生其他费用情况如下:

(1) 发生业务招待费 80 万元;

(2) 直接向某革命老区捐赠 40 万元,帮助老区建设;

(3) 支付流转税税金滞纳金 15 万元;

(4) 发生销售费用 1 500 万元(其中广告费用 1 250 万元)。

根据以上资料,分析并计算该企业 2017 年度应缴纳所得税为多少?

2. 某家电生产企业为增值税一般纳税人,2016 年度经税务机关确认的亏损为 50 万元。2017 年度发生相关业务如下:

(1) 销售产品取得不含税销售额 8 000 万元,债券利息收入 160 万元,其中国债利息收入 50 万元;销售成本 3 100 万元,缴纳增值税 600 万元,城市维护建设税和教育费附加 60 万元;

(2) 发生销售费用 1 300 万元,其中广告费和业务宣传费为 1 100 万元;

(3) 发生财务费用 200 万元,其中支付向企业借款 2 000 万元一年的利息 150 万元,同期银行贷款利率为 6%;

(4) 发生管理费用 620 万元,其中用于新产品、新工艺研制而实际支出的研发费用 200 万元;

(5) 已计入成本费用项目的工资总额、提取的职工福利费、职工教育经费和已拨缴的职工工会经费总额为 1 340 万元,其中工资总额为 1 100 万元,职工福利费、职工教育经费和已拨缴的职工工会经费合计为 240 万元;

(6) 2017 年取得来自甲国经营所得 25 万元,甲国对其经营所得征税 6 万元;2013 年来自甲国特许权使用费所得 25 万元,甲国对其适用 20% 的税率征税。

要求:计算该企业 2017 年应缴纳的企业所得税。

3. 某企业在 2017 年获得产品销售收入 3 000 万元,其产品销售成本为 1 830 万元,产品销售税金为 190 万元,发生各种费用 208 万元,其中包括向非银行金融机构借款的利息支出 22 万元,为帮助某国有企业摆脱困境而捐赠的 10 万元,业务招待费 38 万元。此外,该企业的营业外收入为 35 万元,营业外支出为 31 万元,其中包括交给税务机关的滞纳金 4.8 万元,非广告性赞助支出 22 万元。分析并计算该企业应纳所得税额。

4. 工资、薪金应纳个人所得税的计算。纳税人张某是某公司业务部经理,2017 年 10 月取得当月工资收入 12 000 元,取得奖金 3 000 元,取得职务津贴 2 000 元。要求计算张某该月应缴的个人所得税。

5. 某纳税人每月工资9 000元,12月份,年终发放本年度奖金50 000元。要求计算该纳税人12月份应缴的个人所得税是多少?

6. 李某是我国居民纳税人,某年10月个人收入情况如下:

(1) 当月境内取得工资薪金收入5 700元。

(2) 出版小说一部,取得稿酬60 000元,后因小说加印册数又取得稿酬30 000元。

(3) 受托对一电影剧本进行审核,取得审稿收入48 000元。

(4) 上年买的国库券到期,兑付利息2 000元。

(5) 在A国讲学取得收入60 000元,并在A国实际缴纳个人所得税7 000元。

要求:计算李某当月应缴纳的个人所得税。

7. 李教授(中国公民)2017年度取得收入情况如下:

(1) 每月工资6 500元,12月份取得年终奖金45 000元;

(2) 与其同事合作出版业务著作一本;稿酬共计54 000元,李教授分得38 000元;

(3) 为其他单位提供工程设计,取得劳务报酬收入74 000元,将其中30 000元通过民政单位捐赠给了贫困地区的希望小学;

(4) 投资股票市场,上市公司分红5 000元;

(5) 在境外某杂志上刊登论文一篇,取得稿酬3 200元(人民币),已在境外缴纳了个人所得税300元(人民币);

(6) 将自有住房出租,每月租金收入5 000元;

(7) 私有财产受损,取得保险公司赔款4 000元。

要求:根据该教授的收入情况计算其应缴纳的个人所得税。

第六章 资源类税制度

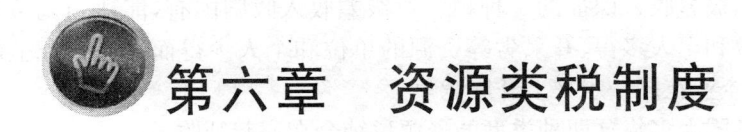

【本章学习目的与要求】

通过本章学习,了解我国现行资源类税包括的资源税、土地增值税和城镇土地使用税的基本概念和特点。熟悉各税种的构成要素,即纳税人、征税范围、税率、计税依据以及征收管理等,掌握资源税、土地增值税和城镇土地使用税应纳税额的正确计算。

第一节 资源税制度概述

一、资源类税的概念

资源类税是以自然资源为课税对象的税种的总称。自然资源是指未经人类加工而可以利用的天然物质资源。它的范围很广泛,包括土地、矿产、水流、森林、草原、野生生物,海洋以及阳光、空气、风能等地面、地下、海底和空间等的一切资源。各国对资源课税并不是对所有的资源都征税,而是选择一部分资源征收资源税,可以体现国家对资源产品的特定调控意图。

二、资源类税的类型

资源类税按课税的目的和意义,可分为一般资源税和级差资源税两种类型。

(一)一般资源税

一般资源税是对使用国有资源的单位和个人就取得的应税资源的使用权而征收的一种税。这种税是以自然资源的开发利用为前提,无论资源的好坏和收益的多少,是绝对的地租收入,带有资源补偿性质的征税。它体现了普遍征收、有偿开采的原则。

(二) 级差资源税

级差资源税是国家对开发和利用自然资源的单位和个人,由于资源条件的差别所取得的级差收入课征的一种税。对级差收入收归国有,能适当调节开采优等资源的单位和个人多得、开采劣等资源的单位和个人少得而造成分配上的苦乐不均,有利于企业在同一水平上开展竞争。

世界各国大多将这两种类型的资源税结合在一起征收。

我国对资源征税的税种主要有资源税、城镇土地使用税和土地增值税,这些税种主要是对矿产资源和土地资源征税,既有对资源收益的征收,也有对资源级差收入的调节。下面我们分别阐述。

第二节 资 源 税

一、资源税概述

(一) 资源税概念

资源税是对在我国境内开采矿产和盐资源的单位和个人,就其应税资源的销售数量或自用数量征收的一种税。

资源税的开征有一定的历史。目前,西方大多数国家开征资源税,特别是一些石油开采国家,根据开采区的储油量、品位、地理环境等条件,设置不同形式的资源税。我国开征资源税最早可追溯到清朝,清朝曾征收过的"矿税"实际上就是现行资源税的雏形;新中国成立后,政务院于1950年发布的《全国税政实施要则》中,明确将盐税列为一个税种征收,使我国对盐业资源的征税制度延续下来。1958年以前,盐税由盐务部门负责征收管理,1958年改由税务机关负责。1973年将盐税并入工商税,1984年9月18日,国务院发布《中华人民共和国资源税条例(草案)》,盐税又从工商税中分离出来,成为独立税种。1993年12月25日,国务院发布《中华人民共和国资源税暂行条例》,从1994年1月1日起实行,征收包括盐资源在内的资源税。2011年9月30日,国务院发布《关于修改〈中华人民共和国资源税暂行条例〉的决定》,自2011年11月1日起施行新的暂行条例。2016年7月1日起我国对资源税进行了全面的改革,资源税的计税依据应税产品的销售额或销售量,各税目的征税对象包括原矿、精矿(或原矿加工品,下同)、金锭、氯化钠初级产品,具体按照《改革通知》所附《资源税税目税率幅度表》相关规定执行。对未列举名称的其他矿产品,省级人民政府可对本地区主要矿产品按矿种设定税目,对其余矿产品按类别设定税目,并按其销售的主要形态(如原矿、精矿)确定征税对象。

(二) 资源税的特点

1. 只对特定资源的开发征税

现行的资源税不是对所有自然资源开发征税,而是采取列举税目的办法征税,对矿产品资源和盐进行征税。在矿产资源中,还采取了根据矿产品价格和采掘业的实际状况选择税目,分批分步实施征收资源税的办法。1984年10月资源税开征伊始,只对原油、天然气、煤炭三种产品开征了资源税;后来又将铁矿石资源纳入资源税的征税范围;1994年实施新的资源税制,规定对开采矿藏取得的原料产品和生产原盐征税,不包括经过再加工的工业品;2016年7月1日开始,征税的对象为原油、天然气、煤炭、金属矿和非金属矿五大类税目。

2. 具有受益税性质

因为资源税是对使用国有资源的单位和个人就取得的应税资源的使用权而征收的一种税,它体现了纳税人对国有资源占用的有偿性。单位或个人开发经营国有自然资源,既应当为拥有开发权而付出一定的"代价",又因享受国有自然资源有义务支付一定的"费用"。所以说,资源税具有受益税的性质。

3. 具有级差收入性质

各种自然资源在客观上都存在着贫富、开采条件、选矿条件、地理位置等种种差异。由于这些客观因素的影响,必然导致各资源开发者和使用者在资源丰瘠和收益多少上悬殊较大。一些占用和开发优质资源的企业和经营者,因资源条件的优越可以获得平均利润以外的级差收入;而开发和占用劣质资源的企业和经营者,则不能获得级差收入。资源税本着对不同开采者资源条件差异以及利润水平区别实行高低不同的差别税率,可以直接调节因资源条件不同而产生的级差收入。可见,资源税实际上是一种级差收入税。

4. 实行从量定额征收

资源税税负是根据应税资源的不同品种以及同一品种的不同资源条件和开采条件按其资源产地和等级分别确定的,并根据各种资源的计量单位确定其单位税额,实行从量定额征税。税款的多少只同资源的销售数量或自用数量有关,同企业成本及产品价格无关。

(三) 开征资源税的意义

1. 促进企业之间开展公平竞争

我国幅员辽阔,各地资源状况参差不齐,资源开发条件方面也存在着较多差异。随着市场经济的发展,从事资源开发、利用的企业、单位和个人越来越多,经济成分也越来越复杂。这样,不同的开发主体因利用自然资源的开发条件不同,就必然形成多寡不同的级差收入。例如,处于资源蕴藏丰富、矿体品位高、开发条件好的地域的企业、单位和个人,收入水平就高;反之,收入水平就低。这样,就使得资源开发主体的利润水平难以真实地反映其生产经营成果,给人造成一种虚假现象,不利于各经营主体之间的平等竞争。只有通过资源税的开征,合理确定差别税率,把因资源状况和开发条件的差异所形成的级差收入用税收的形式征收上来,才能缓解企业收益分配上的矛盾,促进资源开发企业之间以及利用资源的企业之间在较为平等的基础上开展竞争。

2. 促进国有资源合理开采

开征资源税之前,对资源的税收管理措施比较乏力,使得资源的开发和利用处于一种无序状态,降低了资源的开发和使用效益,助长了一些企业采富弃贫、采易弃难、采大弃小、乱采乱挖等破坏和浪费国家资源的现象。开征资源税,可以根据资源和开发条件的优劣,确定不同的税额,把资源的开采和利用,同纳税人的切身利益结合起来,一方面有利于国家加强对自然资源的保护和管理,防止经营者乱采滥用资源,减少资源的损失浪费;另一方面也有利于经营者出于自身经济利益方面的考虑,提高资源的开发利用率,最大限度地合理、有效、节约地开发利用国家资源。

3. 配合其他税种发挥税收杠杆调节功能

第二步利改税以后,资源税虽然对调节纳税人的级差收入水平发挥了一定的作用,但不够充分,不尽如人意。这除了因为征收范围较窄外,主要是因为从资源的开发到产品的生产、商品的流通,在税制上未能形成一个完整的系列,产品税、增值税、资源税、企业所得税之间的关联度较差。鉴于此,国家对资源税与产品税、增值税、企业所得税进行了配套改革,建立了资源税、增值税与企业所得税相辅相成的综合调节机制,使税收的调节作用有效地贯通于资源开发、产品生产和商品流通各个环节。这样,一方面可以弥补增值税普遍调节不足的缺陷;另一方面也为充分发挥企业所得税的调节功能,正确处理国家、企业、个人之间的利益分配关系创造了必要的条件。此外,由于1994年资源税税制改革扩大了征收范围,适度提高了税率,也能使国家财政收入得到一定幅度的增长。

4. 为国家筹集财政资金

众所周知,增值税是对商品价值中增值额($V+M$)部分,按照比较单一的税率课征的税种。但是不同行业、不同产品、不同企业由于种种客观因素的差别,$V+M$ 中 V 和 M 所占比重并不相同,自然资源条件优越,资本有机构成高,设备技术先进,经营管理好,价格高于价值的,M 在 $V+M$ 中所占的份额就大;反之,则小。对因经营管理好等主观因素形成的 M 比重大的,应当鼓励;对因客观因素形成的 M 比重大的,如资源条件优越的,就需要用税收手段进行适当调节,为不同企业之间进行平等竞争创造条件。由此可见,征收资源税正是实现资源产品或从事开发自然资源的企业增值额中 $V+M$ 比例关系合理化的手段。它既弥补了增值税调节作用之不足,又为所得税创造了利润水平大致均衡的征收基础。同时随着其课税范围的扩展,资源税的收入规模及其在税收收入总额中所占的比重都相应增加,财政意义也日渐明显,在为国家筹集财政资金方面发挥着不可忽视的作用。

二、资源税纳税人和税目税率

(一)纳税义务人

1. 纳税人

资源税的纳税义务人是指在中华人民共和国领域或管辖海域开采或生产应税产品的单位和个人。单位是指国有企业、集体企业、私营企业、股份制企业、其他企业和行政单位、事业单位、军事单位、社会团体及其他单位;个人是指个体经营者和其他个人。

2. 扣缴义务人

为了便于和加强征收管理,节约征收成本,资源税的代扣代缴主要适用于税源小、零散、不定期开采、易漏税等,税务机关认为不易直接控管,而由扣缴义务人在收购未税(指未纳资源税,下同)矿产品时代扣代缴资源税为宜的这些情况。

按照现行税法规定分以下两种情况确定代扣代缴某种应税产品适用的单位税额:

(1)独立矿山、联合企业收购未税矿产品的,按照本单位应税产品税额标准,依据收购的数量代扣代缴资源税。独立矿山是指只有采矿或只有采矿和选矿,独立核算、自负盈亏的单位,其生产的原矿和精矿主要用于对外销售;联合企业是指采矿、选矿、冶炼(或加工)连续生产的企业或采矿、冶炼(或加工)连续生产的企业,其采矿单位,一般是该企业的二级或二级以下核算单位。

(2)其他收购单位收购的未税矿产品,按主管税务机关核定的应税产品税额标准,依据收购的数量代扣代缴资源税。"未税矿产品"是指资源税纳税人在销售其矿产品时不能向扣缴义务人提供"资源税管理证明"的矿产品;"资源税管理证明"是证明销售的矿产品已缴纳资源税或已向当地税务机关办理纳税申报的有效凭证;"其他收购未税矿产品的单位",也包括收购未税矿产品的个体户在内。

(二)税目和单位税额

1. 资源税税目

资源税的税目反映了国家征收资源税的具体范围,是资源税课税对象的具体表现形式。本着既合理调节级差收入水平,又适当考虑征收管理水平,在具体设计税目时,资源税采用列举法,实行定额幅度税率,即按照开采或生产应税产品的课税数量,规定有上下限幅度的单位税额。资源税暂行条例共设置 5 个大税目：

（1）原油，指开采的天然原油，不包括以油母页岩等炼制的原油。

（2）天然气，指专门开采和与原油同时开采的天然气，暂不包括煤矿生产的天然气。

（3）煤炭，指原煤，不包括以原煤加工的洗煤和选煤等。

（4）金属矿，包括铁矿、金矿、铜矿、铝土矿、铅锌矿、镍矿、锡矿、锑矿、钨矿、钼矿、未列举名称的其他金属矿产品或精矿。

（5）其他非金属矿原矿。包括石墨、硅藻土、高岭土、萤石、石灰石、硫铁矿、磷矿、氯化钾、硫酸钾、井矿盐、湖盐、提取地下卤水晒制的盐、煤层（成）气、海盐、稀土、未列举名称的其他非金属矿产品。

纳税人在开采主矿产品的过程中伴采的其他应税矿产品，凡未单独规定适用税额的，一律按主矿产品或视同主矿产品税目征收资源税。

2. 资源税税率

纳税人具体适用的税额，根据纳税人所开采或生产应税产品的资源状况，在条例规定的税额幅度内确定，并根据其资源和开采条件等因素的变化情况适当进行定期调整。纳税人开采或生产不同税目应税产品的，应当分别核算不同税应税产品的销售额或课税数量；未分别核算或者不能准确提供不同税目应税产品的销售额或课税数量的，从高适用税率。具体见表6-1。

表6-1　　　　　　　　　　资源税的税目税率表

税　　目		税　　率
一、原油		销售额的5%～10%
二、天然气		销售额的5%～10%
三、煤炭	焦煤	每吨8～20元
	其他煤炭	每吨0.3～5元
四、其他非金属矿原矿	普通非金属矿原矿	每吨或者每立方米0.5～20元
	贵重非金属矿原矿	每千克或者每克拉0.5～20元
五、黑色金属矿原矿		每吨2～30元
六、有色金属矿原矿	稀土矿	每吨0.4～60元
	其他有色金属矿原矿	每吨0.4～30元
七、盐	固体盐	每吨10～60元
	液体盐	每吨2～10元

三、资源税应纳税额的计算

（一）计税依据

资源税的计税依据为应税产品的销售额或销售量，各税目的征税对象包括原矿、精矿（或原矿加工品，下同）、金锭、氧化钠初级产品，具体按照表6-1所附《资源税税目税率表》相关规定执行。对未列举名称的其他矿产品，省级人民政府可对本地区主要矿产品按矿种设定税目，对其余矿产品按类别设定税目，并按其销售的主要形态（如原矿、精矿）确定征税对象。

1. 从价定率征收的计税依据

从价定率征收的计税依据为销售额，它是指纳税人销售应税产品向购买方收取的全部价款和价外费用、不包括增值税销项税额和运杂费用。

运杂费用是指应税产品从坑口或洗选（加工）地到车站、码头或购买方指定地点的运输费用、建设基金以及随运销产生的装卸、仓储、港杂费用。运杂费用应与销售额分别核算，凡未取得相应凭据或不能与销售额分别核算的，应当一并计征资源税。

纳税人开采应税矿产品有其关联单位对外销售的，按其关联单位的销售额征收资源税。纳税人既有对外销售应税产品，又有将应税产品用于除连续生产应税产品以外的其他方面的，则自用的这部分应税产品按纳税人对外销售应税产品的平均价格计算销售额征收资源税。

纳税人将其开采的应税产品直接出口的，按其离岸价格（不含增值税）计算销售额征收资源税。

价外费用，包括价外向购买力收取的手续费、补贴、基金、集资费、返还利润、奖励费、违约金、滞纳金、延期付款利息、赔偿金、代收款项、代垫款项、包装费、包装物租金、储备费、优质费以及其他各种性质的价外收费。但下列项目不包括在内：

（1）同时符合以下条件的代垫运输费用：
① 承运部门的运输费用发票开具给购买方的；
② 纳税人将该项发票转交给购买方的。
（2）同时符合以下条件代为收取的政府性基金或者行政事业性收费：
① 由国务院或者财政部批准设立的政府性基金，由国务院或者省级人民政府及其财政、价格主管部门批准设立的行政事业性收费；
② 收取时开具省级以下财政部门印制的财政票据；
③ 所收款项全额上缴财政。

另外，纳税人以人民币以外的货币结算销售额的，应当折合成人民币计算。其销售额的人民币折合率可以选择销售额发生的当天或者当月1日的人民币汇率中间价。纳税人应在事先确定采用何种折合率计算方法,确定后 1 年内不得变更。

2. 从量定额征收的计税依据

实行从量定额征收的以销售数量为计税依据,销售数量的具体规定为:

(1) 销售数量,包括纳税人开采或者生产应税产品的实际销售数量和视同销售的自用数量。

(2) 纳税人不能准确提供应税产品销售数量的,以应税产品的产量或者主管税务机关确定的折算比换算成的数量为计征资源税的销售数量。

(二) 应纳税额的计算

资源税的应纳税额,按照从价定率或者从量定额的办法。分别以应税产品的销售额乘以纳税人具体适用的比例税率或者以应税产品的销售数量乘以纳税人具体适用的定额税率计算。计算公式为:

$$应纳税额 = 销售额(数量) \times 适用的税率(税额)$$
$$代扣代缴税额 = 收购的未税矿产品金额(数量) \times 适用的税率(税额)$$

[例 6-1] 成捷为某个体煤矿的业主。该煤矿 5 月份对外销售原煤 16 000 吨,对外销售用自产原煤加工的选煤 12 000 吨。税务机关核定的选煤的综合回收率为 0.8,该煤矿所采原煤的单位税额为 2.50 元/吨。计算企业本月应纳资源税为多少?

解:

$$应纳税额 = 课税数量 \times 适用的单位税额$$

对于对外销售原煤,其应纳税额为:

$$应纳税额 = 16\,000 \times 2.5 = 40\,000(元)$$

对于自产自用原煤,由于连续加工前无法正确计算原煤移送使用数量,可按加工产品的综合回收率,将加工产品实际销售量折算成原煤数量作为课税数量。

则按选煤销售量折算成的原煤自用数量为:

$$原煤自用数量 = 入选精矿 \div 选矿比$$
$$= 12\,000 \div 0.8$$
$$= 15\,000(吨)$$

则自用原煤的应纳税额为:应纳税额 $= 15\,000 \times 2.5 = 37\,500(元)$

则当月应纳资源税税额为:应纳税额 $= 40\,000 + 37\,500 = 77\,500(元)$

[例 6-2] 某油田 2017 年 8 月销售原油 20 000 吨,开具增值税专用发票取得销售额 10 000 万元、增值税额 1 700 万元,按《资源税税目税率幅度表》的规定,其适用的税率为 8%。请计算该油田 8 月应缴纳的资源税为多少?

解：

$$应纳税额 = 10\,000 \times 8\% = 800(万元)$$

[例 6-3] 某砂石开采企业 2017 年 10 月销售砂石 3 000 立方米,资源税税率为 2 元/立方米。请计算该企业 10 月应纳资源税税额。

解：

外销砂石应纳税额：应纳税额 = 课税数量 × 单位税额

$$= 3\,000 \times 2 = 6\,000(元)$$

[例 6-4] 某纳税人本期以自产液体盐 50 000 吨和外购液体盐 10 000 吨(每吨已缴纳资源税 5 元)加工固体盐 12 000 吨对外销售,取得销售收入 600 万元。已知固体盐税额为每吨 30 元,该纳税人本期应纳资源税多少元?

解：

为避免盐连续加工过程中的重复征税,纳税人以自产的液体盐加工固体盐,按固体盐税额征税,以加工的固体盐数量为课税数量。纳税人外购的液体盐加工成固体盐,其加工固体盐所耗用液体盐的税额准予抵扣。

$$应纳资源税 = 12\,000 \times 30 - 10\,000 \times 5$$
$$= 310\,000(元)$$

[例 6-5] 某铜矿山 11 月销售铜矿石原矿 77 000 吨,移送入选精矿 12 500 吨,选矿比为 25%,该矿山铜矿属于 4 等,按规定适用 5.5 元/吨。请计算该矿山当月应纳税额。

解：

(1) 外销铜矿石原矿的应纳税额

$$应纳税额 = 课税数量 \times 适用的单位税额$$
$$= 77\,000 \times 5.5$$
$$= 423\,500(元)$$

(2) 因无法掌握入选精矿的原矿数量,按选矿比计算的应纳税额

$$应纳税额 = 入选精矿 \div 选矿比 \times 单位税额$$
$$= 12\,500 \div 25\% \times 5.5$$
$$= 275\,000(元)$$

(3) 合计应纳税额 = 原矿应纳税额 + 精矿应纳税额

$$= 423\,500 + 275\,000$$
$$= 698\,500(元)$$

四、资源税税收优惠

资源税贯彻普遍征收、级差调节的原则,因此规定的减免税项目比较少。具体优惠内容包括:

(1) 开采原油过程中用于加热、修井的原油,免税。

(2) 纳税人开采或者生产应税产品过程中,因意外事故或者自然灾害等原因遭受重大损失的,由省、自治区、直辖市人民政府酌情决定减税或者免税。

(3) 铁矿石资源税减按 40% 征收资源税。

(4) 对鼓励利用的低品位矿、废石、尾矿、废渣、废水、废气等提取的矿产品,由省级人民政府根据实际情况确定是否减税或免税,并制定具体办法。

(5) 从 2007 年 1 月 11 日起,对地面抽采煤层气暂不征收资源税。煤层气是指赋存于煤层及其围岩中与煤炭资源伴生的非常规天然气,也称煤矿瓦斯。

(6) 自 2010 年 6 月 1 日起,纳税人在新疆开采的原油、天然气,自用于连续生产原油、天然气的,不缴纳资源税;自用于其他方面的,视同销售,依照本规定计算缴纳资源税。

(7) 有下列情形之一的,免征或者减征资源税:

① 油田范围内运输稠油过程中用于加热的原油、天然气,免征资源税。

② 稠油、高凝油和高含硫天然气资源税减征 40%。

③ 三次采油资源税减征 30%。三次采油是指二次采油后继续以聚合物驱、三元复合驱、泡沫驱、二氧化碳驱、微生物驱等方式进行采油。

④ 对低丰度油气田资源税减征 20%。

⑤ 对深水油气田资源税减征 30%。

⑥ 对实际开采年限在 15 年以上的衰竭期矿山开采的矿产资源,资源税减征 30%。

⑦ 对依法在建筑物下、铁路下、水体下通过充填开采方式采出的矿产资源,资源税减征 50%。

为促进共伴生矿的综合利用,纳税人开采销售共伴生矿,共伴生矿与主矿产品销售额分开核算的,对共伴生矿暂不计征资源税;没有分开核算的,共伴生矿按主矿产品的税目和适用税率计征资源税,财政部、国家税务总局另有规定的,从其规定。

(8) 出口应税产品不退(免)资源税的规定:

资源税规定仅对在中国境内开采或生产应税产品的单位和个人征收,进口的矿产品和盐不征收资源税。由于对进口应税产品不征收资源税,相应地,对出口应税产品也不免征或退还已纳资源税。

五、资源税的征收管理

（一）纳税义务发生时间

（1）纳税人销售应税产品，其纳税义务发生时间为：

① 纳税人采取分期收款结算方式的，其纳税义务发生时间，为销售合同规定的收款日期的当天。

② 纳税人采取预收货款结算方式的，其纳税义务发生时间，为发出应税产品的当天。

③ 纳税人采取其他结算方式的，其纳税义务发生时间，为收讫销售款或者取得索取销售款凭据的当天。

（2）纳税人自产自用应税产品的纳税义务发生时间，为移送使用应税产品的当天。

（3）扣缴义务人代扣代缴税款的纳税义务发生时间，为支付首笔货款或首次开具支付货款凭据的当天。

（二）纳税期限

（1）纳税期限是纳税人发生纳税义务后缴纳税款的期限。资源税的纳税期限为1日、3日、5日、10日、15日或者1个月，纳税人的纳税期限由主管税务机关根据实际情况具体核定。不能按固定期限计算纳税的，可以按次计算纳税。

（2）纳税人以1个月为一期纳税的，自期满之日起10日内申报纳税；以1日、3日、5日、10日或者15日为一期纳税的，自期满之日起5日内预缴税款，于次月1日起10日内申报纳税并结清上月税款。

（三）纳税环节和纳税地点

（1）资源税在应税产品的销售或自用环节计算缴纳。以自采原矿加工精矿产品的，在原矿移送使用时不缴纳资源税，在精矿销售或自用时缴纳资源税。

（2）纳税人以自采原矿加工金锭的，在金锭销售或自用时缴纳资源税。纳税人销售自采原矿或者自采原矿加工的金精矿、粗金，在原矿或者金精矿、粗金销售时缴纳资源税，在移送使用时不缴纳资源税。

（3）以应税产品投资分配、抵债、赠与、以物易物等，视同销售，依照本通知有关规定计算缴纳资源税。

（4）纳税人应当向矿产品的开采地或盐的生产地缴纳资源税。纳税人在本省、自治区、直辖市范围开采或者生产应税产品，其纳税地点需要调整的，由省级地方税务机关决定。

（5）如果纳税人应纳的资源税属于跨省开采，其下属生产单位与核算单位不在同省、自治区、直辖市的，对其开采或者生产的应税产品，一律在开采地或者生产地纳税。实行从量计征的应税产品,其应纳税款一律由独立核算的单位按照每个开采地或者生产地的销售量及适用税率计算划拨;实行从价计征的应税产品,其应纳税款一律由独立核算的单位按照每个开采地或者生产地的销售量、单位销售价格及适用税率计算划拨。

(6)扣缴义务人代扣代缴的资源税,应当向收购地主管税务机关缴纳。

第三节 土地增值税

一、土地增值税概述

(一)土地增值税概念

土地增值税是对有偿转让国有土地使用权、地上建筑物和其他附着物产权并取得收入的单位和个人,就其转让房地产所取得的增值额征收的一种税。

对土地征税是一种相当古老的税收形式,也是各国普遍开征的一种税种。对土地征税,依据征税的税基不同,可以分为两大类:一类是财产性质的土地税,它以土地的数量或价值为税基,属于原始的直接税或财产税;另一类是收益性质的土地税,它是对土地收益或地租征税。

新中国成立以来,土地、房屋等不动产的征税制度比较薄弱,虽然先后开征过契税、城市房地产税、房产税、土地使用税等税种,但这些税种大多属于传统意义上的土地税,有的还具有行为税的特点。现行土地增值税的基本规范,是1993年12月13日由国务院颁布、1994年1月1日施行的《中华人民共和国土地增值税暂行条例》。

开征土地增值税,目的是利用税收杠杆对房地产业的开发、经营和房地产市场进行适当调控,以保护房地产业和房地产市场的健康发展,控制投资规模,遏止土地投机行为,维护国家权益、促进土地资源的合理利用,调节部分单位和个人通过房地产交易取得的过高收入,增加财政收入。

(二)土地增值税的特点

(1)以转让房地产取得的增值额为征税对象。我国的土地增值税将土地、房屋的转让收入合并征收,作为征税对象的增值额是纳税人转让房地产取得的收入减除税法规定准予扣除项目金额后的余额。

(2)采用扣除法和评估法计算增值额。土地增值税在计算方法上考虑我国实际情况,以纳税人转让房地产取得的收入减除税法规定准予扣除项目金额后的余额为计税依据。对纳税人转让旧房、建筑物以及纳税人转让房地产申报不实、成交价格偏低,则采用评估价格法确定增值额,计征土地增值税。

(3) 实行超率累进税率。土地增值税实行四级超率累进税率,以转让房产的增值率为累进依据,增值率越高,税率越高;增值率越低,税率越低。

(4) 实行按次征收。土地增值税在房地产的转让环节,实行按次征收。每发生一次转让行为,就应根据每次取得的增值额征一次税。

二、土地增值税征税范围、纳税人和税率

(一) 征税范围

土地增值税的征税对象是有偿转让国有土地使用权、地上建筑物和其他附着物的产权所取得的增值额。这一概念所界定的征税范围有以下几方面:"国有土地",是指按国家法律规定属于国家所有的土地。集体所有的土地,必须先由国家征用后才能转让。"地上建筑物",是指建于土地上的一切建筑物,包括地上地下的各种附属设施。"附着物",是指附着于土地上的不能移动或一经移动即遭损坏的物品。

土地增值税既对转让土地使用权课税,也对转让地上建筑物和附着物的产权征税。之所以要把转让这些房产建筑物的行为列入征税,是因为在房地产转让中所体现的增值,虽然实质上是土地增值,房产没有增值或增值很少,可是在实际生活中,土地使用权和房屋建筑物的产权是不可截然分开的,特别是在我国目前地价、房价制度尚未建立的情况下,把房价、地价分开是很困难的。当然,虽定名为土地增值税,在房产不可截然分开的情况下,房产增值也是应当并入征税的。

土地增值税的征税范围不包括房地产的权属虽转让,但未取得收入的行为,如房地产的继承。需要强调的是,无论是单独转让国有土地使用权,还是房屋产权与国有土地使用权一并转让,只要取得收入,均属于土地增值税的征税范围,应对其征收土地增值税。

(二) 纳税义务人

土地增值税的纳税义务人为转让国有土地使用权、地上建筑物及其附着物(以下简称转让房地产)并取得收入的单位和个人。单位包括内外资企业、事业单位、国家机关和社会团体及其他组织;个人包括个体经营者、华侨、港澳台同胞和外国公民。

(三) 税率

土地增值税以增值额占扣除项目的比例为依据,实行四级超率累进税率。其中,最低税率为30%,相当于企业所得税税率;最高税率为60%。这种差别较大的税率对于正常的房地产开发经营是比较优惠的,对于炒买炒卖房地产获取暴利的,则可起到一定的调节作用。土地增值税四级超率累进税率,见表6-2。

表 6-2　　　　　　　　土地增值税四级超率累进税率表

级次	增值额与扣除项目金额的比率(%)	税率(%)	速算扣除系数(%)
1	不超过50%的部分	30	0
2	50%～100%的部分	40	5
3	100%～200%的部分	50	15
4	超过200%的部分	60	35

注：上述所列四级超率累进税率，每级"增值额未超过扣除项目金额"的比例，均包括本比例数。

三、土地增值税应纳税额的计算

（一）计税依据

土地增值税的计税依据是纳税人转让房地产所取得的增值额。由于我国房地产市场发育不健全，房地产增值额的计算只能采用简便易行的扣除法或余额法，即以转让房地产所取得的收入减除税法规定扣除项目金额后的余额为增值额。土地增值额的计算公式为：

土地增值额 = 出售房地产的总收入 － 扣除项目金额

1. 收入额的确定

纳税人转让房地产所取得的收入，包括货币收入、实物收入和其他收入等全部价款及有关经济利益。

对取得的实物收入，要按收入的市场价格折算成货币收入；对取得的无形资产收入，要进行专门的评估后确认收入；对取得的外国货币或以分期收款方式取得的外币收入，应当以取得收入当天或当月1日国家公布的市场汇价折合人民币，据以计算土地增值税税额。

2. 扣除项目的确定

扣除项目按具体内容不同，可分为六类。

（1）取得土地使用权所支付的金额

取得土地使用权所支付的金额是指纳税人为取得土地使用权所支付的地价款和国家统一规定缴纳的有关费用。如果是以协议、招标、拍卖等出让方式取得土地使用权的，地价款为纳税人所支付的土地出让金；如果是以行政划拨方式取得土地使用权的，地价款为按照国家有关规定补缴的土地出让金；如果是以转让方式取得土地使用权的，地价款为向原土地使用权人实际支付的地价款。

（2）开发土地和新建房及配套设施的成本（简称房地产开发成本）

房地产开发成本是指纳税人开发房地产项目实际发生的成本，包括土地征用及拆迁补偿费、前期工程费、建筑安装工程费、基础设施费、公共配套设施费、开发间接费用。

(3) 开发土地和新建房及配套设施的费用(简称房地产开发费用)

房地产开发费用是指与房地产开发项目有关的销售费用、管理费用、财务费用。其中,财务费用中的利息支出,纳税人凡能按转让房地产项目计算分摊利息支出,并能提供金融机构证明的,允许据实扣除,但最高不能超过按商业银行同类同期贷款利率计算的金额,其允许扣除的房地产开发费用为:利息+(取得土地使用权所支付的金额+房地产开发成本)×5%。纳税人不能按转让房地产项目计算分摊利息支出或不能提供金融机构证明的,其允许扣除的房地产开发费用为:(取得土地使用权所支付的金额+房地产开发成本)×10%。

(4) 旧房及建筑物的评估价格

旧房及建筑物的评估价格是指在转让已使用的房屋及建筑物时,由政府批准设立的房地产评估机构评定的重置成本乘以成新度折旧率后的价格。评估价格须经当地税务机关确认。例如,一栋20世纪70年代建造的大楼,当时造价300万元,如果按现在的料、工、费计算,盖同样的大楼需900万元,则900万元为重置价,若该大楼有七成新,则该大楼的评估价为900×70%=630万元。

(5) 与转让房地产有关的税金

与转让房地产有关的税金是指在转让房地产时缴纳的营业税、城市维护建设税、印花税。因转让房地产缴纳的教育费附加,也可视同税金予以扣除。房地产开发企业在转让时缴纳的印花税已列入管理费用中,在此不允许扣除;其他纳税人缴纳的印花税(按产权转移书据所载金额的0.5‰贴花),允许在此扣除。

(6) 财政部规定的其他扣除项目

财政部规定的其他扣除项目,例如,为支持正当的房地产开发,财政部在《暂行条例实施细则》中规定,对从事房地产开发的纳税人,可按取得土地使用权时所支付的金额和房地产开发成本之和,加计20%扣除。

(二) 应纳税额的计算

土地增值税按照纳税人转让房地产所取得的增值额和规定的税率计算征收。土地增值税采用超率累进税率,它的计算有其特殊性,具体有定义法和速算法两种,其计算公式为:

$$\text{土地增值税税额} = \sum (\text{每级距的土地增值额} \times \text{适用税率})$$

但在实际工作中,分步计算比较烦琐,一般可以采用速算扣除法计算。即:计算土地增值税税额,可按增值额乘以适用的税率减去扣除项目金额乘以速算扣除系数的简便方法计算,具体方法如下:

$$土地增值税税额 = 增值额 \times 税率 - 扣除项目金额 \times 速算扣除系数$$

(1) 增值额未超过扣除项目金额50%时，计算公式为：

$$土地增值税税额 = 增值额 \times 30\%$$

(2) 增值额超过扣除项目金额50%、未超过100%时，计算公式为：

$$土地增值税税额 = 增值额 \times 40\% - 扣除项目金额 \times 5\%$$

(3) 增值额超过扣除项目金额100%、未超过200%时，计算公式为：

$$土地增值税税额 = 增值额 \times 50\% - 扣除项目金额 \times 15\%$$

(4) 增值额超过扣除项目金额100%、未超过200%时，计算公式为：

$$土地增值税税额 = 增值额 \times 60\% - 扣除项目金额 \times 35\%$$

上述公式中的5%、15%、35%分别为2、3、4级的速算扣除系数，具体见表6-2。

[例6-6] 假定某房地产开发公司转让商品房一栋取得收入总额为1 000万元，应扣除的购买土地的金额、开发成本的金额、开发费用的金额、相关税金的金额、其他扣除的金额合计为400万元。请计算该房地产开发公司应缴纳的土地增值税为多少？

解：

① 先计算增值额：

$$增值额 = 1\ 000 - 400 = 600(万元)$$

② 再计算增值额与扣除项目金额的比率：

$$增值额与扣除项目金额的比率 = 600 \div 400 \times 100\% = 150\%$$

根据上述计算方法，增值超过项目金额的100%、未超过200%时，其适用的计算公式为：

$$土地增值税税额 = 增值额 \times 50\% - 扣除项目金额 \times 15\%$$

(3) 最后计算该房地产开发公司应缴纳的土地增值税：

$$应缴纳土地增值税 = 600 \times 50\% - 400 \times 15\% = 240(万元)$$

[例6-7] 某单位转让房地产所取得的收入为1 085万元，其扣除项目金额为350万元。请按定义法和速算法两种方法计算该单位应纳土地增值税税额。

解：

① 按定义法计算

增值额＝1 085－350＝735（万元）

增值额与扣除项目金额之比＝735÷350×100％＝210％

按超率累进定义法计算税额，见表6-3。

表6-3　　　　　　　　按超率累进定义法计算税额

增值额（万元）	税率(%)	应纳税额（万元）
350×50％＝175	30	175×30％＝52.5
350×(100％－50％)＝175	40	175×40％＝70
350×(200％－100％)＝350	50	350×50％＝175
350×(210％－200％)＝35	60	35×60％＝21
合计　　　　　　　735		318.5

从上述计算过程可以看出，在增值额中，增值率不超过50％的部分为175万元，按30％的税率计算应纳税额为52.5万元；增值率在50％～100％的部分为175万元，按40％的税率计算应纳税额为70万元；增值率在100％～200％的部分为350万元，按50％的税率计算应纳税额为175万元；增值率在200％以上的部分为35万元，按60％的税率计算应纳税额为21万元；合计应纳税额为318.5万元。

②按速算法计算

应纳税额＝增值额×税率－扣除项目金额×速算扣除系数
＝735×60％－350×35％＝318.5（万元）

由上例可以看出，按超率累进定义法和按速算法计算的结果是一样的。

四、土地增值税税收优惠

根据《土地增值税暂行条例》规定，土地增值税的减免税优惠主要包括：

（一）因国家建设需要依法征用、收回的房地产免税

因国家建设需要依法征用、收回的房地产，是指因城市实施规划、国家建设的需要而被政府批准征用的房产或收回的土地使用权。包括："城市实施规划"而搬迁，即因旧城改造或因企业污染、扰民（指产生过量废气、废水、废渣和噪音，使城市居民生活受到一定危害），而由政府或政府有关主管部门根据已审批通过的城市规划确定进行的搬迁；因"国家建设的需要"而搬迁，即因实施国务院、省级人民政府、国务院有关部委批准的建设项目而进行的搬迁。

（二）纳税人建造普通标准住宅出售减免税

纳税人建造普通标准住宅出售，增值额未超过税法规定扣除项目金额20％的

免征土地增值税;增值额超过扣除项目金额20%的,应就其全部增值额按规定计税。普通住宅原则上应同时满足以下条件:

(1) 住宅小区建筑容积率在1.0以上;

(2) 单套建筑面积在120平方米以下;

(3) 实际成交价格低于同级别土地上住房平均交易价格1.2倍以下。

对于上述条件,各省、自治区、直辖市可根据实际情况,制定本地区享受优惠政策普通住房的具体标准,但单套建筑面积和价格标准向上浮动的比例不得超过上述标准的20%。对纳税人既建普通标准住宅又搞其他房地产开发的,如商住两用的项目,应分别核算增值额。不分别核算增值额或不能准确核算增值额的,其建造的普通标准住宅不能适用免税规定。

(三) 政策性住房免征土地增值税

对按照统一标准建造出售社会保障住房、低保解困房和经济适用房等政策性住房并能提供证明的,免征土地增值税。企事业单位、社会团体以及其他组织转让旧房作为廉租住房、经济适用住房房源且增值额未超过扣除项目金额20%的,也免征土地增值税。

(四) 个人转让普通住宅免税

对居民个人转让其拥有的普通住宅,暂免征土地增值税。个人因工作调动或改善居住条件而转让原自用住房(非普通住宅),经向税务机关申报核准,凡居住满5年或5年以上的,免予征收土地增值税;居住满3年未满5年的,减半征收土地增值税;居住未满3年的,按规定计征土地增值税。

五、土地增值税征收管理

(一) 申报纳税程序

纳税人应在签订转让房地产合同后,到房地产所在地税务机关办理纳税申报。同时,向税务机关提交房屋及建筑物产权、土地使用权证书、土地转让、房产买卖契约、交易标的物、会计报表和有关资料。纳税人按照税务机关核定的税额及规定的期限,到指定银行缴纳土地增值税。纳税人按规定办理纳税手续后,持完税凭证到房产、土地管理部门办理产权变更手续。

(二) 纳税期限

土地增值税由土地所在地税务机关负责征收。土地增值税的纳税人应在转让房地产合同签订后的7日内,到房地产所在地主管税务机关办理纳税申报,并向税务机关提交房屋及建筑物产权、土地使用权证书、土地转让、房产买卖合同、房地产评估报告及其他与转让房地产有关的资料。纳税人因经常发生房地产转让而难以在每次转让后申报的,经税务机关审核同意后,可以定期进行纳税申报,具体期限由税务机关根据情况确定。

（三）纳税地点

土地增值税的纳税人应向房地产所在地（坐落地）主管税务机关办理纳税申报，并在税务机关核定的期限内缴纳土地增值税。纳税人转让的房地产坐落在两个或两个以上地区的，应按房地产所在地分别申报纳税。在实际工作中，纳税地点的确定又可分为以下两种情况：

1. 纳税人是法人

当转让的房地产坐落地与其机构所在地或经营所在地一致时，在办理税务登记的原管辖税务机关申报纳税即可；如果转让的房地产坐落地与其机构所在地或经营所在地不一致，应在房地产坐落地所管辖的税务机关申报纳税。

2. 纳税人是自然人

当转让的房地产坐落地与其居住所在地一致时，在其居住所在地税务机关申报纳税；当转让的房地产坐落地与其居住所在地不一致时，在办理过户手续所在地的税务机关申报纳税。

第四节　城镇土地使用税

一、城镇土地使用税概述

（一）城镇土地使用税概念

城镇土地使用税是以城镇土地为征税对象，实际占用的土地面积为计税依据，按规定税额对拥有土地使用权的单位和个人征收的一种税。

土地是人们赖以生存、从事生产活动必不可少的物质条件。我国人多地少，可利用的土地资源十分紧缺，珍惜土地，节约用地，是我们的一项基本国策。早在新中国建立初期，地产税是被列入《全国税政实施要则》的税种。1951年8月中央人民政府政务院颁布了《城市房地产税暂行条例》，规定在城市中将地产税与房产税合并为城市房地产税。1973年简化税制，将对企业征收的房地产税部分，并入了工商税。为进一步利用城镇土地资源，调节不同地区、不同地段之间的土地级差收入，提高土地使用效益，1988年9月27日公布了《中华人民共和国城镇土地使用税暂行条例》，并于当年11月1日起施行。

现行城镇土地使用税的基本规范，是2006年12月30日国务院第163次常务会议通过《国务院关于修改〈中华人民共和国城镇土地使用税暂行条例〉的决定》，本次修改的主要内容是提高城镇土地使用税税额标准，将征收范围扩大到外商投资企业和外国企业，从2007年1月1日起开始实施。

(二) 城镇土地使用税的特点

1. 对占用或使用土地的行为征税

在国外,对土地课税属于财产税。但我国宪法规定,城镇土地的所有权归国家,单位和个人对占用的土地只有使用权而无所有权。因此,城镇土地使用税实质上是对使用土地的行为课税,而非严格意义上的财产税。

2. 征税对象是所有的土地

城镇土地归国家和集体所有,单位和个人只有使用权,没有所有权。这样,国家既可以凭借财产权利对土地使用人获取的收益进行分配,又可凭借政治权利对土地使用者进行征税。开征城镇土地使用税,是国家凭借政治权力对土地使用者获取的本应属于国家的土地收益集中到国家手中。

3. 征税范围有所限定

现行城镇土地使用税征税范围限定在城市、县城、建制镇、工矿区,坐落在农村地区的房地产不属城镇土地使用税的征税范围。城镇土地使用税在筹集地方财政资金、调节土地使用和收益分配方面,发挥了积极作用。

4. 实行差别幅度税额

开征城镇土地使用税的主要目的之一,是调节土地的级差收入,而级差收入的产生主要取决于土地的地理位置。占有土地位置优越的纳税人,取得额外经济收益。为了有利于体现国家政策,城镇土地使用税实行差别幅度税额,按城市大小来规定差别税额,根据市政建设状况和经济繁荣程度也确定不等的负担水平。

(三) 开征城镇土地使用税的意义

城镇土地使用税的开征具有重要意义,对节约用地具有重要的作用,具体包括:

1. 促进土地资源的合理、节约使用

土地是一种稀缺的资源,我国虽然幅员辽阔,但有13亿人口,人均土地面积并不富裕。过去我国对非农业用地基本上都采用行政划拨、无偿使用的办法,造成土地资源的大量浪费。开征城镇土地使用税后,国有土地不再由单位和个人无偿使用,而要按规定向国家纳税。由于土地使用税的负担是按城市大小和所处地区经济繁荣程度确定的,因此单位和个人多占地、占好地就要多纳税;少占地、占次地就少纳税。这样就能促进企业合理配置土地和节约使用土地。

2. 调节土地级差收入,鼓励公平竞争

在市场经济条件下,影响企业盈利的客观因素非常多。其中,地理位置的好坏是影响企业流通费用高低、运输成本大小,从而影响企业利润多少的重要因素之一。由于企业土地级差收入的获得与其本身的经营状况无关,如不对此征税,既不利于企业的经济核算,也无法客观地对企业的经营成果进行比较。开征城镇土地使用税,将土地的级差收入纳入政府财政,不仅有利于理顺国家和土地使用者的分配关系,还为企业进行公平竞争创造了条件。

3. 筹集地方财政资金,完善地方税收体系

城镇土地使用税属于地方税,它所取得的税收收入由地方政府支配,是地方财政收入的一项稳定来源。同时由于城镇土地使用税在所有大、中、小城市和县城、建制镇、工矿区开征,涉及面宽,且收入额较大,这就为建立和完善地方税体系、实行以分税制为基础的财政体制创造了条件。

二、城镇土地使用税征税范围、纳税人和税率

(一) 征税范围

城镇土地使用税的征税范围为城市、县城、建制镇、工矿区。其中,城市是指经国务院批准设立的市,城市的征税范围为市区和郊区;县城是指县人民政府所在地,县城的征税范围为县人民政府所在的城镇;建制镇是指经省、自治区、直辖市人民政府批准设立的建制镇,建制镇的征税范围为镇人民政府所在地;工矿区是指工商业比较发达、人口比较集中、符合国务院规定的建制镇标准但尚未设立镇建制的大中型工矿企业所在地,且工矿区须经省、自治区、直辖市人民政府批准。

由于城市、县城、建制镇和工矿区内的不同地方,其自然条件和经济繁荣程度各不相同,税法很难对全国城镇的具体征税范围做出统一规定。因此国家税务总局在《关于土地使用税若干具体问题解释和暂行规定》中规定"城市、县城、建制镇、工矿区的具体征税范围,由各省、自治区、直辖市人民政府划定"。

(二) 纳税人

在城市、县城、建制镇和工矿区范围内使用的国家所有和集体所有土地的单位和个人,为城镇土地使用税的纳税义务人。具体包括:

由拥有土地使用权的单位或个人缴纳;

拥有土地使用权的纳税人不在土地所在地的,由代管人或实际使用人纳税;

土地使用权未确定或权属纠纷未解决的,由实际使用人纳税;

土地使用权共有的,由各方按其实际使用的土地面积占总面积的比例,分别计算缴纳土地使用税。

(三) 税率

城镇土地使用税采用定额税率,即采用有幅度的差别定额税额,按大、中、小城市和县城、建制镇、工矿区分别规定每平方米土地使用税。具体见表6-4。

表 6-4　　　　　　　　　　　城镇土地使用税税率表

级　别	人　口	每平方米税额(元)
大城市	50万以上	1.5～30
中等城市	20万～50万	1.2～24
小城市	20万以下	0.9～18
县城、建制镇、工矿区	—	0.6～12

　　土地使用税规定幅度税额主要考虑到我国各地区存在着悬殊的土地级差收益,同一地区内不同地段的市政建设情况和经济繁荣程度也有较大的差别。把土地使用税税额定为幅度税额,拉开档次,而且每个幅度税额的差距规定了20倍。由省、自治区、直辖市人民政府根据市政建设状况、经济繁荣程度,将土地划分为若干等级,在上列幅度内,具体规定各个等级的适用税额幅度。市、县人民政府应当根据情况,将本地区土地划分为若干等级,在省级政府确定的税额幅度内,制定相应的适用税额标准,报省级政府批准执行。经省级政府批准,可以分别适当降低或提高。但降低额不得超过条例规定的上述最低税额的30%;提高的须报财政部批准。

三、应纳税额的计算

(一)计税依据

　　城镇土地使用税以纳税人实际占用的土地面积为计税依据,土地面积计量标准为每平方米。即税务机关根据纳税人实际占用的土地面积,按照规定的税额计算应纳税额,向纳税人征收土地使用税。

　　纳税人实际占用的土地面积按下列办法确定:

　　(1)凡由省、自治区、直辖市人民政府确定的单位组织测定土地面积的,以测定的面积为准。

　　(2)尚未组织测量,但纳税人持有政府部门核发的土地使用证书的,以证书确认的土地面积为准。

　　(3)尚未核发出土地使用证书的,应由纳税人申报土地面积,据以纳税,待核发土地使用证以后再做调整。

(二)应纳税额的计算

　　城镇土地使用税以纳税人实际占用的土地面积为计税依据,依照规定税额计算征收,其计算公式为:

$$全年应纳税额 = 实际占用应税土地面积(平方米) \times 适用税率$$

[例6-8] 某国有企业生产经营地分别位于甲、乙、丙三个地区,甲地区的土地使用权属于该企业,面积20 000平方米,其中,幼儿园占1 000平方米,厂区绿化地占2 000平方米;乙地的土地使用权属于该企业与另外一家企业共同所有,面积7 000平方米,实际使用面积双方各半;丙地面积3 000平方米,该企业一直使用但土地使用权一直未确定。假定甲、乙、丙城镇土地使用税单位税额为每平方米5元,那么该企业的全年应纳城镇土地使用税共计多少?

解:

企业所办幼儿园能与企业其他用地明确区分的,免征城镇土地使用税;厂区外公共绿地暂免征收城镇土地使用税,但厂区内绿化用地不在其中;与其他单位共用土地按占地面积分担城镇土地使用税;土地使用权未确定的,由使用人缴纳城镇土地使用税。因此,该企业应缴纳的城镇土地使用税为:

全年应纳税额=实际占用应税土地面积(平方米)×适用税率
=[(20 000-1 000)+7 000÷2+3 000]×5=127 500(元)

四、城镇土地使用税税收优惠

(一)法定税收优惠

1. 国家机关、人民团体、军队自用的土地

(1)人民团体是指经国务院授权的政府部门批准设立或登记备案并由国家拨付行政事业经费的各种社会团体。

(2)国家机关、人民团体、军队自用的土地是指这些单位本身的办公用地和公务用地。

2. 由国家财政部门拨付事业经费的单位自用的土地

(1)由国家财政部门拨付事业经费的单位自用的土地,免征城镇土地使用税。这里所说的"由国家财政部门拨付事业经费的单位"是指由国家财政部门拨付经费、实行全额预算管理或差额预算管理的事业单位,不包括自收自支、自负盈亏的事业单位。

(2)事业单位自用的土地,是指这些事业单位本身的业务用地。

(3)企业办的学校、医院、托儿所、幼儿园,其用地能与企业其他用地明确分开的,可比照由财政部门拨付经费的事业单位自用的土地,免征城镇土地使用税。

3. 宗教寺庙、公园、名胜古迹自用的土地

(1)宗教寺庙自用的土地,是指举行宗教仪式等使用土地和寺庙内宗教人员的生活用地。

(2)公园、名胜古迹自用的土地,是指供公众参观游览的用地及其管理单位的

办公用地。

宗教寺庙、公园、名胜古迹内附设的各类营业单位使用的土地,不属于免税范围,应当照章纳税。

4. 市政街道、广场、绿化地带等公共用地

非社会性公共用地,如企业内的广场、道路、绿化等占用的土地,不属于免税的范围,应当照章纳税。

5. 直接用于农、林、牧、渔业的生产用地

直接用于农业、林业、牧业、渔业的生产用地是指直接从事种植、养殖、饲养的专业用地,不包括农副产品加工厂占地和从事农业、林业、牧业、渔业的生产单位的生活、办公用地,水利设施及其护管用地。

6. 开山填海整治的土地

自行开山填海整治的土地和改造的废弃用地,从使用的月份起免税5～10年。开山填海整治的土地和改造的废弃用地以土地管理机关出具的证明文件为依据确定;具体免税期限由各省、自治区、直辖市税务局在规定的期限内自行确定。

7. 能源、交通、水利用地免税优惠

为了体现国家的产业政策,支持重点产业的发展,对能源、交通、水利等用地和其他用地给予减免税照顾。

(二) 省级地方税务局确定的税收优惠

(1) 个人所有的居住房屋及院落用地。

(2) 房产管理部门在房租调整改革前经租的居民住房用地。

(3) 免税单位职工家属的宿舍用地。

(4) 民政部门举办的安置残疾人占一定比例的福利工厂用地。

(5) 集体和个人办的各类学校、医院、托儿所、幼儿园用地。

(6) 房地产开发公司建造商品房的用地,原则上应按规定计征城镇土地使用税。但在商品房出售之前纳税确有困难的,其用地是否给予缓征或减征、免征照顾,可由各省、自治区、直辖市地方税务局根据从严的原则结合具体情况确定。

(7) 向居民供热并向居民收取采暖费的供热企业暂免征收土地使用税。对既向居民供热,又向非居民供热的企业,可按向居民供热收取的收入占其总供热收入的比例划分征免税界限;对于兼营供热的企业,可按向居民供热收取的收入占其生产经营总收入的比例划分征免税界限。

五、城镇土地使用税征收管理

(一) 纳税义务发生时间

(1) 纳税人购置新建商品房,自房屋交付使用之次月起,缴纳城镇土地使用税。

(2) 纳税人购置存量房,自办理房屋权属转移、变更登记手续,房地产权属登记机关签发房屋权属证书之次月起,缴纳城镇土地使用税。

(3) 纳税人出租、出借房产,自交付出租、出借房产之次月起,缴纳城镇土地使用税。

(4) 以出让或转让方式有偿取得土地使用权的,应由受让方从合同约定交付土地时间的次月起缴纳城镇土地使用税;合同未约定交付时间的,由受让方从合同签订的次月起缴纳城镇土地使用税。

(5) 纳税人新征用的耕地,自批准征用之日起满1年时开始缴纳土地使用税。

(6) 纳税人新征用的非耕地,自批准征用次月起缴纳土地使用税。

(二) 纳税期限

城镇土地使用税实行按年计算、分期缴纳。征收方法、纳税期限由省、自治区、直辖市人民政府确定,一般分别确定按月、季、半年或1年等不同的期限缴纳。

(三) 纳税地点和征收机构

城镇土地使用税在土地所在地缴纳。

纳税人使用的土地不属于同一省、自治区、直辖市管辖的,由纳税人分别向土地所在地的税务机关缴纳土地使用税;在同一省、自治区、直辖市管辖范围内,纳税人跨地区使用的土地,其纳税地点由各省、自治区、直辖市地方税务局确定。

土地使用税是地方税,由土地所在地的地方税务机关征收,其收入纳入地方财政预算管理。

(四) 纳税申报

纳税人应依照当地税务机关规定的期限,填写《城镇土地使用税纳税申报表》,将其占用土地的权属、位置、用途、面积和税务机关规定的其他内容,据实向当地税务机关办理纳税申报,并提供有关证明文件。

复习思考题

一、关键概念

资源税 土地增值税 城镇土地使用税

二、简答题

1. 资源税规定的扣缴义务人是如何确定的?
2. 资源税从价计征的范围是什么?
3. 纳税人销售应税资源产品,其纳税义务发生时间是如何规定的?
4. 土地增值税的征税范围有哪些具体规定?
5. 土地增值税计算增值额时有哪些扣除项目?
6. 城镇土地使用税的纳税人通常包括哪几类?

7. 城镇土地使用税计税依据有何规定？
8. 简述耕地占用税的特点。

三、计算题

1. 某铜矿企业某月销售铜矿石原矿 40 000 吨，移送入选精矿 5 000 吨，选矿比为 25%，该矿山铜矿属于 4 等，按规定单位税额为 5.5 元/吨。计算该矿山本月应纳资源税税额。

2. 某油田 7 月份生产原油 14 000 吨，其中对外销售 8 000 吨，企业开采原油过程中用于加热、修井自用原油 2 000 吨，非生产自用原油 2 300 吨。另外，该油田伴采天然气 40 千立方米，当月销售 35 千立方米，其余 5 千立方米全部由油田自用。已知该油田适用的单位税额为 8 元/吨，天然气适用单位税额 10 元/千立方米。计算该油田应纳资源税。

3. 2017 年 8 月 30 日，某房地产开发公司转让写字楼一幢，共取得收入 6 000 万元，公司即按税法规定缴纳了有关税金。已知该公司为取得土地使用权而支付的地价款和按国家统一规定缴纳的有关费用为 700 万元，投入房地产开发成本为 1 700 万元，房地产开发费用中的利息支出为 140 万元，能够按转让房地产项目计算分摊并提供金融机构证明，比按工商银行同类同期贷款利率计算的利息多支出 15 万元，另知公司所在地政府规定的其他房地产开发费用的计算扣除比例为 5%。请计算该公司转让此楼应纳的土地增值税。

4. 某公司建造并出售了 1 幢写字楼，取得收入 9 500 万元，并按规定缴纳了营业税、城建税、教育费附加以及印花税。该公司为建此楼支付地价款 1 100 万元，投入的房地产开发成本为 2 600 万元，房地产开发费用为 900 万元，其中，利息支出 450 万元（能按转让房地产项目计算分摊，并能提供金融机构证明），比银行同期同类贷款利率计算的利息多出 80 万元，其他房地产开发费用 230 万元。另知该单位所在地政府规定的房地产开发费用的计算扣除比例为 3%。计算该公司出售写字楼应纳的土地增值税。

5. 某市生产企业 2017 年占用土地 8 000 平方米，其中市区土地 3 200 平方米，郊区土地 4 800 平方米。企业在市区的土地中，托儿所占用 300 平方米；企业利用郊区土地从事渔业和农副产品加工，渔业占用土地 1 800 平方米，生活及办公占用土地 1 000 平方米，农副产品加工占用土地 1 200 平方米。城镇土地使用税：市区 21 元/平方米，郊区为 12 元/平方米。请计算 2017 年该企业应缴纳的城镇土地使用税。

第七章 财产和行为类税制度

【本章学习目的与要求】

通过本章学习,了解我国现行财产和行为类税包括的房产税、车船税、契税和印花税的基本概念和特点。熟悉各税种的构成要素,即纳税人、征税范围、税率、计税依据以及征收管理等,掌握房产税、车船税、契税和印花税应纳税额的正确计算。

第一节 财产和行为类税制度概述

一、财产类税制度概述

（一）财产类税概念

财产类税是对纳税人拥有或支配的应税财产为课税对象征收的一种税。所谓财产,是指法人或自然人在某一时点所占有及可支配的经济资源,如房屋、土地、物资、有价证券等。在西方国家,财产税是三大课税体系之一。财产税是一个古老的税系,它的征收历史要比商品劳务课税和所得课税早得多,历史上最早的财产税形式是土地税和人头税。随着经济的发展,财产的不断扩展,财产税的课征范围不断扩大。财产税作为一类税收在各国均占有一席之地,尽管在许多国家的税制体系中并不占有主导地位,但它却起着其他税种难以起到的调节作用。许多国家的财产税都由地方政府掌握,并成为地方财政收入的一个稳定来源。我国首次开征财产税是汉武帝元光六年(公元前129年)所开征的车船税;元狩四年(公元前119年)开征过缗钱税;唐德宗建中四年(公元783年)开征过间架税;清朝初期开征过铺面行税;鸦片战争以后,西方列强在租界内强行开征房捐。新中国成立后,政务院于1950年颁布的《全国税政实施要则》中曾列举有遗产税、房产税、地产税,同年

4月,政务院又公布了《契税暂行条例》,1951年开征车船使用牌照税,至此,初步形成了我国的财产税体系。根据1994年税制改革的内容,现行的财产税制中的各个税种主要由房产税、契税、车船税组成,拟开征的遗产税与赠与税也属于财产税体系。

(二)财产类税的特点

与其他税相比较,财产类税的特点有:

1. 财产类税是对社会财富的存量课税

财产类税的课税对象一般不是纳税人当年新创造的价值,而是其以往年度所创造价值的累积总和。这些财产,就私人角度看,是私人拥有或受其支配的财富;就社会方面看,是社会处于存量的财富部分。对社会财富的存量课税,可弥补所得税和流转税的不足。因此,财产税可以发挥流转税和所得税无法发挥的作用。

2. 财产类税具有直接税性质

由于财产类税是在消费领域中对财产的占有或支配课税,不与他人发生交易关系,因而税负较难转嫁。所以财产税对调节社会财富的不合理分布状况,实现公平合理的分配目标,有着无法替代的重要作用。

3. 财产类税是一种经常税

财产课税中的主要税种都具有悠久的发展历史,财产税的课税对象很大部分被反复多次征收,不像对流转的商品取得的所得进行课税具有一次性,所以财产税是一种经常性的税收收入,是财政收入的稳定来源。

4. 财产税符合纳税能力原则

财产可以作为衡量纳税人纳税能力的尺度,有财产者必有纳税能力。财产类税实行有财产者纳税、无财产者不纳税,财产多者多纳税、财产少者少纳税的征税原则,具有收入分配的职能,这在一定程度上有助于避免社会财富分配不均。

5. 财产类税征管比较复杂

财产税主要实行从价计征,这样就要对应税财产进行估价。这不仅工作量繁重,而且由于财产价值确定的困难性,带来财产税计税依据的不可靠性。同时,由于像银行存款、黄金、珠宝首饰等贵重财产极易被隐匿,从而造成偷税、漏税,使得财产税的征收管理较为复杂。

二、行为类税制度概述

(一)行为类税概念

行为类税是以经济生活中的某些特定行为作为课税对象的一类税收的总称。行为类税是一个泛指的集合概念,它可因不同的行为发生而各异。从广义上来理解,几乎所有的税种都可以归入行为税类。例如,对所得额、流转额、财产征税均可以理解为对盈利行为、产品制造和营业行为、财产的占有和转移行为征税。这里的"行为",只能作狭义的理解,即指除了从事商品和劳务的销售行为、取得所得行为、占有或转移财产行为等以外的应纳税行为,具体课税范围由税法予以确定。国家通过对这种特定行为征税,不在于取得财政收入,而是为了限制某种行为,以达到特定的调节目的。现行的行为税狭义地理解为印花税。而城市维护建设税、车辆购置税等归为特定目的税。

(二) 行为类税特点

当代税制结构中,行为类税有着与众不同的鲜明特点:

1. 政策性强

行为类税主要以特定的行为为课税对象,因而它在宏观调控中更能直接体现国家的政策意图。现实经济生活中,对哪些行为征税、哪些行为不征税,税率水平的高低和税收负担的轻重等,完全服从于国家的特定政策和目标。

2. 分散性和灵活性

行为类税的税源分散且不普遍,因此收入不像流转税和所得税那样集中、稳定。加之其目的是限制某种行为,实行"寓禁于征"的政策,这往往是因时制宜和因地制宜,需要时就开征,不需要时则停征,从而具有分散性和灵活性的特点。

3. 税款收入具有特殊的用途

行为类税通常是基于特定的目的及特殊需要而开征或停征,其收入具有偶然性和临时性。在整体税制结构中,行为税不作为国家的主体税种,它是辅助性的税种,用于满足经济发展中的特殊需要,对社会、经济起着辅助的调节作用。

财产和行为类税主要包括房产税、车船税、契税和印花税,下面我们分述之。

第二节 房 产 税

一、房产税概述

(一) 房产税的概念

房产税是以房产为征税对象,以房屋的计税余值或房产租金收入为计税依据,向房屋产权所有人征收的一种财产税。

房产税属于财产税,是一个古老而又普遍征收的税种。我国周代征收的廛布、唐代征收的间架税就具有房产税的性质。世界上许多国家和地区都开征了房产税(或房地产税、不动产税)。新中国成立后,于1951年1月由政务院公布的《全国税政实施要则》,规定对城市中的房屋及占地全国统一征收房产税;同年8月,政务院正式颁布了《城市房地产税暂行条例》,规定在城市中将房产税与地产税合并为房地产税征收。1973年简化税制，把对企业征收的城市房地产税，并入了工商税征收，只对个人、外商投资企业和房地产管理部门征收房地产税。1984年工商税制改革时，重新将国营企业、集体企业纳入该税征收范围，并根据当时情况，将城市房地产税分为房产税和城镇土地使用税。1986年9月15日国务院颁布的《中华人民共和国房产税暂行条例》。从1986年10月1日起对国内的单位和个人征收，对涉外企业和外籍人员则继续征收城市房地产税。根据2008年12月31日国务院发布的第546号令，自2009年1月1日起，废止《中华人民共和国城市房地产税暂行条例》，外商投资企业、外国企业和组织以及外籍个人，依照《中华人民共和国房产税暂行条例》(国发〔1986〕90号)(以下简称《房产税暂行条例》)缴纳房产税。

开征房产税的意义在于运用税收杠杆，加强对房产的管理，提高房产使用效率，有利于控制固定资产投资规模，促进房地产改革，合理调节房产所有人和经营人的收入水平。同时，房产税属于地方税，税源稳定且易于控制管理，为地方财政收入提供了较可靠的收入来源。

(二) 房产税的特点

1. 房产税属于财产税中的个别财产税

按征税对象的范围不同，财产税可以分为一般财产税与个别财产税。房产税属于个别财产税，其征税对象只是房屋。

2. 征收范围仅涉及城镇的经营性房屋

房产税仅在城市、县城、建制镇和工矿区范围内征收，对农村的房屋没有纳入征税范围；同时，对一些虽拥有房屋，但没有纳税能力的单位，如国家行政单位等，税法也通过免税的方式将它们排除在征税范围之外。

3. 区别房屋使用方式采取不同的征税方法

纳税人的房屋可用于生产自用，也可用于出租，房产税对用于生产自用的按房产计税余额征税，对用于出租的房屋按租金计税，使征税办法符合纳税人的经营情况。

二、房产税征税范围、纳税人和税率

(一) 征税范围

房产税的征税对象是房产。所谓房产，是指有屋面和围护结构(有墙或两边有柱)，能够遮风避雨，可供人们在其中生产、学习、工作、娱乐、居住或储藏物资的场所。

《房产税暂行条例》规定，房产税征税范围为坐落于城市、县城、建制镇和工矿区的房屋。其中：

(1) 城市是指国务院批准设立的市；城市的征税范围为市区、郊区和市辖县县城。农村房屋不纳入房产税征税范围。

(2) 县城是指县人民政府所在地的地区。

(3) 建制镇是指经省、自治区、直辖市人民政府批准设立的建制镇。

(4) 工矿区是指工商业比较发达、人口比较集中、符合国务院规定的建制镇标准,但尚未设立建制镇的大中型工矿企业所在地。开征房产税的工矿区须经省、自治区、直辖市人民政府批准。

(二) 纳税义务人

房产税的纳税义务人是房屋的产权所有人。我国房屋的产权所有人,主要分为国家(国有)、集体和个人三种。其中:

(1) 产权属国家所有的,有经营管理单位缴纳。

(2) 产权属集体和个人所有的,有集体和个人缴纳。

(3) 产权出典的由承典人缴纳;这里的"出典",是指产权所有人为了一定的目的,将自己房产的使用权在一定期限内让渡给他人使用,并立有某种契约或合同,收取一定数额的现金或实物,产权的所有人称为房屋的"出典人"。契约或合同到期后,双方各自收回自己的财产(钱物)。

(4) 产权所有人、承典人不在房产所在地的,或产权未确定及承典纠纷未解决的,由房产代管人或使用人缴纳。这里所指的承典人是指以押金形式并付出一定费用,在一定期限内享有房产的使用、收益权利的人;代管人是指接受产权所有人、承典人的委托代为管理房产或虽未受委托而在事实上已代管房产的人;使用人是指直接在使用房产的人。

因此,房产税的纳税人具体包括:产权所有人、经营管理单位、承典人、房产代管人或者使用人。

(三) 税率

我国现行房产税采用的是比例税率。主要有两种税率:

一是实行从价计征,按房产原值一次减除 10%～30% 后的余额计征,年税率为 1.2%;

二是实行从租计征的,即按房产出租的租金收入计征的,年税率为 12%。

从 2008 年 1 月 1 日起,对个人按市场价格出租的居民住房,不区分用途,按 4% 的年税率征收房产税。

三、房产税应纳税额的计算

(一) 计税依据

房产税采用从价计征。计税办法分为按房产余值计税或按租金收入计税两种。按照房产余值计税征税的,称为从价计征;按照房产租金收入征税的,称为从租计征。

1. 房产的计税余值

房产的计税余值，即依照房产原值一次减除 10%～30% 后的余值（即考虑减去房屋自然损耗因素）。具体扣除比例由当地省、自治区、直辖市人民政府确定。其中：

（1）房产原值是指纳税人按照会计制度的规定，在账簿"固定资产"科目中记载的房屋原价。对没有房产原值的，应由房屋所在地的税务机关参考同类房产的价值核定。在原值确定后，再根据当地所适用的扣除比例，计算确定房产余值。

（2）房产原值应包括与房屋不可分割的各种附属设备或一般不单独计算价值的配套设施，主要有：暖气、卫生、通风、照明、煤气灯设备；各种管线，如蒸汽、压缩空气、石油、给水排水等管道及电力、电信、电缆导线；电梯、升降机、过道、晒台等。属于房屋附属设备的水管、下水道、暖气管、煤气管等从最近的探视井或三通管道算起；电灯网、照明线从进线盒连接管算起，计算原值。

（3）纳税人对原有房屋进行改建、扩建的，要相应增加房屋的原值。

（4）对于更换房屋附属设备和配套设施的，在将其价值计入房产原值时，可扣减原来相应设备和设施的价值；对附属设备和配套设施中易损坏、需要经常更换的零配件，更新后不再计入房产原值。

（5）凡在房产税征收范围内的具备房屋功能的地下建筑，包括与地上房屋相连的地下建筑以及完全建在地面以下的建筑、地下人防设施等，均应当依照有关规定征收房产税。对于与地上房屋相连的地下建筑，如房屋的地下室、地下停车场、商场的地下部分等，应将地下部分与地上房屋视为一个整体，按照地上房屋建筑的有关规定计算征收房产税。

2. 房产租金收入

房产租金收入，即房产出租所取得的租金收入（包括货币收入和实物收入）。应注意下面几个问题：

（1）投资联营的房产，在计征房产税时应予以区别对待。如投资者参与投资利润分红，共担风险的，按房产余值作为计税依据计征房产税；如只是收取固定房产租金，应由出租方按租金收入计缴房产税。

（2）对融资租赁房屋的情况，在计征房产税时应以房产余值计算征收。

（3）新建房屋交付使用时，如中央空调设备已计算在房产原值之中，则房产原值应包括中央空调设备；如中央空调设备作单项固定资产入账，单独核算并提取折旧，则房产原值不应包括中央空调设备。旧房安装空调设备，一般都作单项固定资产入账，不应计入房产原值。

（二）应纳税额的计算

房产税应纳税额的计算公式为：

$$应纳税额 = 房产计税余值或租金收入 \times 适用税率$$

其中：

$$房产计税余值 = 房产原值 \times (1 - 原值减除率)$$

[**例 7-1**] 某企业自有房屋 8 栋，5 栋用于生产经营房产原值为 6 500 万元，1 栋房屋正在大修，已停用 7 个月，税务机关已审核，价值 2 000 万元，还有 2 栋房屋租给其他公司作经营用房，年租金 240 万元。请计算该企业应纳的房产税（该省规定按一次扣除率为 25%）。

解：
(1) 自用房产应纳税额 = 6 500 × (1 − 25%) × 1.2%
　　　　　　　　　= 58.5（万元）
(2) 租金收入应纳税额 = 240 × 12%
　　　　　　　　　= 28.8（万元）
　全年应纳房产税额 = 58.5 + 28.8
　　　　　　　　　= 87.3（万元）

四、房产税税收优惠

房产税的税收优惠是根据国家政策需要和纳税人的负担能力制定的，由于房产税属于地方税，因此，地方拥有一定的减免税权限。房产税税收优惠应注意税收优惠的级次。

（一）国家税收优惠政策

(1) 国家机关、人民团体、军队自用的房产免征房产税。但上述免税单位的出租房产以及非自身业务使用的生产、营业用房，不属于免税范围。

(2) 由国家财政部门拨付事业经费的单位，如学校、医疗卫生单位、托儿所、幼儿园、敬老院、文化、体育、艺术这些实行全额或差额预算管理的事业单位所有的，本身业务范围内的房产免征房产税。

(3) 宗教寺庙、公园、名胜古迹自用的房产免征房产税。

(4) 个人所有非营业用的房产免征房产税；但个人拥有的营业用房或出租的房产，应照章纳税。

(5) 对行使国家行政管理职能的中国人民银行总行（含国家外汇管理局）所属分支机构自用的房产、土地，免征房产税、城镇土地使用税。

（二）经财政部批准免税的其他房产

(1) 损坏不堪使用的房屋和危险房屋，经有关部门鉴定，在停止使用后，可免征房产税。

（2）纳税人因房屋大修导致连续停用半年以上的，在房屋大修期间免征房产税，免征税额由纳税人在申报缴纳房产税时自行计算扣除，并在申报表附表或备注栏中做相应说明。

（3）在基建工地为基建工地服务的各种工棚、材料棚、休息棚和办公室、食堂、茶炉房、汽车房等临时性房屋，在施工期间，一律免征房产税。但工程结束后，施工企业将这种临时性房屋交还或估价转让给基建单位的，应从基建单位减收的次月起，照章纳税。

（4）为鼓励地下人防设施，暂不征收房产税。

（5）对非营利性的医疗机构、疾病控制机构和妇幼保健机构等卫生机构自用的房产，免征房产税。

（6）老年服务机构自用的房产免税。

（7）从2001年1月1日起，对按照政府规定价格出租的公有住房和廉租住房，包括企业和自收自支的事业单位向职工出租的单位自有住房，房管部门向居民出租的私有住房等，暂免征收房产税。

（8）对邮政部门坐落在城市、县城、建制镇、工矿区范围内的房产，应当依法征收房产税；对坐落在城市、县城、建制镇、工矿区范围以外的县邮政局内核算的房产，在单位财务账中划分清楚的，从2001年1月1日起不再征收房产税。

（9）向居民供热并向居民收取采暖费的供热企业的生产用房，暂免征收房产税。这里的"供热企业"不包括从事热力生产但不直接向居民供热的企业。

（10）对在一个纳税年度内月平均实际安置残疾人就业人数占单位在职职工总数的比例高于25％（含25％）且实际安置残疾人人数高于10人（含10人）的单位，可减征或免征该年度城镇土地使用税。具体减免税比例及管理办法由省、自治区、直辖市财税主管部门确定。

五、房产税征收管理

（一）纳税义务发生时间

（1）纳税人将原有房产用于生产经营，从生产经营之月起，缴纳房产税。

（2）纳税人自行新建房屋用于生产经营，从建成之次月起，缴纳房产税。

（3）纳税人委托施工企业建设的房屋，从办理验收手续之次月起，缴纳房产税。

（4）纳税人购置新建商品房，自房屋交付使用之次月起，缴纳房产税。

（5）纳税人购置存量房，自办理房屋权属转移、变更登记手续，房地产权属登记机关签发房屋权属证书之次月起，缴纳房产税。

（6）纳税人出租、出借房产，自交付出租、出借本企业房产之次月起，缴纳房产税。

（7）房地产开发项目自用、出租、出借本企业建造的商品房，自房屋使用或交付之次月起,缴纳房产税。

(8) 自2009年1月1日起,纳税人因房产的实物或权利状态发生变化而依法终止房产税纳税义务的,其应纳税款的计算应截止到房产的实物或权利状态发生变化的当月末。

(二) 纳税期限

房产税实行按年计算、分期缴纳的征收方法,具体纳税期限由省、自治区、直辖市人民政府确定。各地一般按季或半年预征。

(三) 纳税地点

纳税地点为纳税人房屋所在地,对于纳税人有多处房产,且不在一地的,应按房产的坐落地点,分别向房产所在地的税务机关申报缴纳。

第三节 车 船 税

一、车船税概述

(一) 车船税概念

车船税是对在中华人民共和国境内车辆船舶(以下简称车船)的所有人或者管理人所征收的一种税。

我国对车船征税历史悠久。最早始于汉武帝元光六年(公元前129年),颁布了征收车船税的规定,当时称为"算商车","算"为征税基本单位,一算为120钱,征收对象主要局限于对商人用作运输货物的商船和商车。元狩四年(公元前119年),开始把非商业性的车船也列入征税范围。明、清时期对内河商船征收"船钞"。1945年6月,国民党政府在全国范围内对车船征收"牌照税"。新中国成立后,政务院于1951年颁布了《车船使用牌照税暂行条例》,对使用的车船征税;1973年简化税制、合并税种时,把国内企业缴纳的车船使用牌照税并入工商税,只对不缴纳工商税的单位、个人、外侨及外商投资企业的车船征收;1984年10月,国务院决定恢复对国内企业的车船征税,更名为车船使用税;1986年9月15日,国务院颁布并于同年10月1日实施《中华人民共和国车船使用税暂行条例》,规定除了对外商投资企业等涉外单位及外籍个人仍继续执行原车船使用牌照税的有关规定外,国内的企业和个人均缴纳车船使用税。2006年12月29日,国务院将《车船使用牌照税暂行条例》和《中华人民共和国车船使用税暂行条例》进行了合并修订,发布了《中华人民共和国车船税暂行条例》,对各类企业、行政事业单位和个人统一征收车船税,从2007年1月1日起施行。2011年2月25日,第十一届全国人民代表大会常务委员会第十九次会议通过了《中华人民共和国车船税法》(以下简称《车船税法》),自2012年1月1日起施行。《车船税法》的出台,有利于统一税制、公平税负、拓宽税基,提高税法的法律级次,增加了地方财政收入,对加强地方税收征管具有十分重要的意义。

（二）车船税的特点

1. 车船税定性为财产税

我国原先的车船税是针对拥有并使用车船的单位和个人征收,税种兼有财产税又有行为税的性质。现行车船税针对拥有并管理车船的单位和个人征收,即使已经停驶的车船由于财产未发生变更,仍需缴纳税款。因此现行车船税已与国际上车船税一致,被定性为财产税。

2. 按收益原则征税

车船税按收益原则征税,拥有车船征税,不拥有车船不征税,体现谁拥有车船、享受市政建设利益,谁就该纳税的精神,具有受益税的性质。

3. 实行分类定额税率

车船税将车、船划分成两类,各自设计定额税率。对不同类别和不同项目的车辆规定了不同的定额税率,将船舶按不同类别和吨位规定定额税率。

（三）车船税立法的意义

1. 体现税收法定原则

我国《立法法》规定,税收的基本制度只能制定法律;尚未制定税收法律的,全国人民代表大会及其常委会可以授权国务院先制定税收法规,待条件成熟时再将其上升为法律。我国车船税制度从新中国建立初期到现在已走过60～70年历程,有关制度相对稳定,将其由条例上升为法律的条件已经成熟,也可更好地体现税收法定原则。

2. 促进税收法律体系建设

我国现行税制包括18个税种。但由于特殊历史原因,长期以来仅有个人所得税、企业所得税两个税种制定了税收法律,其他大部分税种仍为税收暂行条例。加快建设中国特色社会主义法律体系步伐,就要积极推进税收立法进程,车船税立法是其中的一个重要步骤。

3. 完善税收制度和政策

（1）将占车辆比重87％的乘用车由按辆定额征税,改为按排气量分档征税,以体现税负公平。

（2）对节能、新能源汽车给予优惠,促进汽车产业结构调整和节能减排。

（3）规定车船登记管理部门、船舶检验机构和车船税扣缴义务人的行业主管部门提供车船有关信息,以及公安机关交通管理部门在纳税人办理车辆相关登记和定期检验手续时核查车辆完税情况,强化了征管手段。

4. 对今后的税收立法具有标志性意义

（1）作为我国第一部由暂行条例上升为法律的税法和第一部地方税法、财产税法,代表着我国税收制度"法律化"进程进一步加快,地方税体系逐步得到健全和完善。

(2) 通过网上公开征求意见,使公众参与立法,通过组织座谈、调研等方式,认真听取各方面意见,不断完善法律草案,使车船税立法成为科学立法、民主立法的范例。

(3) 建立跨部门联合工作机制,为今后的税收立法工作模式探索积累了经验。

二、车船税征税范围、纳税人和税率

(一) 征税范围

在中华人民共和国境内属于车船税法所附《车船税税目税额表》规定的,依法应当在车船登记管理部门登记的机动车辆和船舶,以及依法不需要在车船登记管理部门登记的在单位内部场所行驶或者作业的机动车辆和船舶,需要缴纳车船税。

(二) 纳税人

车船税的纳税义务人是车船的所有人或者管理人。其中,所有人是指在我国境内拥有车船的单位和个人;管理人是指对车船具有管理权或者使用权,不具有所有权的单位。

上述所称的单位,包括在中国境内成立的行政机关、企业、事业单位、社会团体以及其他组织;所称的个人,包括个体工商户以及其他个人。

(三) 税率

车船使用税实行分类、分级(项)幅度差别定额税率。车船税税目税额见表7-1:

表7-1　　　　　　　　　　车船税税目税额表

税　目		计税单位	年基准税额	备　注
乘用车〔按发动机汽缸容量(排气量)分档〕	1.0升(含)以下的	每辆	60～360元	核定载客人数9人(含)以下
	1.0升以上至1.6升(含)的		300～540元	
	1.6升以上至2.0升(含)的		360～660元	
	2.0升以上至2.5升(含)的		660～1 200元	
	2.5升以上至3.0升(含)的		1 200～2 400元	
	3.0升以上至4.0升(含)的		2 400～3 600元	
	4.0升以上的		3 600～5 400元	
商用车	客车	每辆	480～1 440元	核定载客人数9人以上,包括电车
	货车	整备质量每吨	16～120元	包括半挂牵引车、三轮汽车和低速载货汽车等

(续表)

税　　目		计税单位	年基准税额	备　　注
挂车		整备质量每吨	按照货车税额的50%计算	
其他车辆	专用作业车	整备质量每吨	16~120元	不包括拖拉机
	轮式专用机械车		60~120元	
摩托车		每辆	36~180元	
船舶	机动船舶	净吨位每吨	3~6元	拖船、非机动驳船分别按照机动船舶税额的50%计算；拖船按发动机功率每1千瓦折合净吨位0.67吨计算
	游艇	艇身长度每米	600~2 000元	

注：车辆的具体适用税额由省、自治区、直辖市人民政府在规定的子税目税额幅度内确定。

表7-1中：

（1）车辆整备质量尾数不超过0.5吨的，按照0.5吨计算；超过0.5吨的，按照1吨计算。整备质量不超过1吨的车辆，按照1吨计算。

（2）船舶净吨位尾数不超过0.5吨的不予计算，超过0.5吨的，按照1吨计算。净吨位不超过1吨的船舶，按照1吨计算。

（3）车船税法和本条例所涉及的排气量、整备质量、核定载客人数、净吨位、马力、艇身长度，以车船管理部门核发的车船登记证书或者行驶证相应项目所载数据为准。

三、车船税应纳税额的计算

（一）应纳税额的计算

1. 情况说明

纳税人按照纳税地点所在的省、自治区、直辖市人民政府确定的具体适用税额缴纳车船税。车船税由地方税务机关负责征收。

（1）购置的新车船，购置当年的应纳税额自纳税义务发生的当月起按月计算。

计算公式为：

$$应纳税额 = (年应纳税额 \div 12) \times 应纳税月份数$$

（2）在一个纳税年度内，已完税的车船被盗抢、报废、灭失的，纳税人可以凭有关管理机关出具的证明和完税证明，向纳税所在地的主管税务机关申请退还自被盗抢、报废、灭失月份起至该纳税年度终了期间的税款。

（3）已办理退税的被盗抢车船，失而复得的，纳税人应当从公安机关出具相关证明的当月起计算缴纳车船税。

（4）在一个纳税年度内，纳税人在非车辆登记地由保险机构代收代缴机动车车船税，且能够提供合法有效完税证明的，纳税人不再向车辆登记地的地方税务机关缴纳车辆车船税。

（5）已缴纳车船税的车船在同一纳税年度内办理转让过户的，不另纳税，也不退税。

2. 应纳税额的计算

车船税根据不同类型的车船的计税单位及其适用的年基准税额计算应纳税额。

（1）一般车船税计算公式如下：

$$应纳税额 = 计税单位 \times 年基准税额$$

（2）购置的新车船，购置当年的应纳税额自纳税义务发生的当月起按月计算。计算公式为：

$$应纳税额 = (年基准税额 \div 12) \times 应纳税月份数$$

［例7-2］ 某运输公司年初拥有载货汽车20辆（货车整备质量均为12吨）；大客车15辆；小客车12辆。计算该公司应缴纳的车船税（注：载货汽车整备质量每吨车船税年税额100元，大客车每辆车船税年税额1 400元，小客车每辆车船税年税额1 200元）。

解：

载货汽车应纳车船税税额 = 20 × 12 × 100 = 24 000（元）
大客车应纳车船税税额 = 15 × 1 400 = 21 000（元）
小客车应纳车船税税额 = 12 × 1 200 = 14 400（元）
全年应纳车船税税额 = 24 000 + 21 000 + 14 400 = 59 400（元）

（二）保险机构代收代缴

（1）从事机动车第三者责任强制保险业务的保险机构为机动车车船税的扣缴义务人，应当在收取保险费时依法代收车船税，并出具代收税款凭证。

(2) 保险机构在代收车船税时,应当在机动车交通事故责任强制保险的保险单以及保费发票上注明已收税款的信息和减免税信息,作为代收税款凭证。

(3) 纳税人在应当购买交通事故责任强制保险截止日期以后购买的,或以前年度没有缴纳车辆车船税的,保险机构在代收代缴税款的同时,还应代收代缴欠缴税款的滞纳金。

四、车船税税收优惠

(一) 法定减免

1. 车船税法规定的法定免税车船如下:

(1) 捕捞、养殖渔船:是指在渔业船舶登记管理部门登记为捕捞船或者养殖船的船舶;

(2) 军队、武装警察部队专用的车船:是指按照规定在军队、武装警察部队车船登记管理部门登记,并领取军队、武警牌照的车船;

(3) 警用车船:是指公安机关、国家安全机关、监狱、劳动教养管理机关和人民法院、人民检察院领取警用牌照的车辆和执行警务的专用船舶;

(4) 依照法律规定应当予以免税的外国驻华使领馆、国际组织驻华代表机构及其有关人员的车船。

2. 国务院规定的减免税项目如下:

(1) 节约能源、使用新能源的车船可以免征或减半征收车船税;具体范围由国务院有关部门制定;

(2) 省、自治区、直辖市人民政府根据当地实际情况,可以对公共交通车船,农村居民拥有并主要在农村地区使用的摩托车、三轮汽车和低速载货汽车定期减征或者免征车船税。

(二) 特定减免

(1) 经批准临时入境的外国车船和香港特别行政区、澳门特别行政区、台湾地区的车船,不征收车船税。

(2) 按照规定缴纳船舶吨税的机动船舶,自车船税法实施之日起 5 年内免征车船税。

(3) 依法不需要在车船登记管理部门登记的机场、港口、铁路站场内部行驶或者作业的车船,自车船税法实施之日起 5 年内免征车船税。

五、车船税征收管理

(一) 纳税义务发生时间

车船税纳税义务发生时间为取得车船所有权或者管理权的当月,以购买车船的发票或者其他证明文件所载日期的当月为准。

车船税按年申报,分月计算,一次性缴纳。

（二）纳税期限

对购买机动车交通事故责任强制保险的应税车辆,由车船税扣缴义务人在收取保险费时依法代收车船税。机动车车船税扣缴义务人代收的车船税税款及滞纳金,应于每月终了后 15 日内解缴,并向主管地税机关报送纳税申报表。

不需要购买机动车交通事故责任强制保险的应税车辆和船舶,纳税人应在年度终了后 15 日内,向纳税人所在地主管税务机关自行申报缴纳上一年度应缴的车船税。

（三）纳税地点

依法应当在车船登记部门登记的车船,纳税人自行申报缴纳车船税的,纳税地点为车船登记地;由保险机构代收代缴车船税的,纳税地点为保险机构所在地。将保险机构所在地也作为车船税的纳税地点,是为方便车主在购买机动车交通事故责任强制保险时一并缴纳车船税,减少完税所需时间和成本。

依法不需要办理登记的车船,纳税地点为车船的所有人或者管理人所在地。

（四）申报缴纳

车船税实行按年申报,分月计算,一次缴纳。车船税的申报纳税期限为公历1月1日至12月31日。

税务机关可以在车船登记管理部门、车船检验机构的办公场所集中办理车船税征收事宜,相关部门应提供工作便利。

各级车船登记管理部门、船舶检验机构和车船税扣缴义务人的行业主管部门应及时向当地税务机关提供车船登记、年检、保险等有关信息,协助税务机关加强车船税的征收管理。

第四节 契 税

一、契税概述

（一）契税概念

契税是指在我国境内转移土地、房屋权属时,就当事人双方所订立的契约向产权承受人征收的一种税。契税与产权证明密切相关。

契税的征收在我国有着悠久的历史,至今已有 1 600 多年了。最早起源于东晋的"估税",当时规定,对买卖田宅、奴婢、马牛等价值较高、成交时立有契券的大交易,按成交价每一万钱抽税钱四百,卖出方三百,买入方出一百,称为"输估";不立契券的小交易，按成交价格百分抽四，全部由卖方缴纳，称为"散估"。契税到宋代逐步得到完善，民间典卖田宅要向官府输钱，请求加盖印契，称为"印契钱"。元、明、清三代都征收契税并加盖官印，因而民间有"地凭文契官凭印"的说法。新中国成立后，1950年4月政务院公布了《契税暂行条例》，规定土地和房屋买卖、典当、赠与或交换订立契约时，应纳契税。1954年，财政部对《契税暂行条例》进行了修改，社会主义"三大改造"完成后，由于国家规定土地不准自由买卖，并对私人房屋进行了社会主义改造，征收契税的范围就大大缩小了。改革开放后，国家重新调整了土地、房屋管理方面的有关政策，房地产市场逐步得到了恢复和发展。为了适应建立和发展社会主义市场经济形势的需要，充分发挥契税筹集财政收入和调控房地产市场的功能，从1990年起，就着手开始了《契税暂行条例》的修订工作。现行的《中华人民共和国契税暂行条例》是1997年7月由国务院颁布的，同年10月1日起施行。契税属于地方税，它的征收加强了对土地、房屋权属转移的管理，增加了地方财政收入，在调节收入分配、保障纳税人对其不动产所享有的合法权益等方面发挥了积极作用。

（二）契税的特点

1. 契税属财产转移税

只有当土地、房屋权属关系发生转移时，才能征收契税，所以具有财产转移税性质。当土地、房屋权属关系未发生转移时，不能征收契税。

2. 契税由财产承受人缴纳

一般税种的纳税人为销售者，而契税由承受者纳税。对契税征税的目的在于承认不动产转移生效，承受人纳税后可凭借已转移过来的产权或使用权，保护自身的合法权益。

（三）契税征收的作用

契税的征收有利于政府加强对土地、房屋权属转移的管理，对增加国家财政收入和调控房地产市场都有积极作用。主要作用表现为两方面：

（1）增加地方财政收入，为当地经济建设积累资金。契税属于地方税，随着房地产业的发展和房地产交易的日益活跃，契税收入将成为地方财政收入的重要来源之一，对促进地方经济发展将起到积极作用。

（2）调控房地产市场，规范市场交易行为。契税是按照房产价格的一定比例，向产权承受人征收的一种税，在一定程度上抑制"炒买炒卖"房地产等投机活动，有利于规范房地产市场交易行为，为政府调控房地产市场提供了一个重要手段。

（3）征收契税可以从法律上保护产权所有人的合法权益。契税是向产权承受人征收的一种税，缴纳了契税，明确了不动产转移后其产权的归属，有利于避免产权纠纷，从而保障了纳税人对其不动产所享有的合法权益。

二、契税课税对象、纳税人和税率

（一）课税对象

现行税制规定，契税的征税对象为发生土地使用权和房屋所有权权属转移的土地和房屋。具体包括：

1. 国有土地使用权的出让

国有土地使用权的出让是指土地使用者向国家交付土地使用权出让费用，国家将国有土地使用权在一定年限内让与土地使用者的行为。

2. 土地使用权的转让

土地使用权的转让是指土地使用者以出售、赠与、交换或者其他方式将土地使用权转移给其他单位和个人的行为。土地使用权的出售是指土地使用者以土地使用权作为交易条件，取得货币、实物、无形资产或者其他经济利益的行为。土地使用权的赠与是指土地使用者将其土地使用权无偿转让给受赠者的行为。土地使用权的交换是指土地使用者之间相互交换土地使用权的行为。应税的土地使用权转让，不包括农村集体土地承包经营权的转移。

3. 房屋买卖

房屋买卖是指房屋所有者将其房屋出售，由承受者支付货币、实物、无形资产或者其他经济利益的行为。

4. 房屋赠与

房屋赠与是指房屋所有者将其房屋无偿转让给受赠者的行为。

5. 房屋交换

房屋交换是指房屋所有者之间相互交换房屋所有权的行为。

6. 视同土地使用权转让、房屋买卖或者房屋赠与的行为

（1）以土地、房屋权属作价投资、入股；

（2）以土地、房屋权属抵偿债务；

（3）以获奖方式承受土地、房屋权属；

（4）以预购方式或者预付集资建房款方式承受土地、房屋权属。

此外，在确定转移土地、房屋权属行为时，应注意如下几个问题：① 纳税人通过与房屋开发商签订"双包代建"合同，由开发商承办规划许可证、准建证、土地使用证等手续，并由委托方按地价与房价之和向开发商付款的方式取得房屋所有权，实质上是一种以预付款方式购买商品房的行为，应照章缴纳契税。② 对于《中华人民共和国继承法》规定的法定继承人（包括配偶、子女、父母、兄弟姐妹、祖父母、外祖父母）继承土地、房屋权属，不征契税；非法定继承人根据遗嘱承受死者生前的土地、房屋权属，属于赠与行为，应照章缴纳契税。③ 对于承受与房屋相关的附属

设施(包括停车位、汽车库、自行车库、顶层阁楼以及储藏室)所有权或土地使用权的行为,应按照契税法规的规定缴纳契税;对于不涉及土地使用权和房屋所有权转移变动的,不必缴纳契税。

(二)纳税人

契税的纳税义务人是境内转移土地、房屋权属时承受的单位和个人。境内是指中华人民共和国实际税收行政管辖范围内;土地、房屋权属是指土地使用权和房屋所有权;单位是指企业单位、事业单位、国家机关、军事单位和社会团体以及其他组织、个人,包括中国公民和外籍人员。

(三)税率

现行税制规定,契税实行3‰~5‰的幅度比例税率。各省、自治区、直辖市人民政府可以在此幅度税率规定的范围内,按照本地区的实际情况决定。

三、契税应纳税额的计算

(一)计税依据

现行税制规定,契税的计税依据为不动产的价格。由于土地、房屋权属转移方式不同,定价方法也不同,因此,其计税依据也不尽一致。具体如下:

(1)国有土地使用权出让、土地使用权出售、房屋买卖,以成交价格为计税依据。成交价格是指土地、房屋权属转移合同确定的价格,包括承受者应交付的货币、实物、无形资产或者其他经济利益。

(2)土地使用权赠与、房屋赠与,由征收机关参照土地使用权出售、房屋买卖的市场价格核定计税依据。

(3)土地使用权交换、房屋交换,计税依据为所交换的土地使用权、房屋的价格差额。即交换价格相等时,免征契税;交换价格不等时,由多缴付的货币、实物、无形资产或者其他经济利益的一方缴纳契税。

(4)出让国有土地使用权的,其契税计税价格为承受人为取得该土地使用权而支付的全部经济利益。具体为:

① 以协议方式出让的,其契税计税价格为成交价格。成交价格包括土地出让金、土地补偿费、安置补助费、地上附着物和青苗补偿费、拆迁补偿费、市政建设配套费等承受者应支付的货币、实物、无形资产及其他经济利益。没有成交价格或者成交价格明显偏低的,征收机关可依次按评估价格和土地基准地价两种方式确定。

② 以竞价方式出让的,其契税计税价格,一般应确定为竞价的成交价格。

③ 先以划拨方式取得土地使用权,后经批准改为出让方式取得该土地使用权的,应依法缴纳契税,其计税依据为应补缴的土地出让金和其他出让费用。

④ 已购公有住房经补缴土地出让金和其他出让费用成为完全产权住房的,免

征土地权属转移的契税。

(5) 房屋买卖的计税价格为房屋买卖合同的总价款,买卖装修的房屋,装修费用应包括在内。

(二) 应纳税额的计算

契税采用比例税率。其应纳税额的计算公式为:

$$应纳税额 = 计税依据 \times 适用税率$$

[例7-3] 居民甲有三套商品房,将一套出售给居民乙,房屋成交价为260万元;一套赠送给其外甥丙,该套商品房的市场价格为60万元;另外一套住房,甲与居民丁进行住房交换,甲支付换房差价45万元。计算应纳契税(假设当地契税税率为4%)。

解:

(1) 乙应纳契税 = 2 600 000 × 4% = 104 000(元)

(2) 丙应纳契税 = 600 000 × 4% = 24 000(元)

(3) 甲应纳契税 = 450 000 × 4% = 18 000(元)

[例7-4] 某银行以债权人身份承受甲破产企业房屋所有权,总价600万元,又以债权人身份承受乙企业抵债的土地使用权,总价300万元;随后以承受的甲企业的房屋和乙企业的土地使用权转让给其债权人丙企业,共作价1 000万元。依据契税的相关规定,上述各项业务中应纳的契税分别为多少?(当地省级人民政府规定的契税税率为3.5%)

解:

契税的纳税人是承受土地、房屋权属的单位和个人,所以甲企业和乙企业不缴纳契税;银行以债权人身份承受破产企业房屋,免征契税,但是银行获得抵债的土地使用权,要视同土地使用权转让。

银行应纳契税 = 300 × 3.5% = 10.5(万元)

丙企业应缴纳的契税 = 1 000 × 3.5% = 35(万元)

四、契税税收优惠

(一) 税收优惠的一般规定

(1) 国家机关、事业单位、社会团体、军事单位承受土地、房屋用于办公、教学、医疗、科研和军事设施的免税。

(2) 城镇职工按规定第一次购买公有住房的,免征契税。另外,自2000年11月29日起,对各类公有制单位为解决职工住房而采取集资建房方式建成的普通住房,或由单位购买的普通商品住房,经当地县以上人民政府房改部门批准,按照国家房改政策出售给本单位职工的,属职工首次购买住房,均可免征契税。

(3) 因不可抗力灭失住房而重新购买住房的,酌情减免。

(4) 土地、房屋被县级以上人民政府征用、占用后,重新承受土地、房屋权属的,由省级人民政府确定是否减免。

(5) 承受荒山、荒沟、荒丘、荒滩土地使用权,并用于农、林、牧、渔业生产的,免征契税。

(6) 对国有控股公司以部分资产投资组建新公司,且该国有控股公司占新公司股份85%以上的,对新公司承受该国有控股公司土地、房屋权属免征契税。

(7) 企业公司制改造非公司制企业,对不改变投资主体和出资比例改建成的公司制企业承受原企业土地、房屋权属的,不征收契税;对独家发起、募集设立的股份有限公司承受发起人土地、房屋权属的,免征契税。对国有、集体企业经批准改建成全体职工持股的有限责任公司或股份有限公司承受原企业土地、房屋权属的,免征契税;对其余涉及土地、房屋权属转移的,征收契税。对改建后的股份合作制企业承受原企业土地、房屋权属,免征契税。

(8) 企业合并的优惠。两个或两个以上的企业,依据法律规定、合同约定,合并改建为一个企业,对其合并后的企业承受原合并各方的土地、房屋权属,免征契税。

(9) 企业分立的优惠。企业依照法律规定、合同约定分设为两个或两个以上投资主体相同的企业,对派生方、新设方承受原企业土地、房屋权属,不征收契税。

(10) 企业注销、破产企业后,债权人(包括注销、破产企业职工)承受注销、破产企业土地、房屋权属以抵偿债务的,免征契税;对非债权人承受注销、破产企业土地、房屋权属,并妥善安置原企业全部职工,其中与原企业30%以上职工签订服务年限不少于三年的劳动用工合同的,减半征收契税;与原企业全部职工签订服务年限不少于三年劳动用工合同的,免征契税。

(11) 国有、集体企业出售,买受人按照国家有关法律法规政策妥善安置原企业全部职工,其中与原企业30%以上职工签订服务年限不少于三年的劳动用工合同的,对其承受所购企业的土地、房屋权属,减半征收契税;与原企业全部职工签订服务年限不少于三年的劳动用工合同的,免征契税。

(12) 经国务院批准实施债权转股权的企业,对债权转股权后新设立的公司承受原企业的土地、房屋权属,免征契税。

(13) 企业改制重组过程中,同一投资主体内部所属企业之间土地、房屋权属的无偿划转不征收契税。

(二) 财政部规定的税收优惠

(1) 对拆迁居民因拆迁重新购置住房的,对购房成交价格中相当于拆迁补偿款的部分免征契税,成交价格超过拆迁补偿款的,对超过部分征收契税。

(2) 对廉租住房经营管理单位购买住房作为廉租住房、经济适用住房经营管理单位回购经济适用住房继续作为经济适用住房房源的,免征契税。对个人购买普通住房、经济适用住房,在法定税率基础上减半征收契税。

(3) 对于《中华人民共和国继承法》规定的法定继承人(包括配偶、子女、父母、兄弟姐妹、祖父母、外祖父母)继承土地、房屋权属,不征契税。按照《中华人民共和国继承法》规定,非法定继承人根据遗嘱承受死者生前的土地、房屋权属,属于赠与行为,应征收契税。

(4) 对个人购买90平方米及以下且属家庭唯一住房的普通住房,减按1%税率征收契税;面积在90平方米以上的,减按1.5%税率征收契税。对个人购买家庭第二套改善性住房,面积在90平方米及以下的,减按1%税率征收契税;面积在90平方米以上的,减按2%税率征收契税。

(5) 自2011年9月1日起,婚姻关系存续期间,房屋、土地权属原归夫妻一方所有,变更为夫妻双方共有的,免征契税。

(6) 对公住房经营管理单位购买住房作为公住房,免征契税。

五、契税征收管理

(一) 纳税义务发生时间

纳税人在签订土地、房屋权属转移合同的当天,或者取得其他具有土地、房屋权属转移合同性质凭证的当天为纳税义务发生时间。

纳税人出具契税完税凭证,土地管理部门、房产管理部门才能办理变更登记手续。

(二) 纳税期限

纳税人应当自纳税义务发生之日起10日内,向土地、房屋所在地的契税征收机关办理纳税申报,并在契税征收机关核定的期限内缴纳税款,索取完税凭证。

(三) 纳税地点

契税在土地、房屋所在地的征收机关缴纳。

纳税人应当持契税完税凭证和其他规定的文件材料,依法向土地管理部门、房产管理部门办理有关土地、房屋的权属变更登记手续;纳税人未出具契税完税凭证的,土地管理部门、房产管理部门不予办理有关土地、房屋的权属变更登记手续。

第五节 印 花 税

一、印花税概述

(一) 印花税概念

印花税是以经济活动和经济交往中书立、使用、领受应税经济凭证的单位和个人所征收的一种税。因纳税人主要是通过在应税凭证上粘贴印花税票来完成税收义务,故称为印花税。

印花税是世界各国普遍征收的一个税种。它是一个古老的税种,最早始于 1624 年的荷兰。当时政府财政发生困难,于是,当局就采用公开招标办法,以重赏从千万个应征者设计的方案中精选出来"印花税",后为许多国家采用。旧中国,北洋军阀时期曾颁布过《印花税法》,并于 1913 年正式开征印花税。国民党统治时期,在 1934 年颁布了《印花税法》,并将印花税列为中央税收。从 1938 年 5 月开始,中国共产党在晋察冀边区开始征收印花税。新中国成立后,中央人民政府政务院于 1950 年 1 月发布《全国税政实施要则》,规定印花税为全国统一开征的 14 个税种之一。1958 年简化税制时,将印花税并入工商统一税,印花税不再单独征收。随着改革开放政策的贯彻实施,我国国民经济得到迅速发展,经济活动中依法书立各种凭证已成为普遍现象。根据经济发展和建立社会主义经济法制的需要,国家相继颁布了经济合同法、商标法、工商企业登记管理条例等一系列经济法规。为了在税收上适应变化的客观经济情况,广泛筹集财政资金,维护经济凭证书立、领受人的合法权益,1988 年 8 月 6 日,国务院公布了《中华人民共和国印花税暂行条例》(以下简称《印花税暂行条例》),从同年 10 月 1 日起恢复征税。恢复征收印花税,有利于配合贯彻各该经济法规,了解和掌握复杂多变的经济活动情况,加强对书立、领受凭证的管理、监督,便利控制各税,保证财政收入。

(二)印花税的特点

1. 覆盖面广

印花税的征税对象包括经济活动和经济交往中的各种应税凭证,凡涉及税法列举的合同或具有合同性质的凭证、产权转移书据、营业账簿及权利许可证照等都要缴纳印花税,其征税范围极其广泛。而且,随着市场经济的发展和经济法制的逐步健全,依法书立经济凭证的现象将会越来越普遍,印花税的征税范围也将更加广泛。

2. 税负较轻

印花税税率低,其税负较轻,最高税率为 2‰,最低税率为 0.05‰;按定额税率征税的,每件 5 元。与其他税种相比较,纳税人的税收负担较轻。

3. 自行完税

印花税与其他税种不同,实行自行计税、自行购花、自行粘贴、自行注销的"四自"纳税办法。纳税人通过自行计税、购买、粘贴、注销印花税票(简称贴花)的方法完成纳税义务,并在印花税票和凭证的骑缝处自行盖戳注销或画销。这就是印花税与其他税种的缴纳方法存在的较大区别。《印花税暂行条例》还规定,凡多贴印花税票者,不得申请退税或者抵用。这与其他税种多缴税款可以申请退税或抵缴的规定也不相同。

4. 兼有凭证税和行为税特质

印花税是对单位和个人书立、领受的应税凭证征收的一种税,具有凭证税特质。同时,任何一种应税经济凭证反映的都是某种特定的经济行为,因此,对凭证征税,实质上是对经济行为的课税。

二、印花税征税范围、纳税人和税率

(一) 征税范围

印花税是行为税,其征税对象是书立、使用和领受应税凭证的行为。应税凭证有五大类共13个税目,其计税依据有按凭证所载金额和按件定额征收两种。其征税范围如下:

1. 经济合同

经济合同是指根据《中华人民共和国合同法》和其他有关合同法规订立的合同以及具有合同性质的凭证。其中具有合同性质的凭证,是指具有合同效力的协议、契约、单据、确认书及其他各种名称的凭证。税法列举了十大类应税合同,具体是:购销合同、加工承揽合同、建设工程勘察设计合同、建筑安装工程承包合同、财产租赁合同、货物运输合同、仓储保管合同、借款合同、财产保险合同、技术合同(其中的技术咨询合同,不包括一般的法律、会计、审计等方面的咨询合同,这部分合同不贴印花;也不包括权利转让、专利实施许可所书立的合同)。

2. 产权转移书据

产权转移书据是指单位和个人产权的买卖、继承、赠与、交换、分割等所立的书据。具体包括在政府管理机关登记注册的动产、不动产的所有权转移所立的书据,以及企业股权转让所立的书据。产权转移书据税目具体包括:财产所有权、版权、商标专用权、专利权、专用技术使用权等转移书据和土地使用权出让合同、土地使用权转让合同、商品房销售合同等权利转移合同。

3. 营业账簿

营业账簿是指生产经营用账册,包括记载资金的账簿和其他账簿。所谓记载资金的账簿,是指载有固定资产原值和自有流动资金的账簿,或者专门设置的记载固定资产原值和自有流动资金的账簿。其他账簿是指除上述账簿以外的账簿,包括日记账簿和各明细分类账簿。

4. 权利、许可证照

权利、许可证照包括政府部门发给的房屋产权证、工商营业执照、商标注册证、专利证、土地使用证。未列举的凭证不征收印花税。

5. 财政部确定征税的其他凭证

（二）纳税义务人

印花税的纳税义务人是指在我国境内书立、使用和领受税法所列举的应税凭证并应依法履行纳税义务的单位和个人。包括国内各类企业、事业、机关、团体、部队以及中外合资企业、中外合作企业、外资企业、外国公司企业和其他经济组织及其在华机构等单位和个人。

按照书立、使用和领受的应税凭证不同，印花税的具体纳税人有：

（1）立合同人。书立各类经济合同的，以立合同人为纳税人。立合同人，是合同的当事人，是指对凭证有直接权利义务关系的单位和个人，不包括保人、证人和鉴定人。

（2）立账簿人。建立营业账簿的，以立账簿人为纳税人。

（3）立据人。订立各种财产转移书据的，以立据人为纳税人。

（4）领受人。领取权利许可证照的，以领受人为纳税人。

如果同一凭证，由两方或者两方以上当事人签订并各执一份的，应当由各方就所执的一份各自全额贴花。如果应税凭证是由当事人的代理人代为书立的，则由代理人代为承担纳税义务。

（三）税率

印花税共设有13个税目，它们是：购销合同、加工承揽合同、建筑工程勘察设计合同、建筑安装工程承包合同、财产租赁合同、货物运输合同、仓储保管合同、借款合同、财产保险合同、技术合同、产权转移书据、营业账簿、权利许可证照。印花税的税率有两种形式，即比例税率和定额税率。

1. 比例税率

在印花税的13个税目中，各类合同以及具有合同性质的凭证、产权转移书据、营业账簿中记载资金的账簿，适用比例税率。印花税的比例税率分为4个档次，分别是0.05‰、0.3‰、0.5‰、1‰。

（1）适用0.05‰税率的为"借款合同"；

（2）适用0.3‰税率的为"购销合同""建筑安装工程承包合同""技术合同"；

（3）适用0.5‰税率的是"加工承揽合同""建筑工程勘察设计合同""货物运输合同""产权转移书据""营业账簿"税目中记载资金的账簿；

（4）适用1‰税率的为"财产租赁合同""仓储保管合同""财产保险合同"。

经国务院批准，财政部、国家税务总局决定从2008年9月19日起，对买卖、继承、赠与所书立的A股、B股股权转让书据的出让方按1‰的税率征收证券（股票）交易印花税，对受让方不再征税。

2. 定额税率

在印花税的13个税目中，"权利、许可证照"和"营业账簿"税目中的其他账簿，适用定额税率,均为按件贴花,税额为5元。这样规定,是因为这些凭证不属于资金账簿或没有金额记载,采用定额税率,便于纳税人缴纳,便于税务征管。

在确定适用税率时,如果发生载有一个经济事项的应税凭证,可以同时适用两个或两个以上的税率,且属于同一笔金额的,应按其中一个较高的税率计算纳税,而不是分别按两种税率贴花。

三、印花税应纳税额的计算

(一)计税依据

印花税的计税依据是应税凭证所记载的金额或收入、费用额和件数。具体来说:

(1)购销合同的计税依据为购销金额;若采用以货易货方式进行商品交易签订的合同,是反映既购又销双重经济行为的合同,应看作签订了两份合同;对此,应按合同所载的购、销金额合计数计税贴花。合同未列明金额的,应按合同所载购、销数量,依照国家牌价或市场价格计算应纳税额。

(2)加工承揽合同的计税依据为加工或承揽收入。这里的加工或承揽收入额是指合同中规定的受托方的加工费和提供的辅助材料金额之和。

(3)建设工程勘察设计合同的计税依据为收取的费用。

(4)建筑安装工程承包合同的计税依据为承包金额。

(5)财产租赁合同的计税依据为租赁金额;经计算,税额不足1元的,按1元贴花。

(6)货物运输合同的计税依据为运输费金额(即运费收入),但不包括所运货物的金额、装卸费、保险费用等。对国内各种形式的货物联运,凡在启运地统一结算全程运费的,应以全程运费为计税依据,由启运地运费结算双方缴纳印花税;凡分程结算运费的,应以分程的运费作为计税依据,分别由办理运费结算的各方缴纳印花税。对国际货运,凡由我国运输企业运输的,运输企业所持有的运费结算凭证,以本程运费为计税依据计算应纳税额。

(7)仓储保管合同的计税依据为仓储保管费用。

(8)借款合同的计税依据为借款金额。

(9)财产保险合同的计税依据为支付(收取)的保险费金额,不包括所保财产的金额。

(10)技术合同的计税依据为合同所载金额。

(11)产权转移书据的计税依据为所载金额。

(12)营业账簿税目中记载资金的账簿的计税依据为"实收资本"与"资本公积"两项的合计金额,其他账簿的计税依据为应税凭证件数;权利、许可证照的计税依据为应税凭证件数。

(13) 其他账簿的计税依据为应税凭证件数对跨地区经营的分支机构的营业账簿,在计税贴花时,为了避免对同一资金重复计税,规定上级单位记载资金的账簿,应按扣除拨给下属机构资金数额后的其余部分计算贴花。

(二) 应纳税额的计算

纳税人的应纳税额,根据应纳税凭证的性质,分别按比例税率或定额税率计算,其计算公式是:

(1) 按比例税率计算应纳税额的方法:

$$应纳税额 = 计税金额 \times 适用税率$$

(2) 按定额税率计算应纳税额的方法:

$$应纳税额 = 凭证数量 \times 单位税额$$

(3) 计算印花税应纳税额应当注意的问题:

① 按金额比例贴花的应税凭证,未标明金额的,应按照凭证所载数量及市场价格计算金额,依适用税率贴足印花。

② 应纳税凭证所载金额为外国货币的,按凭证书立当日的国家外汇管理局公布的外汇牌价折合人民币,计算应纳税额。

③ 同一凭证由两方或者两方以上当事人签订并各执一份的,应当由各方就所执的一份全额贴花。

④ 同一凭证因载有两个或者两个以上经济事项而适用不同税率,如分别记载金额的,应分别计算应纳税额,相加后按合计税额贴花;如未分别记载金额的,按税率高的计税贴花。

⑤ 已贴花的凭证,修改后所载金额增加的,其增加部分应当补贴印花税票。

⑥ 按比例税率计算纳税而应纳税额又不足 1 角的,免纳印花税;应纳税额在 1 角以上的,其税额尾数不满 5 分的不计,满 5 分的按 1 角计算贴花。对财产租赁合同的应纳税额超过 1 角但不足 1 元的按 1 元贴花。

[例 7-5] 某公司本年度新启用非资金账簿 12 本,除此之外,还拟定了如下经济合同:

(1) 向购货方签订了购销合同,规定用 55 万元产品换取 80 万元的原材料,合同已履行。

(2) 与某运输公司签订一项货物运输合同,注明金额为 18 万元(含 1 万元装卸费)。

(3) 以本公司财产 70 万元为抵押,取得某银行抵押贷款 110 万元,签订合同,规定年度归还,但本年底因资金周转不灵,无力偿还,按照合同规定将抵押财产产权转移给该银行,并依法进行了产权书据书立。

计算该公司当年度应纳印花税。

解:

(1) 公司启用新账簿,应纳印花税:$12 \times 5 = 60$(元)

(2) 易货合同,应纳印花税:$(550\,000 + 800\,000) \times 0.3‰ = 405$(元)

(3) 运输合同,应纳印花税:$(180\,000 - 10\,000) \times 0.5‰ = 85$(元)

(4) 借款合同,应纳印花税:$1\,100\,000 \times 0.05‰ = 55$(元)

(5) 产权转移书据,应纳印花税:$700\,000 \times 0.5‰ = 350$(元)

合计缴纳印花税　　　　　　　955(元)

[例7-6] 某企业签订了如下经济合同:与甲公司签订技术开发合同,合同总金额为400万元,其中研究开发费100万元,与乙公司签订货物销售合同,销售额为300万元,运输费用4万元,其中包括保险费0.5万元、装卸费0.5万元。该企业应缴纳印花税多少元?

解:

(1) 为了鼓励技术研究开发,对技术开发合同,其就合同所载的报酬金额计税,研究开发费不作为计税依据。

技术开发合同应缴纳印花税$= (4\,000\,000 - 1\,000\,000) \times 0.3‰ = 900$(元)

(2) 销售合同应纳的印花税$= 3\,000\,000 \times 0.3‰ = 900$(元)

(3) 货物运输合同,不含所运货物的金额、装卸费和保险费,因此:

运输合同应纳的印花税$= (4 - 0.5 - 0.5) \times 10\,000 \times 0.5‰ = 15$(元)

(4) 该企业应缴纳印花税$= 900 + 900 + 15 = 1\,815$(元)

四、印花税税收优惠

(一) 基本优惠

(1) 已缴纳印花税的凭证的副本或者抄本。

(2) 财产所有人将财产赠给政府、社会福利单位、学校所立的书据。

(3) 国家指定的收购部门与村民委员会、农民个人书立的农业产品收购合同。

(4) 无息、贴息贷款合同。

(5) 外国政府或者国际金融组织向我国政府及国家金融机构提供的优惠贷款所书立的合同。

(二) 其他优惠

(1) 房地产管理部门与个人订立的房租合同,凡房屋属于用于生活居住的,暂免贴花。

（2）军事物资运输、抢险救灾物资运输、新建铁路的工程临管线运输等的特殊货运凭证。

（3）对国家邮政局及所属各级邮政企业，从1999年1月1日起独立运营新设立的资金账簿，凡属在邮电管理局分营前已贴花的资金免征印花税，1999年1月1日以后增加的资金按规定贴花。

（4）对经国务院和省级人民政府决定或批准进行的国有（含国有控股）企业改组改制而发生的上市公司国有股权无偿转让行为暂不征收证券（股票）交易印花税。对不属于上述情况的上市公司国有股权无偿转让行为，仍应收证券（股票）交易印花税。

（5）经县级以上人民政府及企业主管部门批准进行的企业改制前签订但尚未履行完的各类应税合同，改制后需要变更执行主体的，对仅改变执行主体、其余条款未作变动且改制前已贴花的，不再贴花。

（6）经县级以上人民政府及企业主管部门批准进行的企业因改制签订的产权转移书据免予贴花。

（7）对投资者（包括个人和机构）买卖封闭式证券投资基金免征印花税。

（8）对国家石油储备基地第一期项目建设过程中涉及的印花税予以免征。

（9）证券投资者保护基金有限责任公司发生的下列凭证和产权转移书据享受印花税的优惠政策：新设立的资金账簿免征印花税；与中国人民银行签订的再贷款合同、与证券公司行政清算机构签订的借款合同，免征印花税；接收被处置证券公司财产签订的产权转移书据，免征印花税；以保护基金自有财产和接收的受偿资产与保险公司签订的财产保险合同，免征印花税。

（10）对廉租住房、经济适用住房经营管理单位与廉租住房、经济适用住房相关的印花税以廉租住房承租人、经济适用住房购买人涉及的印花税予以免征。

（11）对公租房经营管理单位购买住房作为公租房，免征契税、印花税；对公租房租赁双方签订租赁协议涉及的印花税予以免征。

对公租房经营管理单位建造公租房涉及的印花税予以免征。在其他住房项目中配套建设公租房，依据政府部门出具的相关材料，可按公租房建筑面积占总建筑面积的比例免征建造、管理公租房涉及的印花税。印花税票为有价证券，其票面金额以人民币为单位，分为1角、2角、5角、1元、2元、5元、10元、50元和100元9种。纳税人应首先向印花税票的代售单位或个人购买印花税票。

印花税最低税额是1角。财产租赁合同税额不足1元的，按1元贴花；按规定计算出的应纳税额不足1角的凭证，免贴印花税；应纳税额在1角以上的，按照四舍五入的规则，其尾数不满5分的不计，满5分的按1角计算贴花。

五、印花税征收管理

（一）纳税环节

各种应税凭证应当在书立或者领受时贴花，不得延至凭证生效日期贴花。具体来说，各种合同在签订时贴花；产权转移书据在立据时贴花；营业账簿在启用时贴花；权利许可证照在领用时贴花；在国外签订的合同在我国境内履行的，应在使用时贴花。

（二）缴纳方法

1. 一般纳税方法

印花税实行由纳税人根据规定自行计算应纳税额，购买并一次贴足印花税票的缴纳办法。也就是说，纳税人在书立、领受应税凭证，发生纳税义务行为时，实行"四自"缴纳的办法，即：纳税人按照应税凭证性质和适用的税目税率自行计税、自行购花、自行贴花、自行注销。这种纳税办法使用范围较广，一般适于应税凭证少或同一凭证纳税次数少的纳税人。

2. 汇贴和汇缴办法

为简化手续，应纳税额较大或者贴花次数频繁的纳税人，可向税务机关提出申请，采取以缴款书代替贴花或按照汇总缴纳的办法，具体包括以下三种简化的缴纳方法：

（1）汇贴缴纳方法。税法规定，一份凭证应纳税额超过500元的，应向当地税务机关申请填写缴款书或者完税证，将其中一联粘贴在凭证上加注完税标记代替贴花，这就是通常所说的"汇贴"办法；税务机关对核准汇总缴纳印花税的单位，应发给汇缴许可证。主要适用于如资金账簿、大宗货物的购销合同、建筑工程承包合同等。

（2）按期汇总缴纳方法。同一种类应纳税凭证若需要频繁贴花的，纳税人可向当地税务机关申请按期汇总缴纳印花税。经税务机关核准发给许可证后，按税务机关确定的限期（最长不超过1个月）汇总计算纳税。

（3）代扣税款汇总缴纳方法。税务机关为了加强源泉控制管理，可以委托某些代理填开应税凭证的单位（如代办运输、联运的单位）对凭证的当事人应纳的印花税予以代扣，并按期汇总缴纳。同时对发放权利、许可证照的单位和办理凭证的签证、公证及其他有关事项的单位，可接受税务机关的委托代为征收印花税税款，并由税务机关付给5%的手续费，支付来源从实征印花税款中提取。

此外，凡汇总缴纳印花税的凭证，应加注税务机关指定的汇缴戳记，按顺序编号并装订成册，将印花税票或缴款书的一联粘贴在装订成册的凭证后面，盖章注销，保存备查。

3. 对政策性银行的特别规定

对国家政策性银行记载资金的账簿,一次贴花数额较大,难以承担的,经当地税务机关核准,可以在3年内分次贴足印花。

就税务机关来说,印花税票一经售出,国家即取得印花税收入。但就纳税人来说,购买了印花税票,不等于履行了纳税义务。因此,纳税人将印花税票粘贴在应税凭证后,应即行注销,注销标记应与骑缝处相交。所谓骑缝处,是指粘贴的印花税票与凭证及印花税票之间的交接处。印花税票应粘贴在应纳税凭证上,并由纳税人在每枚税票的骑缝处盖戳注销或面销;已经贴花的凭证,凡修改后所载金额增加的部分,应补贴印花;凡多贴印花税票者,不得申请退税或者抵扣;已贴用的印花税票不得揭下重用。

(三) 纳税地点

印花税一般实行就地纳税。对于全国性商品物资订货会(包括展销会、交易会等)上所订合同应纳的印花税,由纳税人回其所在地后及时办理贴花完税手续;对地方主办、不涉及省际关系的订货会、展销会上所签合同的印花税,其纳税地点由各省、自治区、直辖市人民政府自行确定。

(四) 违章处罚

印花税的纳税人有下列行为之一的,由税务机关根据情节轻重予以处罚:

(1) 在应纳税凭证上未贴或者少贴印花税票的,或者已粘贴在应税凭证上的印花税票未注销或未划销的,由税务机关追缴其不缴或者少缴的税款、滞纳金,并处不缴或者少缴的税款50%以上5倍以下的罚款。

(2) 已贴用的印花税票揭下重用造成未缴或少缴印花税的,由税务机关追缴其不缴或者少缴税款、滞纳金,并处不缴或者少缴的税款50%以上5倍以下的罚款;构成犯罪的,依法追究刑事责任。

(3) 按期汇总缴纳印花税的纳税人,超过税务机关核定的纳税期限,未缴或少缴印花税,由税务机关追缴其不缴或者少缴的税款、滞纳金,并处不缴或者少缴的税款50%以上5倍以下的罚款;情节严重的,同时撤销其汇缴许可证;构成犯罪的,依法追究刑事责任。

(4) 伪造印花税票的,由税务机关责令改正,处以2 000~10 000元的罚款;情节严重的,处以10 000~50 000元的罚款;构成犯罪的,依法追究刑事责任。

(5) 纳税人违反以下规定的,由税务机关责令限期改正,可处以2 000元以下的罚款;情节严重的,处以2 000元以上10 000元以下的罚款:

① 凡汇总缴纳印花税的凭证,应加注税务机关指定的汇缴戳记,编号并装订成册后,将已贴印花或者缴款书的一联粘附册后,盖章注销,保存备查。

② 纳税人对纳税凭证应妥善保存。凭证的保存期限,凡国家有明确规定的,

按规定办;没有明确规定的其余凭证,均应在履行完毕后保存1年。

复习思考题

一、关键概念
房产税　车船税　契税　印花税

二、简答题
1. 房产税的纳税人、计税依据有何规定?
2. 房产税的两种计征方法具体是如何规定的?
3. 我国现行税法对车船税的扣缴义务人是如何规定的?
4. 车船税的具体征收范围包括哪些?
5. 什么是契税?其征税范围主要包括哪些?
6. 国有土地使用权出让、土地使用权出售、房屋买卖应纳契税的计税依据是什么?
7. 印花税的征收范围有哪些规定?
8. 印花税的计税依据有哪些规定?

三、计算题
1. 某公司有写字楼一幢,房产价值8 000万元。2013年将其1/4对外出租,取得租金收入300万元。已知该地区统一规定计算房产余值时的减除幅度为20%,那么该公司当年该缴纳房产税共多少?

2. 某机械厂本年共有房产原值8 500万元,该厂8月1日将房产原值1 200万元的仓库出租给某超市存放货物,出租期1年,该厂按季收取租金,当年共收取租金28万元。该厂所在省规定的扣除比例为30%。计算该厂当年应纳的房产税。

3. 某物流公司拥有并使用以下车辆:自重5吨载货卡车10辆,自重2吨客货两用车8辆,自重4吨的汽车挂车5辆,当地政府规定,载货汽车的车辆税额为60元/吨,10座以下乘人汽车税额为80元,则该公司当年应纳车船税是多少?

4. 小王2017年购买了一套价值200万元的住房,同时将原有的两套住房作如下处理:一套出售给小李,成交价格140万元;另一套市场价格为170万元的住房与小赵等价交换。假设当地政府规定契税税率为3.5%,则小王当年缴纳契税共多少?

5. 某公司本年8月支付6 000万元的价款购买一幢楼房,以价值500万元的房屋换取某酒厂价值600万元的房屋,当月该公司还接受他人赠送的价值500万元的房屋。此外,该公司当月还出售一幢楼房,取得收入4 000万元。假设该公司所在地省级人民政府确定的契税税率为5%。计算该公司应纳的契税。

6. 居民甲有两套住房,将一套出售给居民乙,成交价格为90万元,将另一套两居室与居民丙交换成两处一居室住房,并支付换房差价款 40 万元。居民丙取得该现值 150 万元房屋和 40 万元的差价款后,将该房屋等价交换给居民丁。计算甲、乙、丙、丁相关行为应缴纳的契税。

7. 某汽车配修厂与机械进出口公司签订购买价值 2 500 万元维修设备合同,为购买此设备,向工商银行贷款 2 500 万元,后因故购销合同作废,改签融资租赁合同,租赁费 1 000 万元,由此计算该厂共缴纳多少印花税?

8. A 公司和 B 公司分别签订了两份合同,一是以货换货合同,A 公司货物价值 200 万元,B 公司货物价值 180 万元;二是采购合同,A 公司购买 B 公司 20 万元货物,但因故合同未能兑现。那么 A 公司应缴纳印花税共计多少?

第八章 特定目的类税制度

【本章学习目的与要求】

通过本章学习,了解我国现行特定目的类税包括的城市维护建设税、车辆购置税、耕地占用税和烟叶税的基本概念和特点。熟悉各税种的构成要素,即纳税人、征税范围、税率、计税依据以及征收管理等,掌握城市维护建设税、教育费附加、车辆购置税、耕地占用税和烟叶税应纳税额的正确计算。

第一节 特定目的类税制度概述

一、特定目的类税概念

特定目的税是国家为达到某种特定的目的而设立的税种。我国的特定目的税,是在经济体制改革过程中,根据宏观经济调控的需要而陆续设立的。

我国自改革开放以后,国民经济的各个方面都得到了很大的发展。但在经济发展过程中出现了基本建设规模过大、消费基金增长过快和国民收入分配不合理等问题。为了更好地发展国民经济,协调经济体制改革的各个方面,国家在采取各项措施的同时,开征若干特定目的税,以便运用税收工具,强化宏观调控。例如,为了加强城市的维护和建设,扩大和稳定城市维护建设资金的来源,1985年2月8日,国务院颁布了《中华人民共和国城市维护建设税暂行条例》。为了依法合理地筹集交通基础设施建设和维护资金,促进交通基础设施建设事业的健康发展,同时为了正确处理税费关系、深化和完善财税体制改革,从2001年1月1日起实施《中华人民共和国车辆购置税暂行条例》。为了合理使用能源,促进企业节约用油,并加速以煤炭代替烧用石油的进程,开征了烧油特别税。为了有助于集中必要资金,保证国家重点建设,有利于加强基本建设管理,控制固定资产投资规模,对以自筹基本建设投资和更新改造措施项目中的建筑工程投资开征了建筑税。1991年4月16日,国务院在总结经验的基础上制定并颁布了《中华人民共和国固定资产投资方向调节税暂行条例》,以之取代建筑税。为了用经济手段加强对耕地的管理,1987年4月1日国务院颁布《中华人民共和国耕地占用税暂行条例》即日起施行;运行了近20年,2007年12月1日国务院又颁布了《中华人民共和国耕地占用税暂行条例(修订案)》。征税目的在于限制非农业建设占用耕地,建立发展农业专项资金,促进农业生产的全面协调发展。现行的《中华人民共和国船舶吨税暂行条例》是于2011年11月23日国务院第182次常务会议上通过,并自2012年1月1日起施行。我国的烟叶税原是国务院以1994年1月30日颁布的《国务院关于对农业特产收入征收农业税的规定》为依据,规定对烟叶在收购环节征收。随着《农业税条例》自2006年1月1日起废止,对烟叶征收农业特产农业税失去了法律依据。因此,2006年4月28日,国务院颁布了《中华人民共和国烟叶税暂行条例》,并自公布之日起施行。这样,就建立了中国的特定目的税系列。

二、特定目的类税特点

特定目的类税与其他税比较,具有如下特点。

（一）政策目的鲜明

国家为达到某种特定目的而设立的税种,是为了达到特定的目的,对特定对象和行为发挥调节作用而征收的税种。

（二）政策目的超过财政目的

特定目的税的实施成效,不以收入多寡而论,是其不同于一般税种的一大特征。

（三）灵活性较大

在税种设置、税率设计、减税免税等方面,根据贯彻国家政策的需要适时调整,不是固定不变的。

目前,我国现行的特定目的类税包括城市维护建设税、车辆购置税、耕地占用税、船舶吨税和烟叶税,同时正待考虑开征的行为税有社会保障税、环境保护税等新税种。下面我们将选择主要的内容进行阐述。

第二节　城市维护建设税

一、城市维护建设税概述

（一）城市维护建设税的概念

城市维护建设税(简称城建税),是国家为了加强城市的维护和建设,对缴纳增值税、消费税、营业税(简称"三税",营改增后为"两税")的单位和个人就其实际缴纳的"三税"税额为计税依据而征收的一种税。1985年2月8日国务院颁布并于同年1月1日实施的《中华人民共和国城市维护建设税暂行条例》,属于特定目的税。开征城市维护建设税的目的,是国家为加强城市的维护建设、改善城镇居民生活环境提供必要的外部条件而采取的一项税收措施。

(二)城市维护建设税的特点

城市维护建设税与其他税相比较,具有以下特点:

1. 税款专款专用

一般来说,税法并不规定各个税收收入的具体使用范围和方向,但城市维护建设税所征税款要求专款专用,专门用于城市的公用事业和公共设施的维护和建设,具有受益性质的特定目的税。

2. 属于一种附加税

它以纳税人实际缴纳的"两税"税额作为计税依据,随"两税"同时附征,本身并没有特定的、独立的征税对象。其征管方法也完全比照"两税"的有关规定。

3. 根据城镇规模设计税率

城市维护建设税的负担水平,不是依据纳税人获取的利润水平或经营特点,而是根据纳税人所在的城镇规模和市政设施受益程度等设计的。城镇规模大的,税率高些;城镇规模小的,税率低些。

4. 征收范围较广

城市维护建设税以增值税、消费税额作为税基,而增值税和消费税在我国现行税制体系中居主体税种的地位,占全部税收收入总额的60%左右,同时其征税范围基本上包括了我国境内所有经营行为的单位和个人。从这个意义上看,城市维护建设税几乎是对所有纳税人的征税,因此,它的征税范围比其他任何税种的征税范围都要广。

二、城市维护建设税纳税人、征税范围和税率

(一)纳税人

城建税的纳税人是指负有缴纳"两税"义务的单位和个人。包括国有企业、集体企业、私营企业、股份制企业、其他企业和行政单位、事业单位、军事单位、社会团体、外商投资企业和外国企业、其他单位,以及个体工商户及其他个人。

个体商贩及个人在集市上出售商品,对其征收临时经营的增值税,是否同时按其实缴税额征收城市维护建设税,由各省、自治区、直辖市人民政府根据实际情况确定。

(二)征税范围

城市维护建设税的征税范围具体包括城市、县城、建制镇以及税法规定征税的

其他地区。

(三) 税率

城市维护建设税实行地区差别比例税率。按纳税人所在地的不同,设置了7%、5%、1%三档差别比例税率,即:

纳税人所在地为市区的,税率为7%;

纳税人所在地为县城、建制镇的,税率为5%;

纳税人所在地不在市区、县城或者建制镇的,税率为1%。

城建税的适用税率,应当按纳税人所在地的规定税率执行。但是,对下列两种特殊情况,视情况确定:

(1) 由受托方代扣代缴、代收代缴"两税"的单位和个人,其代扣代缴、代收代缴的城建税按受托方所在地适用税率;

(2) 流动经营等无固定纳税地点的单位和个人,在经营地缴纳"两税"的,其城建税的缴纳按经营地适用税率。

三、城市维护建设税应纳税额的计算

(一) 计税依据

城市维护建设税的计税依据是纳税人实际缴纳的增值税、消费税税额。纳税人违反"两税"有关税法而加收的滞纳金和罚款,是税务机关对纳税人违法行为的经济制裁,不作为城建税的计税依据,但纳税人在被查补"两税"和被处以罚款时,应同时对其偷漏的城建税进行补税和罚款。

城建税以"两税"税额为计税依据并同时征收,如果要免征或者减征"两税",也就要同时免征或者减征城建税。但对出口产品退还增值税、消费税的,不退还已缴纳的城建税。

(二) 应纳税额的计算

城市维护建设税应纳税额的计算公式是:

$$应纳税额 = 纳税人实际缴纳的增值税、消费税和营业税税额 \times 适用税率$$

[例 8-1] 某地处县城的一国有企业 2017 年 8 月份实际缴纳增值税 66 万元,消费税 39 万元。请计算该企业当月应纳多少城建税税额?

解:

$$应纳税额 = (66+39) \times 5\% = 5.25(万元)$$

[例 8-2] 某市区企业 2017 年 7 月被查补增值税 82 000 元、消费税 18 000 元、所得税 30 000 元,被加收滞纳金 3 322 元,被处罚款 18 900 元。该企业应补缴

城市维护建设税为多少？

解：

该企业应补缴城市维护建设税 $=(82\,000+18\,000)\times 7\% = 7\,000(元)$

注：城市维护建设税的计税依据是纳税人实际缴纳（含查补）的消费税和增值税税额。不包括加收的滞纳金和罚款。

[例 8-3] 某家化厂坐落在市区（增值税一般纳税人），2017 年 12 月进口一批香精，出口地离岸价格 155 万元，境外运费及保险费共计 26 万元，海关于 12 月 15 日开具了完税凭证，家化厂缴纳进口环节税金后海关放行；日化厂将进口的香精的 70% 用于生产高级化妆品。本月从国内购进材料取得增值税专用发票，注明价款 350 万元、增值税 59.5 万元，销售高级化妆品取得不含税销售额 1 200 万元。该企业本月销售环节应纳税金及附加为多少？（关税税率为 25%，香精消费税为 15%）

解：

$$应纳关税 =(155+26)\times 25\% = 181\times 25\% = 45.25(万元)$$
$$进口消费税 =(155+26+45.25)\div(1-15\%)\times 15\%$$
$$=226.25\div(1-15\%)\times 15\%$$
$$=39.93(万元)$$
$$进口增值税 =(155+26+45.25+39.93)\times 17\% = 45.25(万元)$$

用外购化妆品生产化妆品，其耗用化妆品已纳消费税可以抵扣。

销售环节缴纳的增值税 $=1\,200\times 17\% - 45.25 - 59.5 = 99.25(万元)$

销售环节缴纳的消费税 $=1\,200\times 15\% - 39.93\times 70\% = 152.05(万元)$

应纳税金及附加合计 $=(99.25+152.05)\times(1+7\%+3\%)=276.43(元)$

注：进口不缴城建税。

四、城市维护建设税税收优惠

城市维护建设税的计税依据是纳税人实际缴纳的增值税、消费税税额，并与"两税"同时征收，是"两税"的附加税。因此，当税法对纳税人减免"两税"时，相应也减免了城市维护建设税。具体情况如下。

（一）与进出口相关的城市维护建设税的征免

(1) 海关对进口产品代征增值税、消费税的，不征收城市维护建设税。

(2) 对出口产品退还增值税、消费税的，不退还已缴纳的城市维护建设税；经国家税务局正式审核批准的当期免抵的增值税税额应纳入城市维护建设税和教育费附加的计征范围，分别按规定的税（费）率征收城市维护建设税和教育费附加。

（二）其他减免税规定

（1）免征国家石油储备基地第一期项目建设过程中涉及的城建税、教育费附加。

（2）对新办的商贸企业（从事批发、批零兼营以及其他非零售业务的商贸企业除外），当年新招用下岗失业人员达到职工总数30%，并与其签订1年以上期限劳动合同的，经劳动保障部门认定，税务机关审核，3年内免征城建税、教育费附加。

（3）对下岗失业人员从事个体经营（除建筑业、娱乐业、广告业、桑拿、按摩、网吧、氧吧外）的，自领取税务登记证之日起，3年内免征城建税、教育费附加。

（4）为安置自谋职业的城镇退役士兵就业而新办的服务型企业（除广告业、桑拿、按摩、网吧氧吧外），当年新安置自谋职业的城镇退役士兵达到职工总数30%以上，并与其签订1年以上期限劳动合同的，经县以上民政部门认定，税务机关审核，3年内免征城建税。

（5）经中国人民银行依法决定撤销的金融机构及其分设于各地的分支机构，用其财产清偿债务时，免征被撤销金融机构转让货物、不动产、无形资产、有价证券、票据等应缴纳的城建税、教育费附加。

五、城市维护建设税征收管理

（一）纳税环节

城建税的纳税环节，是指城建税税法规定的纳税人应当缴纳城建税的阶段。城建税的纳税环节，实际就是纳税人缴纳"两税"的环节。纳税人只要发生"两税"的纳税义务，就要在同样的环节，分别计算缴纳城建税。

（二）纳税地点

城建税以纳税人实际缴纳的增值税、消费税税额为计税依据，分别与"两税"同时缴纳。所以，纳税人缴纳"两税"的地点，就是该纳税人缴纳城建税的地点。但是，属于下列情况的，纳税地点为：

1. 代征代扣"两税"的单位和个人，其城建税的纳税地点在代征代扣地。

2. 跨省开采的油田，下属生产单位与核算单位不在同一个省内的，其生产的原油，在油井所在地缴纳增值税，其应纳税款由核算单位按照各油井的产量和规定税率，计算汇拨各油井缴纳。所以，各油井应纳的城建税，应由核算单位计算，随同增值税一并汇拨油井所在地，由油井在缴纳增值税的同时，一并缴纳城建税。

3. 对管道局输油部分的收入，由取得收入的各管道局于所在地缴纳营业税。所以，其应纳城建税，也应由取得收入的各管道局于所在地缴纳营业税时一并缴纳。

4. 对流动经营等无固定纳税地点的单位和个人，应随同"两税"在经营地按适用税率缴纳。

（三）纳税期限

由于城建税是由纳税人在缴纳"两税"时同时缴纳的，所以与"两税"的纳税期限一致。根据增值税法和消费税的纳税期限分别为1日、3日、5日、1个月或者1个季度；增值税、消费税具体纳税期限，由主管税务机关根据纳税人应纳税额大小分别核定；不能按照固定期限纳税的，可以按次纳税。

（四）城市维护建设税的违章处罚

如果纳税人缴纳了"两税"以后，却不按规定缴纳城市维护建设税，则可以对其单独加收滞纳金，也可以单独进行罚款。

六、教育费附加的计算

（一）教育费附加的计征依据和计征比率

教育费附加是为加快发展地方教育事业，扩大地方教育经费资金来源，以纳税人实际缴纳的增值税、消费税为对象而征收的一种附加费。它是以单位和个人实际缴纳的增值税和消费税税额为计税依据，分别与增值税和消费税同时缴纳。教育费附加计征比率为3%。

（二）教育费附加的计算

$$应纳税额 = \left(\begin{array}{c}实际缴纳\\增值税额\end{array} + \begin{array}{c}实际缴纳\\消费税额\end{array}\right) \times 征收比率$$

[例8-4] 上海市区某企业当月缴纳增值税和消费税共400万元，该企业应纳教育费附加为多少？

解：

$$应纳教育费附加 = 400 \times 3\% = 12（万元）$$

教育费附加的减免规定和征收管理与城市维护建设税一致。

第三节 车辆购置税

一、车辆购置税概述

（一）车辆购置税的概念

车辆购置税是对在我国境内购置应税车辆的单位和个人征收的一种税。车辆购置税实行一次征收制。长期以来,国家财政参与国民收入分配中存在的一个突出问题,就是费大于税,费挤税。各级政府该收的收,不该收的也越权设立名目收。有数据表明,1997年全国各类收费总额达4 200亿元,相当于同期我国财政收入的45%,失控的收费,使国家税收遭到严重侵蚀,扰乱了国民经济分配关系,破坏了国家宏观调控,滋生了大量不正之风和腐败现象,使企事业单位和纳税人不堪重负。而从世界主要市场经济国家的情况看,国家的政府预算,其收入的80%以上来源于税收,如美国1995年的联邦预算中,非税收入只占6.7%,日本仅占5%左右。为从根本上解决我国"失控的收费",国家决定将交通和车辆作为突破口,进行"费改税",取消车辆购置附加费,开征车辆购置税。2000年10月22日,国务院颁布了《中华人民共和国车辆购置税暂行条例》,从2001年1月1日起实施。车辆购置税是以在中国境内购置规定车辆为课税对象、在特定的环节向车辆购置者征收的一种税。征收车辆购置税有利于合理筹集财政资金,规范政府行为,调节收入差距,也有利于配合打击车辆走私和维护国家权益。车辆购置税由国税部门征收管理,所得收入归中央政府管理和支配,用于交通事业建设。2016年车辆购置税总额为2 674亿元,占我国税收收入的2%。

(二)车辆购置税的特点

1. 征收范围单一

作为财产税的车辆购置税,是以购置的特定车辆为课税对象,包括:汽车、摩托车、电车、挂车、农用运输车五类,而不是对所有的财产或消费财产征税,范围很窄,是一种特种财产税。

2. 征收环节单一

车辆购置税实行一次课征制,不是在生产、经营和消费的每一环节实行道道征收,只是在退出流通进入消费领域的特定环节征收。纳税人应当在向公安机关等车辆管理机构办理车辆登记注册前,缴纳车辆购置税。对购置已征收车辆购置税的车辆,不再征收车辆购置税。

3. 征税具有特定目的

根据国务院有关规定,车辆购置税为中央税,由国家税务局负责征收,税款缴入中央国库。车辆购置税收入具有专项用途,它不作为经常性财政收入,不计入现有与支出挂钩项目的预算基数,主要用于国道、省道公路建设。这种特定目的的税收,可以保证国家财政支出的需要,既有利于统筹合理地安排资金,又有利于保证特定事业和建设支出的需要。

4. 价外征收,不转嫁税负

征收车辆购置税的车辆价格中不含车辆购置税税额,车辆购置税是附加在价格之外的,且税收的缴纳者即为最终的税收负担者,税负没有转嫁性。

二、车辆购置税征税范围、纳税人和税率

(一)征税范围

车辆购置税的征收范围包括在我国境内购买、进口、自产、受赠、获奖或者以其他方式取得并自用的汽车、摩托车、电车、挂车、农用运输车。具体征收范围见表8-1。

表8-1 车辆购置税征税范围表

应税车辆	具体范围		注 释
汽车	各类汽车		
摩托车		轻便摩托车	最高设计时速不大于50千米/小时,发动机汽缸总排量不大于50立方厘米的两轮或三轮机动车
		二轮摩托车	最高设计时速不大于50千米/小时,或者发动机汽缸总排量大于50立方厘米的两轮机动车
		三轮摩托车	最高设计时速不大于50千米/小时,或者发动机汽缸总排量大于50立方厘米,空车重量不大于400千克的三轮机动车
电车		无轨电车	以电能为动力,由专用输电电缆线供电的轮式公共车辆
		有轨电车	以电能为动力,在轨道上行驶的公共车辆
挂车		全挂车	无动力设备,独立承载,由牵引车辆牵引的行驶车辆
		半挂车	无动力设备,与由牵引车辆共同承载,牵引的行驶车辆
农用运输车		三轮农用运输车	柴油发动机,功率不大于7.4千瓦,载重量不大于500千克,最高车速不大于40千米/小时的三轮机动车
		四轮农用运输车	柴油发动机,功率不大于28千瓦,载重量不大于1 500千克,最高车速不大于50千米/小时的四轮机动车

(二)纳税人

《中华人民共和国车辆购置税暂行条例》规定,车辆购置税是以在中国境内购置规定车辆为课税对象、在特定的环节向车辆购置者征收的一种税。就其性质而言,属于直接税的范畴。

车辆购置税的纳税人是指在我国境内购置应税车辆的单位和个人。其中购置是指购买使用行为、进口使用行为、受赠使用行为、自产自用行为、获奖使用行为以及以拍卖、抵债、走私、罚没等方式取得并使用的行为,这些行为都属于车辆购置税

的应税行为。

所称单位,包括国有企业、集体企业、私营企业、股份制企业、外商投资企业、外国企业以及其他企业,事业单位、社会团体、国家机关、部队以及其他单位。

所称个人,包括个体工商户及其他个人,既包括中国公民也包括外国公民。

(三) 税率

车辆购置税实行从价定率的统一比例税率,税率为应税车辆计税价格的10%。车辆购置税税率的调整,由国务院决定并公布。

三、车辆购置税应纳税额的计算

(一) 计税依据

1. 车辆购置税的计税依据的一般规定

(1) 纳税人购买自用的应税车辆的计税价格,为纳税人购买应税车辆而支付给销售者的全部价款和价外费用,不包括增值税税款。

(2) 纳税人进口车辆自用的,由进口自用方纳税;其计税价格为关税完税价格、关税和消费税的合计数。纳税人进口自用的应税车辆的计税价格的计算公式为:

$$计税价格 = 关税完税价格 + 关税 + 消费税$$

进口自用的应税车辆是指纳税人直接从境外进口或委托代理进口自用的应税车辆,即非贸易方式进口自用的应税车辆。而且进口自用的应税车辆的计税依据,应根据纳税人提供的、经海关审查确认的有关完税证明资料确定。

(3) 其他自用应税车辆计税依据的确定。现行政策规定,纳税人自产、受赠、获奖和以其他方式取得并自用的应税车辆的计税依据,凡不能或不能准确提供车辆价格的,由主管税务机关依国家税务总局核定的、相应类型的应税车辆的最低计税价格确定。因此,纳税人自产自用、受赠使用、获奖使用和以其他方式取得并自用的应税车辆一般以国家税务总局核定的最低计税价格为计税依据。

2. 最低计税价格为计税依据的确定

纳税人购买自用或者进口自用应税车辆,申报的计税价格低于同类型应税车辆的最低计税价格,又无正当理由的,按照最低计税价格征收车辆购置税。

最低计税价格是指国家税务总局依据车辆生产企业提供的车辆价格信息并参照市场平均交易价格核定的车辆购置税计税价格。申报的计税价格低于同类型应税车辆的最低计税价格,又无正当理由的,是指纳税人申报的车辆计税价格低于出厂价格或进口自用车辆的计税价格。

根据纳税人购置应税车辆的不同情况,国家税务总局对以下几种特殊情形应税车辆的最低计税价格规定如下：

(1) 对已缴纳并办理了登记注册手续的车辆,其底盘(车架)发生更换的车辆,计税依据为最新核发的同类型车辆最低计税价格的70%。

(2) 免税条件消失的车辆,其最低计税价格的确定方法：

最低计税价格 = 同类型新车最低计税价格 × [1 - (已使用年限 ÷ 规定使用年限)] × 100%

其中,规定使用年限为：国产车辆按10年计算；进口车辆按15年计算。超过规定使用年限的车辆,不再征收车购税。

(3) 国家税务总局未核定最低计税价格的车辆,计税依据为已核定的同类型车辆最低计税价格。

(4) 进口旧车,因不可抗力因素导致受损的车辆、库存超过三年的车辆、行驶8万千米以上的试验车辆、国家税务总局规定的其他车辆,凡纳税人能出具有效证明的,计税依据为纳税人提供的统一发票或有效凭证注明的计税。

纳税人以外汇结算应税车辆价款的,按照申报纳税之日中国人民银行公布的人民币基准汇价,折合成人民币计算应纳税额。

(二) 应纳税额计算

车辆购置税实行从价定率的办法计算应纳税额,应纳税额的计算公式为：

(1) 购买自用应税车辆的计算公式

应纳税额 = 计税价格 × 税率

计税价格 = 含增值税的销售价格 ÷ (1 + 增值税税率或征收率)

(2) 进口自用的应税车辆的计算公式

应纳税额 = 计税价格 × 税率

计税价格 = 关税完税价格 + 关税 + 消费税

也可以用以下公式计算：

计税价格 = (关税完税价格 + 关税) ÷ (1 - 消费税税率)

注意：如果进口车辆是不属于消费税征税范围的大卡车、大客车,则组成计税价格公式简化为：

计税价格 = 关税完税价格 + 关税

[例8-5] 某人从汽车销售公司购买轿车一辆,支付含增值税的价款155 000元,购置工具件和零配件价款3 200元,另支付车辆装饰费6 200元,销售公司代收保险费等6 800元,上述支付的各项价款均由销售公司开具统一发票。则该客户应纳车辆购置税多少元？

解：

$$\text{计税价格} = [(155\,000 + 3\,200 + 6\,200 + 6\,800) \div (1 + 17\%)]$$
$$= 146\,324.79(元)$$
$$\text{应纳税额} = 146\,324.79 \times 10\% = 14\,632.48(元)$$

[例8-6] 某汽车贸易公司从德国进口15辆小轿车,到岸价格为每辆4万美元,海关审定的关税完税价格为25万元/辆,当月销售11辆,取得含税销售收入410万元;3辆企业自用,1辆用于抵偿债务。合同约定的含税价格为35万元。该公司应纳车辆购置税为多少万元?(公司进行车辆购置税纳税申报当日人民银行公布的基准汇价为1美元=6.82元人民币,小轿车关税税率28%,消费税税率为9%)

解：

$$\text{每辆车计税价格} = \text{关税完税价格} + \text{关税} + \text{消费税}$$
$$= \text{关税完税价格} \times (1 + \text{关税税率}) \div (1 - \text{消费税税率})$$
$$= 4 \times 6.82 \times (1 + 28\%) \div (1 - 9\%)$$
$$= 38.37(万元)$$
$$\text{应缴纳车辆购置税} = 3 \times 38.37 \times 10\% = 11.51(万元)$$

注：虽然贸易公司进口小轿车15辆,但是只对其自用的3辆纳税。抵债的小轿车由取得小轿车使用的一方纳税,不由汽车贸易公司纳税;未售的小轿车不纳税,待销售时由购买使用方纳税。

[例8-7] 某国驻沪外交官11月购买我国生产的轿车自用,支付价款40万元、支付保险费8 000元,支付购买工具和备件价款5 500元、车辆装饰费9 000元;12月外交官将该轿车转让给我国某公民,成交价25万元,该型号轿车最新同类型车辆最低计税价格为33万元。问我国公民是否应补缴车辆购置税?应缴多少?

解：

外国驻华使馆、领事馆和国际组织驻华机构及其外交人员自用车辆免征车辆购置税;由于小轿车转让给我国公民,免税条件消失,因此我国公民要依法按规定补缴车购税。

$$\text{应纳税额} = \text{同类型新车最低计税价格} \times (1 - \text{已使用年限} \times 10\%) \times \text{税率}$$
$$\text{应补缴车辆购置税} = 33 \times (1 - 1 \times 10\%) \times 10\% = 2.97(万元)$$

[例8-8] 王立于本年1月1日因购买福利彩票中奖获得小汽车1辆,国家税务总局确定同类型应税车辆的最低计税价格为500 000元。假定王立缴纳车辆

购置税后,决定将该汽车转让给张军,转让价 520 000 元。计算王立和张军各自应纳车辆购置税税额。

解:王立领取中奖获得的小汽车时,应纳车辆购置税:

$$应纳税额 = 计税价格 \times 税率 = 500\ 000 \times 10\% = 50\ 000(元)$$

由于车辆购置税为一次性征收,故张军购自王立的已纳税小汽车,不需要再缴纳车辆购置税。

四、车辆购置税税收优惠

(一)车辆购置税减免税规定

我国车辆购置税实行法定减免,减免税范围的具体规定是:

(1)外国驻华使馆、领事馆和国际组织驻华机构及其外交人员自用车辆免税。

(2)中国人民解放军和中国人民武装警察部队列入军队武器装备订货计划的车辆免税。

(3)设有固定装置的非运输车辆免税。

(4)有国务院规定予以免税或者减税的其他情形的,按照规定免税或减税。

根据现行政策规定,上述其他情形的车辆,目前主要有以下几种:

① 防汛部门和森林消防部门用于指挥检查、调度、报讯(警)、联络的设有固定装置的指定型号的车辆。

② 回国服务的留学人员用现汇购买 1 辆自用国产小汽车。

③ 长期来华定居专家进口 1 辆自用小汽车。

(5)农用三轮运输车免征车辆购置税。

(6)自 2016 年 1 月 1 日起至 2020 年 12 月 31 日止,对城市公交企业购置的公共汽电车辆免征车辆购置税。

(二)车辆购置税的退税

纳税人已经缴纳车辆购置税但在办理车辆登记手续前,需要办理退还车辆购置税的,由纳税人申请,征收机构审查后办理退还车辆购置税手续。

五、车辆购置税征收管理

(一)纳税申报

车辆购置税实行一车一申报制度,税款由国家税务局征收。纳税人纳税申报时应如实填写《车辆购置税纳税申报表》同时提供以下资料的原件和复印件:(1)车主身份证;(2)车辆价格证明;(3)车辆合格证明;(4)税务机关要求提供的其他资料。

(二) 纳税环节

车辆购置税是应税车辆的购置行为课征，选择单一环节，实行一次课征制度。征税环节为最终消费环节。即车辆购置税是在应税车辆上牌登记注册前的使用环节征收。购置已征车辆购置税的车辆，不再征收车辆购置税。但减税、免税条件消失的车辆，即减税、免税车辆因转让、改制后改变了原减、免税的前提条件，就不再属于免税、减税范围，应按规定缴纳车辆购置税。

(三) 纳税地点

纳税人购置应税车辆应当向车辆登记注册地的主管税务机关申报纳税；购置不需要办理车辆登记注册手续的应税车辆，应当向纳税人所在地的主管税务机关申报纳税。车辆登记注册地是指车辆的上牌落籍地或落户地。

(四) 纳税期限

纳税人购买自用应税车辆的，应当自购买之日起 60 日内申报纳税；进口自用应税车辆的，应当自进口之日起 60 日内申报纳税；自产、受赠、获奖或者以其他方式取得并自用应税车辆的，应当自取得之日起 60 日内申报纳税。

(五) 纳税方法

车辆购置税缴纳税款的方法主要有以下几种：① 自报核缴；② 集中征收缴纳；③ 代征、代扣、代收。

(六) 退税制度

1. 发生退税的情形

因质量原因，车辆被退回生产企业或者经销商的；应当办理车辆登记注册的车辆，公安机关车辆管理机构不予办理车辆登记注册的。

2. 退税款的计算

(1) 因质量原因，车辆被退回生产企业或者经销商的，自纳税人纳税申报之日起，按已缴税款已满 1 年扣减 10％计算退税，未满 1 年的按已缴税款额退税。

(2) 对公安机关对车辆管理机构不予办理车辆登记注册手续的车辆，退还全部已缴纳税款。

第四节 耕地占用税

一、耕地占用税概述

(一) 耕地占用税概念

耕地占用税是指在全国范围内，对占用耕地建房和从事非农业建设的单位和个人，按照规定税额一次性征收的一种税。

农业是国民经济的基础,耕地是发展农业最基本的条件。我国的国情是人多地少,人均占有耕地面积就更少,低于世界平均。鉴于近年来城乡非农业建设乱占滥用耕地造成耕地面积急剧下降的情况,为了控制乱占滥用耕地,合理利用土地资源,筹集专项资金,改善农业生产条件,促进农业发展,国务院曾于1987年4月1日颁布了《中华人民共和国耕地占用税暂行条例》;耕地占用税现行的法律法规是2007年12月1日修订,国务院颁布的《中华人民共和国耕地占用税暂行条例》,财政部、国家税务总局于2008年2月26日颁布了《中华人民共和国耕地占用税暂行条例实施细则》。

(二)耕地占用税的特点

1. 征税范围具有特定性

耕地占用税的征收范围仅限于占用耕地建房或者从事其他非农业建设的行为,而对于利用土地进行农业生产的行为不列入耕地占用税的征收范围,体现了国家重视农业、保护耕地的方针。

2. 按人均耕地占有状况确定税额

耕地占用税的税额以县为单位按人均耕地面积多少为标准,确定按平方米计算的高低不同单位税额。人均耕地面积越少的地区单位税额越高,人均耕地面积越多的地区单位税额越低,税率差别很大,体现了国家对耕地资源稀缺地区的限制政策,有利于缓解这些地区耕地紧张状况。

3. 属于一次性征收

耕地占用税在纳税人获准占用耕地的环节征收,除对获准占用耕地后超过两年未使用者须加征耕地占用税外,此后不再征收耕地占用税。因此,耕地占用税具有一次性征收的特点。

4. 税款专门用于耕地开发与改良

征收的税款全部用于发展农业,增加农业投资,增加农业生产后劲,以弥补占用耕地给农业生产带来的损失,为实现国家农业发展总体战略,增强农业生产后劲创造条件。因此,具有"取之于地、用之于地"的补偿性特点。

二、耕地占用税征税范围、纳税人和税率

(一)征税范围

耕地占用税的征税范围是占用农用耕地建房和从事非农业建设的耕地,包括国家所有和集体所有的耕地。

所谓"耕地",是指用于种植农作物的土地,包括菜地、园地和鱼塘。其中,园地包括花圃、苗圃、茶园、果园、桑园和其他种植经济林木的土地。

占用鱼塘及其他农用土地建房或从事其他非农业建设,视同占用耕地,必须依法征收耕地占用税。占用已开发从事种植、养殖的滩涂、草场、水面和林地等从事非农业建设,由省、自治区、直辖市本着有利于保护土地资源和生态平衡的原则,结合具体情况确定是否征收耕地占用税。

此外,在占用前3年内属于上述范围的耕地或农用土地,也视为耕地,应按规定征收耕地占用税。

(二) 纳税人

占用耕地建房或者从事非农业建设的单位和个人,为耕地占用税的纳税人。所称单位,包括国有企业、集体企业、私营企业、股份制企业、外商投资企业、外国企业以及其他企业和事业单位、社会团体、国家机关、部队以及其他单位;所称个人,包括个体工商户以及其他个人。

《耕地占用税实施细则》第四条对纳税人的认定又予以明确规定:经申请批准占用耕地的,纳税人为农用地转用审批文件中标明的建设用地人;农用地转用审批文件中未标明建设用地人的,纳税人为用地申请人。未经批准占用耕地的,纳税人为实际用地人。

(三) 税率

耕地占用税采取从量计征的地区差别定额税率,以县为单位的人均耕地面积为标准,并参照地区的经济发展情况,确定有幅度的差别定额税率。具体税额规定见表8-2:

表8-2　　　　　　　　　　耕地占用税税率表

地区人均耕地	每平方米幅度税额
1亩以下(含1亩)	10~50元
1~2亩(含2亩)	8~40元
2~3亩以下(含3亩)	6~30元
3亩以上	5~25元

经济特区、经济技术开发区和经济发达、人均耕地特别少的地区,适用税额可以适当提高,但是最高不得超过上述规定税额的50%。

国务院财政、税务主管部门根据人均耕地面积和经济发展情况确定各省、自治区、直辖市和平均税额。各地适用税额,由省、自治区、直辖市人民政府在上述规定税额范围内,根据本地区情况具体核定。但核定税额的平均水平,不得低于国务院核定的平均税额。占用基本农田的,适用税额在当地适用税额的基础上提高50%。见表8-3。

表 8-3　　　　　　各省、自治区、直辖市耕地占用税平均税额表　　　　　　单位：元

地　　区	每平方米平均税额
上海	45
北京	40
天津	35
江苏、浙江、福建、广东	30
辽宁、湖北、湖南	25
河北、安徽、江西、山东、河南、重庆、四川	22.5
广西、海南、贵州、云南、陕西	20
山西、吉林、黑龙江	17.5
内蒙古、西藏、甘肃、青海、宁夏、新疆	12.5

三、应纳税额的计算

（一）计税依据

耕地占用税以纳税人实际占用的耕地面积（平方米）为计税依据，从量定额一次性征收。征税后，按规定向土地管理部门办理退还耕地的，不退还已纳税款。

（二）应纳税额的计算

耕地占用税应纳税额的计算公式：

$$应纳税额 = 实际占用耕地面积 \times 适用税率$$

[例 8-9]　某企业在市郊占用耕地 47 500 平方米，其中用于厂房建设用地 44 500 平方米，其余土地用于职工医院建设。计算其应纳税额（公司所在地区适用税额 12 元/平方米）。

解：

$$\begin{aligned}应纳税额 &= 实际占用耕地面积 \times 适用税率\\ &= 44\ 500 \times 12\\ &= 534\ 000(元)\end{aligned}$$

四、耕地占用税税收优惠

按照《耕地占用税暂行条例》的有关规定，耕地占用税《细则》和《办法》对减免

税范围做了进一步明确规定。

(一)免征耕地占用税范围

(1)军事设施占用耕地;

(2)学校、幼儿园、养老院、医院占用耕地;

(3)直接为农业生产服务的农田水利设施用地。

(二)减征耕地占用税范围

1. 铁路线路、公路线路、飞机场跑道、停机坪、港口、航道占用耕地,减按每平方米2元的税额征收耕地占用税。

2. 农业户口居民在户口所在地经批准按规定标准占用耕地建设自用住宅,按当地适用税额减半征收耕地占用税。

纳税人临时占用耕地,应当依照《办法》的规定缴纳耕地占用税。纳税人在批准临时占用耕地2年内恢复所占用耕地原状的,全额退还已经缴纳的耕地占用税。

因污染、取土、采矿塌陷等原因损毁耕地的,比照临时占用耕地情况,由造成污染、塌陷的单位或个人缴纳耕地占用税。2年内未恢复耕地原状的,已征税款不予退还。

农村革命烈士家属、革命残废军人、鳏寡孤独,以及革命老根据地、少数民族聚居地区和边远贫困山区生活困难的农户,在规定用地标准以内,新建住宅纳税确有困难的,由纳税人提出申请,经所在地乡(镇)人民政府审核,报经县级人民政府批准后,可给予减税或者免税。

五、耕地占用税征收管理

(一)纳税期限和纳税地点

耕地占用税由各地获准占用耕地的纳税人应持县以上土地管理部门批准占用耕地的文件向地方税务机关申报纳税,在批准占用耕地之日起30日内缴纳税款。逾期不申报纳税的,从滞纳之日起,按日加收滞纳金。

前述除农业户口居民占用耕地建设自用住宅外,其他减征或者免征耕地占用税后,纳税人改变原占地用途,不再属于减征或者免征耕地占用税情形的,应当自改变用途之日起30日内按照当地适用税额补缴耕地占用税。

(二)征收机关

耕地占用税由地方税务机关负责征收。土地管理部门在通知单位或者个人办理占用耕地手续时,应当同时通知耕地所在地同级地方税务机关。获准占用耕地的单位或者个人应当在收到土地管理部门的通知之日起30日内缴纳耕地占用税。土地管理部门凭耕地占用税完税凭证或者免税凭证和其他有关文件发放建设用地批准书。

第五节 烟叶税

一、烟叶税概述

（一）烟叶税的概念

烟叶税是对在我境内从事烟叶收购的单位就其收购金额为计税依据征收的一种税。长期以来，我国对烟叶这种特殊产品实行专卖政策，并对烟叶征收较高的税收和实行较严格的税收管理。1994年税制改革以前对烟叶征收产品税和工商统一税，1994年以后改为征收烟叶农业特产税，其中规定对烟叶在收购环节征收，税率为31%。1999年，将烟叶特产农业税的税率下调为20%。2004年6月，根据《中共中央国务院关于促进农民增加收入若干政策的意见》，财政部、国家税务总局下发《关于取消除烟叶外的农业特产农业税有关问题的通知》，规定从2004年起，除对烟叶暂保留征收农业特产农业税外，取消对其他农业特产品征收的农业特产农业税。2005年12月29日，第十届全国人大常委会第十九次会议决定，《农业税条例》自2006年1月1日起废止。至此，对烟叶征收农业特产农业税失去了法律依据。作为取消烟叶特产农业税的一个替代的措施，2006年4月28日，国务院颁布了《中华人民共和国烟叶税暂行条例》，并自公布之日起施行。

（二）烟叶税的特点

由于烟叶税是作为烟叶农业特产税的替代税种出台的，基本保留了原烟叶农业特产税的做法，并具有以下几方面的特点：

1. 季节性强

烟叶税同烟叶农业特产税一样，是在烟叶收购环节征收。由于烟叶生产具有明显的季节性特点，使我国烟叶收购基本集中在烟叶生产季节。以晾晒烟叶、烤烟叶为征收对象的烟叶税，也就同样具有季节性的特点，在烟叶收购季节，烟叶税的入库税额基本能达到全年入库税额的90%左右。

2. 税源集中

烟叶的生长有一定的气候要求，烟叶产区比较集中，并呈现逐步向适宜区转移的趋势，生产集中度逐渐提高。近年来，烟叶种植面积稳定在1 500万亩左右，烟农360万户左右，生产烟叶3 600万担左右，收购加工能力基本配套，烟叶供求关系总体平衡。30万担以上重点地市级公司烟叶收购量占全国的80%左右。形成了以烤烟种植为主，白肋烟、香料烟、地方名优晾晒烟种植为辅，植烟面积南方烟区约占80%、黄淮烟区约占14%、北方烟区约占6%的种植格局，税源十分集中。

3. 征收管理成本较低

由于烟叶税的纳税人一般是有权收购烟叶的烟草公司或者受其委托收购烟叶的单位。而烟草公司是依法设立的国有全资公司,收购行为规范,财务会计核算制度比较健全。而且我国对烟草行业正逐步实现微机管理,极大地方便了烟叶税收的管理,降低了烟叶税的征管成本。

烟叶税的诞生既是税制改革的结果,也是国家对烟草实行"寓禁于征"政策的延续。农村税费改革后,基层政府的财力受到了较大的削弱,一些地方基层政府独享税种税源零散、收入少、征管难,财政收入不能满足经常项目的财政支出,特别是对经济发展相对落后的西部地区来说更是雪上加霜。开征了烟叶税,一方面适应了我国长期以来实行的烟叶专卖政策;另一方面了保证国家财政收入特别是一些烟叶产区的县乡财政收入、维持了地方各项事业发展的需要。因此烟叶税不但起到了缓解地方财政压力、稳定地方财政收入的效果,而且也充分调动地方政府发展特色经济的积极性,这将进一步有利于地方经济的健康发展。

二、烟叶税征税范围、纳税人和税率

(一) 征税范围

烟叶税的纳税对象是指晾晒烟叶和烤烟叶。

(二) 纳税义务人

烟叶税以在我国境内收购烟叶的单位为纳税人。"收购烟叶的单位"是指依照《中华人民共和国烟草专卖法》的规定有权收购烟叶的烟草公司或者受其委托收购烟叶的单位。依照《中华人民共和国烟草专卖法》查处没收的违法收购的烟叶,由收购罚没烟叶的单位按照购买金额计算缴纳烟叶税。

(三) 税率

烟叶税实行比例税率,税率为20%。

烟叶税实行20%的比例税率,与原烟叶特产农业税规定的税率相同,基本维持了烟叶的税负水平,不会增加农民的负担。同时,实行全国统一的税率,主要是考虑烟叶属于特殊专卖品,其税率不宜存在地区间差异,否则会形成各地之间不公平竞争,不利于烟叶种植的统一规划和烟叶市场、烟叶收购价格的统一。

三、烟叶税应纳税额的计算

(一) 计税依据

烟叶税的计税依据为纳税人收购烟叶的收购金额,这里的"收购金额",包括纳税人支付给烟叶销售者的烟叶收购价款和价外补贴。按照简化手续、方便征收的原则,对价外补贴统一暂按烟叶收购价款的10%计入收购金额征税。

（二）应纳税额的计算

烟叶税应纳税额的计算公式为：

$$应纳税额 = 烟叶收购金额 \times 税率(20\%)$$
$$收购金额 = 烟叶收购价款 \times (1 + 10\%)$$

[**例 8 - 10**] 某卷烟厂向烟农收购烟叶，收购凭证上注明价款 80 万元，并向烟叶生产者支付了价外补贴。试计算该卷烟厂应纳烟叶税。

解：

$$烟叶收购金额 = 烟叶收购价款 \times (1 + 10\%)$$
$$= 80 \times (1 + 10\%) = 88(万元)$$
$$烟叶税应纳税额 = 烟叶收购金额 \times 税率$$
$$= 88 \times 20\% = 17.6(万元)$$

四、烟叶税征收管理

（一）纳税义务发生时间

烟叶税的纳税义务发生时间为纳税人收购烟叶的当天。"收购烟叶的当天"，是指纳税人向烟叶销售者付讫收购烟叶款项或者开具收购烟叶凭据的当天。

（二）纳税期限

纳税人应当自纳税义务发生之日起 30 日内申报纳税。具体纳税期限由主管税务机关核定。

（三）纳税地点

烟叶税由地方税务机关征收。纳税人收购烟叶，应当向烟叶收购地的主管税务机关申报纳税。"烟叶收购地的主管税务机关"是指烟叶收购地的县级地方税务局或者其所指定的税务分局、所。

复习思考题

一、关键概念

特定目的税　城市维护建设税　车辆购置税　耕地占用税　烟叶税

二、简答题

1. 简述特定目的类税的特点。
2. 简述城市维护建设税的特点。
3. 如何理解城市维护建设税与"三税"同征的规定？
4. 简述教育费附加的用途。
5. 车辆购置税最低计税价格是如何确定的？

6. 简述车辆购置税的特点。
7. 车辆购置税中对购买二手车的政策规定有哪些？
8. 简述耕地占用税的特点，以及耕地占用税应如何征收管理。
9. 简述烟叶税的特点。
10. 简述烟叶税的征税范围、纳税义务人。
11. 为什么在取消农业特产税时，唯独保留了烟叶税？

三、计算题

1. 某公司地处市区，6月缴纳增值税和消费税共480万元，因违反有关税法规定被处以罚款5万元。因产品出口退还增值税、消费税30万元。请计算该企业应纳城市维护建设税。

2. 某年3月，周某从某销售公司购买轿车一辆供自己使用，支付含增值税的价款321 000元，另支付购置工具件和零配件价款9 000元，车辆装饰费6 000元，销售公司代收保险费等5 500元，支付的各项价款均由销售公司开具统一发票。计算周某应纳车辆购置税税额。

3. 假设某市一家企业新占用25 000平方米耕地用于工业建设，所占耕地适用的定额税率为30元/平方米。计算该企业应纳的耕地占用税。

4. 某卷烟厂向某农场收购烟叶，支付款项合计280 000元，其中包含按照烟草专卖局规定的价款支付的收购价款250 000元、价外补贴和打包费等30 000元。计算其应缴纳的烟叶税。

5. 假设某市一家企业新占用20 000平方米耕地用于工业建设，所占耕地适用的定额税率为20元/平方米。计算该企业应纳的耕地占用税。

第九章 财政支出总论

【本章学习目的与要求】

通过本章学习,了解财政支出的概念、原则,财政支出常见的分类;熟悉影响财政支出规模的因素;掌握购买性支出与转移性支出的特点、财政支出的范围,衡量财政支出增长的指标;熟悉影响财政支出规模的因素。

第一节 财政支出概述

一、财政支出概念

市场只适用于提供私人产品和服务,对提供公共产品是失效的,弥补市场失效、为社会提供公共产品恰恰是政府的首要职责。财政支出又称为预算支出,是指国家为实现其各种职能,由财政部门按照预算计划,以各级政府的事权为依据所进行的财政资金的分配活动,集中反映了政府的职能范围以及所发生的耗费。2016年我国财政支出为 187 841 亿元,国内生产总值(GDP)为 744 127 亿元,财政支出占国内生产总值(GDP)的 25.25%。我国各年的财政支出情况见图 9-1。

财政支出要解决的是由国家支配的那部分社会财富的价值如何安排使用的问题。财政支出是政府施政行为选择的反映,体现着政府政策的意图,代表着政府活动的方向和范围,是政府重要的宏观经济调控手段。通过财政支出,能够为国家政权建设提供物质基础;能够直接或间接地对资源进行配置,弥补市场机制的不足,实现资源的合理配置,促进国民经济持续、稳定、健康地发展。

二、财政支出的范围

公共财政支出是政府活动的一个重要方面,其作为重要的宏观经济调控手段

(亿元)

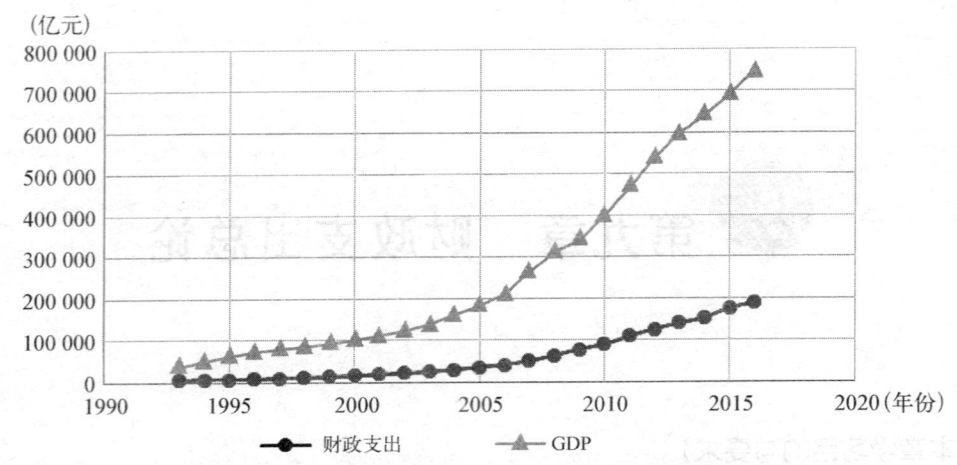

资料来源：各年中国财政年鉴及2016年中华人民共和国统计公报和 http://www.gov.cn/gzdt 整理。

图 9-1 1993~2016 年我国财政支出与 GDP 总额

在社会经济发展中起着重要的作用。在社会主义市场经济条件下，市场是资源的主要配置者，起着基础作用，政府只能在资源的配置中起补充和校正作用，只有在市场无法解决或市场虽能解决，但解决不好的领域，政府的介入才是必要的，即政府活动的范围主要在满足社会公共需要的领域。根据我国的具体国情，我国的财政支出涉及以下四个领域。

（一）政权建设领域

政权建设领域主要包括各级国家机关、政党组织、政协常设机构及部分人民团体等部门。各级国家机关是指国家权力机关、国家行政机关、国家审判机关和国家检察机关，以及武装警察部队等部门，它们是国家机器的基本组成部分，发挥着从事社会管理、保证国家安全等重要职能，财政必须保证其合理的资金需要。另外按照我国政治制度依法成立的政党组织、政协常设机构及部分人民团体等部门，它们发挥着参政议政的作用，财政也应保证其合理的资金需要。

（二）公益性事业发展领域

我国公益性事业发展领域可划分为三种类型：

1. 提供纯公共产品的事业领域

提供纯公共产品的事业领域，如九年义务制教育、公共卫生防疫、基础研究、公共图书馆和博物馆、文物保护等单位，私人通常不愿承担或无力承担，必须由政府出面负责承担，因此财政必须保证其经费的合理需要。

2. 提供准公共物品的事业领域

提供准公共物品的事业领域，如高等学校、医疗机构、应用基础研究等单位，它们提供的产品或劳务虽可通过向消费者收费取得一定的补偿,但由于其提供的产品或劳务也有一定公共产品的性质,对这类单位财政可以对其补助一部分经费。

3. 提供私人产品的事业领域

提供私人产品的事业领域,如职业技术学校、函授学校、技术开发型科研单位、出版社、杂志社、一般性的艺术表演等团体,它们提供的产品或劳务具有竞争性和排他性的私人产品,它们可以通过为社会提供服务取得相应的收入来补偿其发生的耗费,因此,财政无须为其提供资金,由市场进行调节。

(三) 再分配转移支付领域

财政的职能之一就是促进社会公平分配,对社会保障提供资金支持是公共财政的主要活动领域。财政在再分配转移支付领域发挥作用主要从两方面着手:

(1) 提高收入分配的公平程度,例如规定城市居民最低收入保证水平,对丧失工作能力者、无职业收入者提供基本生活保障等。

(2) 由国家统一立法,实行各种社会保险、社会福利救济、对欠发达地区的转移支付等措施。

(四) 公共投资支出领域

财政应介入对国民经济有重大影响的非经营性和非竞争性领域的投资,主要包括以下几方面:

(1) 对公共设施、基础设施等非营利性领域进行投资,如港口、码头、桥梁、农业水利建设等。

(2) 对自然垄断领域进行投资,如铁路、航空、邮政、自来水等基础产业和城市公用事业。

(3) 对高新技术领域进行投资,如重大的技术先导产业,如航天、新能源、新材料等。

(4) 对农业进行扶持,特别是按照"绿箱补贴"政策实施对农业的补贴,进一步加大对农业科技成果的推广和应用,扶持农业公益性事业的发展。

三、我国财政支出原则

财政支出是财政分配的重要环节,其支出规模是否合理、结构是否平衡、支出效益如何等问题,直接影响政府各项职能的履行。为保证财政资金的合理分配与有效使用,在安排和组织财政支出时应遵循以下原则:

1. 量入为出原则

量入为出,是指在财政收入总额既定的前提下,按照财政收入的规模确定财政支出的规模,支出总量不能超过收入总量。这是由物质总量平衡的客观要求决定的。财政收入代表着可供财政支配的商品物资量,财政支出则形成对商品物资的购买力。只有坚持量入为出的原则，才能保证财政支出形成的购买力与可供财政支配的商品物资之间形成平衡。具体来说，在进行预算安排时，根据财力的可能，区分轻重缓急，有计划地安排力所能及的事情，根据收入增长安排支出增长，把支出增长的总量控制在收入增长的总量范围之内，并在预算中留有适当的后备。

2. 统筹兼顾，合理安排

正确处理积累性支出与消费性支出、生产性支出与非生产性支出、简单再生产与扩大再生产、不同地区的投资及其比例关系，实现财政支出结构的最优组合，以促进国民经济的协调、均衡、可持续发展。通过财政支出的合理安排，引导全社会资金、技术、人才、劳动力的流向，实现全国生产力的合理布局服务。

3. 公平与效率原则

在财政支出过程中，实现公平与效率的统一，是政府要努力实现的重要目标之一。财政支出的公平原则，是指财政支出应能够有助于社会公平的实现，提高社会大多数人的福利水平。在市场经济条件下，财富的分配取决于每个分配主体所拥有的财产所有权和财富积累；而收入的分配则取决于劳动天赋能力的不同、接受教育程度的差别所导致的劳动技能的市场价格。如果单纯依赖市场，则不可避免地会出现贫者愈贫、富者愈富的"马太效应"，从社会稳定角度出发，就要求进行社会的再分配，实现社会的相对公平。财政支出的效率原则，是指财政支出应能够有助于资源的配置，促进经济效率的提高。由于市场存在失灵现象，使得市场不能有效提供全社会所需要的公共产品和劳务，因此要求政府以其权威来对资源配置加以调节和管理。这里，公平分配是提高效率的前提，效率是公平分配的归宿。

第二节 财政支出分类

随着我国经济的快速增长，全国财政支出的数量越来越多。到2016年，全国财政支出共计187 841.00亿元，是1978年财政支出的167倍多，见表9-1。

表9-1　　　　　　1978~2016年我国财政收支情况和增速

年 份	财 政 收 入（亿元）	财 政 支 出（亿元）	增长速度（%）财 政 收 入	财 政 支 出
1978	1 132.26	1 122.09	29.5	33.0
1980	1 159.93	1 228.83	1.2	-4.1
1985	2 004.82	2 004.25	22.0	17.8
1990	2 937.10	3 083.59	10.2	9.2

(续表)

年 份	财政收入(亿元)	财政支出(亿元)	增长速度(%) 财政收入	增长速度(%) 财政支出
1991	3 149.48	3 386.62	7.2	9.8
1992	3 483.37	3 742.20	10.6	10.5
1993	4 348.95	4 642.30	24.8	24.1
1994	5 218.10	5 792.62	20.0	24.8
1995	6 242.20	6 823.72	19.6	17.8
1996	7 407.99	7 937.55	18.7	16.3
1997	8 651.14	9 233.56	16.8	16.3
1998	9 875.95	10 798.18	14.2	16.9
1999	11 444.08	13 187.67	15.9	22.1
2000	13 395.23	15 886.50	17.0	20.5
2001	16 386.04	18 902.58	22.3	19.0
2002	18 903.64	22 053.15	15.4	16.7
2003	21 715.25	24 649.95	14.9	11.8
2004	26 396.47	28 486.89	21.6	15.6
2005	31 649.29	33 930.28	19.9	19.1
2006	38 760.20	40 422.73	22.5	19.1
2007	51 321.78	49 781.35	32.4	23.2
2008	61 330.35	62 592.66	19.5	25.7
2009	68 518.30	76 299.93	11.7	21.9
2010	83 080.00	89 575.00	21.3	17.4
2011	103 874.00	109 248.00	25.0	21.6
2012	117 254.00	124 300.00	12.9	13.8
2013	129 210.00	139 744.00	10.2	12.4
2014	140 350.00	140 350.00	8.6	0.4
2015	152 217.00	175 768.00	8.5	25.2
2016	159 552.00	187 841.00	4.8	6.9

资料来源：各年中国统计年鉴、2016年中国统计公报和http://www.gov.cn/gzdt整理。

为了合理有效地使用财政资金,加强对财政资金的管理和监督,应对财政资金进行科学合理的分类,可以更加全面、准确和科学地把握财政支出的发展变化规律。

将财政分支出的内容进行合理归纳,以便准确反映和科学分析支出活动的性质、结构、规模以及支出的效益和产生的时间。分类方法主要有下列五类:

一、按国家职能分类

财政支出反映了政府的职能范围,财政支出结构和政府职能存在着密切的对应关系。政府职能一般可分为经济管理职能和社会管理职能,那么财政支出也可分为经济管理支出和社会管理支出。经济管理支出主要包括经济建设费,社会管理支出主要包括社会文教费、国防费、行政管理费和其他支出四大类。

（一）经济建设费

经济建设费包括基本建设拨款支出,国有企业挖潜改造资金,科技三项费用（新产品试制费、中间试验费、重要科学研究补助费）,简易建筑费支出,地质勘探费,增拨国有企业流动资金,支援农业生产支出,工业、交通、商业等部门的事业费支出,城市维护费支出,国家物资储备支出,城镇青年就业经费支出,抚恤和社会福利救济费支出等。

（二）社会文教费

社会文教费包括用于文化、教育、科学、卫生、出版、通信、广播、文物、体育、地震、海洋、计划生育等方面的经费、研究费和补助费等。

（三）国防费

国防费包括各种武器和军事设备支出,军事人员给养支出,有关军事的科研支出,对外军事援助支出,民兵建设事业费支出,用于实行兵役制的武装警察部队的各种经费、防空经费等。

（四）行政管理费

行政管理费包括用于国家行政机关、事业单位、公安机关、司法机关、检察机关、驻外机构的各种经费、业务费、干部培训费等。

（五）其他支出

其他支出包括国家财政用于社会保障的支出、财政补贴和对外援助支出等。

通过按国家职能对财政支出分类,就能够清楚地揭示国家执行了哪些职能又侧重于哪些职能。长期以来,我国经济建设费是最大的财政支出项目,但随着我国市场经济体制的不断完善,我国的经济建设费所占比重呈现出不断下降的趋势,而社会文教费、行政管理费和其他支出一直在稳定上升。从中我们可以看到,我国政府的职能正在由经济管理职能向社会管理职能进行转变。

2015年中央与地方一般公共预算主要支出项目内容可见表9-2。

表9-2　　　　　2015年中央和地方一般公共预算支出的内容　　　　　单位：亿元

项　　目	一般公共预算支出合计	其中：中央	其中：地方
合　计	175 877.77	25 542.15	150 335.62
一般公共服务支出	13 547.79	1 055.30	12 492.49
外交支出	480.32	476.78	3.54
国防支出	9 087.84	8 868.51	219.33
公共安全支出	9 379.96	1 584.17	7 795.79
教育支出	26 271.88	1 358.17	24 913.71
科学技术支出	5 862.57	2 478.39	3 384.18
文化体育与传媒支出	3 076.64	271.99	2 804.65
社会保障和就业支出	19 018.69	723.07	18 295.62
医疗卫生与计划生育支出	11 953.18	84.51	11 868.67
节能环保支出	4 802.89	400.41	4 402.48
城乡社区支出	15 886.26	10.83	15 875.43
农林水支出	17 380.49	738.78	16 641.71
交通运输支出	12 356.27	853.00	11 503.27
资源勘探信息等支出	6 005.88	342.32	5 663.56
商业服务业等支出	1 747.31	22.55	1 724.76
金融支出	959.68	463.46	496.22
援助其他地区支出	261.41	—	261.41
国土海洋气象等支出	2 114.70	347.94	1 766.76
住房保障支出	5 797.02	401.18	5 395.84
粮油物资储备支出	2 613.09	1 836.08	777.01
债务付息支出	3 548.59	2 866.71	681.88
债务发行费用支出	54.66	28.63	26.03
其他支出	3 670.55	329.17	3 341.38

资料来源：2016年中国统计年鉴。

二、按经济性质分类

财政支出按其是否能直接得到等价的补偿进行分类,可以分为购买性支出和转移性支出。

(一)购买性支出

购买性支出又称消耗性支出,是指政府以按照等价交换原则购买为实现国家各种职能所需的商品和劳务的支出。它主要包括行政管理费、国防费、社会文教费、各项事业费和基本建设拨款等。购买性支出的特点是:

1. 等价有偿性

政府如同企业和个人等其他市场经济主体一样,在购买性支出中从事的是等价交换的市场活动,付出资金,要求相应地取得商品和服务。

2. 对经济的影响具有直接性

在购买性支出活动中,政府作为商品和服务的需求者,通过购买活动,与微观经济主体进行交易,通过增加当期的社会购买力,直接影响社会生产、就业和社会总需求。

(二)转移性支出

转移性支出是指财政对居民个人和非公共企业提供的无偿资金支付,在财政科目上转移性支出主要包括社会保障支出、财政补贴、税式支出、捐赠支出和债务利息支出等项目。转移性支出的主要特点是:

1. 无偿性

政府在将财政资金转移给居民和其他受益者时,并不直接获得相应的商品和劳务等经济补偿,是价值的单方面转移,这种转移更有利于国民收入分配的公平化和合理化。

2. 对经济影响具有间接性

从财政支出对资源配置的影响看,转移性支出并不直接形成新的社会产品价值,仅仅是重新调整了市场经济中形成的收入分配格局,因此,转移性支出对经济的影响是间接的。

三、按财政支出产生效益的时间分类

(一)经常性支出

经常性支出是维持公共部门正常运转或保障人们基本生活所必需的支出,主要包括人员经费、公用经费和社会保障支出。特点是它的消耗会使社会直接受益或当期受益,直接构成了当期公共物品的成本,按照公平原则中当期公共物品受益与当期公共物品成本相对应的原则,经常性支出的弥补方式是税收。

(二)资本性支出

资本性支出是指用于购买或生产使用年限在一年以上的耐久品所需的支出,它们的耗费的结果将形成供一年以上的长期使用的固定资产。它的补偿方式有两种:一是税收,二是国债。

四、按财政支出用途分类

财政支出按用途分类,可分为公共部门的消费性支出、公共部门投资、补贴支出、经常拨款、资本转移支出、债务利息支出、对私营部门及国外的贷款。

(一)公共部门的消费性支出

公共部门的消费性支出即各级政府按现行市场价格购买商品和劳务的支出,包括工资、薪金、公共部门雇员的医疗费用等,它在整个财政支出中占有很大的份额。

(二)公共部门投资

公共部门投资是指各级政府用于土地、建筑物、车辆、工厂及设备等固定资产的支出。

(三)补贴支出

补贴主要包括各级政府无偿给予公共和私营企业的补助性支出,这种支出一般通过弥补亏损、提供补助的方式进行,以达到某种政策性的目的。

(四)经常拨款

经常拨款是指政府给予个人的款项的拨付,主要包括养老金、失业救济金和贫困救助等社会保险及社会福利性支出,给予外国的开发性援助也往往包括在此类支出中。

(五)资本转移支出

资本转移支出是指中央和地方政府给予国内及国外私营部门的无偿投资性支出。

(六)对私营部门及国外的贷款

对私营部门及国外的贷款包括本国政府对国内私营部门、外国各种机构的商业性贷款。

上述财政支出分类中,公共部门的消费性支出和投资性支出两项,表明政府对社会经济资源的占用和耗费;补贴支出、经常拨款、资本转移支出和债务利息支出等项目,表明了政府的转移性资金支付;对私营部门及国外的贷款,则反映了政府的金融中介作用。

五、按国家预算收支科目分类

按国家预算收支科目将财政支出分为一般预算支出、基金预算支出、专用基金支出、资金调拨支出和财政周转金支出。财政总预算会计对财政支出的核算按国家预算支出科目分类。

另外,国际货币基金组织对财政支出的分类,按国际货币基金组织最新政府公共财政统计标准,政府财政支出可按职能分类法和经济分类法两种分类。① 按职能分类。按职能分类,财政支出包括一般公共服务支出、国防支出、公共秩序和安全、经济事务、环境保护、住房和社会福利设施、医疗保障、娱乐、文化和宗教、教育和社会保护等支出。② 按经济分类。按经济分类,财政支出包括经常性支出、资本性支出和贷款。经常性支出是维持公共部门正常运转或保障人们基本生活所必需的支出,主要包括人员经费、公用经费及社会保障支出。资本性支出是用于购买或生产使用年限在一年以上的耐久品所需的支出,其中有用于建筑厂房、购买机械设备、修建铁路和公路等生产性支出,也有用于建筑办公楼和购买汽车、复印机等办公用品等非生产性支出。目前我国按费用类别分类法分类,同国际货币基金组织的职能分类法比较接近。

第三节 财政支出规模分析

一、财政支出规模的含义

财政支出是社会总资源配置的有机组成部分,支出规模是否恰当,不仅直接影响着政府职能的是否实现,而且影响着社会资源配置的优化程度,以及社会再生产能否持续、稳定发展的问题。因此,我们研究财政支出,还必须对财政支出的规模加以研究。

财政支出规模是一定财政年度内政府安排的财政支出的总额。作为考察政府活动规模和满足公共需要能力的重要指标,它反映了政府在一定时期内集中支配使用的社会资源量。财政支出规模有广义和狭义之分,狭义的财政支出规模是指政府预算中财政支出的规模;广义的财政支出规模是指政府安排的所有财政支出。在大多数国家,政府支出都必须列入预算管理。

二、衡量财政支出规模的指标

(一) 衡量财政支出规模的指标

衡量财政支出规模的指标通常为绝对指标和相对指标。

1. 绝对指标

绝对指标是指以一国货币单位表示的财政支出的实际数额。绝对指标是计算相对指标的基础;利用绝对指标的优点在于直观地反映某一财政年度内政府支配

的社会资源的总量,并从时间序列加以对比可以看出财政支出规模发展变化的趋势,但它也有明显的缺点:

(1) 难以反映政府支配的社会资源在社会资源总量中所占的比重,因此也难以反映政府在整个社会经济发展中的地位;

(2) 绝对指标是以本国货币为单位,也不便于进行国际比较;

(3) 以现价反映财政支出的数额,没有考虑通货膨胀因素对支出总量的影响,因而所反映的只是名义上的财政支出规模,与以前年度,特别是在币值变化比较大的年份的财政支出绝对额缺少可比性。

2. 相对指标

相对指标是指财政支出占GDP(或GNP)的比重。利用相对指标的优点在于:

(1) 指标反映了一定时期内在全社会创造的财富中由政府直接支配和使用的数额,可以全面衡量政府经济活动在整个国民经济活动中的重要性及其变化发展的趋势。

(2) 指标的横向对比可以反映不同国家或地区的政府在社会经济生活中的地位的差异。

(3) 通过计算财政支出占GDP的比重来衡量财政支出规模,剔除了通货膨胀因素的影响,反映的是财政支出的实际规模,与以前年度的财政支出规模进行比较也具有可比性。两个指标各有所长、各有所短,因此在人们研究、分析财政支出规模时,通常用相对指标作为衡量财政支出规模的主要指标。表9-3反映了2000~2016年财政支出的绝对指标和相对指标。

表9-3　　　　　2000~2016年财政支出的绝对指标和相对指标

年　份	财政支出(亿元)	GDP(亿元)	财政支出占GDP比例(%)
2000	15 886.5	99 214.6	17.76
2001	18 902.6	109 655.2	19.42
2002	22 053.2	120 332.7	21.04
2003	24 650.0	135 822.8	18.14
2004	28 486.9	159 878.3	17.81
2005	33 930.3	183 084.8	18.53
2006	40 422.7	209 407.0	19.30
2007	49 781.0	265 810.0	18.73
2008	62 593.0	314 045.0	19.93

(续表)

年 份	财政支出(亿元)	GDP(亿元)	财政支出占 GDP 比例(%)
2009	76 300.0	340 903.0	22.38
2010	89 874.0	401 513.0	22.38
2011	109 248.0	471 564.0	23.17
2012	124 300.0	540 367.0	23.00
2013	139 744.0	595 244.0	23.48
2014	140 350.0	643 974.0	21.79
2015	175 768.0	689 054.0	25.51
2016	187 841.0	744 127.0	25.24

资料来源：各年统计年鉴及2016年中华人民共和国统计公报整理。

(二) 衡量财政支出增长的指标

衡量财政支出增长的指标也可以分为绝对量指标和相对量指标。

财政支出规模的绝对量指标是指以一国货币单位表示的、预算年度内政府实际安排和使用的财政资金的数量总额。尽管它可以直观地反映某一财政年度内政府支配的社会资源总量，但难以反映政府支配的社会资源在社会资源总量中所占的比重，因而不能充分反映政府在整个社会经济发展中的地位。由于绝对指标是以本国货币为单位，加之不同国家的经济发展水平存在明显差异，故不便于进行国际横向比较。另外，这一指标是以现价反映的名义财政支出规模，与以前年度特别是物价水平变化较大年度的支出绝对额缺少可比性，故不便于支出规模的纵向分析。因而，通常是以支出的相对量指标作为衡量和考察财政支出规模的指标。

财政支出规模的相对量指标是指预算年度内政府实际安排和使用的财政资金的数量占相关经济总量指标（如国民生产总值、国内生产总值、国民收入等）的比率。利用相对量指标，一方面，可以用作不同国家支出规模的横向比较，也可用作一国不同经济发展时期支出规模的纵向分析；另一方面，它反映了一定时期内全社会创造的财富中由政府直接支配和使用的数额，也反映了财政支出与宏观经济运行以及国民收入分配的相互关联、相互制约的关系。通过该指标，可以全面衡量政府经济活动在整个国民经济活动中的地位及重要性。

目前，世界各国主要采用政府支出占 GDP(或 GNP)的比重以及财政支出边际系数和财政支出弹性系数等指标来衡量财政支出规模及其变化情况。财政支出的边际系数，即国民(内)生产总值的增加额中用于财政支出部分所占份额的大小。用公式表示为：

财政支出边际系数 ＝ 年度财政支出增加额÷国民(内)生产总值的增加额×100％

财政支出的弹性系数,是指由国民(内)生产总值的增长所引起的财政支出增长幅度的大小,亦即财政支出增长对国民(内)生产总值的敏感程度。用公式表示为：

财政支出弹性 ＝ 财政支出增长率(％)÷国民生产总值增长率(％)

上述公式计算结果的含义是：如果财政支出弹性系数大于1,则说明财政支出增长幅度大于国民生产总值的增长幅度;如果财政支出弹性系数小于1,则说明财政支出增长幅度小于国民生产总值的增长幅度;如果财政支出弹性系数等于1,则说明财政支出与国民生产总值处于同步增长状态。

三、财政支出规模的影响因素

一定时期财政支出规模的变动,涉及多种复杂因素,通常与当时的政治经济条件和国家的方针政策密切相关。概括起来,主要影响因素有以下几方面。

(一)经济因素

一般来说,一定时期政府的支出规模在很大程度上要受其收入规模的制约,经济发展水平的提高引起财政收入的增长,财政收入的增长为财政支出的增长提供了可能性。

第一,随着经济的发展,社会所创造的财富中,人们维持基本生活需要的部分在社会财富中所占比重下降,这为政府集中更多的社会财富用于满足社会公共需要提供了可能性,即随着经济不断发展,使一国的税基不断扩大,财政收入随之增加,为财政支出规模的不断扩大提供了可能。

第二,目前许多国家的主体税种是所得税,一般所得税具有累进性,因此在其他条件保持不变的情况下,政府通过税收取得的财政收入增长具有累进性,即政府财政收入的增长速度要快于经济发展增长速度,也使财政支出规模不断扩大成为可能。

第三,经济发展和社会财富的增加,使得私人财富日益增多,为政府通过发行公债等方式筹资进而扩大财政支出提供了可能。

(二)政治因素

政治因素对财政支出规模的影响主要体现在以下几个方面：

第一,政府的职能范围。财政分配主要是围绕政府职能的实现来进行的,即政府职能范围决定了政府活动的范围和方向,也因此决定了财政支出的范围和规模。随着社会的发展和人民生活水平的提高,社会对公共产品的要求越来越多,对其质量要求也越来越高。公共产品的社会需求不断提高,从而使政府提供的公共产品的范围扩大,又进一步推动了财政支出规模的不断增长。

第二,国际国内政治环境。国防费用是用来抵御外来侵略,保卫国家主权、社会安定的。当一国政局不稳定,出现内乱或外部冲突等突发性事件时,这对国防支出、国家安全支出、武装经费、治安经费和社会管理费用等影响很大,这必然会使财政支出的规模超乎寻常地扩大。

第三,政府工作的效率。政府工作效率高,则设置较少的政府职能机构就能完成政府职能,较少的支出就能办较多的事,因而财政支出的规模也就相对会小;若政府工作效率低下,则一国的行政机构臃肿,人浮于事,效率低下,经费开支必然增多。我国的行政管理支出长期居高不下,行政效率问题一直得不到有效解决是关键所在。因此,我国的政治体制改革任重而道远。

(三) 人口规模

人口规模是影响财政支出增长的一个重要原因。随着人口的增长,相应地社会对文化、教育、医疗卫生、社会保障服务、公共基础设施,以及国家行政管理、司法、治安等方面的社会公共需要必然增加。如果政府为保证向公众提供的公共服务水平不变,那么支出规模必然会因人口规模增加而扩大财政支出规模;特别是对于我国这样发展中的人口大国,随着人口老龄化问题的不断凸显,政府用于社会福利方面的开支越来越大,导致财政支出规模增大。世界银行的研究报告表明,随着经济的发展,政府以转移支付和补贴形式安排的支出呈现较快增长的势头。

复习思考题

一、名词解释

财政支出　购买性支出　转移性支出　财政支出规模　财政支出边际系数　财政支出弹性系数

二、简答题

1. 财政支出常见的分类有哪些?
2. 按国家职能分类,财政支出可分为哪几类?
3. 我国财政支出应遵循的原则有哪些?
4. 简述影响财政支出规模不断增长的因素。
5. 简述购买性支出与转移性支出的特点。
6. 衡量财政支出增长的指标有哪些?请简述之。
7. 衡量财政支出规模的指标中绝对指标和相对指标各自的优缺点是什么?

第十章 购买性支出

【本章学习目的与要求】

通过本章学习,了解购买性支出的概念、政府投资的特点、财政投融资和住房保障政策;熟悉购买性支出的内容、政府投资的特点和范围、社会消费性支出的内容、影响国防支出的因素等;掌握购买性支出对经济的影响、政府投资性支出对经济的影响,财政介入基础设施投资、农业和教育领域的理论依据。

第一节 购买性支出概述

一、购买性支出的概念

按政府支出在经济上直接获得等价补偿划分,可以分为购买性支出和转移性支出。购买性支出又称消耗性支出,是指政府以按照等价交换原则购买为实现国家各种职能所需的商品和劳务的支出。它既包括购买进行日常政务活动所需商品与劳务的支出,如行政管理费、国防费、社会文教费、各项事业费等,也包括购买用于兴办投资事业所需商品与劳务的支出,如基本建设拨款等。

购买性支出包括政府投资性支出和社会消费性支出两个部分。其中,政府投资性支出是各级政府用于公共投资的支出;消费性支出是购买各级政府进行日常行政事务活动所需的产品和劳务的支出;两者的区别在于支出项目发生后是否形成资产。值得注意的是,随着经济理论的发展,消费与投资的界限越来越难以区分,例如教育支出,习惯上说是消费性支出,但它有助于人力资本价值的提高,又可以看作投资性支出。本章我们分别从政府投资支出中的基础设施投资支出、农业的投资支出和保障性住房支出;社会消费性支出中的行政管理支出、国防支出、教育支出进行阐述。

二、购买性支出的特点

购买性支出的特点主要表现在以下四个方面。

（一）有偿性

政府是公共事务管理部门，自身不能创造物质产品，政府将手中货币付出，从市场上获取实现自身职能所需的物品或劳务。

（二）等价性

政府购买是一种市场行为，因此政府在市场上购买商品或劳务时，与其他经济主体一样，必须遵循市场的等价交换原则，一定数量的资金必须获得价值量相等的商品或劳务。

（三）资产性

政府通过购买性支出直接获得等价的商品或劳务，形成满足政府活动需要的物质基础，政府购买的商品和劳务在很大程度上首先要转化为资产，然后再用于满足政府活动的消耗。其中，消费性支出形成政府履行其政治职能和社会职能的行政事业性资产，即非经营性国有资产；而购买生产资料的财政投资性支出则形成经营性国有资产。

（四）消耗性

政府购买性支出付出资金购得的商品和劳务将在政府履行职能的过程中被逐渐消耗掉。这与生产部门的生产要素的消耗使生产要素的价值转移到新产品中去完全不同，与转移性支出也不同，后者是政府将资金支付给企业或个人，尽管企业和个人也能形成市场需求，但不体现政府直接对社会资源和要素的需求和消耗[①]。

三、购买性支出对经济的影响

由于财政购买性支出更直接地作用于市场，影响社会总供给与总需求，所以购买性支出与国民经济增长之间的关系更为紧密。而购买性支出又可分为政府投资性支出与社会消费性支出两大类。这两大类支出具体对经济的影响有所不同。

（一）政府投资性支出对经济的影响

政府投资性支出又称经济建设支出，主要是指对公共基础设施的投资支出、国有重点企业投资支出及边远地区发展支出等。

1. 政府投资性支出对资源配置的影响

政府投资支出主要用于具有垄断性质的供水、供电等产业部门，收益率较低但

---

① 张国兴,李芒环.财政学[M].开封：河南大学出版社,2013.

对经济发展作用巨大的部门,以及一些规模较大、风险较高的产业部门。这些部门若完全由私人进行投资,要么形成垄断高价,造成社会福利损失;要么投资不足,阻碍社会经济发展。因此,由政府参与投资,可实现社会福利最大化及经济的稳定与增长,提高资源配置效率。政府的公共投资支出还可带动相关的私人投资支出,如建造机场可带动交通运输的发展,农村电网改造可带动农村加工业的发展。尽管公共投资有助于资源配置效率的提高,但有时也会造成效率损失,导致国有企业效率低下。究其原因主要是国有企业经营者不必担心破产,只要讨得主管部门的喜欢,就能保住自己的乌纱帽;国有企业垄断,也就缺乏竞争,缺乏激励约束机制,做好与做差没有差别,从而降低了整个国有企业的平均劳动生产率。

2. 政府投资性支出对收入再分配的影响

虽然资源配置职能是进行公共投资的一个重要原因,但改善收入分配状况也是其存在的主要理由,如我国东西部地区发展极不平衡,政府便采取公共投资的方法,大力开发西部资源,使西部地区的经济加速发展,提高西部地区人们的收入水平,缩小了整个社会贫富差距。政府的公共投资支出还常常用来扶植老、少、边、穷地区,促进地区就业,这些措施都在一定程度上改善了社会收入再分配的格局。

3. 政府投资性支出对国民收入的影响

从社会总需求角度看,由于投资支出是政府资金与资本品、原材料及劳动力的等价交换,因而对于国民收入增长具有数倍扩张的效应。从社会总供给角度看,公共投资支出可形成生产能力,从而扩大社会总供给,促进消费和经济的长期增长。

4. 政府投资性支出对经济稳定的影响

已有越来越多的国家政府,将公共投资支出作为调节经济均衡的手段之一,即在经济萧条时扩大公共投资,经济过热时减少公共投资。因而,公共投资支出具有相当程度的稳定经济作用。

5. 政府投资性支出对储蓄的影响

由于政府投资性支出增加会导致资本市场利率上升,而利率上升对储蓄具有双重效应:从替代效应来看,利率上升人们倾向于多储蓄;从收入效应来看,利率下降会导致人们收入增加,即期消费增加,导致意愿储蓄量减少。因此,公共投资对储蓄的影响要通过收入效应与替代效应的比较后,才能确认。

(二) 社会消费性支出对经济的影响

社会消费性支出主要是满足纯社会共同需要的支出,如教育支出、行政支出、国防支出等;对经济的影响主要从对资源配置、国民收入及就业、经济稳定和储蓄几方面阐述。

1. 社会消费性支出对资源配置的影响

社会消费性支出影响社会资源用于私人产品与公共产品之间的结构。若用于生产社会公共产品的成本低于其给社会带来的效用，则资源由私人部门流向公共部门，这将有助于社会福利的增加。通常认为，公共支出的增加往往以私人产出的下降为代价，但有时两者之间具有互补性，随着消费性支出的增加，私人部门产出也会随之增加，如政府提供国家公园，则旅游业、交通运输业就可能得到增长，这是因为人们在消费公园这一公共产品时，需要消费交通等由私人提供的服务。

2. 社会消费性支出对国民收入及就业机会的影响

政府通过改变支出结构增加对商品和劳务的支出，对社会生产与就业产生直接的影响。例如，经济萧条时，政府扩大对商品和劳务的购买，加大公共建设，就可以扩大私人企业的产品销售，还可以增加消费，刺激总需求，从而刺激私人投资，增加生产和就业。

社会消费性支出的增加也对国民收入变动具有倍增的作用，假定社会边际储蓄倾向为 S，则消费支出 C 可通过乘数效应使国民收入增加。

3. 社会消费性支出对经济稳定的影响

一般而言，社会消费性支出在一定时期内具有稳定不变的特点，即不随经济周期变化而相应变化。当经济过热，从而需要削减政府支出时，消费支出并不会随之减少，当经济萧条，从而需要扩大政府开支时，消费支出并不随之增大，因此，消费支出反经济周期性并不显著，即经济稳定职能相对较弱。

4. 社会消费性支出对储蓄的影响

由于社会消费支出并不降低人们未来各种如养老、医疗、失业、工伤等的风险，因而人们仍有必要出于预防动机增加储蓄。此外，消费性支出的收入再分配职能较弱，因而并不会降低社会平均储蓄率。总之，消费支出对社会储蓄水平影响较小。

四、购买性支出在国民经济中的作用

（一）介入资源配置，影响资源配置效率

政府通过购买性支出提供公共产品和劳务，满足社会需要，体现政府在市场的交易活动，反映了政府在社会资源和要素中的直接配置和消耗的份额。其结构和规模必然引起资源流向的不同和资源配置的不同，导致社会资源的不同生产和消费组合，即政府通过购买性支出，对整个社会资源配置效率产生重要影响。

要注意的是购买性支出的挤出效应，即购买性支出在资源的使用方面具有排他性。政府通过购买性支出占有和消耗资源的同时，也排除了其他部门使用这部分资源的可能性。因此尽管购买性支出在资源配置中具有不可替代的作用，但挤出效应的存在决定其规模不宜过大，否则，会影响市场在资源配置中的基础作用。

(二) 引起市场供需对比变化,影响生产和就业规模

政府购买性支出是构成社会有效总需求的一部分,政府通过购买性支出进行的大量订货和采购对市场是一种刺激,这种刺激会导致私人投资的增加、企业生产规模的扩大和就业人数的增加,进而影响社会总需求与总供给之间的平衡。购买性支出具有乘数效应,即在边际消费倾向既定的前提下,一定数量财政支出的增加会引起国民收入的倍增。因为企业会因政府对社会产品需求的增长而扩大生产,所需生产资料和劳动力会增加,同时又可推动生产资料的企业扩大生产规模。劳动力需求的增加和个人收入水平的提高会引起消费资料需求的增加和生产消费资料企业生产规模的扩大。在各部门、各企业的相互刺激和推动下,购买性支出的增加能够在全社会范围内导致一系列企业的生产和劳动力就业较为普遍地增长。相反,购买性支出规模缩小,企业生产规模最终也将被迫缩小,就业率也会降低。另外,购买性支出可以进行产业结构的调整,如通过增加鼓励生产的产品和行业的购买,减少限制生产的产品和行业的购买来实现。

(三) 改变企业利润水平,影响收入分配

购买性支出使商品流通和生产规模扩大,必然给相应企业带来丰厚的利润;相反,购买支出减少,企业利润则随生产规模的萎缩而下降。即使在支出规模不变的情况下,购买性支出结构的任何变动都会改变不同企业的利润水平,从而间接影响收入分配。当然购买性支出对收入分配的影响是比较复杂的,它影响在生产者之间、消费者之间、部门之间以及不同地区之间的收入分配。

在一国财政支出中,购买性支出比重越高,则该国政府对资源配置和经济稳定的影响力度越大。因为购买性支出对社会总需求会产生直接影响,在经济萧条时期增加购买性支出或在经济过热时减少购买性支出,都能促进经济的稳定。因此,购买性支出成为各国政府实施宏观调控,特别是成为反经济周期的调控手段。

第二节 政府投资性支出

一、政府投资性支出概述

(一) 政府投资的特点

在任何社会中,社会总投资都可以分为政府投资和非政府投资两大部分。政府投资又称财政投资,是指以政府为投资主体,以财政资金为主要资金来源的投资活动,主要为社会提供公共产品或准公共产品。非政府投资是企业和个人的投资,他们使用自己筹措的资金从事投资活动,主要为社会提供私人产品。这两大部分

投资在社会总投资中所占比重的大小,取决于各国实行的经济体制和经济发展阶段。一般来说,实行市场经济的国家,非政府部门投资在社会投资总额中所占的比重较大;在实行计划经济或政府主导型的市场经济国家,政府部门投资所占比重较大。发达国家的非政府投资占社会总投资的比重较大,欠发达国家和中等发达国家的政府投资所占的比重较大。我国自1995~2016年国家预算内资金投资于固定资产的数额见图10-1。

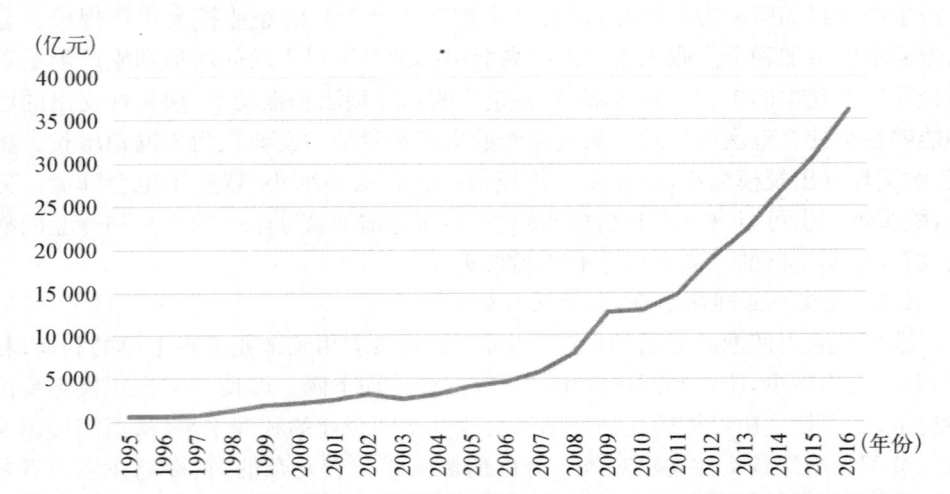

资料来源:2016年中国统计年鉴和国家统计局网站"2016年全国固定资产投资增长"推算。

图10-1　1995~2016年国家预算资金投资于固定资产数额

与非政府部门投资相比较,政府投资具有以下特点:

1. 投资的资金来源和筹集方式不同

政府投资的资金来源主要是通过政府参与GDP的初次分配和再分配,以政治权力行使者身份筹集起来的税收和以生产资料所有者身份取得的资产收益;从其价值构成来看,财政投资的资金主要来自社会产品价值中的V和M部分。而微观经济主体投资的资金来源主要是自身创造的一部分利润,以及通过银行贷款、发行企业债券和股票等方式筹集的一部分社会资金,从其价值构成来看,可以来自社会产品中的C、V、M等各个部分。

2. 资金的使用规模不同

政府投资是大规模的集中性投资。而微观经济主体的投资无论其资金来源和筹资手段如何多样化,都要受自身收入水平和偿债能力等条件的限制,这就决定了它们的投资是分散的,在投资规模上一般无法与财政投资相比拟,特别是在市场经济发育阶段。

3. 投资的领域不同

在市场经济条件下,微观经济投资主体是独立核算的商品生产经营者,追求利润最大化是他们的目标,其投资必定要根据收益原则和价值规律调节,把资金投在收效快、期限短、盈利大的产业和产品上。而政府投资虽然也要考虑投资回收和投资收益,但更重要的是要考虑一定时期国家和社会经济发展的战略目标,从全局出发考虑投资产业和方向。因此,财政投资往往将资金投向企业和个人不愿意投资的风险大、盈利小而经济发展又非常需要的产业和国民经济发展中比较薄弱的重点工业、新兴产业上。

4. 投资管理的方式不同

政府投资是以政府为主体的投资,政府不可能像微观经济投资主体那样,亲自参与投资的全过程,财政投资实质上是一种提供资金来源的投资,是一种决策性的、把握大方向的投资。而微观经济投资主体则参与投资的全过程,直接承担投资的决策风险和施工、经营风险。

(二) 政府投资的范围

1. 投资项目的分类

根据国民经济各行业的特点,可以将投资项目划分为竞争性、基础性、公益性投资项目三大类。

(1) 竞争性投资项目。竞争性投资项目是指完全受市场调节,在微观上具有明显营利性的项目,它提供的产品属于典型的私人产品,具有排他性和竞争性,价格完全通过市场竞争形成。例如轻工、纺织、机械、电器等加工产业。

(2) 基础性投资项目。基础性投资项目是指为社会经济各部门提供共同的生产条件的建设项目,主要是基础产业项目,包括基础设施和基础工业。基础设施主要包括交通运输、机场、港口、桥梁、通信、水利和城市排(供)水、供气、供电设施;基础工业主要指能源、基本原材料等工业。基础产业不同于其他产业之处在于基础产业项目一般具有全局性影响,投资规模巨大,产业带动性极强,对整个社会经济发展形成强烈的制约作用。基础产业的发展需要大量资金投入,而且建设周期比较长,投资回收慢。

(3) 公益性项目。公益性投资项目主要是指外部效益较强,或者完全没有内部效益的项目。比如文化、教育、科学、卫生等基本上属于准公共产品和纯公共产品项目。

2. 政府投资的范围

在任何社会中,社会投资都可以分为政府投资和非政府投资两大部分。这两大部分投资在社会总投资中所占比重的大小,取决于各国社会经济制度、经济发展阶段和经济体制的不同。一般来说,实行市场经济的国家,市场是资源配置的主要方式,从而非政府部门投资在社会投资总额中所占的比重较大;实行高度集中的计划经济体制的国家,计划是资源配置的主要方式,政府投资所占的比重较大。从经济发展阶段来看,在发达国家政府投资所占的比重较小;在发展中国家,政府投资所占的比重较大。在我国过去高度集中的计划经济体制下,政府是主要的投资主体,处于垄断地位,非政府投资只起补充作用。随着我国经济体制的改革,计划经济体制正逐步向市场经济体制转变,政府投资在社会总投资中的比重在不断下降。

这说明经济体制改革导致政府投资比重有所下降是正常的、合理的,但下降得过急、过快显然是不正常的。今后随着分配格局的重新调整,政府投资所占比重不能像过去那样大。投资主体多元化是市场经济的客观要求,在这种情况下,就需要根据不同投资主体和投资项目的特点,合理划分投资范围,以使不同的投资主体充分发挥其应有的作用。

根据国民经济各行业的性质和特点,可以将投资项目划分为竞争性、基础性和公益性三大类。竞争性项目和行业是指完全受市场调节的营利性项目和行业,它提供的产品属于"私人产品",具有排他性和竞争性,其价格完全通过市场竞争形成,如轻工、纺织、机械、电器等加工业。基础性的项目和行业是指基础设施和基础工业。基础设施主要包括交通运输、机场、港口、桥梁、通信、水利和城市排水、供气、供电等设施。基础工业主要指能源、基本原材料等工业。基础产业不同于其他产业之处在于,它为整个社会生产提供生产的外部条件,具有公用性、非独占性和不可分割性,这使它具有"公共产品"的一般特征,对整个国民经济的发展具有很强的制约作用。公益性的项目和行业主要是指文化、教育、科学、卫生、社会福利等部门和行业,行政管理和国防也可以包括在其中,它们提供的产品和服务基本上属于"公共产品"。

根据上述竞争性、基础性和公益性三类投资项目的不同性质和特点,其投资主体和范围应作如下划分:竞争性项目应以企业为投资主体,通过市场筹集建设资金,政府对支柱产业、重点项目和高技术开发项目,可以有选择地加以支持,参与投资;基础性项目主要应由政府集中必要的资金进行建设,并引导社会资金、企业资金和外资参与投资;公益性项目主要由各级政府运用财政资金安排建设[①]。

(三) 政府投资的作用

在市场经济中,政府投资的作用主要表现在以下两个方面:

1. 调节社会投资结构

在市场经济中,非政府部门是整个社会投资的主体,对优化资源配置发挥基础作用。然而由于非政府部门在投资项目的选择上具有明显的局限性,难以对公益

---

① 安体富,梁朋.公共财政学(第3版)[M].北京:首都经济贸易大学出版社,2012.

性和基础性项目进行大量的投资,因此,政府部门应在公益性和基础性项目方面加以投资,弥补市场调节的不足,协调社会投资结构,为社会和经济的和谐发展提供了条件。

2. 调节社会投资总量

调节社会投资总量是通过直接调节政府自身投资规模和间接调节非政府部门投资规模,而使社会投资总规模与国民经济稳定增长所需要的投资总量相适应来实现的;调节社会投资结构是通过调节政府自身的投资结构和引导非政府部门的投资结构,使全社会的投资结构符合国家产业政策的要求来达到的。

下面我们分别从基础设施投资支出、农业的投资支出和保障性住房支出三个方面进行阐述。

二、政府对基础设施投资支出

基础设施是指为社会生产和消费活动提供服务的各种公共设施。它是国民经济运行的基础,在现代社会的经济发展和社会进步中具有极其重要的意义。各国的实践已充分证明,基础设施越完善,该国的国民经济运行就越顺畅,人民生活也就越便利,生活质量相对就越高。基础设施有广义和狭义的区分,狭义的基础设施包括公用事业,如电力、供水供煤、电信、排污系统等;公共工程,如大坝、灌渠和道路;交通运输,如铁路、交通、港口码头和机场等公共服务设施。广义的基础设施还包括科学、教育、文化、卫生等部门提供服务时所需的文化、卫生、教育、科研等公共服务设施。这里我们分析的是狭义的基础设施。

(一)政府介入基础设施投资领域的理论依据

政府之所以介入基础设施投资领域是由于该投资领域存在着市场缺陷。具体有下面几种原因:

1. 基础设施具有准公共产品的性质

基础设施部门所提供的产品或服务具有一定程度的公共性,它们被社会共同需要,除了能够取得良好的社会效益外,其自身也可以从收取服务费或产品销售中获得一定补偿,如环境治理,受益者是整个社会,而政府支出也可从排污费收入中得到部分补偿,从而使基础设施具有一定程度的市场性。

2. 基础设施普遍具有正外部性

由于基础设施普遍具有正外部性,因而不可能完全由市场来提供,政府要想纠正资源配置的不足,就必须使外部效益内在化,通过对基础设施产品的外部效益进行相应的补贴,诱使市场将供给量调整到社会边际效益等于社会边际成本的水平,从而实现资源的最优配置。这正是基础设施被认为是政府职责范畴,并促使各国政府广泛介入该领域的一个主要原因。

3. 基础设施具有自然垄断性质

有些基础设施,如供水、供电系统的规模经济效益十分明显,具有自然垄断性质。而具有自然垄断性质的产品,在一定范围内,随着产量的增加边际成本会不断地下降,而边际收益会不断地上升。一方面,有可能实现较大的产量和较低的价格,提升社会福利水平;另一方面,当企业成为垄断生产者时,为了获取垄断利润,垄断者可能控制产量,抬高价格,结果降低资源利用效率。

4. 投资基础设施风险大

基础设施作为一种基础性产品,对整个国民经济的发展具有很强的制约作用。而一般的基础设施所花费资金额巨大、周期长、回收慢,因此风险就大,这就决定了私人资本不愿或无力投资。在此情况下,政府应对基础设施进行充足的投入,以保证社会各类经济活动的有序进行,促进国民经济的持续发展。

5. 政府的基础设施建设投资已成为其调控经济的重要手段

当经济不景气时,私人部门的消费需求和投资需求下降,失业人口增加,社会不稳定程度增加。此时政府出面进行基础设施投资,由于政府投资本身存在乘数效应,将有利于拉动国内需求,缓解社会就业的压力。同时,政府强有力的基础设施投资支持,有利于调节产业结构,避免产生基础设施的"瓶颈"制约,有利于经济持续稳定地向前发展。

(二) 政府基础设施的投资方式

政府投资的项目有些是纯粹公共产品(如生态工程等),而许多并不是纯粹公共产品(如收费公路、有线电视、污水处理厂等),因此政府投资可采取以下几种方式:

1. 纯政府预算供应,免费提供

这种方式是指政府通过预算提供资金进行基础设施投资,其资金主要依靠税收筹措,并向公众免费提供。这种基础设施投资方式是政府投资的最基本方式。如市区道路、下水道等,具有明显的纯公共产品非排他性的特质,决定了其只能由政府进行投资建设。

2. 政府直接投资,非商业性经营

这种方式是指由政府通过预算提供资金进行基础设施投资,特定的公共部门负责非营利性经营。这类基础设施的投资规模一般都比较大,如机场、码头、邮政等,政府在提供这些服务时,向使用者收费的标准较低,这也是一种常见的政府基础设施投资方式。

3. 政府投资,商业性经营

这种方式是指政府通过预算提供资金进行基础设施投资,然后委托法人组织按商业原则经营基础设施,自负盈亏。在政府财力有限的情况下,通过政府投资,商业性经营这种投资方式,也不失为一种较好的方式。

4. 财政投融资

这是指以政府信誉为基础、以产业政策和财政政策为目标而进行的一种财政融资和投资活动。财政投融资是一种政策性投融资,它不同于一般的财政投资,也不同于一般的商业性投资,而是介于这两者之间的一种新型的政府投资方式。财政投融资的根本作用在于充实社会先行资本,填补财政预算无偿投资和一般商业金融投资的空白。财政投融资的特点在于既体现政府政策取向,又在一定程度上按照信用原则组织经营。财政投资的主要领域是准公共产品,这类产品若完全依靠财政无偿投资,因财力有限势必出现"瓶颈"制约,供给不足;若完全依靠企业筹资,通过银行融资,因准公共产品外溢性的特点,会导致供给不足甚至无人投资。所以在私人产品与私人投资、纯公共产品与财政无偿投资大体对应平衡的情况下,财政投融资介于两者之间,填补了准公共产品投资的空白。

5. BOT、TOT 和 ABS 投资方式

这是多年来在很多国家兴起的基础设施投资方式。BOT(Build-Operate-Transfer)即建设—经营—转让,是指政府通过契约授予私营企业(包括外国企业)以一定期限的特许专营权,许可其融资建设和经营特定的公用基础设施,并准许其通过向用户收取费用或出售产品以清偿贷款、回收投资并赚取利润;特许权期限届满时,该基础设施无偿移交给政府。这种投资方式的最大特点是旨在鼓励和吸引私人投资者特别是外国直接投资者对发电厂、高速公路、能源开发等基础设施进行投资。TOT 是英文 Transfer-Operate-Transfer 的缩写,即移交—经营—移交。TOT 是 BOT 融资方式的新发展。目前,TOT 是国际上较为流行的一种项目融资方式。它是指政府部门或国有企业将建设好的项目的一定期限的产权和经营权,有偿转让给投资人,由其进行运营管理;投资人在一个约定的时间内通过经营收回全部投资及得到合理的回报,并在合约期满之后,再交回给政府部门或原单位的一种融资方式。ABS 是英文"Asset-Backed-Securitization"的缩写,具体是指以目标项目所拥有的资产为基础,以该项目资产未来收益为保证,通过在国际资本市场上发行高档债券等金融产品来筹集资金的一种证券融资方式。ABS 模式的目的在于通过其特有提高信用等级的方式,使原本信用较低的项目可以进入高档证券市场,并利用高档证券市场信用等级高、债券安排性和流动性高、债券利率低的特点,大幅度降低发行债券和筹集资金的成本。

6. 非政府部门投资和经营,政府监管

对于投资风险较小的基础设施,政府可以让非政府部门投资经营。非政府部门通过投资经营基础设施,从服务对象那里获取相应的收入,政府对此进行监督管理。

三、政府对农业的投资支出

农业是国民经济的基础,农业发展对于国民经济的发展有着十分重要的意义,各国政府几乎无一例外地通过财政支出向农业进行投资。

（一）财政介入农业领域的理论依据

1. 农业是国民经济的基础

作为国民经济的基础主要表现在：农业生产为我们提供了基本的生存条件,为其他生产活动提供了基础；农业是整个国民经济的上游产业,农产品的价格稳定与否会影响整个社会物价的稳定；农业劳动生产率的提高是工业化的起点和基础。纵观世界经济发展的历史与现实,农业是国民经济的基础已经得到普遍的认证。

2. 农业生产经营风险大、投资效益低

农业对自然条件有着很强的依赖性,导致其产出处于频繁的波动之中。又由于农产品从开始生产到产出产品需要一段较长的时间,本期产量决定本期的产品价格、本期的产品价格决定下期的产量；同时农业对市场信息的反应滞后,客观上使得农业生产存在着经营风险大、回收周期长、投资效益低等产业特点,结果往往是投资于农业的各种生产要素得不到社会平均利润。实践表明,农业不但不具备吸引外部资金和人力资源投入的能力,而且也难以阻止其内部的资金和人力资源转向易于短期见效的非农产业。

3. 农产品市场自身难以达到均衡点

经济学中对农产品市场的阐述是这样的：某一时期,由于农产品生产数量不足,价格较高,因而下一时期生产者往往会扩大种植面积,农产品产量大大增加,产品价格大幅下降；低价格抑制人们生产该农产品的积极性,生产者在下一时期改种其他农作物,使得这一农产品的产量减产,价格又大幅提高,于是导致农产品价格出现波动。这种周期性的运动继续下去,使农产品市场成为一个发散型的蛛网市场,自身难以达到均衡点。而农产品供给与需求不适应状况的经常发生会破坏国民经济的正常运行,而这又是市场难以解决的。

4. 农产品需求弹性小

农产品需求弹性小,依靠单纯调价来扩张农业,会影响社会稳定。政府给予补贴、资助、税收减免等显得十分必要。

5. 农业的外部性特征明显

总的来说,农业所表现出的是正外部性。农业生产除了提供满足人类赖以生存的食物以外,在农业生产过程中的绿色田地、林地、草原、耕地等,不仅提供了无偿景观,而且还具有净化空气、调节气候、涵养水分、防止水土流失等利益外溢给了社会。

（二）政府投资农业的范围

公共财政框架下,我国财政农业支出范围的基本原则是:财政既不能缺位也不能越位。即凡是市场不能解决的就应由财政进行大力扶持,凡是市场能解决的就应由市场调节来解决。据此,我国财政农业支出的范围和重点应该包括以下几个方面:

1. 以水利为核心的农业基础设施建设

水利设施是农业生产和农村经济繁荣的必要条件。主要包括大型节水灌溉设施、人畜饮水工程、防洪抗旱设施、大规模农田土壤改造、农村医疗卫生设施、城镇道路及其他公共设施等。从农业部门本身看,许多投资项目,如大江大河的治理,大型水库的建设,都具有投资大、周期长的特点,这是市场调节难以解决的,只有政府才能承担这些建设周期长、投资额巨大的项目。此外,许多防洪设施又具有极强的外部性,卫生设施又具有公益性,都在一定程度上体现了满足公共需要的公共产品性质,成为公共财政的投资重点。

2. 农业科研及其成果推广

农业科研具有风险大、周期长、见效慢的特点,农业科技成果的推广又具有典型的外部经济的特征,即科研成果的推广,将使广大农民得到好处。但科研单位本身是不可能获得全部收益的,而进行科研的费用要由本单位承担,因此,科研成本与科研成果产生的收益是不对称的,单靠农业以及农业单位自己投资也是很困难的,只有政府才能提供重大农业科研、技术推广的资金需要。

3. 农村教育和培训

这里所说的农村教育,既包括农村九年义务教育,也包括农民的教育和培训。只有发展农村教育,培养大批的拥有技术专长的农民才能真正实现我国的农业现代化。目前我国农村九年义务教育的投入主要由县级财政负责,而县级财政收入能力差距极大,因此,应加大中央和省级财政的转移支付力度,促进农村教育和培训的均衡发展。

4. 生态农业

生态农业指的是能增加生态环境保护功能的建设项目,如保护天然林、防沙治沙、退耕还林、退耕还草等项目。因为现代农业具有多种功能,除了继续提供食品和原料之外,还增加了保护环境、观光旅游和休闲度假的功能。因此,加强对生态农业的投入也是公共财政支持的重点。

四、政府保障性住房支出

住房保障政策是政府为解决市场失灵和保障居民基本居住需求而推行的一项公共政策。保障性住房是一项民生事业,是一项薄利或无利的公益事业,其低回报率决定了社会资金介入动力的不足。在商品住房市场过于膨胀的背景下,政府在保障性住房投融资中的主导作用就显得尤为重要。政府投资是一种非市场的投资行为,虽然在一定程度上可以弥补市场失灵,促进资源的优化配置,但如果过分扩大政府投资的作用,将造成政府对市场的过分干预,甚至窒息市场竞争的活力。因此,在市场经济体制下,不仅不能用政府投资取代市场在资源配置中的基础性作用,而且还必须将政府投资限制在特定的范围之内。

我国现行的住房保障制度以廉租住房制度、经济适用住房制度、住房公积金制度为主要内容,这三种不同的住房保障制度基本构成了我国的住房保障体系。

(一)廉租住房制度

廉租房是指政府以租金补贴或实物配租的方式,向符合城镇居民最低生活保障标准且住房困难的家庭提供社会保障性质的住房。在城镇最低收入居民,有的甚至难以应付正常的租金水平,在基本的租房需求都难以保障的情况下,政府推出了房租补贴制度,对这类居民给予一定的租金补贴,增强其租房能力,以鼓励低收入居民租住政府提供的廉租房。

(二)经济适用住房制度

经济适用住房是指已经列入国家计划,由城市政府组织房地产开发企业或者集资建房单位建造,以微利价向城镇中低收入家庭出售的住房。经济适用住房具有一定的社会性和保障性,所以也获得了财政给予的资金和政策支持,主要包括:

(1)建设用地通过行政划拨,免收土地出让金,大部分税费减免,享受较低息优惠贷款等。

(2)经济适用住房的成本包括征地和拆迁补偿费、勘察设计和前期工程费、建安工程费、住宅小区基础设施建设费(含小区非营业性配套公建费)、管理费、贷款利息、税金和开发商利润8项因素。按此8项因素综合确定的售价比同类同区位的商品房低的部分,主要是免缴土地出让金所致。

(3)实行微利开发建设原则,开发商利润控制在3%以下。这部分资金有一部分是来自财政预算的专项基金——住房公积金,另一部分是来自地方政府的财政资金。

(三)住房公积金制度

我国的住房公积金制度是借鉴新加坡公积金制度的成功经验而制定的,是我国政府为解决职工家庭住房问题的政策性融资渠道。住房公积金由国家机关、事业单位、各种类型企业、社会团体和民办非企业单位及其在职职工各按职工工资的一定比例逐月缴存,归职工个人所有。住房公积金专户存储,专项用于职工购买、建造、大修自住住房,并可以向职工个人住房贷款,具有义务性、互助性和保障性等特点。住房公积金的保障性,主要体现在以下两点:

1. 体现在增强了职工住房的自我保障能力

通过住房公积金若干年的积累,职工的住房有效需求能力将在较大程度上得到加强。

2. 体现在资金的使用上

公积金管理机构用归集的资金向公积金缴交者提供利率优惠的购房融资,在减轻居民还贷压力的同时增强了中低收入居民的购房能力,有利于保障中低收入居民的基本住房需要。

目前,我国已基本建立起住房公积金管理委员会决策、住房公积金管理中心运作、银行专户存储、财政监督的管理体制。住房公积金按规定可以享受列入企业成本、免交个人所得税等税收政策,存贷款利率实行低进低出原则,体现政策优惠。财政支出主要包括由国家机关、事业单位按职工工资的一定比例逐月缴存的公积金存款。

第三节 社会消费性支出

一、社会消费性支出概述

(一)社会消费性支出的概念

社会消费性支出是政府直接在市场上购买并消耗商品和服务所形成的支出,是购买性支出的重要组成部分,是国家执行其政治和社会职能的财力保证。社会消费性支出是非生产的消耗性支出,它的使用并不形成任何有形资产,在必要的限度内,是社会再生产的正常运行所必需的。就其本质来说,社会消费性支出主要满足社会共同需要和社会成员个人需要,维持社会正常存在和发展,构成了财政活动存在的客观依据。

社会消费性支出既然是社会的,它所提供的服务就可为全体公民共同享受,具有明显的外部效应。因为有这一特点,满足社会共同需要的提供及为此而支出的资金的筹措,就要遵循与一般的商品交换有所不同的另外的一种原则。在财政支出顺序的安排上,社会消费性支出的属性决定了它是必须首先得到资源保证的项目,是财政工作的基本职责。

(二)社会消费性支出的内容

社会消费性支出是政府直接在市场上购买并消耗商品和服务所形成的支出,主要包括行政、国防支出和文教科卫支出等。社会消费性支出与投资性支出同属财政购买性支出,二者的最大区别体现在支出的结果上。投资性支出的结果是形成各种有形的公共资产,如道路、港口、机场等;而社会消费性支出是一种纯粹的消耗性支出,其支出的结果并不形成任何有形资产,但并不说明社会消费性支出是可有可无的,社会消费性支出是国家执行政治职能和社会职能的保证,而且提供行政管理和社会服务,是政府合法性的基础,也是政府取得公民支持和承认的前提。一国政府不仅要为公民提供国家防务和公共安全,保证国土和主权不受外来侵犯及公民的人身安全不受威胁,还要通过法律、行政和社会管理处理和协调公民之间的相互关系,维系正常的社会关系及商务关系。此外,随着经济的不断增长,政府还必须保证各项社会事业的相应发展,实现经济社会的可持续发展。

下面我们分别从行政管理支出、国防支出、教育支出三个方面进行介绍。

二、行政管理支出

(一)行政管理支出的定义和内容

1. 行政管理支出的定义

行政管理支出是财政用于国家各级权力机关、行政管理机关和外事行使其职能所需的费用支出。行政管理支出的目的,主要是提供公共产品,它是维持国家政权的存在、保证国家管理机构的正常运转所必需的费用,也是纳税人所必须支付的社会成本。行政管理支出反映着国家性质和一定时期政治经济任务的主要方向,决定于国家政权结构及其范围。行政管理费的规模由多种因素形成,而且具有历史延续性。

2. 行政管理支出的内容

行政管理支出主要用于社会集中性消费,属于非生产性支出。虽然这项支出不创造任何财富,但作为财政支出的基本内容,它保证了国家机器的正常运转。在中国,这项支出对维护社会秩序、加强经济管理、开展对外交往等方面具有重要意义。

行政管理支出的内容取决于国家行政管理机关的结构及职能。目前我国行政管理支出的内容包括行政支出、公安支出、国家安全支出、司法检察支出和外交支出。其中,行政支出包括党政机关经费、行政业务费、干部训练费及其他行政经费等;公安支出包括各级公安机关经费、公安业务经费、警察学院和公安干部训练学校经费及其他公安经费;国家安全支出包括安全机关经费、安全业务经费等;司法检察支出包括司法检察机关经费、司法检察业务经费、司法学校与司法检察干部训练经费及其他司法检察经费等;外交支出包括驻外机构经费、出国费、外宾招待费、国际组织会议费等。

从行政管理支出的内部结构看,行政管理费是由人员经费和公用经费两部分组成。公用经费是指用于保证公共部门正常开展公务所花费的支出,包括公务费、业务费、购置费、修缮费等。人员经费是指用于保证行政人员正常行使其职责的费用支出,包括职工工资、职工福利费与离退休人员费用等。

3. 行政管理支出的性质界定

（1）相对于整个社会资源的配置和政府与市场的分工而言，行政成本表现为机会成本，即一定的资源用于政府部门就失去了用于私人部门的机会。机会成本是研究行政成本的出发点。

（2）相对于公共支出而言，行政成本表现为政府规模，政府规模可用财政行政管理支出来表示。财政行政管理支出按照具体用途，包括人力支出（即公务人员的工资、奖金、福利、培训和医疗保健等）、物力支出（即办公场所、办公设备、物质能源等）、转移支出和其他支出。另外，政府规模还可用其他指标进行表示，如政府机构数、行政人员占整个就业人员的比重等。再则，相对于行政运转而言，行政管理费是行政成本的主要表现，是政府部门在决策、执行、协调和监督过程中，必须消耗的代价。还有，相对于是否有度量性而言，行政成本可以分为显性成本和隐性成本。显性成本是可以度量的成本，如财政支出可以准确地用价值（货币）指标度量，我们可以用价值（货币）指标准确地计算出公务人员的人头费、办公费用等。隐性指标是不可以度量的指标，从积极的方面看，政府提供公共物品（基础设施、政策、法律和规章等）对经济社会发展所产生的巨大推动作用，就是一种隐性成本，无法用价值（货币）指标来衡量；从消极的方面看，庞大的政府机构规模、过低的行政效率、重大决策失误等，会使政府的权威性受到挑战，也可能产生整个社会资源配置的低效率等，这些隐性成本，也难以用价值（货币）指标来衡量。

（3）行政成本还应该是一个相对指标，它是相对于产出或效益而言的。但由于政府提供的公共服务很多无法确切地用数字衡量，因此，更多的还是要用历史的纵向比较、不同国家或地区政府之间的横向比较以及政府与市场的比较等，通过这些比较来衡量政府行政成本的高低具有重要意义。

（4）从财政学角度确立行政成本概念的意义在于：一方面，财政是政府职能的经济体现，是政府行政的经济基础，"无财难以行政"；另一方面，财政又是社会利益的政治表达，是社会的上层建筑，"无政难以治财"。从第一个方面看，行政成本是政府行使其职能所必须付出的代价，是政府职能的必要支出。行政成本随着政府职能的变化而变化，其高低决定于政府职能的大小。从第二个方面看，行政成本是在一定的行政体制框架内发生的，因行政体制的优劣而不同，其高低决定于政府行政管理的能力和水平，在一个完善的体制内行政成本低廉，在一个弊端丛生的体制内，腐败与浪费盛行，行政成本高昂。

（二）我国行政管理支出的现状

随着社会经济的发展，经济活动日趋复杂，政府要做的公共事务必然日益增多，行政管理支出的不断增加有其合理性。改革开放以来，我国行政管理支出无论是绝对量还是相对量都处于高速增长阶段，而且远远高于其他国家的支出比例。

其中,行政管理支出从 1978 年的 52.9 亿元增加到 2014 年的 13 268 亿元,年平均增长 6%,占财政总支出的比重由 1978 年的 4.71% 增加到 2014 年的 8.41%;从国际横向比较来看,2006 年美国的行政管理支出占财政收入的比重只有 9.9%,日本为 2.38%,英国为 4.19%,法国为 6.5%,加拿大为 7.1%。这一速度要高于经济建设、社会文教、国防等支出的年均增长速度。在国家提倡节约型社会和服务型政府,财政支出加大对教育、医疗卫生、社会保障等公共服务领域投入的背景下,行政成本持续膨胀的现实十分令人瞩目。主要原因有:

1. 政府职能转变不到位

我国政府职能一直存在越位、缺位和错位的现象。政府越位是指一个政府主导型的经济体制,未能随市场的发育向市场主导型的经济体制转型,政府依然在做市场应该做而且可以做的事;政府越位是指政府的公共服务功能没有充分发挥,把有权有利的部分抓得很紧,而服务职能却主意不够;错位是指政府的职能不仅涉及宏观调控,而且还包括企业内部事务,导致政企不分,影响行政效率。政府管得太多,无限政府管理必然带来政府运行成本的盲目增加和行政管理费的不合理增长。

2. 行政效能低下

(1) 管理职能交叉、组织层次过多。从横向看,一项职能由多个行政机构承担,如工商、税务、市容、卫生、质量监督等部门对于市场的管理;公安、交通部门对于道路的管理;新闻、出版、文化、广播电视部门对于音像的管理等,都存在职能交叉的问题。政府职能交叉、部门林立,不仅使政府用于维持自身运转的支出增加,而且极易造成推诿扯皮问题,增加协调成本。从纵向看,虽然宪法规定了我国的行政层次为中央、省、县、乡四级政府,而实际上,省政府与县政府之间的市政府是实实在在的一级政府,在这里,哪个部门也不少,机构照设,人员照样安排,为了维持这一级政府的正常运转,行政管理费必然增加,同时降低了行政效能。

(2) 行政规模庞大。行政规模的大小直接决定了行政管理支出规模,行政规模又取决于行政机关的数量和公务员定额。我国曾多次进行机构改革,其主要目标就是要精简机构,但结果仍免不了进入"精简—膨胀—再精简—再膨胀"的怪圈。但每次改革,各个部门都是争职能、争级别,事成之后再招兵买马,排位子、盖房子、买车子、发票子。行政人员的大量增加,直接导致行政管理费的严重膨胀,这必将导致整个社会的无序化,最终使社会效率下降。

(3) 管理幅度过大。管理幅度是指一级行政组织直接领导和监督的下级组织数目,或者一个领导人直接领导和监督的下级人员数目。当前,管理幅度过大,主要表现在两个方面:一是国务院管理的执行机关幅度过大。国务院各部委中,除监察部、审计署外,其他都具有执行机关的性质。二是中央行政机关的管理幅度过大。大部分部、委设置的司局多在 10 个以上,有的达到 20 个。管理幅度过大其实是机构改革的后遗症,由于机构改革缺乏政府职能转变的前提和相应的法律保障,名义上减少了一些机构,但政府权力并未减小,有些机构仅仅是换个名称而已。

3. 财政管理不力,行政成本过高

(1) 公务浪费严重。近年来我国行政管理支出中,人员经费所占比重呈下降趋势,而公务经费所占比重呈上升趋势,尤其是办公费、交通费、交通工具购置费、招待费和会议费上升过快、浪费严重。例如形象工程、办公场所豪华装修、政府会议档次不断升高、公务用车的浪费有些成为变相的公费旅游等。这是行政成本过高、行政管理支出过快增长的直接原因。

(2) 财政监督乏力。财政对各行政机关行政管理费支出的管理和监督不到位是行政管理费膨胀的重要原因。目前,财政监督存在的主要问题有:一是财政监督法制环境尚未完善。迄今为止,我国尚未出台一部系统地规定财政监督的单行法律法规。二是财政监督方式单一。长期以来,财政日常监督工作松懈,当问题积累严重时,才对财经领域的某些突出问题采取运动式、专项治理的方式进行。三是重视政府内部监督而忽视社会监督。四是信息化建设滞后,难以应付日益繁重的监督任务。五是对违法违规行为处罚过轻,起不到震慑作用。

(三) 我国行政费用膨胀的控制

针对现阶段我国行政费用不断膨胀的事实,我们必须采取得力措施。

1. 推进行政改革,精简机构

政府机构设置及其人员配置与行政管理支出呈正相关关系,因此,我国应推进行政改革,精简机构,裁减行政冗员,这是减少财政供养人员和压缩行政经费的治本之策。究竟要有怎样的一些政府部门,设置哪些机构,行政管理费应当维持多大规模,要与政府职能联系起来,应大力精简不适应市场经济运行机制的机构,合并、调整原有的间接管理经济的政府机构,本着"精简、统一、效能"的原则,通过正常的政治程序来完善和解决。财政部门要积极参与行政人员编制管理,凡超编人员一律不予安排经费,严格控制经费的支出规模,控制不合理开支,提高经费使用效率。

2. 建立政府公务员的竞争机制

改变行政机关人员只进不出的现象,推行定期岗位轮换,培养一专多能的行政公务员,做到人尽其才、才尽其用。通过提高工作效率来提高行政经费支出的使用效率。改变目前机构臃肿、人浮于事、效率低下的现状,努力减少财政供养人口,节约财政支出,减轻社会负担。

3. 加强行政经费使用的监督检查,规范行政管理支出

首先,应加强和完善行政立法和预算立法,将行政经费供给调控目标纳入有关行政、预算的法律规范中,切实加大对行政经费管理的执法力度,严格贯彻实施《预算法》等法规制度,以便在法律框架内保证行政经费的合理、高效使用。其次,应建

立健全行政管理支出监督与管理制度,要改变目前行政管理支出中政策、拨款、监督不分家的管理模式,向"政策与拨款分离""拨款与监督分离"的模式转换,以便为行政经费供给调控目标的确定和实现提供一种约束机制;要建立专项经费跟踪反馈和审计监督机制,对使用情况进行效益评估和监督检查;要规范财务制度,加大财务检查力度[①]。

三、国防支出

(一)国防支出的概念和构成

1. 国防支出的概念

国防支出是指国家预算用于国防建设和保卫国家安全的支出。它是国家生存与发展的安全保障。国防的基本任务是防止外敌入侵,保卫国家安全,维护国家的尊严。从许多国家的情况看,国防支出在政府公共财政支出中均占有重要地位,属于国家政权建设支出,是公共财政的最基本支出。尽管随着国际关系复杂多变,不同时期国防支出的增降幅度会有所不同,但它的绝对额在各项公共财政支出中始终名列前茅,国防支出已日益成为政府干预和影响经济的一项重要手段。

2. 国防支出的构成

按照兵种划分,国防费又可以划分为国防部队支出、战略部队支出、陆军支出、海军支出、空军支出、武警部队和预备役、后备役部队支出。

按照支出的目的划分,国防费包括维持费和装备费两大部分。前者主要用于维持军队的稳定和日常提高军队的战备程度,是国防建设的重要物质基础。其内容主要包括军事人员经费、军事活动维持费、武器装备维修保养费及教育训练费等。后者主要用于提高军队的武器装备水平,是增强军队战斗力的重要保证,主要有武器装备的研制费、采购费、军事工程建设费等项目。

按支出项目划分,国防费包括:人员生活支出,主要用于军官、士兵、文职干部和职工的工资、伙食、服装等;活动维持费,主要用于部队训练、工程设施建设和维护及日常消费性支出;装备支出主要用于武器装备的科研、试验、采购、维修和储备等。

(二)影响国防支出的因素

我国 2016 年的国防支出为 9 543.54 亿元,比 2015 年增长 7.6%,2011 年至 2015 年,我国国防费预算增幅分别为 12.7%、11.2%、10.7%、12.2%、10.1%。中国军费已在连续 5 年呈两位数增长后,近 2 年以个位数增长,2017 年增幅创 7 年来最

[①] 陶美重.基于财政供养负担视角的公共部门人力资源配置分析[J].徐州工程学院学报(社会科学版),2017(2):81-85.

低。2017年中国财政拟安排国防支出10 443.97亿元,同比增长7%。国防费预算占当年全国财政支出预算的5%～6%。以2015年为例,2015年美国国防预算为5 975亿美元,位列世界第一,中国1 458亿美元为世界第二,美国国防预算是中国的4倍还多,比排名在它之后的中国、沙特、俄罗斯、英国、印度、法国、日本、德国、韩国、巴西10国的总和还要多出177亿美元。2015年、2016年中国军费支出预算分别为8 890亿元、9 543.54亿元分别占GDP的1.29%、1.28%。而美国的国防预算占国民生产总值GDP的比例3.5%左右。各国军费占GDP比重,见图10-2;各国军费占财政支出比重,见图10-3。

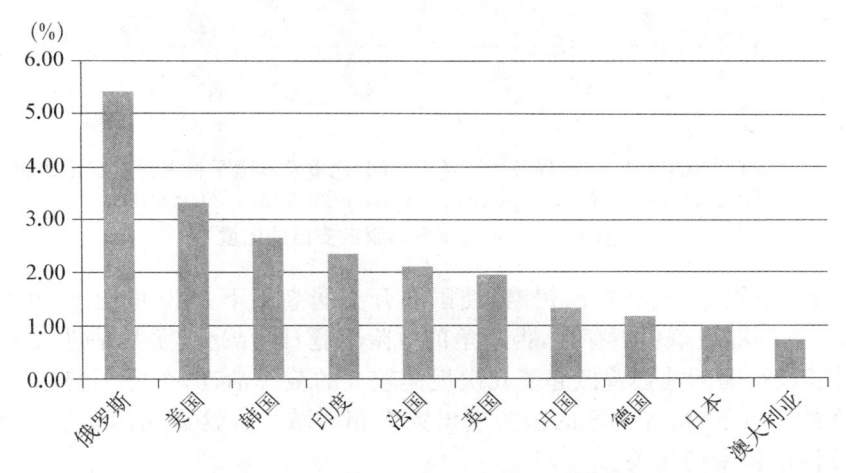

资料来源:2017年世界各国军费占GDP比重及各国军费占财政支出比重分析预测。(http://www.chyxx.com/industry/201706/528912.html)

图10-2 各国军费占GDP的比重

如果一国的国防支出超越财力会拖累一国经济,因此,一国政府在国防支出和民用支出之间必须进行权衡取舍,寻找合适的国防支出水平。总的来说,影响一国的国防支出的因素主要有以下几项:

1. 政治因素

政治因素包括国内政治因素和国际政治因素。首先,国内政局是否稳定,各地区之间是否协调,各民族之间是否团结,老百姓对政府的服务是否认可等,会影响到国防支出的规模。而国际局势对国防支出的影响,则是不言而喻的。影响公众国防需求的因素是外生的,国防实际上是两国间或多国间的一种博弈行为,在这种双方或多方博弈均衡中,一方的行为取决于他方。如20世纪50年代,第二次世界大战虽早已结束,但战争的危险却依然存在,因为"热战"虽已停止,"冷战"却紧锣密鼓地进行。处在这样紧张的国际环境中,各国无疑都要做好

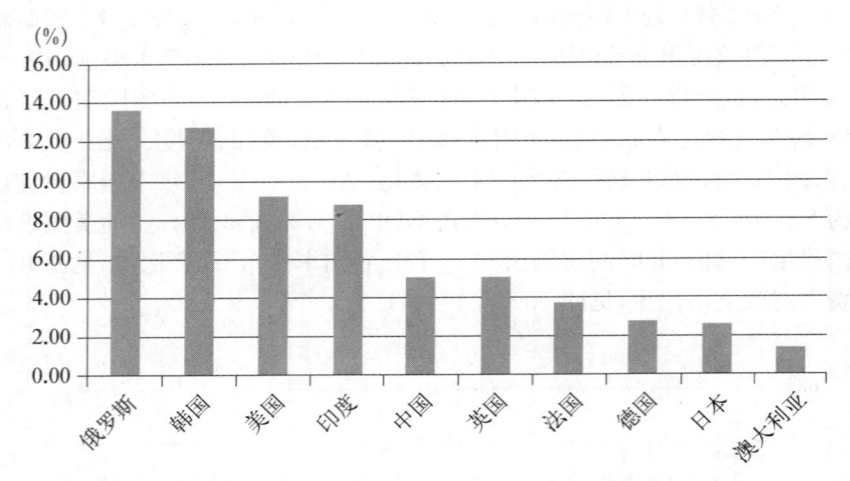

资料来源：2017年世界各国军费占GDP比重及各国军费占财政支出比重分析预测。(http://www.chyxx.com/industry/201706/528912.html)

图10-3　各国军费占财政支出的比重

准备，或准备侵略，或准备反侵略，使国防开支居高不下。20世纪60年代末期以后，虽然局部战争仍然存在，但战争的危险毕竟日趋减少，尤其是进入20世纪80年代以后，国际社会曾掀起了几次规模较大的裁军活动，国际形势趋于缓和。在这样的背景下，世界各国的国防支出大多相对减少。这说明国防支出规模与国际政治形势密切相关。

2. 国家主权范围

国家主权领土面积越大、人越多，用于保卫国土、保卫国民安全的防御性支出就会越大；国家管辖控制的范围越小、人口越少，相应地国防支出也就越少。

3. 国防政策和目标定位

这主要是指国家是将本土安全作为国防目标定位，还是在将本土安全定为第一位的同时，把全球安全也定位进来。前者定位前提下的国防支出必然小于后者定位下的国防支出。如我国政府一直奉行防御性国防战略，这种国防政策使得国防支出占财政总支出的比重相对较低。

4. 经济发展水平和国家财力的制约

国防支出规模从根本上说是由一国经济发展水平决定的。国家经济困难时期，经济跌入谷底，由于国防的非生产性，国家又首先考虑大幅度削减国防支出。国家经济高速增长时期，国家财力越充裕，用于国防支出的份额可以适当增加。此外，物价水平的变动、国防经济管理体制、国防支出效益等因素也影响着国防支出总水平。

四、教育支出

(一) 政府介入教育领域的理论依据

所谓教育支出,是指政府用于教育事业方面的财政支出。目前,一国教育的发达程度、全社会用于教育的投入水平,通常是衡量一个国家国民素质和文明程度的主要标准。因此,教育支出已经成为公共财政支出的最重要的部分之一。

目前,发达国家公共教育开支平均约占 GNP 的 5.0%(我国的 GDP 与 GNP 金额差异不大),而发展中国家约占 4.0%,落后国家为 2.8% 左右。近几年,在发达国家公共教育开支比例相对稳定之际,发展中国家则提高了大约 0.5 个百分点,发达国家与发展中国家教育经费开支之间的差距有缓慢缩小的趋势。我国的比例情况,见表 10-1。

表 10-1　　　　　　1993～2016 年我国财政教育支出相关指标

年份	财政教育支出(亿元)	财政支出(亿元)	财政收入(亿元)	GDP(亿元)	财政支出占GDP比例(%)	财政收入占GDP比例(%)	财政教育支出比例(%) 占财政支出	财政教育支出比例(%) 占财政收入	财政教育支出比例(%) 占GDP
1993	867.8	4 642.3	4 349.0	35 333.9	13.40	12.31	18.69	19.95	2.46
1994	1 174.7	5 792.6	5 218.1	48 197.9	12.39	10.83	20.28	22.51	2.44
1995	1 411.5	6 823.7	6 242.2	60 793.7	11.67	10.27	20.69	22.61	2.32
1996	1 671.7	7 937.6	7 408.0	71 176.6	11.69	10.41	21.06	22.57	2.35
1997	1 862.5	9 233.6	8 651.1	78 973.0	12.40	10.95	20.17	21.53	2.36
1998	2 032.5	10 798.2	9 876.0	84 402.3	13.78	11.70	18.82	20.58	2.41
1999	2 287.2	13 187.7	11 444.1	89 677.1	16.07	12.76	17.34	19.99	2.55
2000	2 562.6	15 886.5	13 395.2	99 214.6	17.76	13.50	16.13	19.13	2.58
2001	3 057.0	18 902.6	16 386.0	109 655.2	19.42	14.94	16.17	18.66	2.79
2002	3 491.4	22 053.2	18 903.6	120 332.7	21.04	15.71	15.83	18.47	2.90
2003	3 850.6	24 650.0	21 715.3	135 822.8	18.14	15.99	15.62	17.73	2.84
2004	4 465.9	28 486.9	26 396.5	159 878.3	17.81	16.51	15.68	16.92	2.79
2005	4 180.5	33 930.3	31 649.3	183 084.8	18.53	17.29	12.32	13.21	2.28
2006	4 780.4	40 422.7	38 760.2	209 407.0	19.30	18.51	11.83	12.33	2.28
2007	8 280.2	49 781.0	51 321.0	265 810.0	18.73	19.31	16.63	16.13	3.12

(续表)

年份	财政教育支出（亿元）	财政支出（亿元）	财政收入（亿元）	GDP（亿元）	财政支出占GDP比例(%)	财政收入占GDP比例(%)	财政教育支出比例(%)		
							占财政支出	占财政收入	占GDP
2008	10 449.6	62 593.0	61 330.0	314 045.0	19.93	19.53	16.69	17.04	3.33
2009	12 231.1	76 300.0	68 518.0	340 903.0	22.38	20.10	16.03	17.85	3.59
2010	14 670.1	89 874.0	83 102.0	401 513.0	22.38	20.70	16.32	17.64	3.65
2011	17 821.7	109 248.0	103 874.0	471 564.0	23.17	22.03	16.31	17.16	3.78
2012	22 236.2	124 300.0	117 254.0	540 367.0	23.00	21.70	17.89	18.96	4.12
2013	22 001.8	139 744.0	129 210.0	595 244.0	23.48	21.71	15.74	17.03	3.70
2014	23 041.7	140 350.0	140 350.0	643 974.0	21.79	21.79	16.42	16.42	3.58
2015	29 221.5	175 768.0	152 217.0	689 054.0	25.51	22.09	16.63	19.20	4.24
2016	31 373.0	187 841.0	159 552.0	744 127.0	25.24	21.44	16.70	19.66	4.22

资料来源：历年中国统计年鉴、中国教育统计年鉴；历年财政部主页（http：//www.mof.gov.cn）；2016年国民经济和社会发展统计公报，http：//www.chinagate.com.cn；历年全国教育经费执行情况统计公告。

由表10-1并结合公开的资料可见，我国公共教育投资比例的变化可分为五个阶段：（1）1978～1989年，公共教育投资占GDP比例时高时低，呈现不规则变动。（2）1990～1995年，公共教育投资占GDP比例持续下降。（3）1996～2002年，公共教育投资占GDP比例平稳上升。（4）2002～2006年，公共教育投资占GDP比例呈现下降后平稳发展趋势。（5）2007～2016年，公共教育投资占GDP比例呈现逐年平稳上升态势。从上述数据看，2015～2016年财政性教育支出占GDP的比例超过4%，完成了1993年的《中国教育改革和发展纲要》中曾提出国家财政性教育经费支出占国民生产总值的比例到20世纪末要达到4%的承诺。2005～2016年中国教育经费支出及国家财政性教育经费支出，见图10-4。从图10-4中可以看出，我国教育经费支出主要是由国家财政性教育经费开支的。

各国教育通常分为义务教育和非义务教育。义务教育的年数与各国的经济发展水平密切相关，中国目前实行的是九年制义务教育。政府介入教育领域的理论依据，主要基于以下几方面的原因：

1. 教育具有正外部性

教育是一个民族整体素质提高的内在推动力，整个社会因受教育者文化程度的提高其文明程度也随之提高，这将有助于减少犯罪，维护整个社会秩序稳定。教

(万亿元)

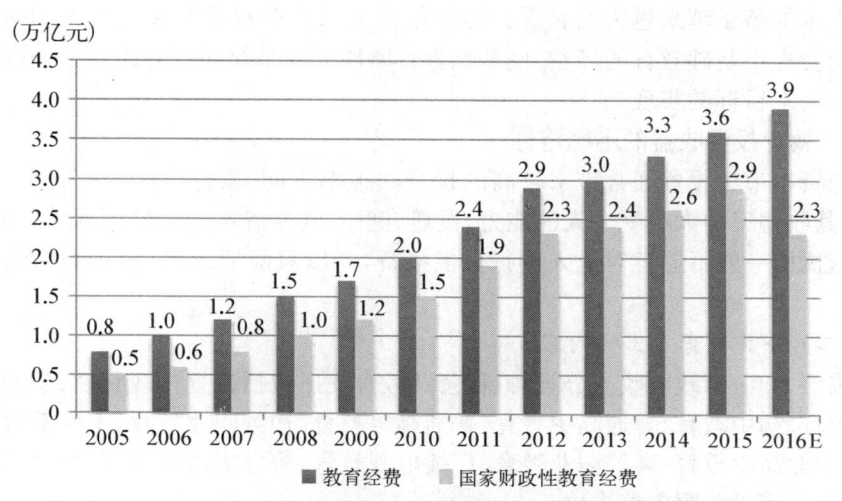

图 10-4　2005～2016 年中国教育经费支出及国家财政性教育经费支出

育对促进科技进步、促进社会和经济的发展起着巨大的作用。可见,教育投资的社会效益高于对受教育者个人投资的经济效益。具有正外部性的私人产品,通常市场无法充分提供,因此政府对教育支出的介入是必要的。

2. 教育是一种优值品

从经济学的角度来说,优值品是指那些带来的实际效用高于个体主观评价效用的产品。教育作为优值品,由于个体主观评价偏低就可能造成对教育消费的不足,例如有些消费者为了眼前的一些利益,不愿对其子女进行教育投资,于是国家通过采取低价提供或免费提供的政策,以促进消费;甚至采取强制消费措施,以纠正由于消费者偏好不合理而导致的教育市场缺陷。

3. 教育的效果具有迟滞性

教育支出被视为一种投资,但由于其效果具有迟滞性,即所谓的"十年树木,百年树人",其效果不易被人们所直接感知。由于一般人们出于经济利益的考虑,往往注重那些见效快、投资效果好的经济性投资,因此不太愿意将资金投入教育事业。结果期望教育完全由私人来投资是不切实际的,所以政府对教育投资是必不可少的。作为特殊产品,公共部门提供教育服务带有收入再分配的性质,有助于社会公平目标的实现。

4. 教育有助于社会公平目标的实现

教育作为一种人力资本投资,受到每个家庭预算的制约。如果政府不给予教育资助,许多贫困家庭的孩子将无法上学。而没有受过基本教育的孩子,成人之后在人力资本市场上不可能公平地与高收入家庭、受过教育的子女进行竞争,结果造成穷人家的孩子越来越穷的状况。为了使社会成员都有平等接受教育的机会,政府应免费提供基础教育的经费,使基础教育阶段人人站在同一起跑线上,这将有助于社会公平目标的实现。

5. 教育投资收益的不确定性

与资本市场投资通常带来较高的投资回报率不同,教育投资的收益具有不确定性,其收益率的大小受个人的能力、机遇、健康、性格等不确定性因素的影响。因此私营机构一般不愿意对他人进行全额投资,所以只能要求政府出面对教育进行干预。

(二) 公共教育支出的内容

按照2007年政府收支分类科目,公共教育支出包括教育行政管理、学前教育、小学教育、初中教育、普通高中教育、普通高等教育、初等职业教育、中专教育、技校教育、职业高中教育、高等职业教育、广播电视教育、留学生教育、特殊教育、干部继续教育、教育机关服务等支出。

按其具体层次可分为普通教育、职业教育、成人教育、广播电视教育、留学教育、特殊教育、教师进修及干部继续教育、教育附加及基金支出、其他教育支出九项,其中,普通教育又分为学前教育、小学教育、初中教育、高中教育、高等教育、其他普通教育支出等内容,职业教育又分为初等职业教育、中专教育、技校教育、职业高中教育、高等职业教育、其他职业教育支出等内容,成人教育又分为成人初等教育、成人中等教育、成人高等教育、成人广播电视教育、其他成人教育支出等内容,广播电视教育又分为广播电视学校、教育电视台、其他广播电视教育支出等内容,留学教育又分为出国留学教育、来华留学教育、其他留学教育支出等内容,特殊教育又分为特殊学校教育、工读学校教育、其他特殊教育支出等内容,教师进修及干部继续教育又分为教师进修、干部教育、其他教师进修及干部继续教育支出等内容,教育附加及基金支出又分为教育费附加支出、地方教育附加支出、地方教育基金支出、其他教育附加及基金支出等内容。

(三) 我国公共教育支出存在的问题

1. 预算内支出趋势在基础教育与高等教育中表现出的反转型差别

预算内基础建设费用与教育事业费支出的发展趋势在基础教育与高等教育中表现出的反转型差别。从2006年到2014年的相关数据可以看出,义务教育预算内基础建设费用的支出比例呈上升态势,但教育事业费支出却逐年下降;相应的,这两个比例的增长水平在高等教育学校支出中表现为相反的情况;2014年比2011年小学教育预算内事业性经费支出增长了2 402.88亿元,普通初中教育预算内事业性经费支出增加了1 342.15亿元;从总体的增长比例来看,2006年到2010年,基础教育预算内事业性经费支出占公共财政预算内教育事业性经费总支出的比例达到 34.13%,这一比例在 2011 年到 2015 年降低到 21.93%。2008 年到 2011 年,义务教育比高等教育的公共教育财政预算内事业性经费总支出高出近四成;高等教育机构基础建设费用支出一直占比较高,从 2006 年到 2009 年这一比例高等教育要比义务教育整体支出高出近 10%。2009 年到 2013 年,高等教育预算内基建经费支出增速逐渐趋缓到 2013 年出现负向增长;而在相同阶段,普通初中预算内基建经费支出的增速明显加快。整体来看,从 2010 年开始,高等教育基础建设费用支出比例略有下降,但仍旧高于普通初中及小学的支出比例,占年整体预算内基本建设支出中的最大份额。2006~2014 年公共财政预算教育事业费、基本建设费支出变化情况见表 10-2。

表 10-2　2006~2014 年公共财政预算教育事业费、基本建设费支出变化情况　　单位:%

年份	分类	普通小学	普通初中	义务教育	高等教育
2006	事业费	34.47	19.87	54.34	21.25
	基本建设费	16.14	14.77	30.91	40.16
2007	事业费	34.27	20.10	54.47	20.97
	基本建设费	16.27	13.26	29.53	37.68
2008	事业费	35.16	22.82	57.98	18.92
	基本建设费	12.84	14.76	27.60	39.36
2009	事业费	34.42	23.27	57.69	18.69
	基本建设费	12.84	14.76	27.60	39.36
2010	事业费	34.93	23.63	58.56	18.66
	基本建设费	11.00	18.89	29.89	44.09
2011	事业费	34.69	23.47	58.16	18.72
	基本建设费	21.79	18.04	39.83	25.31
2012	事业费	32.46	21.81	54.27	21.18
	基本建设费	20.00	20.87	40.87	26.85
2013	事业费	32.48	20.80	54.77	21.03
	基本建设费	19.88	20.78	40.22	25.47
2014	事业费	32.50	20.50	53.00	19.93
	基本建设费	19.18	20.64	39.82	24.11

资料来源:中国教育费统计年鉴(2006~2014)。

2. 城乡小学、普通初中生均教育经费支出差距在扩大

农村和城市地区公共教育财政支出总量差距在缩小，但城乡小学、普通初中生均教育经费支出差距在扩大。2006年到2015年全国农村义务教育经费总额逐年上涨。2006年，我国农村义务教育经费总量为1921.83亿元，2014年经费总量达到7648.13亿元，年均增长率为22.25%。但2008年与2007年相比，农村义务教育经费新增支出增加826.23亿元，2011年相比2010年则减少到591.27亿元，直到2012年义务教育经费新增支出才大幅增长了1023.58亿元，并在2013年和2014年持续增长，农村义务教育经费的增长速度总体是在逐年放缓的。在2006年到2010年间，农村义务教育生均财政性教育经费支出年均增长率高于城市地区约3%，达到27.59%。一方面，从2006年到2014年农村小学、普通初中生均教育经费支出逐年增长，说明我国农村地区义务教育的质量和水平在逐渐提高，这对于解决由于城乡二元化发展模式下所带来的农村地区教育水平落后的现状具有促进的作用；另一方面，2006年农村小学与城市小学平均生均支出相差250.78元，2012年这一差距扩大到了399.53元；2006年农村地区普通初中平均生均支出相差458.41元，到2012年增加至739.55元。可见，在近10年之间，虽然政府对于农村地区的小学、普通初中的支出总量水平在不断增长，但是实际上城乡生均教育支出的差距在不断地加大，农村地区实现教育公平的过程中尚存在推动的空间。2006～2014年，农村、城市小学、普通初中生均教育支出情况见表10-3。

表10-3　　　2006～2014年农村、城市小学、普通初中生均教育支出的情况　　　单位：元

年份	农村普通小学 生均事业费支出	农村普通小学 生均基本建设费支出	农村普通初中 生均事业费支出	农村普通初中 生均基本建设费支出	城市普通小学 生均事业费支出	城市普通小学 生均基本建设费支出	城市普通初中 生均事业费支出	城市普通初中 生均基本建设费支出
2006	1 529.72	42.84	1 744.96	74.97	1 765.11	58.23	2 156.3	122.04
2007	1 803.17	43.54	2 110.25	80.08	2 058.26	62.42	2 542.78	125.85
2008	2 441.71	22.01	2 882.03	44.54	2 717.25	34.18	3 410.95	74.13
2009	3 088.6	28.23	4 005.78	100.74	3 370.22	39.87	4 413.6	118.23
2010	3 842.26	61.08	4 813.02	210.49	4 098.63	72.81	5 341.83	222.82
2011	4 482.09	78.22	5 699.52	174.54	4 840.63	90.95	6 315.44	211.29
2012	5 631.41	86.55	7 267.07	172.32	6 014.54	102.95	7 965.06	213.88
2013	6 731.47	102.13	8 768.09	218.42	7 001.39	113.11	9 120.18	251.18
2014	8 030.69	121.47	10 724.35	271.67	8 272.96	127.97	11 164.13	289.56

资料来源：中国教育费统计年鉴(2006～2014)。

3. 公共教育支出经费在特殊教育领域中的分配比例极低

我国公共教育支出经费在特殊教育领域中的分配比例极低。有研究认为,为了提高教育投资的使用效率,事业性经费的使用中个人部分与公用部分的比例应维持在7:3更为合理。事业经费的使用中个人部分与公用部分的比例在2014年接近5:5,这表明我国特殊教育的公共财政支出经费严重不足,教师待遇水平低下,从表象上这导致了我国特殊教育师生比例失调,无法实现特殊教育特殊群体独立性、生产性和综合性的教育目标。2006~2014年公共教育财政支出在特殊教育中支出变化见表10-4。

表10-4   2006~2014年公共教育财政支出在特殊教育中支出变化情况

年份	经费总支出(亿元)	预算内占比(%)	支出占比(%)	事业经费支出(亿元)	个人部分(%)	公用部分(%)
2006	23.30	0.39	0.30	22.74	63.71	36.29
2007	26.24	0.40	0.30	25.44	65.07	34.93
2008	29.64	0.35	0.25	28.96	69.75	30.25
2009	29.98	0.36	0.36	28.89	73.04	26.96
2010	45.66	0.37	0.29	43.21	65.66	34.34
2011	67.10	0.48	0.36	56.4	58.76	41.24
2012	73.81	0.39	0.32	66.82	56.84	43.16
2013	80.11	0.37	0.32	75.18	55.11	44.17
2014	90.95	0.35	0.31	89.38	54.08	45.92

资料来源:中国教育费统计年鉴(2006~2014)。

(四)公共教育财政支出的发展对策

1. 公共教育财政支出应确立底线公平目标

确立底线公平为公共教育财政支出法律制度所蕴含公平理念的实践目标。据世界银行相关统计数据显示,劳动者受教育的时间与本国经济发展水平有密切联系,前者每增加一年,国家的GDP能够增加9个百分点。政府不应将公共教育支出责任停留在保障公民接受一定年限基本公共教育,保证适龄公民享有平等的接受基本公共教育的机会,这是对于公平理念在公共教育领域过于狭隘的底线划定。国家政府在公共教育领域价值目标的设定应始终在促进实现社会整体公平的理念指引下,不仅要为处于相同条件下的群体提供同等的对待,更为重要的是,为处于不同阶层和弱势地位的群体提供"最必要、最优先保证、最不能含糊"的倾向性、差别性的对待,实现公共教育领域整体底线公平的首要目标。在公共教育财政支出中设定何种制度才能保证公平理念的实现呢？在一定程度上，这是一个国家在历史、文化、经济、政治、宗教和社会背景等各种因素作用下的选择。这种选择并非仅仅停留在理论的抽象上，更需要在社会发展的不同领域，根据公共利益与社会群体中个体联系的紧密程度区别不同程度的公平。根据我国的国情，当前要实现公共教育领域的公平就是要在支出上保证公共教育的底线公平，即实现多数人最基本的对于教育的公共需求，满足人民群众个人发展的基本保障。底线公平并不能被狭隘地解释为资金支出水平上的最低位阶，它是在当前特定发展时期和发展阶段上，解决经济和社会发展中处于弱势地位、弱势领域和因特殊原因而导致双向拉扯、扭曲发展部门所面临迫切问题的目标；公共教育财政支出实现的底线公平是政府必须承担的责任，是需要优先保证的社会公平在公共教育领域的具体体现。

随着世界范围内对于公民生存权保障的提高和稳定，发展权成为各国政府和本国公民更加重视的内容。接受普遍的基础教育，公平地享有社会整体的教育资源和利益，为个人发展提供公平的机会和条件成为公共教育领域底线公平的主要内容。以底线公平为公共教育财政支出制度的目标，为城乡、地区间不同阶层群体和弱势群体能够获得最基本的教育公平提供方向性的制度保障；体现出所有公民个体所享有的基本公共教育权利的一致性。

2. 发挥预算制度平衡各级教育发展的功能

完善公共教育财政支出预算的制度性规范，发挥预算制度平衡各级教育发展的功能。美国对于公共教育财政预支出制度在全球非常具有代表性，选取美国近几年的预算案中有关教育财政的内容进行比较分析，美国的教育支出预算经费一直是在整个国家预算案中仅次于国防预算的比重最大的预算内容之一。从2007年到2009年，布什政府在教育财政预算案中逐年提高对于资助《不让一个儿童掉队法案》的经费，体现出布什政府对于基础教育的重视。2009年奥巴马当选总统以来，他一直强调改善美国教育体系是他执政期间的首要任务之一。2013财政年度，即使面临经济危机的巨大财政压力，奥巴马政府的财政预算中仍然为教育增加资金投入，并提议将教育经费着重用于教育改革、职业培训、提高教师专业水平和大学支付能力上。

我国为实现预算对于公共教育财政支出的有效调控，均衡各级教育的协调发展，应重视下列几点：第一，公共教育财政收入和支出都必须尽可能地纳入预算的范围，实现预算的集中管理；只有国家和政府对于公共教育从资金筹集、分配到使用等活动被预算体系覆盖，才能在公众的约束与限制下，保障国家和政府的行为是出于公共性的目标，而非国家或政府本身的利益。第二，公共教育财政支出预算管理制度必须保证公共教育支出预算的制定与执行是在公众的参与和监督下开展的；在民主制下，集体支出应该由集体监督。既然基本权利的实施以稀缺公共经费的支出为前提条件,那么公众就有权知道是否得不偿失,是否得到的利益大致等于支出。知情权背后所隐含的是公众不知情的状况,其原因在于公众相对于拥有公权力的政府,其对于政策、信息掌握的弱势性。公众的知情权不会自然获得,只有上升到制度层面,通过法律规范确定和保障。这就要求保证预算制度的公开、透明,这是社会主义国家财政对于"人民当家作主"的具体体现,也只有这样,财政的公共性、公平性才能落到实处。第三,公共教育支出预算需要从制度上剔除非公共性和不公平的内容或项目,从而使预算,乃至整体财政制度实现公共化,促进社会整体利益的公平实现。预算管理制度是公共财政存在的前提条件,预算法的公共性促进了公共财政体制的确立。因此,公共教育支出预算制度的公共性为国家对公共教育体系的管理和治理能力的现代化提供了基础性的制度保障。

3. 充分发挥公共教育财政支出转移支付的均衡性功能

以公平理念为引导,充分发挥公共教育财政支出转移支付的均衡性功能。转移支付是政府加强对公共事业的财政保障,均衡公共领域的利益分配,实现社会整体公平的主要财政工具。《国家中长期教育改革和发展规划纲要(2010—2020年)》中明确提出:"义务教育全面纳入财政保障范围,实现国务院和地方各级人民政府根据职责共同负担,省、自治区、直辖市人民政府负责统筹落实的投入体制。进一步完善中央财政和地方财政分项目、按比例分担的农村义务教育经费保障机制,提高保障水平。尽快化解农村义务教育学校债务。"并通过一系列的改革措施,逐步摆脱公共教育转移支付"中央包办,自上而下"的传统模式,并进一步完善了"省级统筹"的转移支付体制。

我国公共教育财政转移支付兼具保障制度有效实施和实现教育均衡化发展的双重目标,为了更好地实现公共教育财政转移支付的目标,首先,要结合公共教育财政一般性转移支付与专项性转移支付的优势,创新转移支付工具。一方面,为避免政府对公共事业投入偏好带来的地方政府对于一般性转移支付的过度依赖,以及地方财政对于公共教育投入努力水平的降低,应改变公共教育财政一般性转移支付的绝对无附加限制,明确地方政府在接受一般性转移支付用于公共教育的支出资金后,其自有财政收入同样需要按照一定比例用于地方公共教育,从整体上提升公共教育财政投入的水平。另一方面,为改善由于公共教育财政专项性转移支付给地方政府带来的沉重配套资金负担导致地方政府争取专项性转移支付资金动力不足的现状,需要以"以奖代补"的方式配合将部分专项性转移支付向一般性转移支付模式转变;将公共教育财政专项性转移支付的设计权限下放至省级政府,发挥省级政府对于地方信息反馈的及时性、充分性的优势,实现地方政府公共教育财政一般支出方式与转移支付支出模式的有效配合和合理配置。其次,增加公共教育财政专项性转移支付对于解决我国特殊教育发展落后问题的力度和作用。专项性转移支付方式的突出作用在于有针对性地解决公共事业发展过程中的专门性问题，其中最为突出的就是对于特殊教育的支出投入不足问题。因此，中央和省级政府应该加强通过专项性转移支付对残疾等特殊教育群体的直接支出形式实现公共教育的整体公平性。第三，建立公共教育财政转移支付检测指标体系。转移支付作为一种以投入为主的财政工具，对转移支付的后续工作一般也仅限于具体资金的分配层面，但究竟财政转移支付是否实现了既定目标并无有效的测量监督标准。逐步建立对于公共教育财政转移支付效果具体量化的指标体系，不仅能够提高转移支付工具使用的精确性，同时为实现公共教育财政转移支付的有效监督提供保障①。

复习思考题

一、关键概念

购买性支出　政府投资　财政投融资　BOT　TOT　ABS　住房保障政策　社会消费性支出　行政管理支出

二、简答题

1. 什么是购买性支出？简述购买性支出的特点。
2. 简述购买性支出对经济的影响。
3. 简述政府投资性支出对经济的影响。
4. 简述购买性支出在国民经济中的作用。
5. 简述政府投资具有的特点和政府投资的范围。
6. 简述政府投资的作用。
7. 简述政府介入基础设施投资领域的理论依据。
8. 简述政府基础设施的投资方式。
9. 简述财政介入农业领域的理论依据。
10. 简述政府投资农业的范围。
11. 简述社会消费性支出的内容。
12. 简述影响国防支出的因素。
13. 简述政府介入教育领域的理论依据。

---

① 刘畅.我国公共教育财政支出存在的主要问题及对策[J].现代教育管理，2016(9)：47-52.

第十一章 转移性支出

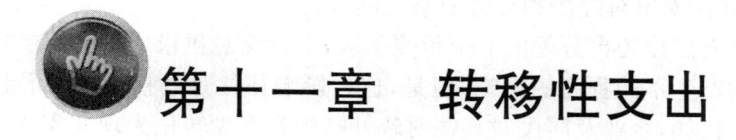

【本章学习目的与要求】

通过本章学习,了解转移性支出的概念、社会保障支出、社会优抚、税收豁免、税收抵免的特点,熟悉财政补贴的分类、基本功能、社会保障基金的来源和模式,掌握转移性支出对经济的影响、社会保障基金的来源和模式、税式支出的分类和形式。

第一节 转移性支出概述

一、转移性支出的概念

转移性支出是购买性支出的对称,是指财政对居民个人和非公共企业提供的无偿资金支付,在财政科目上转移性支出主要包括社会保障支出、财政补贴、税式支出、捐赠支出和债务利息支出等项目。这些支出的目的和用途各不相同,但却有一个共同点:政府在将财政资金转移给居民和其他受益者时,并未得到任何补偿,是价值的单方面转移。转移性支出体现的是政府的非市场性再分配活动,是政府实现公平分配的主要手段。

二、转移性支出的特点

与购买性支出不同,转移性支出主要具有以下特点:

1. 政府的非购买性

政府的这类支出,不表现为对商品和劳务的直接购买,而是表现为为了实现社会公平与效率而采取的资金转移措施。

2. 转移性支出的无偿性

转移性支出是无偿的、单方面的转移,没有得到等价补偿,受益者也不必予以归还。

3. 转移性支出对经济和社会影响的间接性

转移性支出作为再分配的一个重要手段,对社会总供求、社会总储蓄以及经济总量和结构产生不同程度的影响,但是,这种影响往往是间接性的,而且存在着一定的时滞。比如,企业及居民对某些财政补贴中有多少转化为现实需求、有多少转化为后续的消费和投资需求,从而将对当期和以后的社会需求总量及结构产生多大的影响,就很难直接反映和计算出来。

三、转移性支出对经济的影响

（一）对分配的影响

转移性支出对分配的影响是有利于国民收入分配的合理化。转移性支出则是通过支出过程使政府拥有的部分资金转移到受益者手中,它不仅是资金使用权的让渡,而且涉及所有权的转移,对微观经济组织的分配将产生直接影响。若转移性支出的受益人为企业,则由于转移性支出源于政府向纳税人筹集的各种税收,对特定的企业进行补贴,则使这部分税收将从纳税人转移到获得补贴的企业手中,从而导致国民收入在纳税人和享受补贴的企业之间转移。若转移性支出的受益人为个人,由于受益人获得的这笔资金源于各个纳税人在国民收入初次分配中所分得的各种收入,这笔收入的受益人一般限于那些收入低于维持通常生活标准应有水平的居民,因此通过转移性支出这一渠道,国民收入的分配格局会发生变化。变化的结果将使高收入阶层的一部分收入转移到低收入阶层的居民手中。明显地我们能看到,这种转移更有利于国民收入分配的公平化和合理化。

（二）对生产和流通的影响

无论是企业还是个人,通过政府的转移性支出获得了资金以后,是否用于购买商品和劳务以及购买哪些商品和服务,这已脱离开了政府的控制,因此,转移性支出对生产和流通的影响是间接的。若资金受益者收到转移性支出的资金后,用于增加了私人消费需求,则增加的商品或劳务的购买量对这类商品或劳务的生产有相当大的影响;若资金受益者将转移性支出用于储蓄,通过一定渠道转化成生产资金,则增加企业的投资需求。

（三）对经济主体活动的影响

转移性支出对政府及微观经济组织所产生的约束作用却是软性的。首先,对于政府而言,转移性支出资金的使用效益如何,并不直接取决于拨付转移性支出的政府,而取决于获得转移性支出的单位如何使用这笔资金,社会无法直接考核政府该项支出的使用效果,因此转移支出对政府约束作用是软性的。其次,对于获得转移性支出的微观经济组织而言,其获得转移性支出数额的大小,并不唯一地取决于自身经营管理水平的高低,也不直接取决于其成本开支水平的高低,即并不取决于自己的能力和生产努力程度,而取决于同政府讨价还价的能力。显然,转移性支出对微观经济主体的预算约束是软的。

下面我们主要介绍社会保障支出、财政补贴和税式支出。

第二节 社会保障支出

一、社会保障支出概述

社会保障也称政府保障,或者国家保障,是政府向丧失劳动能力,失去就业机会或因其他人身风险在经济上面临生存困难的公民(或劳动者)提供基本生活保障和社会服务,从而使其能达到最低生活水平所形成的一种保障制度。现代国家一个重要的职能是向公民提供基本生活保障,而社会保障支出为社会保障的实施提供了财力保证。

(一)社会保障支出的特点

从世界各国社会保障的理论和实践来看,有效的社会保障应具备以下特征:

1. 保障的社会性

社会保障以国家为主体,在社会范围内推行的保障,是为了弥补现代社会中被逐渐削弱的家庭保障功能的,它具有普遍性、广泛性的特点。与之相比,企业单位、家庭个人和商业保险机构提供的保障是分散的、局部的。当劳动者的保障由分散走向集中、由家庭走向社会时,国家作为全社会的代表,自然而然、责无旁贷地担当起保障的责任。

2. 保障的强制性

社会保障作为一种社会制度,在为全体社会成员提供保障的同时,也要求全社会共同承担风险,这就要求政府通过法律手段强制实施、规范执行。受益人的权利和义务根据立法规定自动发生,强行生效,不取决于个人意愿。而企业单位、家庭个人和商业保险机构提供的保障是自发的、自愿的,只有在当事人认可条件下,根据合同协议实行保障关系。

3. 保障的互济性

社会保障资金来自参与社会保障的社会成员所缴纳的保障费,但社会保障的受益人是法律选定的处于特殊境遇的公民个人和家庭。例如,老年人、妇女、儿童、孤寡者、失业者、伤残者、疾病者等。可见,社会成员为社会保障进行的缴纳同他可能享受的保障并不完全对等。对每一个社会保障的享受者而言,其社会保障基金的扣除、储存、分配和使用,存在着数量和时效上的差别。这样,社会成员之间就可互相调剂,而非政府保障则贯彻市场交换准则,不具有这种互济性的特征。

4. 权利、义务统一性

在各国的社会保障中,都用立法形式赋予社会成员享受保障的权利和承担相应的义务。只有在依法缴纳了一定数量的税、费或社会保障金,为社会做出了一定的贡献,履行了义务的情况下,才能享受权利。

(二) 社会保障与财政的关系

在我国,财政用于社会保障方面的支出,主要是在预算的"抚恤和社会福利救济类"这个科目下安排的,具体地说,我国财政的社会救济和社会优抚支出包括以下内容:① 抚恤事业费,其中主要有军人牺牲、病故、残废等抚恤费,烈军属、复员退伍军人的生活补助费,退伍军人的安置费等;② 离休费;③ 退休退职费;④ 社会救济福利事业费,其中主要有农村社会救济费、城镇社会救济费、社会福利事业单位经费、社会残疾人福利事业经费等;⑤ 自然灾害救济事业费;⑥ 其他民政事业费等。总体来看,财政的优抚与社会救济支出可以概括为三部分:一是抚恤事业费;二是社会福利救济费;三是自然灾害救济费。

社会保障与国家财政有着密不可分的内在联系:

1. 社会保障分配是国家财政分配的一个重要组成部分

从某种意义上讲,我国的财政分配工作就是进行"社会必要扣除",以实现国家职能,满足人们的需要,促进社会和经济的稳定与发展。而在社会必要扣除中的"用来应付不幸事故、自然灾害等的后备基金或保险基金"以及"为丧失劳动能力的人等而设立的基金"就是社会保障分配的内容。由此可见,社会保障分配是国家财政分配的一个重要组成部分。

2. 开征社会保障税是社会保障筹资的重要手段

从收入上讲,开征社会保障税既是社会保障筹资的重要手段,也是一项财政收入。社会保障筹资方式有两种:一种是交费,另一种是交税。从保证社会保障资金的稳定增长的角度来看:当然是交税比交费好,因为税收具有强制性和固定性。所以说,社会保障税是社会保障筹资的重要手段。社会保障税既然是一种税,它理所当然的应是财政收入的一种形式。

3. 社会保障支出是财政支出中最重要的支出

从支出上来看,社会保障支出应该是财政支出中最重要的。财政支出直接为社会保障活动提供着最主要的财政来源。

财政支出按经济性质划分,可分为购买性支出和转移性支出两大类,其中,转移性支出中的社会保障支出已超过其他一切项目而独居榜首。截至2016年底,中国基本养老、基本医疗、失业、工伤、生育保险参保人数分别达到 8.9 亿人、7.5 亿人、1.8 亿人、2.2 亿人、1.8 亿人；五项保险参保人数均较 2015 年底有所提升，其中参加基本医疗保险人数较 2015 年底的 6.66 亿人增加了 8 000 多万人，在五项保险中增幅最大。2016 年度全国社保收入与支出情况：2016 年度五项保险基金总收入为 5.3 万亿元，同比增长 14.7%，总支出为 4.70 万亿元，同比增长 19.3%，支出增幅高于收入增幅 4.6 个百分点。2016 年财政支出中社会保障支出总额 2.16 万亿元左右，占财政支出的比例为 11.47%。资料见表 11-1。

表 11-1　　　　　2010～2016 年财政支出中的社会保障和就业支出情况

年　份	财政支出（亿元）	社会保障和就业支出（亿元）	占　比
2010	89 874	9 131	10.16%
2011	109 248	11 144	10.20%
2012	124 300	12 542	10.09%
2013	139 744	14 417	10.32%
2014	151 662	15 969	10.53%
2015	175 768	19 019	10.82%
2016	187 841	21 548	11.47%

资料来源：各年统计年鉴及 2016 年中华人民共和国统计公报整理。

4. 财政预算中应建立社会保障预算

从平衡上讲，财政预算中应建立社会保障预算。社会保障基金是通过国民收入的分配和再分配形成的，是以确保社会成员基本生活水平为特定目的的资金，因此，应对其进行独立的、专门的预算管理。

5. 社会保障支出是国家宏观调控的一个重要手段

从管理上讲，社会保障支出是国家宏观调控的一个重要手段。国家财政对社会经济发展宏观调控的基本目的是实现总供给与总需求的平衡，而实现这一目的的关键就是要控制社会总需求。

社会保障的收支特别是支出与财政收支以及整个国民经济的运行存在着一定的函数关系。基于这种联系，社会保障就能对国家财政的宏观调控起到自动配合的作用，因而成为具有"自动稳定器"作用的财政宏观调控的重要组成部分。从实践来看，社会保障支出随经济周期五个阶段的变化发生反方向变化，因而可以缓和经济波动，这已为西方发达国家经济建设发展的事实所证实[1]。

---

[1] 刘隽亭，许春淑.公共财政学概论（第 2 版）[M].北京：首都经济贸易大学出版社，2012.

二、社会保障支出的内容

社会保障支出的目的是为了使社会成员老有所养、病有所医、贫有所济、困有所帮。尽管世界各国的社会保障制度有某些差异，但大体上都是围绕促进社会稳定这一目标形成的。比如，美国的社会保障制度由六个部分构成：社会保险、社会救助、退伍军人补助、老人医疗服务、教育和住房。英国的社会保障制度由五个部分组成：社会保险、社会补助、社会救助、保健服务和社会服务。瑞典的社会保障制度也是由五个部分组成：社会保障、社会救助、义务教育、家庭福利和职业培训。日本的社会保障体系由四个部分组成：社会保险、国家救济、社会福利和义务教育。而我国社会保障制度包括社会保险、社会救助、社会优抚和社会保障四大类。其中社会保险是社会保障的核心，社会救助是社会保障的基础，又被形象地称为"最后一道防线和安全网"。

（一）社会保险

社会保险又称劳动保险，它是国家通过立法，由劳动者、劳动者单位或社区（集体）、国家三方面共同筹集资金，在劳动者及其直系亲属遇到年老、工伤、生育、残疾、失业、死亡等风险时，给予物质帮助，以保障其基本生活的一种制度。社会保险是现代社会保障支出的主体和核心，它是公民的基本权利，主要包括养老保险、医疗保险、失业保险、生育保险、工伤保险、伤残保险和遗属保险等项目。

1. 社会保险的特征

（1）社会保险是由国家通过立法形式强制实施的一种保障制度。即凡属法律规定范围的成员都必须无条件地参加社会保险并履行纳费义务。社会保险费的费用缴纳标准和待遇项目、保险金的给予标准等都由国家或地方政府的法律、法规统一确定，劳动者个人作为被保险一方对于是否参加社会保险及参加项目和待遇标准均无权自由选择和更改。

（2）社会保险是所有劳动者的一项基本权利。社会保险对所属成员具有普遍的保障责任，无论其年龄、收入水平、就业年限和健康状况如何，一旦丧失劳动能力或失业，政府和企业作为保险人即应依法提供收入损失补偿以保障其基本生活需要。

（3）社会保险只能提供劳动者的基本生活需要。社会保险所提供的保障水平只能以一定时期劳动者的基本生活需要为基准，它不会是保证原有生活水平不变，更不会是满足遇险劳动者的全部生活需要。它的保障水平始终取决于一定时期社会经济发展水平的高低。

（4）社会保险与商业保险有本质的区别。社会保险与商业保险一样，也要求受保人或就业单位向社会保障机构缴纳一定的费用，并且也具有风险分担、互助互济的保险功能。但社会保险毕竟不同于商业保险,二者的区别主要有以下几个方面:① 社会保险是国家和社会基本政策的直接体现。社会保险的社会效益重于经济效益,尽管社会保险基金运用也强调经济效益,但是不能以经济效益的好坏来决定社会保险项目的取舍和保险水平的高低。而商业保险是一种企业性的经营活动,追逐资金投入尽可能大的增值。② 社会保险的保险基金除了来自受保人或其就业单位交纳的保费以外,政府还可以给予一定的资助;而商业保险则完全依靠收取保费来筹集资金。③ 社会保险费的受保人领取保险金的权利与缴纳保险费的义务在数量上有一定的对应关系,但这种对应并不像商业保险那样要遵从对等的原则。④ 社会保险是强制性保险,由国家立法采取强制行政手段加以实施;而商业保险一般为自愿保险。

2. 社会保险的项目设置

社会保险的项目又称险种,是指该保险制度为哪一种特定的危险事故提供物质保障。世界各国根据自己的国情需要和财力可能,规定的保险项目的多少不同,但一般均包括以下几个主要险种:

(1) 退休养老保险。它是为年老丧失劳动能力的社会劳动者提供基本生活保障和一系列社会性服务的项目。其主要目的是确保老年劳动者的生活权利。

(2) 医疗社会保险。它是为社会保险成员提供医疗费用的医疗服务保障的项目。其主要目的是促使劳动者尽快恢复健康,并承担其因患病、负伤而增加的额外开支负担。

(3) 疾病社会保险。它是为所有成员在因患病而丧失劳动能力时提供基本生活保障的项目。其主要目的是使患病劳动者个人及其家庭的正常生活不受过大的影响,以利于治疗和恢复。

(4) 工伤社会保险。它是为所有成员因工负伤以及由伤而致残疾、丧失劳动能力时,提供必要的物质生活保障的项目。其主要目的是维持伤残劳动者的基本生活来源,对于因工伤致残者,社会保险还常有对超常劳动代价的补偿性质。

(5) 失业社会保险。它是为所有成员因非本人自愿原因而失去工作,从而丧失正常工资收入来源时,提供必要的物质生活保障的项目。其主要目的是维持失业人员及家属的基本生活,保护劳动力的正常发育以及为其早日重新就业提供必要的条件和机会。

(6) 生育社会保险。它是为妇女劳动者因生育子女而丧失劳动能力,失去正常工资来源时,提供基本生活保障的项目。其主要目的是保护妇女劳动者及其子女的身体健康,并适当补偿其因生育而造成的收入损失。

(7) 死亡和遗属社会保险。它是为所有成员在死亡时提供的必要的丧葬费用补贴及为死亡劳动者供养的直系亲属提供抚恤金的项目。其主要目的是除对死亡劳动者尽最后的保障义务以外,更重要的是对其所供养的直系亲属提供生活保障,使其正常成长或安度余年。

(二) 社会救济

社会救济是政府向缺乏充足经济来源,生活面临困难的居民家庭提供的保证其最低生活需求的物质援助的一种社会保障活动与制度。由国家预算拨付的资金作为救济资金来源,政府职能部门——民政部门借助社区系统进行管理。

1. 社会救济的特点

同社会保险相比较,社会救济的基本特点有:

(1) 社会救济是有选择性的。即从对象上看,它不是人人有份的,而是在人们发生生活困难时,经过调查和认定后,由国家和社会给予的一种援助。

(2) 社会救济是低层次的。它以维持最基本的物质生活水平为原则。这一点与社会福利不同。

(3) 社会救济一般是短期性的。除一些长期性的救助对象以外,其大部分是应急性的,如救灾、扶贫、临时救济等。被救助者一旦解除了困难,其最基本的物质生活有了保障,社会救助则不再进行。

(4) 社会救济还受到经济发展水平的制约。比如,对贫困线的确定,不同时期及不同地区,其标准有所不同。

2. 社会救济的对象

社会救济的标准是国家规定的法定最低生活水平,低于这一水平就可以称之为贫困。由于造成贫困的原因不同,所以社会救济的对象主要分为三类:

(1) 无依无靠又无生活来源的公民。这类公民绝大部分属于长期救助对象,多指孤儿、无社会保险津贴的劳动者、长期患病者、未参加社会保险且又无子女和配偶的老人。

(2) 突发性灾害造成的生活一时拮据的公民。这类公民有劳动能力,也有生活收入,只是由于意外的灾害降临,使其遭受沉重的经济损失甚至人身伤害,一时发生生活困难,也需要社会给予救助。

(3) 有收入来源,但生活水平低于或仅相当于国家法定最低标准的公民。这类公民既包括工资收入过低,不能使家庭每个成员都达到国家规定的最低生活水平的公民,也包括有失业津贴的失业者,但在享受津贴期满仍未找到工作的公民。另外,残疾人也属于这类救助对象。

3. 社会救助的实施原则

社会救济的目标是要保证被救助者的基本生活需要。所以这里既要考虑到国家财政的承受能力,同时也要考虑人民生活水平不断提高的因素。因此,必须坚持以下几个原则:

(1) 反贫困原则。通过社会救助的实施,应当力争在短期内消灭绝对贫困现象,与此同时,也力争尽可能地减少相对贫困。这是现代国家对实施社会保障制度的最低要求。

(2) 生存权原则。我国的《中华人民共和国宪法》已明确规定,公民具有生存的权利。公民因维持不了最低生活而获得社会救助,是生存权的体现。如果公民维持不了最低生活水平,在经过申请、调查、确认后仍得不到社会救助的,公民有权利提出申诉。

(3) 积极救助的原则。社会救助不是往昔的救助,不是建立在恩赐、施舍、怜悯基础上的单纯的赈济,而是通过"生产自救""以工代赈""科技扶贫"等积极救助方式,一方面,使被救助者感到自己获得的救助是一种劳动报酬,维持了他们的自尊心;另一方面,使被救助者经过扶贫走向共同富裕。

4. 社会救济的标准

社会救济的目的就是保证公民享有最低生活水平。从西方国家的经验来看,确定最低生活水平主要有三种方法:

(1) 按成年劳动者人均收入水平来确定最低生活标准。如果公民最低生活标准相当于成年劳动者人均收入的半数,这时他及他所抚养的家庭即构成贫民或贫困户,属社会救助的对象。欧洲经济委员会成员国普遍采用这种方法。

(2) 以恩格尔定律为依据确定最低生活水平。德国统计学家恩格尔经过大量统计调查研究发现,食物支出与家庭收支呈逆相关的关系,即收入水平越高,食物支出占家庭总支出的比例越低。有学者认为,食物支出占到家庭支出 59% 以上的,这样的家庭属于生活贫困家庭;食物支出比例介于 50%～59% 的,则进入小康水平;食物支出比例进一步下降到 20%～40% 的家庭上升到富裕的行列;食物支出比例下降到 20% 以下的,属于极富之列。

(3) 北欧国家普遍采取"基数"方法。一般用一个"基数"代表最低生活水平所需要的商品和服务的金额。如瑞典把独身退休者享有的普遍退休金,规定为一个基数的 96%,由此表明一个"基数"所能保证的生活水平也就是最低生活水平。

(三) 社会福利

我国的社会福利主要是指狭义层次的社会福利,即为社会中特别需要关怀的弱势群体提供必要的社会援助,提高他们的生活水平和自立能力。具体是民政部门用财政拨款对盲、聋、哑和寡、孤、独等社会成员给予的物质帮助。社会福利并不是局限于满足社会成员的基本生活需要,而是在此基础之上进一步追求生活质量和生活水平的提高。所以也有人将社会福利看作社会保障中的最高层次。

1. 社会福利的特征

社会福利是个人消费品分配的一个特殊渠道,是一个特有的分配范畴。它与工资、社会保险等其他分配形式相比,有许多特殊性。

(1) 社会福利资金来源是"单向性"的。也就是说,它不要求个人预先缴纳,而是由国家和社会来负担,所以,它是一种价值的单方向转移。尽管目前社会福利基金的来源渠道在不断拓宽,但是总体上仍是"单向"的,这与社会保险是有区别的。

(2) 社会福利的标准具有不确定性。社会福利的高低没有硬性指标规定,也不具有法律强制性。一般来说,社会经济发展水平越高,社会福利水平就越高,并且在地区之间有一定的差别。

(3) 社会福利具有普遍性。社会福利是典型的"大锅饭",人人有份,带有较大的机会均等、利益均沾的特征。尽管享受社会福利的权利是均等的,但这也并不意味着绝对的平均,而是根据需要与可能来分享社会福利。

(4) 我国的社会福利还有一个突出特点,就是"企业办社会"。社会福利本来应该由政府和社会来承办,但是由于许多历史原因,我国的社会福利很多是由企业和事业单位来承办的,这给企业带来了沉重的负担。

2. 社会福利项目的设置

(1) 社会津贴(社会补贴)。这是国家在实施某项政策或制度时,为了使人民能够分享经济和社会发展的成果,提高物质文化生活水平,或为了保证不致因为某项政策措施的实施而使人们的生活水平下降,而采取的一种物质帮助方式,如副食补贴、物价补贴、交通费、洗理费、书报费、取暖费等。

(2) 职工福利。这是以业缘关系为基础,给予本系统、本行业、本单位职工及其亲属的福利待遇。

(3) 社会福利设施。这是指国家、集体与社会兴办和建设的各种社会福利事业单位和场所。这是一种较实际、具体的人们能够看得见的福利,如社会福利院、敬老院、托儿所、幼儿园等。这种有形的社会福利设施,在社会福利事业中占有重要地位,发挥着重要作用。国际上,也往往通过社会福利设施数量的多少、管理的好坏、服务水平的高低等指标,来衡量一个国家的社会福利水平,因此,它也是一个国家社会福利水平的重要标志之一。

(4) 社会服务。它主要指的是社会、社区给人们提供的福利性服务。社会通过社区组织和福利机构把本社区的人们组织起来,向需要帮助的人们提供必要的服务,以帮助他们解除或缓解某种困难。

(四) 社会优抚

社会优抚是社会优待和社会抚恤的简称,是针对军人及其家属所建立的社会保障制度,是指国家和社会对军人及其家属所提供的各种优待、抚恤、养老、就业安置等待遇和服务的保障制度。

1. 社会优抚的特征

(1) 综合性。社会优抚从其内容上看,既不单纯是社会保险,也不只是社会福利或社会救助,而是既有社会保险性质,也有社会福利和社会救助性质,可以说是以上社会保障制度的综合。社会优抚通常是通过多种渠道,采取多种形式,调动各方面的力量,利用各种手段,来确保优抚对象的生活达到一定的水平。

(2) 褒扬性。社会优抚工作在很多方面是对优抚对象的一种褒扬,是对全民的一种教育,所以它具有很大的政治意义。

(3) 法定性。社会优抚从其对象、范围、标准以及形式和手段来看,都有比较明确的法规作依据,有关的规章制度也比较健全。可以说,社会优抚在具体实施过程中,绝大部分属于依法办事,较社会福利、社会救助来说,有显著的法律规定性,与社会保险比较接近。

(4) 优待性。社会优抚提供的保障水平应该比较高,待遇也比较优厚,这是与被保障对象为国家所付出的牺牲及所做出的贡献相联系的。社会优抚总的思想是保证优抚对象的生活稍高于(或不低于)当地群众的平均生活水平。

2. 社会优抚的对象

社会优抚的对象是由法律、法令规定的,大体上分为三类:

(1) 抚待对象。它是指对现役军人家属和在乡的老红军、老复退军人实行的优待。

(2) 抚恤对象。它是指对牺牲、病故军人的家属和革命残废军人实行的抚恤,内容主要是发放抚恤金。

(3) 安置对象。它是指对退出现役的军人的安置。

社会优抚包括五个项目:死亡抚恤、伤残抚恤、社会优待、退役军人就业、退休安置,实践中对这五个项目分别规定了相应的标准。

三、社会保障基金

(一) 社会保障基金的概念

社会保障基金是根据国家有关法律、法规和政策的规定,为实施社会保障制度而建立起来、专款专用的资金。社会保障基金一般按不同的项目分别建立,如社会保险基金、社会救济基金、社会福利基金等。其中,社会保险基金是社会保障基金中最重要的组成部分。目前,我国社会保险基金分为养老保险基金、失业保险基金、医疗保险基金、工伤保险基金和生育保险基金等;其中养老保险基金数额最大,在整个社会保险制度中占有重要地位。

(二) 社会保障基金的特点

1. 法定性

设立社会保障基金的直接目的是维护社会稳定、承担一定的社会风险,具有非确定性。如果不采取立法的手段,就可能有人不愿意缴纳保费,使得一部分社会成员的合法权益得不到法律保障。为了保证社会保障的权威性,正确地调整各阶层、群体及个人之间的社会保障利益关系,就需要把国家、企业、个人在社会保障活动中的关系以法律形式固定下来,并严格按照法律的规定筹集、运营、管理,并确保专款专用。

社会保障作为国家(政府)的社会政策,在为全体社会成员提供基本生活保障的同时,也要求全社会共同承担风险,因此会牵涉到社会的各个方面,并涉及各种社会关系。

2. 社会性

从社会保障事业的发展进程看,社会保障制度必将随着生产力的不断提高、社会的进步而得到不断发展与完善,社会保障范围正逐步扩大,最终将惠及全体社会成员。因此由国家、用人单位和个人三方共同承担社会保障基金,为社会保障制度得以顺利推行提供其物质基础。

3. 互济性

在现实社会中,各社会成员所面临的风险各不相同,有的人面临的风险大,有的人面临的风险小,这就使得各社会成员在社会保障中所获得的权利与所尽的义务并不对等。规定社会保障基金由国家、用人单位和个人三方共同负担,使得利益从风险小的人向风险大的人转移,其实质是通过社会保障把个人风险分散给全社会,体现了社会保障基金"一人为众,众人为一"的互助互济性。

(三) 社会保障基金的来源和模式

1. 社会保障基金的来源

参照世界各国的具体情况,一般社会保障基金有以下几种主要来源:

(1) 政府预算拨款。一方面,由于社会保障支出具有济贫性、社会性等特点,决定了社会保障基金难以按照市场交换原则获取,这就需要政府预算安排,因此政府财政拨款是社会保障基金的主要来源。另一方面,从社会保障基金使用的结构看,政府安排的这部分社会保障支出主要用于社会救济、社会福利和社会优抚;而社会保险基金也部分来源于政府安排的社会保障支出。社会保障的社会性,决定了政府预算拨款的社会保障支出是社会保障基金的最主要、最稳定的来源。

(2) 向单位和个人征收的税(费)。劳动者个人及劳动者所在单位承担社会保障税(费)是当今社会保障制度的一个特点。按照受益原则,劳动者个人及劳动者所在单位直接为自己及其职工进行自我保障,有利于减轻政府的社会保障费用的压力,有利于受保者个人缓解和分散经济风险。目前在170个建立了社会保障制度的国家中,有一多半以上国家向劳动者所在单位及个人征收了社会保障税(费)。

(3) 社会保障基金的投资收入。社会保障基金主要包括社会保证基金和社会保险基金两方面,社会保证基金主要用于社会救济、社会福利和社会优抚,而社会保险基金则主要用于社会保险的各种项目。其中的社会保险基金具有储备的特征。为了社会保障基金的保值增值,必须将社会保障基金投资于风险相对较低的行业与领域,使之产生源源不断的收益,这些收益又用于补充社会保障基金,从而使社会保障的投资收入成为社会保障基金的一个重要来源。

(4) 社会募捐形成的保障基金。社会保障具有很强的济贫性和公益性,往往能得到社会各界对社会保障的同情和关爱,自愿地为某种社会保障项目募集的慈善捐款。由于这部分基金来源具有非连续性和非稳定性的特征,因此构成了社会保障基金的一个辅助性来源。

2. 社会保障基金的模式

社会保障基金的筹资模式应反映一定时期社会保险计划与支出之间的数量关系,应贯彻"以支定收,收付平衡"的原则,否则就会使社会保险制度失去物质保证而无法维持。根据社会保障基金组成内容,主要分为现收现付式、完全基金式和部分基金式三种。

(1) 现收现付式。现收现付式是一种"量出为入""以支定收"的方式,表现为当年的基金收入仅用于满足当年支出的需要,不为以后年度的保险支出储备资金。其优点是简便易行,每年均可根据保障费用需求的增长情况及时调整缴费比例,以保持收支平衡,还可以在很大程度上避免可能遇到的通货膨胀从而给保障基金带来贬值的危险。其缺点是由于该种模式缺乏长远规划,事先也没有必要的储备积累,随着社会保险成员结构变化和需求水平的增长,会造成保障费率的大幅提高而加剧对筹资对象的负担风险和社保基金的支付危机。从长期看,在社会老龄化趋势明显的情况下,会增加年轻一代的负担。

(2) 完全基金式。又称"预提备付式",是一种"先提后用"的筹集模式,表现为远期纵向基金收入满足当年基金支出的需要,寻求今天基金的积累与未来的支付相适应。即劳动者从开始工作的第一天起,劳动者及所在的单位都必须依法为职工定期缴纳一定的社会保险费。这种方式的主要优点是在支付期间每年留有一定的储备积累基金,因此可以不受社会老龄化的影响。其缺点是在基金开办初期要求的费率很高,会加大企业的成本,且在通货膨胀的条件下难以保值。迄今为止,世界上尚无采取单一的完全基金制的先例。

(3) 部分基金式。这种方式是对前两种方式的综合运用,即在满足一定时期支出需要的前提下,留有一定的储备基金,满足将来不断增长的开支需要,是一种边积累边支出的方式。实行部分基金式,是兼收现收现付和预提备付式两者之长,可避免现收现付式频繁调整资率等减弱法律法规效力的负效应,也可以解决完全基金式下可能造成大量基金贬值的弊病或征集基金时费率太高对用人单位和劳动者带来的压力等问题。

第三节 财政补贴

一、财政补贴的特征

财政补贴是国家为了特定的政治、经济和社会目标,在一定时期内向企业和居民个人提供的无偿补助。从国家的角度来看,财政补贴实际上是将纳税人的一部分收入无偿地转移给受领者,构成税收的逆向运动;从领受者的角度看,都意味着实际收入增加,经济状况得到改善。因此,西方学者称财政补贴为"负税收"。财政补贴作为一种特殊的转移支出,与其他转移支出形式相比,具有以下特征:

(一)政策性

财政补贴的对象、补贴的数额、补贴的期限等都是依据政府在一定时期的政策需要制定的,因而,财政补贴具有很强的政策性。由于国家的政策包括了社会、政治、经济等多方面的内容,因此,财政补贴不仅是国家调控经济的杠杆,也是协调社会各种关系、保障社会秩序和安定团结政治局面的经济手段。

(二)灵活性

财政补贴是国家实现特定政治、经济任务和社会目标的一种经济手段,因此财政补贴给谁、补贴多少、补贴多久,都由财政部门根据政策的需要而定。一旦经济形势发生变化,政府也可及时地修正和调整财政补贴,不需要依靠相对规范的制度、固定的补助数量来实施,具有相当大的灵活性,这是税收等经济杠杆难以比拟的。因此,世界各国政府往往利用财政补贴实现短期内稳定经济。

(三)价格的相关性

财政补贴直接和间接地同市场相对价格运动相关,在现实经济生活中,要么财政补贴的增加会引起相关产品、劳务或生产要素价格的变动;要么有关产品、劳务或生产要素价格上涨,会使国家为了保持经济和社会的稳定,加大财政补贴的支出。但结果都是一样:即财政补贴进入市场后,必然使原来的相对价格体系发生变动,因此,财政补贴具有引导资源配置和公平分配的双重机能。

(四)收入效应和替代效应

补贴的收入效应是指补贴的领受者在领受财政补贴后,增加其实际收入,提高了购买能力,改善了经济状况。补贴的替代效应是指补贴可以通过改变相对价格体系,在补贴品可以替代的范围内,人们更多地倾向于购买补贴品,并相对减少对其他商品的购买,从而发挥对消费与生产的调节作用。

二、财政补贴的分类

按补贴的项目进行分类,可分为以下几种。

(一) 价格补贴

这是国家为了弥补因价格体制或政策原因，造成人民生活水平降低或企业利润减少而支付的补贴。其基本目的是维持部分商品的低价，稳定城乡居民生活，支持农业生产。其中，价格补贴在财政补贴中所占的比例最大，最主要的内容通常是农副产品的价格补贴。

(二) 企业亏损补贴

这是国家对一些由政策性因素造成亏损的国有企业给予的弥补性资助。导致亏损的政策性因素主要是所经营的产品政府定价偏低，补贴的目的是为了维持企业的生产经营。我国加入世界贸易组织(WTO)以前，国家给予企业的亏损补贴包括国内经营企业亏损补贴和外贸企业亏损补贴两部分；加入WTO后，为了适应国际贸易规则，我国取消了外贸出口补贴，而采用WTO允许的出口退税制度。

(三) 财政贴息

这是指国家对企业和居民个人的某些用于规定用途的银行贷款，就其支付的贷款利息提供的补助。其实质是财政替企业向银行支付利息，是国家应用金融手段对重点企业或项目给予的扶持。它包括全额补贴和差额补贴，前者仅补助部分利息支出，后者承担全部利息支出。

(四) 税收补贴

又称税式支出，是国家财政对某些纳税人和课税对象给予的税收优惠，包括减税、免税、退税、税收抵免等。税收优惠从表现上看是减少国家的财政收入，但究其实质是国家给享受税收优惠纳税人的一种补贴，在功能和效果上都是在执行国家的支出计划，类似于国家的财政支出。

财政补贴根据不同的需要，还可以进行各种不同的分类。按补贴的形式，可分为现金补贴和实物补贴；按补贴的经济性质，可分为生产性补贴和生活性补贴；按补贴的环节，可分为生产环节补贴、流通环节补贴和消费环节补贴；按补贴的对象，可分为企业补贴和个人补贴；按补贴的透明度，可分为明补和暗补。

三、财政补贴的基本功能

财政补贴是一种世界性的财政经济现象，世界各国均把这种特殊的财政支出作为调节经济活动的重要手段来使用，它对经济发展的功能表现在多方面、多层次。概括不同经济发展阶段的情况，可归纳为以下几方面。

(一) 稳定物价

保证经济的平稳运行和人民生活水平的日益提高。通过财政补贴，一方面，可减少经济体制改革中可能引起的震荡，保证经济的平稳运行，实现安定团结的政治局面；另一方面，增加社会成员的收入或降低某些产品的价格，特别是物价补贴中的粮棉油价格补贴、肉食品价格补贴和平抑物价补贴,可以保证人民生活安定,充分发挥其收入效应和替代效应,确保人民生活水平的日益提高。

(二) 促进产业结构调整

政府为贯彻国家的产业政策和技术政策,选择某些产业给予补贴,一方面可引导资源向符合国家产业政策的方向流动,从而促进了产业结构调整和技术进步,达到优化资源配置的目的;另一方面,可引导生产和消费。例如国家为鼓励企业投资于国家急需发展的产业,如交通、能源、基础设施、高新技术等产业,国家采取财政贴息和各种税收优惠,从而达到调节微观企业经济活动、促进生产发展和经济增长的目的。

(三) 促进对外贸易增长

各国为了促进本国经济的发展、提高产品的竞争能力、占领国际市场,对本国产品出口纷纷采用出口补贴、低息贷款、提供低价运输条件以促进出口等财政补贴方式,而对本国急需的先进技术和产品往往采取进口补贴、税式支出等补贴方式加以引导,可以说,各国参与国际经济合作和技术交流都离不开财政补贴的大力扶持。

(四) 调节需求和供给结构

从需求结构角度看,政府将财政补贴下拨企业和个人后,这部分补贴必然会形成消费需求和投资需求;从供给结构角度看,企业领受财政补贴后,维持了其产品的生产效率和产量,供给结构也随之变化。由此可见,国家通过改变财政补贴的数量和结构,可以直接调节社会总需求。如我国对农副产品实行购销差价补贴,一方面保护了农民的生产积极性,促进了农副产品供给的扩大;另一方面,保障和提高了城乡人民的基本生活水平,满足社会消费的需求。

第四节 税式支出

一、税式支出的概念与分类

(一) 税式支出的概念

税式支出是在现行税制结构不变的条件下,政府以特殊的税收法律法规规定的、给予特定的纳税人或其特定的经济行为各种税收优惠待遇而形成的收入损失或放弃的收入。从本质上看,税式支出是国家为了引导、扶持某些经济活动,刺激投资、消费或者补助某些特殊困难而制定的各种税收优惠措施。可见,税式支出是政府的一种间接性支出,属于财政补贴性支出。"税式支出"这个词最早于1967年由美国财政部税收政策助理、哈佛大学教授斯坦莱·S.萨里使用,1968年"税式支出"已被美国财政部运用于财政预算分析,并公布了美国的第一个税式支出预算。1973年,萨里教授在其著作《税收改革之途径》中,第一次对此做了理论探讨。在实践中,税式支出的形式主要有起征点、税收扣除、税额减免、优惠退税、优惠税率、盈亏互抵、税收抵免、税收饶让、税收递延和加速折旧等。

(二)税式支出的分类

从其发挥的作用看,税式支出可分为照顾性税式支出和刺激性税式支出两大类。

1. 照顾性税式支出

照顾性税式支出,主要是针对纳税人由于客观原因在生产经营上发生临时困难而无力纳税所采取的照顾性措施,其目的在于扶持国家希望发展的亏损或微利企业以及外贸企业,以保持国民经济各部门发展的基本平衡,如对福利企业减免税、对发生自然灾害地区减免税、对出口企业的退税等。

2. 刺激性税式支出

刺激性税式支出,主要是指用来改善资源配置、提高经济效率的特殊减免规定,其目的是为了正确引导产业结构、产品结构、进出口结构以及市场供求关系,促进纳税人开发新产品、新技术以及安排劳动就业等。刺激性税式支出既可以针对特定的纳税人,不论其经营业务的性质如何,都可以依法得到优惠照顾;又可以针对特定的征税对象,从行业产品的性质考虑,不论经营者是什么性质的纳税人,都可以享受优惠待遇。例如,我国针对特定纳税人的税式支出,如对下岗职工、伤残人、高校毕业生自主创业的,不论其经营业务的性质如何,都可以给予税收优惠照顾等。

二、税式支出的形式

在实践中,税式支出的形式主要有税收豁免、纳税扣除、税收抵免、优惠税率、延期纳税、盈亏相抵、加速折旧、优惠退税等。

(一)税收豁免

税收豁免是指在一定期间内,对纳税人的某些所得项目或所得来源不予课税,或对其某项活动不列入课税等,以豁免其税收负担,至于豁免期和豁免税收项目,应视当时的经济环境和政策而定。最常见的税收豁免项目有两类:一类是免除关税与货物税;另一类是免除所得税。免除关税与货物税,可以使企业降低成本、增强市场竞争能力。免除所得税,可以增加投资的税后利润,刺激投资;同时也可以促进社会政策的顺利实施。

(二)纳税扣除

纳税扣除即准许企业把一些合乎规定的特殊支出,以一定的比率或全部从应税所得中扣除,以减轻其税负。即税法规定纳税人在计算应课税所得时,从毛所得额中扣除一定数额或以一定比率扣除,以减少纳税人的应课税所得额。在累进税制下,由于在其总所得中扣除了一部分数额,使得原较高税率档次降低到低一级或几级的税率档次,这等于降低了这部分纳税人的课征税率。各国根据本国社会经济政策目标及财政的需要情况,往往设置不同的扣除项目和标准。

（三）税收抵免

税收抵免是指允许纳税人从其某种合乎奖励规定的支出中,以一定比率从其应纳税额中扣除,以减轻其税负。税收抵免可以分为限额抵免和全额抵免。限额抵免是指税务机关不允许其抵免额超过其应纳税额;全额抵免是指税务机关允许其抵免额超过应纳税额。

在西方国家,税收抵免的形式多种多样,其中最主要的有两种形式:即投资抵免和国外税收抵免。投资抵免因其性质类似于政府对私人投资的一种补助,故亦称之为投资津贴,其大概含义是,政府规定凡对可折旧性资产投资者,其可由当年应付公司所得税税额中,扣除相当于新投资设备某一比率的税额,以减轻其税负,借以促进资本形成并增强经济增长的潜力。投资抵免通常作为鼓励投资,以刺激经济复苏的短期税收措施。国外税收抵免,见于国际税收业务中,即纳税人在居住国汇总计算国外的收入所得税时,准予在税法规定的限度内,以其国外已纳税款抵充其应纳税款,以避免重复课税。税收抵免是处理国家间税收关系、消除双重征税的重要形式。投资抵免与外国税收抵免的主要区别在于,前者是为了刺激投资,促进国民经济增长与发展,它恰恰是通过造成纳税人的税收负担不平等来实现的;后者是为了避免国际双重征税,使纳税人的税收负担公平。

（四）优惠税率

优惠税率又称低税率优惠,是对符合国家规定的企业或征税对象采取较低的税率。按其方式可分为两种类型:直接降低税率和间接降低税率。直接降低税率是指从标准税率中直接扣除一定百分率。间接降低税率是指在制定标准税率表时,将优惠低税率列入标准税率表中。优惠税率的适应范围,可根据实际的需要而给以伸缩。优惠税率的形式,可以是有期限的优惠,也可以是长期优惠,一般来说,长期优惠税率的鼓励程度大于有期限的优惠税率,尤其是那些需要巨额投资且获利较迟的企业,常常可以从长期优惠税率中得到较大的利益。例如,我国增值税条例中所规定的11%的低税率;企业所得税中对高新技术企业的税率为15%,都是优惠税率。

（五）延期纳税

延期纳税,又称税负延迟缴纳,是指允许纳税人对那些符合规定的税收,延迟缴纳或分期缴纳应负担的税额。延期纳税可适用于各种税的缴纳,其通常应用于税额较大的税收上。延期支付税款,也就相当于获得了一笔无息贷款,有时确实能够帮助企业解除财务上的困难。而对政府来说,负担也比较轻微,只是损失了已纳税款的利息而已。例如,在计提资产折旧时,很多国家的税法允许用出售原有资产所产生的所得性质或资本性质的盈利,来冲抵新购置资产的折旧额,这实际上是对这部分出售的原资产实现的盈利给予不定期延期征税的待遇。

（六）盈亏互抵

盈亏互抵,即准许企业以某一年度的亏损,去抵销以后或以前年度的盈余,以减少以后年度的应付税额,或是去冲抵以前年度的盈余,申请退还以前年度已缴纳的税款。一般而言,抵销或冲抵前后年度的盈余,都有一定的时间限制。由于盈亏相抵可以使亏损企业按照规定从以前或以后年度的盈余中得到补偿,所以对具有高度冒险性的投资有相当大的刺激效果。但这种办法的应用,须以企业有亏损发生为前提,否则就不具有鼓励的效果,且就其应用范围而言,只能适用于所得税。我国现行《企业所得税法》规定：纳税人发生年度亏损的,可以用下一纳税年度的所得弥补；下一纳税年度的所得不足弥补的,可以逐年延续弥补,但是延续弥补期最长不得超过5年。

（七）加速折旧

加速折旧,是指在固定资产使用年限的初期多提折旧,后期少提折旧,可以在固定资产的使用年限内早一些得到补偿。加速折旧是一种特殊的税式支出形式,虽然它可以在固定资产使用年限的初期多提折旧,但折旧累计总额不可能超过资产的可折旧成本,所以,其总折旧额并不会比一般折旧高。由于折旧是一项费用,折旧额越大,企业的应纳税所得越小,税负就越轻,所以对于企业而言,虽然总税负不变。但税负前轻后重也相当于企业得到了一笔无息贷款；对政府而言,由于税负减轻在前,加重在后,税收总额并没有变化,仅损失了一部分收入的"时间价值"。因此,加速折旧同延期纳税一样,都是税式支出的特殊形式。

（八）优惠退税

退税是指将已经入库的税款的一部分或全部,经批准按规定程序退还给纳税人或交税单位以及有关部门。按照我国现行规定,可以办理退税的情况有：多征、误征的税款,提取的地方附加,提取的代征手续费,财政部专案批准的退税。但作为税式支出形式的优惠退税,是国家鼓励纳税人从事或扩大某种经济活动而给予的税款退还,包括出口退税和再投资退税。出口退税是国家为了鼓励出口而给予的税款退还。再投资退税是为了鼓励投资者将分得的利润进行再投资,而退还纳税人再投资部分已纳的部分或全部税款。

复习思考题

一、关键概念

转移性支出　社会保障　社会保险　社会救济　社会保障基金　价格补贴

财政贴息　财政补贴　税收豁免　纳税扣除　税收抵免　限额抵免　税式支出　照顾性税式支出　刺激性税式支出　再投资退税

二、简答题

1. 简述转移性支出对经济的主要影响。
2. 简述社会保障支出的含义、特征和内容。
3. 社会保障与国家财政存在哪些联系？
4. 简述社会优抚的特征。
5. 简述社会保障基金的特点。
6. 简述社会保障基金的来源和模式。
7. 简述财政补贴的特征、分类。
8. 什么是税式支出？税式支出的形式有哪些？
9. 社会保险的项目设置中，主要包括哪些主要险种？
10. 简述投资抵免与外国税收抵免的区别。

第十二章 政府预算和预算管理体制

【本章学习目的与要求】

通过本章学习,了解政府预算、预算管理体制、分税制的概念和特点,政府预算的分类及原则,熟悉政府预算法的概念及内容、财政收支划分的原则、政府预算收支范围,掌握政府预算管理权限的划分、政府预算程序、预算调整的方法、我国政府预算体系和分税制改革的内容。

第一节 政府预算

一、政府预算的概述

(一) 政府预算的概念

政府预算是比税收、公债都要年轻的一个财政范畴,产生在 13 世纪至 17 世纪之间。政府预算最早起源于英国,英文词汇是"Budget",意为"皮包"。由于当时英国财政大臣到议会提请审批财政法案时,总要携带一个装满财政收支账目的大皮包,久而久之,该词就含有财政收支计划的意思。中、日等东方国家将其译为"政府预算"。

到了 21 世纪,几乎所有国家都建立了政府预算制度。政府预算已成为财政体系不可缺少的组成部分,并构成财政学的重要范畴。作为一种分配和管理财政资金的工具,它的功能首先是反映政府的财政收支状况。从形式上看,政府预算就是按一定标准将财政收入和支出分门别类地列入特定的表格,以使人们清楚地知道政府的收支活动,成为反映政府财政活动的一面镜子;从内容上看,政府预算反映了可供政府集中支配的财政资金的数量大小;从作用上看,政府预算决定了政府的活动范围和方向;从本质上看,政府预算体现了政府集中性的财政分配关系。综上所述,政府预算是政府的基本财政收支计划。是以收支一览表的形式表现的具有法律效力的文件,是政府财政实现计划管理和经济政策的工具。

(二) 政府预算的分类

1. 按预算组织形式分类

从预算的组织形式看,政府预算可分为单式预算和复式预算。单式预算,指的是政府公共收支计划通过一个统一的计划表格来反映;复式预算,指的是政府公共收支计划通过两个或两个以上的计划表格来反映。

2. 按预算的编制方法分类

以编制方法的差别为依据,政府预算可分为增量预算和零基预算。增量预算,是指财政收支计划指标是在以前财政年度的基础上,按新的财政年度的经济发展情况加以调整之后确定的。零基预算则是指财政收支计划指标的确定,只以社会经济的预算发展为依据,不考虑以前的财政收支状况。零基预算事实上还未成为确定的编制政府预算的一般方法,通常只用于具体收支项目预算上。

3. 按预算层级分类

政府预算按预算的层级可分为中央政府预算和地方政府预算。中央政府预算即中央政府的财政收支计划,地方政府预算就是地方政府的财政计划。在单一制国家中,预算可以分为中央预算和各级地方政府预算。在联邦制国家中,预算可以分为联邦政府预算、州(邦)政府预算和地方政府预算。在财政集权制的国家,中央(联邦)综合预算包括地方预算,每级综合预算都是本级预算与下级预算的汇总,典型的如中国;而在财政联邦制的国家,中央(联邦)综合预算与地方预算则各自独立,中央(联邦)预算不包括地方预算,如美国、英国等西方国家及日本。

4. 按预算财政收支项目分类

政府预算按列支的财政收支项目的不同,可以分为普通预算和特别预算。普通预算又称为经费预算,是政府编制的一般财政经常性收支项目(科目)的预算。特别预算是政府对某些具有特别意义的项目(特别事业、特殊用途的收支)另行安排的预算,如西方的公营企业投资预算、公共工程投资预算、社会保障预算及各类特种基金预算等。

5. 按预算管理范围分类

从预算管理范围来看,政府预算分为总预算、部门预算和单位预算。总预算就是政府财政收支的综合计划,即指各级政府汇总本级政府预算、财政部门直接掌握的收支计划和下级政府的预算编制而成。部门预算是指政府各部门编制的,由本部门所属各单位预算组成的预算。单位预算是指列入部门预算的国家机关、社会团体和其他单位的收支预算,它以资金形式反映着预算单位的各项活动。从单位预算的组成系统看,分为主管单位预算、二级单位预算和三级单位预算。

6. 按预算编制程序分类

按预算编制程序进行分类,政府预算分为正式预算、临时预算和追加预算。正式预算是指政府依法就各预算年度的预计收支编成预算草案,并经立法机关审核通过宣告正式成立,取得法律地位的预算。临时预算是指预算年度开始时,由于某种特殊原因使得政府编制的预算草案未能完成法律程序,因而不能依法成立。在这种情况下,为了保证正式预算成立前政府活动的正常进行,必须编制临时性的预算。这种临时性的预算不具备法律效力,只是作为政府在正式预算成立前进行必要的财政收支活动的依据。追加预算或修正预算,是指在正式预算实行过程中,由于情况的变化需要增减正式预算收支时,须再编制一种作为正式预算补充的预算。把成立后的追加预算或修正预算与正式预算汇总执行,称之为追加(修正)后的预算。

(三) 政府预算的原则

政府预算的原则是指国家在确定预算形式和预算制度时应遵循的指导思想。政府预算原则伴随着政府预算制度的产生、发展、成熟而相应变化。自 13 世纪政府预算制度产生后,理论界就开始了对政府预算原则的探讨,并在不同国家和历史时期,形成了各种各样的思想和主张。在实践中,影响较大并被广泛接受的政府预算原则有以下几项:

1. 预算的公开性

政府预算反映了政府活动的范围、方向和意图,关系到全体社会成员的切身利益,因此政府预算及其执行情况必须采取一定的形式公之于众,让民众能够了解和监督财政收支情况,也就是说,政府作为代表全体人民利益的机构,必须通过预算的公开性让社会公众了解一些与自己切身利益息息相关的问题,如政府取得了多少财政收入? 是如何取得的? 支出了多少? 主要用到哪些方面去了? 预算的公开性是确保政府活动受社会公众约束和监督的基本条件,它要求政府预算的编制、审批和执行都要按照法律的规范要求有序地进行,并及时予以公开;政府预算要广泛听取和征求社会公众的意见,最大限度反映社会公众的需求、偏好和利益;政府预算要细化预算编制的内容,提高透明度,使之容易理解。

预算的公开性一般是通过向代表公众的立法权力机构提交预算报告的形式并阐述预算编制的依据、执行过程中采取的措施,以及如何保证预算的实现,并在立法权力机构审议通过后向全体公众进行公布。

2. 预算的可靠性

可靠性原则是指每项预算、每一财政支出项目的数字都是稳健可靠的,都必须运用科学的方法,按照一定的规律性,依据充分、正确的资料,精确计算,不得假定,不得估算,更不能随意编造。可靠性原则要求政府预算编制要充分考虑和预测到可能出现的各种变化,保证预算的可执行性。财政支出的数字要可靠,财政收入的数字要稳健,以避免入不敷出、无法执行而不得不追加预算的情况。可靠性原则也要求政府预算的编制要留有一定的机动预算,以应付各种突发事件,各级政府预算应按本级政府预算支出额的1‰~3‰设置预备费,按国务院规定设置预算周转金。

3. 预算的完整性

政府预算必须是完整的,包括政府所从事的所有财政收入和支出的内容,以便全面反映政府的财政活动和政府的职能范围,应该列入政府预算的一切财政收支都要反映在预算中,不得打埋伏、造假账,预算外另行预算。也就是说,政府所有的财政活动都不能脱离预算的管理和监督,即使是经立法机构批准的非预算资金的活动,也应在预算内有所反映,并接受预算管理。

4. 预算的统一性

统一性原则是指无论是中央政府预算还是地方政府预算,都必须纳入政府预算,各级财政部门都要按照统一设定的科目、统一的统计口径和计算程序来填列预算;同时这些预算都是政府预算的组成部分,地方各级政府预算连同中央预算共同组成统一的政府预算,因此政府预算必须坚持统一性原则。

5. 预算的年度性

所谓预算的年度性,是指政府必须按照法定预算年度编制政府预算,这一预算要反映全年的财政收支活动,同时不允许将不属于本年度财政收支的内容列入本年度的政府预算之中。任何一个政府预算的编制和执行都有一个时间上的界定,预算年度就是指政府预算收支起止的有效期限,通常为1年。目前世界各国普遍采用的预算年度有两种:

(1) 历年制预算年度,即从每年1月1日起至同年的12月31日止,我国即实行历年制预算年度,德国、法国等多数国家采取历年制预算。

(2) 跨年制预算年度,即从每年的某月某日开始至次年的某月某日止,中间历经12个月,但却跨越了两个年度,如美国的预算年度是从每年的10月1日开始,到次年的9月30日止;英国和日本的预算年度从每年的4月1日起至次年3月31日止。

各个国家在确定预算年度时会考虑到既有的习惯、议会的会期、税收和生产的旺季等因素,因此选择的预算年度会有所不同。

6. 预算的法令性

政府预算只有经过国家立法权力机关的审批方能生效,因而它是国家重要的法律文件。政府预算的制定过程就是立法过程,政府预算经过立法权力机关审批后具备了法律效力,不能随意进行修改和调整①。

二、政府预算法的内容

(一) 政府预算组成体系

政府预算也就是政府收支预算,一般来说,有一级政府即有一级财政收支活动主体,也就应有一级预算。在现代社会,大多数国家都实行多级预算,从而也就产生了政府预算的体系问题。我国政府预算组成体系是按照一级政权设立一级预算的原则建立的。我国宪法规定,国家机构由全国人民代表大会、国务院、地方各级人民代表大会和各级人民政府组成。与政权结构相适应,并同时结合我国行政区域的划分。

我国预算法明确规定,国家实行一级政府一级预算,相应设立了中央;省、自治区、直辖市;设区的市、自治州;县、自治县、不设区的市、市辖区;乡、民族乡、镇五级预算。政府预算一般由中央总预算和地方总预算构成。一级政府的总预算不仅包括本级一般财政收支和特别预算,也包括下级政府的总预算,从而形成完整的政府预算体系。中央预算由中央各部(含直属单位)的预算组成。地方预算由各省、自治区、直辖市总预算组成;地方各级总预算由本级政府预算和汇总的下一级总预算构成;地方各级政府预算由本级各部门(含直属单位)的预算构成。各部门预算由本部门所属各单位预算组成。单位预算是指列入部门预算的国家机关、社会团体和其他单位的收支预算。中央和地方实行分税制,中央政府公共预算不列赤字,所需建设投资资金以举债方式筹集,地方各级预算按照量入为出、收支平衡原则编制,不列赤字。我国政府预算体系,见图 12-1。

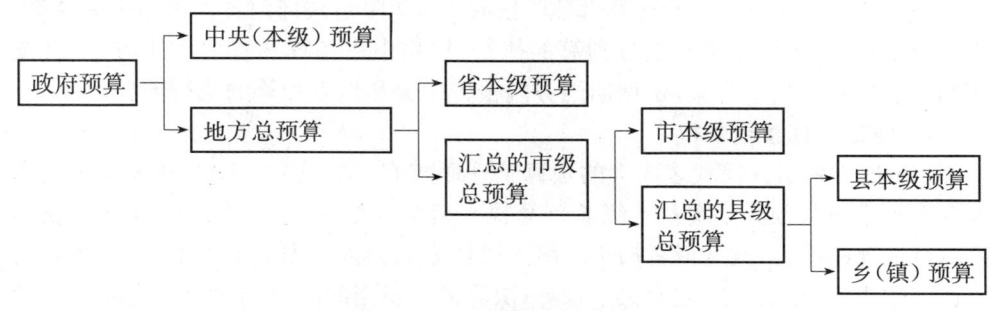

图 12-1 我国政府预算体系

(二) 政府预算管理权限的划分

预算法的核心内容就是明确国家各级权力机关、政府机关、各财政部门以及各

---

① 安体富,梁朋.公共财政学(第 3 版)[M].北京:首都经济贸易大学出版社,2012.

预算具体执行部门和单位的预算管理职权。预算管理职权即预算权,是指确定和支配政府预算的权利以及对于政府预算的编制、审查、批准、执行、调整、监督等权利的总称。预算管理职权发生于政府预算收支管理领域,体现国家的财政分配关系,它具有经济内容,是一种经济权利,而不是一种纯粹的行政权。预算管理职权按照预算权主体的层次不同可以分为中央预算权和地方预算权两类。

1. 中央预算管理职权

(1) 全国人民代表大会的预算管理职权有:审查中央和地方预算草案及中央和地方预算执行情况的报告,批准中央预算和中央预算执行情况的报告,改变或者撤销全国人民代表大会常务委员会关于预算、决算的不适当的决议。

(2) 全国人民代表大会常务委员会的预算管理职权有:监督中央和地方预算的执行,审查和批准中央预算的调整方案,审查和批准中央决算,撤销国务院制定的同宪法、法律相抵触的关于预算、决算的行政法规、决定和命令,撤销省、自治区、直辖市人民代表大会及其常务委员会制定的同宪法、法律和行政法规相抵触的关于预算、决算的地方性法规和决议。

(3) 国务院的预算管理职权有:国务院编制中央预算、决算草案,向全国人民代表大会作关于中央和地方预算草案的报告,将省、自治区、直辖市政府报送备案的预算汇总后报全国人民代表大会常务委员会备案,组织中央和地方预算的执行,决定中央预算预备费的动用,编制中央预算调整方案,监督中央各部门和地方政府的预算执行,改变或者撤销中央各部门和地方政府关于预算、决算的不适当的决定、命令,向全国人民代表大会、全国人民代表大会常务委员会报告中央和地方预算的执行情况。

(4) 国务院财政部门的预算管理职权有:国务院财政部门具体编制中央预算、决算草案,具体组织中央和地方预算的执行,提出中央预算预备费动用方案,具体编制中央预算的调整方案,定期向国务院报告中央和地方预算的执行情况。

2. 地方预算管理职权

(1) 地方各级人民代表大会的预算管理职权有:县级以上地方各级人民代表大会审查本级总预算草案及本级总预算执行情况的报告,批准本级预算和本级预算执行情况的报告,改变或者撤销本级人民代表大会常务委员会关于预算、决算的不适当的决议,撤销本级政府关于预算、决算的不适当的决定和命令。设立预算的乡、民族乡、镇的人民代表大会审查和批准本级预算和本级预算执行情况的报告,监督本级预算的执行,审查和批准本级预算的调整方案,审查和批准本级决算,撤销本级政府关于预算、决算的不适当的决定和命令。

(2) 地方各级人民代表大会常务委员会的预算管理职权有:县级以上地方各级人民代表大会常务委员会监督本级总预算的执行,审查和批准本级预算的调整方案,审查和批准本级政府决算,撤销本级政府和下一级人民代表大会及其常务委员会关于预算、决算的不适当的决定、命令和决议。

(3) 地方各级政府的预算管理职权有:县级以上地方各级政府编制本级预算、决算草案,向本级人民代表大会作关于本级总预算草案的报告,将下一级政府报送备案的预算汇总后报本级人民代表大会常务委员会备案,组织本级总预算的执行,决定本级预算预备费的动用,编制本级预算的调整方案,监督本级各部门和下级政府的预算执行,改变或者撤销本级各部门和下级政府关于预算、决算的不适当的决定、命令,向本级人民代表大会、本级人民代表大会常务委员会报告本级总预算的执行情况。乡、民族乡、镇政府编制本级预算、决算草案,向本级人民代表大会作关于本级预算草案的报告,组织本级预算的执行,决定本级预算预备费的动用,编制本级预算的调整方案,向本级人民代表大会报告本级预算的执行情况。

(4) 地方各级政府财政部门预算管理职权有:地方各级政府财政部门具体编制本级预算、决算草案,具体组织本级总预算的执行,提出本级预算预备费动用方案,具体编制本级预算的调整方案,定期向本级政府和上一级政府财政部门报告本级总预算的执行情况。

除了中央和地方的各级人民代表大会及其常务委员会、政府机关、各级财政部门的预算管理权限之外,还要特别注意各预算具体执行部门和单位在预算管理中的职权:各部门编制本部门预算、决算草案,组织和监督本部门预算的执行,定期向本级政府财政部门报告预算的执行情况。各单位编制本单位预算、决算草案;按照国家规定上缴预算收入,安排预算支出,并接受国家有关部门的监督。

(三) 政府预算收支范围

预算收支的范围与预算管理职权密切相关,预算收支范围是国家财力在中央与地方之间进行分配的具体形式。

1. 法定预算收入

法定预算收入具体包括:(1) 税收收入;(2) 依照规定应当上缴的国有资产收益,即各部门和各单位占有、使用和依法处分境内外国有资产产生的收益,按照国家有关规定应当上缴预算的部分;(3) 专项收入,即根据特定需要由国务院批准或者经国务院授权由财政部批准设置,征集和纳入预算管理、有专项用途的收入;(4) 其他收入。

2. 法定预算支出

法定预算支出具体包括:(1) 经济建设支出;(2) 教育、科学、文化、卫生、体育等事业发展支出;(3) 国家管理费用支出;(4) 国防支出;(5) 各项补贴支出;(6) 其他支出。

（四）各级政府预算的地位

1. 中央预算在政府预算体系中占主导地位

中央预算在政府预算体系中占主导地位，这是因为：

（1）中央预算集中了政府预算资金的40%～60%，它对国家的宏观调控发挥着重要作用。

（2）中央预算担负着根据重点建设、国防、外事等支出，关系国民经济全局的基础工业与基础设施的建设，也主要由中央预算投资，这对我国社会经济的发展起着极其重要的作用。

（3）中央预算还担负着调剂各个地方预算余缺，促使其实现预算收支平衡的任务，并担负着支援少数民族地区和经济不发达地区迅速发展经济和文化事业的任务。

2. 地方预算在政府预算体系中占有重要地位

地方预算在政府预算体系中占有重要地位，这是因为：

（1）政府预算收入中大部分依靠地方预算负责组织，政府预算支出中一半以上支出通过地方预算拨付，地方预算任务完成得如何，对整个政府预算有着重要影响。

（2）地方预算担负着地方各项经济、文化建设以及城市建设资金的拨付和管理，对于城乡及少数民族地区的建设负有直接的责任。

（3）地方预算的各项收支与广大群众的利益有更直接的联系，它对贯彻党的各项方针、政策，不断提高人民群众的物质文化水平发挥着重大作用。政府预算管理体制，实行中央和地方分税制，中央预算和各级地方预算按照复式预算编制。中央政府公共预算不列赤字。中央预算所必需的建设投资的部分资金，可以通过举借国内和国外债务等方式筹措，但借债应当有合理、适度的规模和结构。地方各级预算按照量入为出、收支平衡的原则编制，不列赤字。各级政府预算应按本级政府预算支出额的1%～3%设置预备费，按照国务院规定设置预算周转金。

三、政府预算程序

预算程序是指预算的周期过程，它起于一个财政年度开始以前，而止于一个财政年度结束之后。世界各国的预算程序分为预算编制、预算批准、预算执行和国家决算四个阶段。

（一）政府预算的编制

政府预算编制的过程一般包括准备阶段和编制阶段。

1. 准备阶段

编制政府预算是一项复杂而又细致的工作，因此，在正式编制政府预算之前，需要做好一系列的准备工作。准备工作主要包括：对本年度预算执行情况的预测和分析；拟定计划年度预算控制指标；颁布编制预算草案的指标和具体规定；修订预算科目和预算表格。各级地方政府、各部门、各单位应当按照国务院规定的时间编制预算草案。我国是按预算年度编制，即从1月1日起至12月31日止，每年从七八月份开始编制明年的预算，按照复式预算进行编制。

2. 编制阶段

(1) 预算编制的方法

政府预算草案的编制程序是自下而上与自上而下相结合。预算草案是未经法定程序审查和批准的政府年度财政收支计划。根据我国《预算法》规定，中央政府公共预算不列赤字。中央预算中必需的建设性投资的部分资金，可以通过举借国内和国外债务等方式筹措。预算差额只能在中央预算的建设性预算中出现。各级地方预算收入的编制，应当与国民生产总值的增长率相适应，按照规定，必须列入预算的收入，不得隐瞒、少列，也不得将上年的非正常收入作为编制预算收入的依据。各级预算支出的编制，应当统筹兼顾、保证重点，在保证政府公共支出合理需要的前提下，妥善安排其他各类预算支出。各级政府预算：支出中应安排必要的资金，用于扶助老、少、边、穷地区发展经济文化建设事业；应当按照本级政府预算支出额的1%～3%设置预备费，用于当年预算：执行中的自然灾害救灾开支及其他难以预见的特殊开支；应当按照国务院的规定设置预算周转金。

具体程序是：首先，由各省（自治区、直辖市）和中央各部门提出计划年度预算收支建议数，报送财政部；然后，财政部参照这些建议数，根据国家的方针政策，国民经济和社会发展计划指标，拟订政府预算收支控制指标，报经国务院批准后下达。各省（自治区、直辖市）和中央各部门根据下达的预算收支控制指标，结合本地区和本部门的具体情况，经过切实的核算，自下而上地编制各地区的地方总预算草案和中央各部门的单位预算草案，报送财政部。财政部对各地区的地方总预算草案和中央各部门的单位预算草案进行审核以后，汇总中央各部门的单位预算草案，编制出中央预算草案，再将中央预算草案和地方预算草案汇编成政府预算草案。最后，经过国务院审查通过后，提请全国人民代表大会审查批准。

(2) 预算收支指标的确定

预算收支指标的确定是政府预算编制的关键，它关系到政府预算的合理程度及实现。预算收支指标是在历史年度数据和相关经济指标的基础上，根据财政规划和经济发展要求，运用科学的方法计算出来的。常用的方法有以下几种：

① 系数法

系数法是指在已知当年相关经济指标计划数的前提下，根据相关经济指标之间的规律（即系数）来推测预算指标的方法。用公式表示如下：

$$预算收入(支出)指标 = 系数 \times 当年相关经济指标计划数$$

② 定额法

定额法是指利用各种预算定额与相关经济指标来测算财政收支指标的方法。预算定额是指财政收支项目中由国家统一规定的征收标准、开支定额。

$$某项预算收入(支出)指标 = 定额 \times 相关经济指标$$

③ 比例法

比例法是指利用历年某项预算收支与全部预算收支的比例来测算某项财政收支指标的方法。

④ 分析法

分析法是指在上年度预算收支基础上,考虑到计划年度预算收支的影响因素,来推测计划年度财政收支数额的方法。

$$计划年度财政收支指标 = 一年度财政收支 + 增减因素$$

(二) 政府预算的批准

政府预算的批准是政府预算程序的第二个阶段。在西方国家,预算的批准权力属于议会,我国的预算批准权力机构是各级人民代表大会。政府预算经权力机构批准后,才具有法律效力。人民代表大会对政府预算草案的审查批准又分为两个步骤:

1. 人民代表大会的专门机构对政府预算草案进行初步审查

其中,中央预算草案的主要内容由全国人民代表大会财政经济委员会进行初步审查;各省、自治区、直辖市,设区的市、自治州政府预算草案的主要内容由本级人民代表大会的专门委员会或者根据本级人民代表大会常务委员会的专门委员会或者根据本级人民代表大会常务委员会有关的工作委员会进行初步审查;县、自治县、不设区的市、市辖区政府预算草案的主要内容则由本级人民代表大会常务委员会进行初步审查。

2. 审核批准阶段

各级政府预算草案由各级人民代表大会举行会议时进行审议。依据法律规定,本级人民代表大会只有权批准同级人民政府预算,而对总预算草案中包括的下一级政府预算则没有批准权。国务院在全国人民代表大会举行会议时,向大会作关于中央和地方预算草案的报告,地方各级政府在本级人民代表大会举行会议时,向大会作关于本级总预算草案的报告。中央预算由全国人民代表大会审议批准,地方各级政府预算由本级人民代表大会审议批准。乡、民族乡、镇政府应当及时将经本级人民代表大会批准的本级预算报上一级政府备案。县级以上地方各级政府应当及时将经本级人民代表大会批准的本级预算和下一级政府报送备案的预算汇总,报上一级政府备案。县级以上地方各级政府将下一级政府报送备案的预算汇总后,报本级人民代表大会常务委员会备案。国务院将各省、自治区、直辖市政府报送备案的预算汇总后,报全国人民代表大会常务委员会备案。我国法律同时还规定,国务院和县级以上地方各级政府对下一级政府报送备案的预算,认为有同法律、行政法规相抵触或者有其他不适当之处,需要撤销批准预算的决议时,应提请本级人民代表大会常务委员会审议决定。各级政府预算草案经本级人民代表大会批准后,就成为各级政府的正式预算,各级政府必须遵照执行。各级政府财政部门应当及时向本级各部门批复预算,各部门应当及时向所属各单位批复预算以便执行。

(三) 政府预算的执行

1. 预算执行

政府预算一经批准生效,财政部门就应将通过的各项预算指标分解,下达各预算执行机构。预算执行是政府预算收支计划实现的关键环节,是把政府预算由可能变为现实的必要步骤。预算执行,是指各级政府、各部门、各预算单位在组织实施经本级权力机关批准的本级预算中的筹措预算收入、拨付预算支出等活动的总称。

2. 预算调整

预算调整是预算执行中的一项重要工作内容,是组织新的预算收支平衡的一种重要方法。所谓预算调整,是指经过批准的各级预算,在执行中因特殊情况需要增加支出或者减少收入,使原批准的收支预算总额增加或减少,或者使原批准的预算中举借债务的数额部分增加或减少。中央预算的调整方案,必须提请全国人民代表大会常务委员会审查和批准。县级以上地方各级政府预算的调整方案,必须提请本级人民代表大会常务委员会审查和批准。未经批准,不得调整预算。

预算调整的方法有两种:一种是全面调整,另一种是局部调整。

(1) 全面调整。全面调整是指政府预算在执行过程中,如遇特大自然灾害、战争等特殊情况;或遇国民经济和社会发展计划进行较大调整时,就有必要对政府预算进行全面调整。但这种全面调整并非是经常发生的,只有在出现上述情况时才会进行。

(2) 局部调整。局部调整是政府预算在执行中经常采用的一种方法。具体包括以下几种方式:① 动用预备费。各级政府的预备费,是为了解决某些临时性急需和事先难以预料到的开支而设置的后备资金。② 预算的追加追减。所谓预算的追加,就是在原核定预算的基础上增加收入或增加支出数额的过程;减少收入或减少支出数额的过程称为追减预算。③ 经费流用也称"科目流用",是指在不变动预算支出总额的条件下，局部地改变资金的用途，通过预算支出科目之间经费的相互调剂来进行。④ 预算划转。预算划转是指由于行政区划或企业、事业单位隶属关系的改变，必须相应改变其预算的隶属关系，及时地将其全部预算划归新的主管部门或接管单位。

（四）政府决算

政府预算执行到年末，即进入执行阶段的总结时，要根据执行结果编成政府决算。国家决算是政府预算执行的总结，也是国民经济活动在财政上的集中反映。决算草案由各级政府、各部门、各单位在每一预算年度将近终了时，按照国务院规定的时间编制，编制的方法是采取自下而上地汇编，具体事项由国务院财政部门部署。财政部门根据中央各主管部门报来的单位决算、财务决算、基本建设决算、金库年报、税收年报以及本身掌握的收支决算数，按照经济性质不同，汇编成经常性决算和建设性决算。再根据各省、市（直辖市）、自治区报来的经常性决算和建设性决算汇总成国家决算。

国家决算编成后，报送国务院审查。经国务院讨论通过后，即提交全国人民代表大会审查批准；国家决算的审查和批准是与新一年度的政府预算的审批同时进行的；地方各级总决算，由地方财政部门报送同级人民政府审查后，提交同级人民代表大会审查批准。

四、预算监督

全国人民代表大会及其常务委员会对中央和地方预算、决算进行监督，县级以上地方各级人民代表大会及其常务委员会对本级和下级政府预算、决算进行监督，乡、民族乡人民代表大会对本级预算、决算进行监督。

各级政府应当在每一预算年度内至少两次向本级人民代表大会或者其常务委员会作预算执行情况的报告，各级政府监督下级政府的预算执行，下级政府应当定期向上一级政府报告预算执行情况。各级政府财政部门负责监督检查本级各部门及其所属各单位预算的执行，并向本级政府和上一级政府财政部门报告预算执行情况。各级政府审计部门对本级各部门、各单位和下级政府的预算执行、决算实行审计监督。

五、违反预算法的法律责任

违反预算法的法律责任是指法律主体违反预算法律规定应当承担的义务。凡是违反预算法的规定或经批准生效的预算，负有直接责任的人，都要依法承担一定的法律责任。

根据预算法的规定，承担预算法律责任有以下三种情形：

（一）擅自变更预算

各级政府未经依法批准擅自变更预算，使经批准的收支平衡的预算的总支出超过了总收入，或者使经批准的预算中举借债务的数额增加的，对负有直接责任的主管人员和其他直接责任人员追究行政责任。

（二）擅自动用国库库款

违反法律、行政法规的规定，擅自动用国库库款或者擅自以其他方式支配国库库款的，由政府财政部门责令退还或者追回国库库款，并由上级机关给予负有直接责任的主管人员和其他直接责任人员行政处分。

（三）隐瞒预算收入

隐瞒预算收入或者将不应当在预算内支出的款项转为预算内支出的，由上一级政府或者本级政府财政部门责令纠正，并由上级机关给予负有直接责任的主管人员和其他直接责任人员行政处分。

第二节　政府预算管理体制

一、政府预算管理体制概述

（一）政府预算管理体制的概念

政府预算管理体制是在中央与地方政府，以及地方各级政府之间规定预算收支范围和预算管理职权的一项根本制度。政府预算管理体制是国家财政管理体制的重要组成部分。

政府预算管理体制主要是处理中央预算和地方预算以及地方各级预算之间财政权限、责任、利益的划分问题。其实质是中央与地方以及地方各级政府之间在政府预算管理和资金分配上的集权与分权的关系问题。现代国家一般除了设有中央政府外，还设几级地方政府。下级政府作为上级政府的派出机构，在地方履行职责，所以每一级政府相应地要有自己的财权和财力，以保证履行本级政府的责任。一个国家的各级政府之间在根本利益上是一致的，它们的共同目标都是为了促进国民经济和社会的稳步发展。但是，在根本利益一致的基础上也存在矛盾，主要是国家整体利益与地方局部利益的矛盾，长远利益与眼前利益的矛盾。政府预算管理体制的任务就是要正确处理这些矛盾。它通过划分各级政府间的收支来调节财政分配活动中各级政府的责、权、利关系。

（二）各级政府财政收支划分的原则

政府预算管理体制的核心问题是收支划分。在中央与地方以及地方各级政府之间进行财政收支划分，应遵循以下原则：

1. 财权与事权统一的原则

各级政府的职责是有区别的,政府预算收支的范围应根据各级政府的职责进行划分和界定。为保证各级行政机关实现其负担的政治经济任务,必须给予一定的财力保证。把各级政府的事权和财力统一起来,有利于调动各级政府的积极性,保证其各项任务的完成。

2. 经济效率的原则

划分预算收支的最终目的是为了使各级政府有效使用财政资源,提高财政资金使用效益。本着按公共产品受益区域大小来划分各级政府职责和收支范围的原则,与国家宏观经济稳定有关的权力应统一由中央政府控制,保证中央政府更有效率地使用财政资源;与地方公共产品有关的投资,由于地方政府比中央政府更了解当地的地方性公共产品的需求,应由地方政府来管理。

3. 收支挂钩,责、权、利相结合的原则

在预算管理体制设计上,要把地方财政收支同地方自身利益紧密结合起来,使地方政府既有职责,也有权利。在保证中央财政占主导地位的前提下,明确地方财政收支的范围,多收了可以多支,少收了就要少支,从而调动地方努力组织收入和节约支出的积极性。

(三) 政府预算管理体制的类型

中华人民共和国成立60多年来,政府预算管理体制经历过多次变动,总的趋势是由高度集中的管理体制逐步过渡到实行各种形式的分级管理体制,具体包括统收统支、分类分成、总额分成、收支大包干、分税制五种类型的预算管理体制。

1. 统收统支

建国初期,为恢复国民经济,我国实行了统收统支体制,即把国家财政收入和支出的支配权集中在中央,地方政府负责组织的收入全部上缴中央财政,地方政府的各项支出由中央政府拨付,只给地方留下少许机动财力。这种体制的基本特点是财力与财权高度集中于中央,地方组织的财政收入全部上缴中央,地方一切开支由中央核拨,因此,不能调动地方增收节支的积极性,因而只能在特殊情况下实行。

2. 分类分成

分类分成,就是把全部财政收入分解成若干个项目,依据项目所包含的内容确定中央与地方的分成率,以此来保持中央与地方各自的收支平衡。这种体制的基本特点是以中央集权为主,适当下放财权的体制,由于地方财权比较小,使地方组织财政收入的重点放在参与分成的项目上,而对不参与分成的中央政府收入项目则不够关心。

3. 总额分成

总额分成,就是把地方组织的全部收入,不再区分固定收入和各种分成收入,而是按照收入总额在中央和地方之间进行分成。这种方法可以避免"分类分成"办法下地方对各类收入重视程度不同的缺点,而且计算方法比较简单;缺点是由于收入项目划分不清楚,不利于收入政策的全面落实。

4. 收支大包干

收支大包干,就是在中央核定的地方预算收支基础上,凡是收入大于支出的地区,其收入大于支出的数额,由地方包干上缴中央;凡是支出大于收入的地区,由中央定额补助。这种做法对地方好处较多,地方有更大的活动余地。但是,把上缴基数数额包死,限制了中央财力的增长,对加强中央财政宏观调控不利。

5. 分税制

分税制,是西方国家实行分级财政体制中普遍采用的划分中央政府与地方政府财政收支的方法。它主要包括两方面的内容:一是分税、分征、分管,即按税种划分各级财政收入,分设国家税务局和地方税务局分别征管,把税种划分为中央税、地方税和共享税。二是实行规范的中央政府对地方政府的转移支付制度。所谓转移支付制度,即上级政府对下级政府进行无偿的财政资金转移而制定的制度。1994 年起我国也开始实行分税制预算管理体制。

二、分税制预算管理体制

（一）分税制的概念

分税制是分税制预算管理体制的简称,是在划分中央与地方政府事权的基础上,按税种划分各级政府财政收入的一种预算管理体制。凡征收管理权、税款所有权划归中央财政的税种,属于中央税;凡征收管理权、税款所有权划归地方财政固定收入的税种,属于地方税;凡征收管理权、税款所有权由中央和地方按一定方式分享的税种,属于共享税。

（二）分税制的特点

1. 明确划分了各级政府的事权

界定各级政府的事权是实行分税制的前提条件,只有在划分各级政府事权的基础上,才能明确各级政府的职责范围,相应地划分其拥有法定的固定收入来源和财力。中央政府事权主要集中在提供具有全国性的公共产品和劳务,协调受益外溢的产品和劳务,以及调剂跨地区余缺和维护社会公平等。地方政府更多地承担与政府职责相对应的一些区域性的政治经济事务。相应地,在税种设置合理的前提下,原则上应把收入大、对国民经济调控功能较强、与维护国家主权关系紧密、宜于中央集中掌握和征收管理的税种或税源划为中央税,把宜于发挥地方优势、税源分散不宜统一征收管理的税种或税源划为地方税;把征收面宽、与生产和流通直接相联系、税源波动较大、征管难度大、收入弹性大的税种划为中央地方共享税,增强了中央财政的宏观调控能力。

2. 理顺了各级政府间的财政分配关系

分税制按税种合理划分中央与地方的收入范围,可避免出现中央与地方之间互相挤占收入等现象,从而保证了各级政府建立一级独立预算所需的稳定收入来源。中央税由中央立法,地方税由地方参照中央税立法,中央政府和地方政府对中央税和地方税分别管理、分别征收、分别使用,理顺了各级政府间的财政分配关系,也方便了税务机关进行征管和纳税人履行纳税义务。

3. 规范了转移支付制度

分税制预算管理体制通过建立统一、规范的中央对地方收入的转移支付制度,有利于加强中央对贫困地区的财政支援,可以逐步缩小地区间的差距。

(三) 分税制的主要内容

为适应建立社会主义市场经济体制的要求,我国自1994年1月1日起,在全国各省、自治区、直辖市以及计划单列市正式实行分税制财政管理体制,其主要内容包括:

1. 中央与地方政府事权和支出的划分

根据现在中央政府与地方政府事权的划分,中央财政主要承担国家安全、外交和中央国家机关运转所需经费,调整国民经济结构、协调地区发展、实施宏观调控所必需的支出以及由中央直接管理的事业发展支出。具体包括:国防费、武警经费、外交和外援支出、中央级行政管理费、中央统管的基本建设投资、中央直属企业的技术改造和新产品试制费、地质勘探费、中央财政安排的支农支出、由中央负担的国内外债务的还本付息支出,以及中央本级负担的公检法支出和文化、教育、卫生、科学等各项事业费支出。地方财政主要承担本地区政权机关运转所需支出以及本地区经济、事业发展所需支出。具体包括:地方行政管理费,公检法支出,部分武警经费,民兵事业费,地方统筹的基本建设投资,地方企业的技术改造和新产品试制费,支农支出,城市维护和建设经费,地方文化、教育、卫生等各项事业费,价格补贴支出以及其他支出等。

2. 中央与地方政府收入的划分

根据国务院关于实行分税制预算管理体制的规定,我国的税收收入分为中央政府固定收入、地方政府固定收入和中央政府与地方政府共享收入。结合近年来的变化情况,具体划分如下:

(1) 中央固定收入主要有:消费税(含进口环节海关代征的部分)、车辆购置税、关税、海关代征的进口环节增值税,铁道部门、各银行总行、各保险公司总公司等集中缴纳的收入(包括营业税、利润和城市维护建设税),未纳入共享范围的中央企业所得税、中央企业上缴的利润等。

（2）地方固定收入主要有：营业税（不含铁道部门、各银行总行、各保险公司总公司集中缴纳的营业税），城镇土地使用税、耕地占用税、土地增值税、房产税、车船税、契税、筵席税等。

（3）中央与地方共享税：① 增值税（不含进口环节由海关代征的部分）：中央政府分享75%，地方政府分享25%；② 营业税：铁道部、各银行总行、各保险总公司集中缴纳的部分归中央政府，其余部分归地方政府；③ 企业所得税：铁道部、各银行总行及海洋石油企业缴纳的部分归中央政府，其余部分中央与地方政府按60%与40%的比例分享；④ 个人所得税：除储蓄存款利息所得的个人所得税外，其余部分的分享比例与企业所得税相同，中央与地方政府按60%与40%的比例分享；⑤ 资源税：海洋石油企业缴纳的部分归中央政府，其余部分归地方政府；⑥ 城市维护建设税：铁道部、各银行总行、各保险总公司集中缴纳的部分归中央政府，其余部分归地方政府；⑦ 印花税：证券交易印花税收入的94%归中央政府，其余6%和其他印花税收入归地方政府。

从分税制实施后的运行结果看，转变了中央与地方之间的收入分配机制，提高了中央财政收入所占比重和宏观调控能力；在保持地方原有既得利益的格局下，在以后增量的分配中，中央得大头，地方得小头，可以保证中央支配的收入逐步增长；通过税收的合理分权，保证了中央的收入；调整了政府间财政转移支付数量和形式，建立了中央财政对地方财政的税收返还制度；提高了整体经济运行的效率和质量，在一定程度上促进了产业结构的调整，协调了地区经济的平衡发展。

复习思考题

一、名词解释

政府预算　预算程序　预算调整　政府决算　政府预算管理体制　分税制

二、简答题

1. 政府预算的含义是什么？政府预算有什么特点？
2. 政府预算有哪些类型？
3. 政府预算法的主要内容是什么？
4. 简述政府预算的原则。
5. 简述政府预算组成体系。
6. 简述中央预算管理职权和地方预算管理职权。
7. 为什么中央预算在政府预算体系中占主导地位？
8. 简述政府预算程序。
9. 政府预算调整的方法有哪些？

10. 简述违反预算法的法律责任。
11. 简述政府预算管理体制的类型。
12. 各级政府财政收支划分的原则。
13. 简述分税制的特点以及分税制改革的基本内容。

第十三章 财政平衡与财政政策

【本章学习目的与要求】

通过本章学习,了解财政政策理论的发展、财政收支失衡的原因和对财政收支平衡进行正确理解;熟悉财政赤字的弥补方法、财政政策的目标、类型、效应和财政政策与货币政策配合的必要性;掌握财政平衡、财政政策、乘数效应的基本内涵、财政政策的工具、财政政策与货币政策配合的模式。

第一节 财政平衡

所谓财政平衡,就是财政的收入与支出在数额上应保持相等。最初的自由主义经济理论将政府角色定位于"守夜人"时,政府在财政的收入与支出方面的任务就是保证收支相等,即财政平衡是财政收支的基本目标。而当经济运行中政府扮演的角色越来越重要时,政府不再以财政平衡为目标,而是将财政收支作为干预经济的一种手段。通常情况下,政府应努力保持财政收支的大体平衡,但当宏观经济出现异常时,如遇到失业显著增加、物价下降过快、经济萧条等情况时,政府应转向追求宏观经济目标的实现,此时,政府可能打破财政平衡,随之财政赤字出现;而当充分就业、物价上升过快、经济出现过热时,政府也没有必要继续保持财政平衡。因此,在这种情况下,财政收支是否平衡,并不取决于政府本身,而是取决于一国或地区的宏观经济形势。

一、财政平衡概述

财政平衡是政府预算中财政收支在量上的对比关系的反映。任何国家在任何经济发展阶段的财政都面临财政收支总量关系的处理问题。如果一个国家在一定时期（通常为一年）财政收支大致相等，我们就说这个国家的财政是平衡的。事实上，财政收入与支出在总量上的平衡，只有在编制预算时可能存在。预算执行结果收入与支出恰好相等的绝对平衡状态是很少见的，通常不是收大于支，就是支大于收。由于超过收入的支出在资金和物资上是没有保证的，往往会给经济带来不利影响，所以，为了稳妥起见，人们往往在习惯上把收大于支，略有结余的情况称之为财政平衡。但是也有另一种观点认为，既然预算执行结果无法做到收支绝对平衡，那么略有结余或略有赤字都应视为财政平衡。各国收支项目情况有所不同，其差别主要表现在如何处理国债收支上，有的国家把国债收支列入财政收支平衡的范围，如苏联；有的国家则不列入，如美国；也有的国家在计算财政平衡时把一部分建设国债包含在正常收入之内，把为弥补赤字而发行的国债视为财政赤字，如日本；中国把国债收入列入正常收支范围，而不视为赤字。

具体来说，财政收支在量上的对比关系的反映主要有三种情况：一是收大于支，财政有盈余；二是收小于支，财政有赤字；三是收等于支，财政平衡。在实际经济运行中，财政收支相等的情况几乎是种偶然现象。财政失衡主要是由于下述几种原因引起的。

（一）财政收支失衡是财政分配的基本矛盾

财政支出的无限性与财政收入的有限性是一个基本矛盾。依照传统自由主义的经济理论，财政支出的金额应被严格地限制在财政收入的金额内。这种对财政支出的限制之所以在一定程度上能够实现，是因为当时在实践和理论上都严格限制了政府对经济的干预。当政府干预经济运行的理论成为主流后，对政府支出的限制便不复存在。对于经济落后的国家而言，如果其亦步亦趋地学习发达国家自由主义的历史经验，则很难实现经济赶超。这种实现经济赶超的任务要求政府必须在基础设施领域、公共事业领域、经济发展的"瓶颈"领域、促进经济发展的制度及保障领域增加支出，而这些领域的建设并不是短期内能够完成的。经济较为落后的国家大多财政收入相对不足，因此就会产生财政赤字。从更深的层次上说，当实现经济快速发展的重要性超过财政平衡时，财政平衡便会被打破，也需要被打破。就发达国家来说，虽然经济较为发达，但它们的需求已经跃上了较高的层次，而这些较高层次的需求就需要较大的支出，并且人们较高层次需求的满足，如科技、教育、环境、生态等领域，相当程度上被认为是政府的责任。此外，在这些领域中的财政支出往往具有较强的刚性，这一特点导致了发达国家的财政支出逐年累加，难以抑制[1]。

（二）财政决策失误导致财政收支失衡

现代国家需要管理的事务较之以往内容极为繁多、领域极广，而且对社会生活

---

[1] 张国兴,李芒环.财政学[M].开封：河南大学出版社,2013.

的管理和干预往往极为复杂。一般来说,一个国家人口越多,参与的国内与国际事务越广泛,国内各地区经济发展程度差异越大,则这个国家的经济社会状况就会越复杂,政府的决策就越容易失误。当出现政府决策失误时,必然会在财政收支上有所反映,进而影响财政收支预算,对财政平衡产生影响。此外,财政政策作为经济政策的一种,也天然地具有时滞的特点,即使当前的财政政策符合实际,但是由于政策作用时滞的影响,当政策真正发挥效力时,经济的运行有可能已经变化,从而使得原本正确的财政政策变得与实际情况不相符合。

(三)经济波动与经济管理水平的影响

一般来说,政府在编制财政预算时,总是基于相对固定的技术指标、管理知识,以及能够预期的经济发展状况。如果在财政收支预算编制完成后,所依赖的技术指标与管理知识有所变化以及经济发展达不到预期要求,则财政收支不平衡就必然产生。说到底,财政预算或财政政策一旦确定就成为静态,而实际经济的运行却是动态变化的。这样,即使原本平衡的静态预算与政策在变化的经济运行面前经常变得失衡。

(四)财政预算编制的年度性

现行的财政预算编制是按年度进行的,这个源自财政制度自身属性的特点有时也可能产生一些收支在时间上的不一致性,从而出现财政不平衡的情况。不过这种技术性的失衡往往不是永久的,从长期看,可能会是平衡的。

(五)意外事件

国家一旦发生意外事故,比如严重自然灾害、恐怖活动、国内动乱、传染病、国际政治局势恶化等,政府必然会采取一些积极的应对措施以消除意外事故对正常经济社会发展的影响,由此增支减收之事是合情合理的,当年财政甚至以后年度的财政平衡与否都要受到影响。通常意外事故本身造成的财政收支失衡范围相对有限,持续时间相对较短,但由意外事故引发的后续问题则可能形成财政支出的长期、大幅度的增加。

综上所述,财政是否平衡虽然是政府关心的一个目标,但这一目标能否实现,并不取决于政府自身,而是取决于多个因素的影响。正是由于存在多个不确定性因素的影响,所以财政平衡这一理想状态在大多数情况下难以实现。我国1978~2016年财政收支平衡状况见图13-1。

从总体上看,我国1978~1990年间,财政收支基本保持平衡,自1991年至今,财政收支基本是支出大于收入的,长期存在财政赤字。

二、财政平衡的计算

财政赤字即预算赤字,是指一国政府在每一财政年度开始之初,在编制预算时在收支安排上就有的赤字。若实际执行结果收入大于支出,则为财政盈余。它反

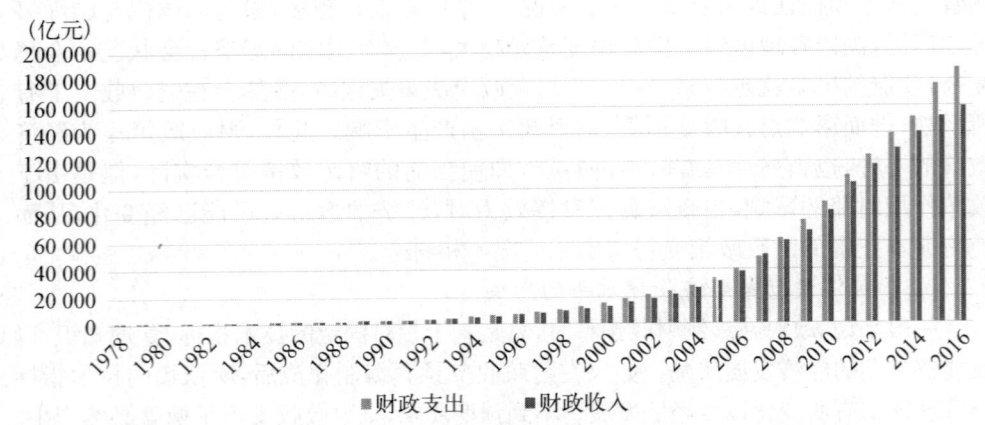

资料来源：各年统计年鉴和2016年统计公报。

图13-1　1978～2016年我国财政收支平衡状况

映着一国政府的收支状况。财政赤字是财政收支未能实现平衡的一种表现，是一种世界性的财政现象。财政赤字是财政支出大于财政收入而形成的差额，由于会计核算中用红字处理，所以称为财政赤字。

财政赤字是指财政支出超过财政收入的部分。理论上说，财政收支平衡是财政的最佳情况，在现实中就是财政收支相抵或略有节余。在国家实际执行财政过程中，经常需要大量的财富解决大批的问题，会出现入不敷出的局面，这是财政赤字不可避免的一个原因。赤字的出现有两种情况，一种是有意安排，被称为"赤字财政"或"赤字预算"，它属于财政政策的一种；另一种情况是预算并没有设计赤字，但执行到最后却出现了赤字，也就是"财政赤字"或"预算赤字"。我国现行的关于财政平衡的计算公式是：

$$\text{当年财政盈余或赤字} = \text{预算的经常收入} - \left(\text{预算的经常支出} + \text{预算的投资支出} + \text{公债付息支出} \right)$$

目前我国关于财政平衡的计算口径已符合国际惯例，这也是我国市场经济体制逐步完善的结果。采取国际通行的做法，有利于各国之间进行比较，也便于我们向其他国家学习和借鉴先进的财政管理体制和管理经验，有利于推动与其他国家的交流与合作。

三、财政赤字的弥补方法

尽管财政是否出现赤字不应该成为考量政策是否得当的标准，但巨大而持久的赤字毕竟会成为政府的一项负担，而且也会招致民众的不满情绪。所以，当财政赤字发生时，政府需要采取相应的措施进行弥补。一般来说，弥补财政赤字的方法主要有四种:一是动用历年财政结余,二是增加税收,三是发行货币,四是发行公债。不同的弥补方法对经济的影响也是不同的。

(一) 动用历年财政结余

如果某一年度出现财政赤字,弥补的方法之一是动用历年结余。当然,其前提条件是财政要有结余。如果财政有结余,又可分为三种情况:一是结余大于赤字,在完全弥补后仍有结余;二是结余与赤字相当,赤字被完全弥补,财政在当年达到长期平衡;三是结余小于赤字,只能弥补部分赤字,仍需要政府通过其他方法进行弥补。需要指出的是,这其中有个基本的背景知识,那就是政府财政资金一般均存放于银行体系内。这样,动用财政结余资金时必然会造成对银行准备金的扰动。在动用结余弥补财政赤字时,如果银行的准备金(法定+超额)大于或等于财政结余资金数额,既可弥补财政赤字,也不会给银行系统带来信用风险;如果银行准备金(法定+超额)小于财政结余资金数额时,就会对银行的流动资金产生影响,增加其流动性风险,特别是当银行系统不能通过适当的信用规模收缩来保证财政提款需要时,就有可能导致信用膨胀,引发或加剧通货膨胀。因此,在动用历年结余弥补财政赤字时,必须处理好财政与银行的关系,保持财政资金与银行信贷资金的平衡。

(二) 增加税收

财政收入的一大来源是税收,因此,通过增加税收可以增加财政收入,弥补财政赤字。增加税收包括开增新税种、扩大税基和提高税率。由于开征哪些税种是通过税法确定的,具有相应严格的法律程序,具有一定的时间成本,因此,如果想在短时间内弥补财政赤字,通过增加新税种的方法是难以奏效的。增加税基其实就是增加纳税人的负担。除非在特殊时期可以被纳税人所接受,一般情况下受利益刚性影响也是难以实现的。就提高税率而言,除受税法限制外,还受拉弗曲线的影响。根据拉弗曲线的定义,税率与税收收入不一定成正比。纵观世界各国税制变化的情况,特别是在经济全球化的今天,税收一直是处于下降趋势的。各国税收收入的增加大多是由GDP增长所致,而并非是靠增加税负所致。因此,这一手段也不是弥补财政赤字的主要方法。

(三) 增发货币

当政府(主要指中央政府)出现财政赤字时,政府可以通过增加货币的方式加以弥补。假如某国的财政部有发行通货的权力,则该国对财政赤字的弥补大多会演变为印钞机的开动。当然,这种情况不仅在财政体制较为严格的发达国家少见,就是在绝大多数的发展中国家也不多见。此外,政府也可以通过向中央银行借款进行弥补。这时,中央银行往往就会增加货币发行量来满足政府的资金需要。这样做的结果是由于改变既有货币数量进而影响宏观经济运行。

这一原理可以通过货币数量方程体现。原始的货币方程形式为:

$$M \cdot V = P \cdot Y \qquad (13.1)$$

式中，M 为货币数量，V 为货币流通速度，P 为价格水平，Y 为国民收入 GDP，将货币方程(13.1)两边取对数后将货币方程变形为：

$$m + v = p + y \qquad (13.2)$$

式中，m 为货币增长率，v 是货币流通增长率，p 是通货膨胀率，y 是真实 GDP 的增长率。将式(13.2)整理为：

$$p = m + v - y \qquad (13.3)$$

上式表明：影响通货膨胀的因素有三个，即货币的增长率、货币流通速度增长率、真实 GDP 增长率。其中，货币的增长率、货币流通速度增长率与通货膨胀有着正相关的关系，而真实 GDP 的增长率则与之呈负相关。由于货币流通速度受一国支付制度和支付习惯的影响而相对稳定。所以，在假设一国的真实 GDP 的增长率不变或其增长率小于货币的增长率的情况下，通货膨胀直接取决于货币的增长率。因此，过量的货币发行，必然带来通货膨胀。正是由于通过增发货币弥补财政赤字会导致通货膨胀，所以一些市场化程度高、制度较为规范的国家已经制定了相应的法律，限制通过这种方法为财政赤字融资。

（四）发行公债

发行公债为财政赤字融资是世界各国通行的做法。从债务人的角度来看，公债具有自愿性、有偿性和灵活性的特点；从债权人的角度来看。公债具有安全性、收益性和流动性的特点。因此，从某种程度上来说，发行公债无论是对政府还是对认购者都有好处。通过发行公债来弥补赤字也最易于为社会公众所接受。当然，公债对经济发展也具有相应的影响和效应，但其消极作用并不直接，也不明显。通常的情况是，由财政部发行债券，中央银行直接收购。财政部则以出售债券的收入用作政府支出。接受政府支出的个体将收入存入银行，银行则相应地增加了在中央银行的准备存款。也有可能是政府将债券出售给公司、个人或商业银行，从而造成银行准备金的减少，但这些债券有可能会抵押或出售给中央银行，这样一来，中央银行购买债券的支出反过来又弥补了商业银行的准备金。而财政把出售债券的收入再支出，则仍然成为准备金增加的因素。

四、财政收支平衡的正确理解

（一）财政平衡与财政均衡

1. 财政平衡

财政平衡通常是指在一定时期内(一般是 12 个月，或日历年度或会计年度)公共收支数量基本相等的关系。在一般情况下,政府不论是在编制预算时还是在预算的执行过程中,都要努力实现收支平衡。

因为如果政府年年都有财政结余,年复一年,就会累积成巨额盈余,这意味着财政资金没有得到充分而有效的利用;如果财政连年有赤字,而财政赤字毕竟是政府的入不敷出、国库拮据的表现,无疑会对资源配置产生不良影响,造成通货膨胀压力。因此,在其他条件不变的情况下,政府应当尽量实现财政收支平衡。

财政是政府调节经济运行的一个有力的经济杠杆。财政收支本身平衡对于政府理财来说固然重要,但如果由此造成国民经济不平衡运行——经济波动或增长缓慢,这种财政平衡并无多大意义。因此,要从财政均衡角度认识和理解财政平衡。

2. 财政均衡

所谓财政均衡,是指在一定时期内社会总供给和总需求的规模和结构保持基本平衡情况下的财政收支状况。在社会主义市场经济条件下,宏观经济稳定是财政的主要职能之一。为了保持社会总供求的基本平衡,特定年度的财政收支可以是平衡的,也可以是不平衡的。

如果在实现社会总供求基本平衡的过程中,财政出现了支大于收或收大于支的结果,虽然出现财政不平衡,但实现了财政均衡。在财政承受能力允许的范围内,我们需要的当然是财政均衡而非财政平衡。

(二) 动态平衡与静态平衡

动态平衡是指长远的财政平衡,而静态平衡则是某一时点的平衡。政府在安排预算支出时,不但要考虑当年财政的平衡,还要从动态的观点出发,注意将来财政年度的预算平衡。同时,财政收支之间存在着一定的时滞,这也要求以动态的观点看待财政平衡。有些经济性支出最终要形成一定的生产力,成为以后年度的财源。当这类支出发生时,虽然当年的财政状况可能有些拮据,但它却为将来的财政平衡打下了坚实的经济基础。

(三) 总体平衡与部门平衡

在很多情况下所说的财政平衡或不平衡,指的都是中央政府或联邦政府的预算执行结果。但是,存在财政收支关系的公共部门是由许多部门构成的,如中央政府、地方政府,有的国家还有社会保险机构,甚至包括国有企业。随之产生了这样一个问题:财政平衡是从各部门总体或全局角度来考虑,还是要求政府的每个重要部门的收支都应平衡?如果资本市场比较健全,预算制度得到有效实施,总体平衡也许是最重要的。

如果中央财政有赤字,而地方财政有盈余且能抵销中央财政赤字,那么,从资源配置角度来说,这种总体平衡是可取的。如果要求所有地方政府都要保持年度预算平衡,这等于让有财政盈余的地方政府千方百计花掉这些盈余,或用于相对来说是非生产性的活动,或盲目投资,或巧立名目乱支乱用,结果造成财政资金的极大浪费。所以,从资源配置的角度看,总体平衡是必要的。

(四) 配置平衡

政府有可能做到总体平衡,甚至也可以做到部门平衡,但是为了实现这种平衡,可能导致政府以低效率的方式配置财政资源,即每种支出方式的边际社会成本可能与边际社会收益之间的差距很大。从整个经济体系来看,这种财政平衡并没有多大意义。从短期来看,配置平衡也许不十分重要,但从长期来看,公共资源必须同私人资源一样,也应得到高效率地利用。这要求在努力实现财政平衡的过程中,必须对财政资源的有效配置予以高度重视。

(五) 分配平衡

正如不能忽视配置效率一样,在追求财政平衡时,也必须高度重视分配公平,因为促进公平的收入分配是财政政策乃至经济政策的基本目标。如果人们广泛认识到税收和公共支出的归宿并不与公认的社会目标相一致,那么,即使公共收支平衡了,这种平衡也无助于提高社会福利水平。

综上所述,财政同其他事物一样,其发展总是不平衡的。有时虽然财政收支总量上是平衡的,但其结构上不平衡。有时虽然在宏观上看是平衡的,但在微观上又不平衡。有时虽然从国民经济的稳定上看是平衡的,但从配置、公平的角度出发又是不平衡的。

第二节 财 政 政 策

一、财政政策概述

(一) 财政政策的含义

财政政策是市场经济条件下政府进行宏观调控的经济政策的重要组成部分。财政政策的概念有广义和狭义之分。广义的财政政策是政府为了实现一定时期的宏观调控目标而制定的指导财政活动、处理财政分配关系的基本准则和措施的总和;它涉及的范围是整个财政活动领域,体现了政府财政活动的取向和行为规范。狭义的财政政策是政府为了实现社会总供求平衡的目标,对财政收支总量和结构进行调整的准则和措施的总和。这里我们采用狭义的概念。

对财政政策的理解包括以下四个方面:

1. 政策主体

即制定和执行财政政策的机构,包括中央政府和地方政府。在大多数情况下,财政政策的主体是中央政府。由于各国的财政体制不同,中央和地方政府在制定和执行财政政策方面的权力划分也有所区别。在多级政府体制下,虽然中央政府的经济作用较为显著,但在实际经济运行中,地方各级政府甚至基层政府的经济行为以及对政策功能的发挥也起着关键性的作用。因为各级政府的经济活动都会直接或间接对整个社会的财税、金融、物价、信贷等产生各种各样的影响,所以,在完善的市场经济体制下,规范各级政府的经济行为是非常必要的。

2. 政策客体

即财政政策所要调节的对象。如前所述,财政政策可以直接调节总需求,对总供给的调节则是间接的。

3. 政策的目标

即财政政策的制定和实施所要达到的目的。财政政策是国家宏观经济政策的重要组成部分,其目标与政府宏观调控的目标是一致的。概括来讲,是通过追求社会总供求的平衡以实现宏观经济的稳定、增长和社会的全面发展。

4. 政策的手段

即实现政策目标所需要的各种政策工具,包括税收、公债等收入工具,财政投资、补贴等支出工具和预算政策等。

(二) 财政政策理论的发展

财政政策作为国家经济政策的组成部分,形成了自己的体系,经历了一个历史的发展过程。我国古代历史上的理财家早已提出"量入为出""轻徭薄赋""藏富于民"等颇有见地的、朴素的财政政策思想,但这种政策思想是在自然经济条件下形成的,由于其目标单一,手段简单,对经济发展的影响较小,因而不属于我们现在所要研究的财政政策。

西方财政政策理论的产生与发展大致可以划分为三个阶段:第一阶段,即 20 世纪 30 年代以前,属于萌芽时期;第二阶段,从 20 世纪 30 年代到 70 年代,随着凯恩斯宏观经济理论的产生,系统化的财政政策理论得以形成,凯恩斯主义独领风骚;第三阶段,20 世纪 70 年代以来,财政政策理论流派纷呈,景象"繁荣"。

1. 财政政策理论的萌芽时期

第一阶段,20 世纪 30 年代以前,这是财政政策理论的萌芽时期。这一时期是自由资本主义时期,在经济生活中,国家仅是充当"守夜人"的角色,任何形式的国家干预都被认为是违背经济生活中的自然法则的。在财政思想上,认为财政支出是非生产性的,是社会财富的一种虚费,必须严格加以控制;税收的作用只能是破坏,认为凡属赋税都有减少积累能力的趋势,赋税不是落在资本上面,就是落在收入上面,公债是政府挥霍奢侈的产物,是国库虚空的表现、毁灭资本创造的手段,认为当国家费用由举债开支时,该国既有资本的一部分,必逐年受到破坏,从而用以维持生产性劳动的若干部分年生产物,必会被转用来维持非生产性劳动,由此,举债会导致国家的衰弱,不是国家毁灭公债,就是公债毁灭国家,两者必居其一等。在这种财政思想的指导下,各派财政政策学说都具有这些共同特征：

（1）反对财政干预经济。认为,资本主义经济是由市场机制这只"看不见的手"调节的一种自然有序的经济,任何形式的国家干预都会破坏经济的自然有序性。

（2）赋税必须坚持负担公平和尽可能地减少对再生产的抑制的原则。

（3）公债是政府腐败的表现,必须绝对排斥。

（4）严格控制政府开支规模,力求财政收支平衡。这种政策理论在经济学说史上统治了200年左右的时间,直到19世纪70年代以后,随着自由资本主义逐渐向垄断阶段的过渡,才开始有所动摇。

19世纪70年代以后,虽然资本主义经济仍然主要依靠市场调节,但是,市场机制作用的局限性已经逐渐暴露,国家对经济生活的干预开始逐渐增强,各主要资本主义国家开始重视对财政政策的专门研究。19世纪末叶,德国历史学派甚至明确指出财政政策等经济政策应该成为经济科学的研究对象,认为,经济问题的解决只能依赖于财政等经济政策,经济学应该成为一门政策性学科。但是,尽管如此,由于这一时期的财政政策往往侧重于对经济运行中个别问题进行事后的局部调节,没有形成系统化的理论,因而,这个时期的财政政策理论只能说尚处于萌芽状态。

2. 凯恩斯财政政策理论的产生与发展时期

第二阶段,20世纪30年代至70年代,这是凯恩斯财政政策理论的产生与发展时期。

从1776年亚当·斯密出版了他的名著《国民财富的性质和原因的研究》至1936年凯恩斯的《就业、利息和货币通论》出版为止,自由主义的经济思潮在欧洲持续了近一个半世纪的时间。在这一百多年时间中,西方各国的政治、经济形势发生了巨大的变化。随着经济的飞速发展,欧洲资产阶级完全掌握了国家政权,经济领域的市场竞争得以充分开展,垄断出现并在市场运行中发挥越来越重要的作用。政府不干预经济理论存在的基础在现实的运行中开始动摇,事实上当时已有学者意识到了这一问题并且做了相关研究。现代意义上的财政政策始于20世纪30年代的资本主义经济大萧条时期。在这一时期,资本主义爆发了大规模的经济危机,将100多年来政府是否干预经济这一似成定论的问题重新推到了学者的面前。欧洲资本主义国家的经济陷入极度萧条之中,市场机制的自我调节功能面临挑战。各国政府不得不积极采取应对措施,但古典经济理论既难以从理论上解释现实,也难以从实践上提出对策。面对岌岌可危的局势,再固守自由主义的观点显然毫无益处。这时凯恩斯的《就业、利息和货币通论》顺时应势出版。此书的出版,标志着宏观经济学的产生,也使得国家干预经济理论由配角变成了主角。

凯恩斯在《就业、利息和货币通论》中面对 1929～1933 年全球性经济危机,全面地论述了其经济理论和政策主张,其主要内容:认为"萨伊定律"并不成立,供给不能自动创造需求,经济也不能自动地达到均衡。因为,在边际消费倾向一般比较稳定的情况下,人们总是把所增加收入的大部分用于储蓄,而不是消费,这使得有效需求经常地表现为不足,社会总供给和社会总需求难以自动实现均衡。所以,为了解决有效需求不足的问题,凯恩斯主张放弃经济自由主义,代之以国家干预的方针和政策。国家干预的最直接的表现,就是实现赤字财政政策,增加政府支出,以公共投资的增量来弥补私人投资的不足。增加公共投资和公共消费支出,实现扩张性的财政政策,这是国家干预经济的有效方法。由此而产生的财政赤字不仅无害,而且有助于把经济运行中的"漏出"或"呆滞"的财富重新用于生产和消费,从而可以实现供求关系的平衡,促进经济增长。凯恩斯认为,政府通过扩大支出,包括公共消费和公共投资,可以改善有效需求不足的状况,从而减少失业,促进经济的稳定和增长。政府支出具有一种大于原始支出数额的连锁效应,一笔政府支出可以取得几倍于原始支出额的收入水平。这种现象被称之为"乘数效应"。"我们称 K 为投资乘数,这个乘数告诉我们,当总投资量增加时,所得之增量将 K 倍于投资增量"。所以,$K=1/(1-b)$。其中,b 为边际消费倾向,$b=\Delta C/\Delta Y$,ΔC 为消费增量,ΔY 为国民收入增量。可见,边际消费倾向越大,支出的乘数效应也越大。也就是说,在乘数原理的作用下,政府每增加一笔支出 ΔG,经济就相应增加了 K 倍于 ΔG 的国民收入,即 $K \cdot \Delta G$。为了达到增加国民收入、促进经济增长的目的,政府实行扩张性的财政政策,就一定会不断扩大政府支出规模。凯恩斯最后得出结论:市场中不存在一个能把私人利益转化为社会利益的看不见的手,资本主义危机和失业不可能消除,只有依靠看得见的手即政府对经济的全面干预,资本主义国家才能摆脱经济萧条和失业问题。为此,凯恩斯主张政府通过收入分配政策刺激有效需求来达到充分就业。为刺激社会投资需求的增加,他主张政府采取扩大公共工程等方面的开支,增加货币供应量,实行赤字预算来刺激国民经济活动,以增加国民收入,实现充分就业。

面对 20 世纪 30 年代初世界出现空前的经济危机,当时的美国总统罗斯福针对当时的实际,顺应广大人民群众的意志,大刀阔斧地实施了一系列旨在克服危机的政策措施,历史上被称为"新政",新政的主要内容可以用"三 R"来概括,即复兴(Recovery)、救济(Relief)、改革(Reform),主要是运用凯恩斯经济理论为基础,加强国家对经济的干预和指导,通过财政政策刺激经济的回升。由此以刺激有效需求、实现充分就业为政策目标的宏观经济理论成为各国政府治理经济萧条的首要选择。凯恩斯经济理论也被西方各国所推崇。

在凯恩斯的纯市场经济模式中,总供给等于消费加储蓄,即 $Y=C+S$;总需求等于消费加投资,即 $Y=C+I$。在政府参与的市场经济模式中,政府的商品和劳务购买支出（G）也是总需求的决定因素之一,政府的税收（T）通过对民间部门的可支配收入的影响而在一定程度上决定了消费量。因此,在经济均衡状态下,总供求相等,即 $C+T+S=C+I+G$。政府通过改变财政收支的财政政策来管理总需求,从而实现政府对经济运行的全面调节。凯恩斯提出的以扩大政府支出规模、扩张政府需求来替代私人需求不足为主要措施的经济理论和经济政策便成为经济理论和经济政策的主导。随着扩张性财政政策的实施,财政平衡的思想和观念发生了巨大变化,赤字财政政策和公债的大量发行也成为之后世界各国解决经济问题的主要对策。

运用财政政策是政府干预经济方式的重要转变,具体表现在:

(1) 观念的转变。20 世纪 30 年代以前,各国政府虽然偶尔也对某些经济活动加以干预,但由于传统的经济理论已根深蒂固,不主张政府应当干预经济活动。后来,随着现代经济学的发展,人们才承认政府具有经济职能,应采取积极的政策措施对国民经济施加影响。

(2) 目标的转变。目标的单一性是过去政府干预经济的特点,如今,财政政策要根据促进经济发展和提高社会福利的要求,同时实现多重目标的有机结合。

(3) 手段的转变。在不发达的商品经济时代,政府干预的主要手段是税收,其目的是为了筹集财政收入,而政府干预经济的财政政策所运用的手段不仅包括税收,还有预算、支出、公债、补贴等。

就我国情况而言,财政政策作为国家宏观经济调控的重要杠杆,在计划经济和市场经济两种不同的经济体制下,它的内容和作用过程是大不相同的。在传统经济条件下,财政政策对宏观经济的调节,内容单一,基本上采取统配计划。随着市场经济的建立,财政政策已不可能再采用统揽国民收入的分配活动,而是通过各种政策手段来调控经济的运行。即市场经济的发展,不仅丰富了财政政策的内容,同时也增加了财政政策运用的难度。我国当前财政工作中取得的成就和存在的问题,与财政政策目标的导向、财政政策主体间的摩擦、政策工具运用、政策传导机制以及政策环境的变化等因素是密切相关的。

20 世纪 50 年代后,新古典综合派在西方经济学领域居于主流地位。根据汉森的理论,新古典综合派提出了补偿性的财政政策：在经济萧条时期,实行扩张性财政政策;在经济繁荣时期,实行紧缩性的财政政策。而这两个时期的财政收支差额可以相互弥补,因此从长期看仍可以实现财政平衡。鉴于西方国家私有制社会的历史和市场机制配置资源的传统,货币政策一直以来也受到各国的高度关注,于是在调控经济方面便出现了财政和货币政策的相互配合,以实现预期的宏观经济目标。

3. 财政政策理论流派纷呈

第三阶段,20世纪70年代以来,财政政策理论流派纷呈,景象"繁荣"。20世纪70年代,西方国家经济发展中出现了滞胀,在此背景下,财政理论和财政政策得到了相应的发展与完善。凯恩斯主义及其理论和政策主张也受到了一定程度的挑战,而货币主义得到了发展。在货币主义理论的影响下,松紧搭配的财政政策和货币政策开始运用于实践;同时,供给学派的减税政策也得到了一些国家的响应。随着经济全球化的发展,各国之间的经济联系日益密切,相互影响逐步加深,开放经济条件下的货币和财政政策的理论也成为财政理论的重要内容。

二、财政政策目标

与宏观调控的目标相一致,财政政策的目标也是分层次的,从短期来看,主要是通过对总需求和总供给的调节,实现经济的稳定增长;从中长期来看,财政政策的调节应促进资源的优化配置;同时,解决收入分配方面的矛盾,促进公平目标的实现也是财政政策不可推卸的职责和目标。从长期来看,财政政策的目标是通过促进经济的可持续发展,推动社会的全面发展。因此,结合我国社会经济的发展需要以及财政政策的实践,我国财政政策目标体系主要包括经济稳定增长、物价相对稳定、充分就业、国际收支平衡、收入的公平分配、资源的合理配置等组成。

(一) 经济稳定增长

经济稳定增长是指一定时期的经济增长与资源供给条件相适应,保持持续、稳定、健康的状态。它是财政政策要实现的基本目标,也是最重要的目标之一。经济增长和经济稳定两者相辅相成,持续稳定的经济增长是经济发展的要求,适度的经济增长率又是经济稳定的重要内容。使经济稳定增长,实质就是"熨平"经济周期,使总供给与总需求保持平衡。我国现阶段生产力发展水平还很低,如果没有经济持续稳定的增长来提供雄厚的物质基础,则很难满足人们不断增长的各种需要,很难提高人民的生活和福利水平。只有经济增长了,解决各种矛盾才有坚实的基础,社会全面进步才有可靠的保证。

(二) 物价相对稳定

物价稳定一般是指物价总水平的稳定,而物价总水平通常是用物价指数来衡量的,因此物价稳定是指物价指数在各个时期大体保持不变。但物价稳定并不意味着价格绝对不变,而是相对稳定,价格波动的幅度较小。这种状态说明社会供求总量基本是相互适应的,经济运行也处于稳步增长的状态。反之,如果某一时期物价总水平急剧波动,大幅度上涨不停,说明出现了通货膨胀,它意味着货币购买力的降低,经济发展处于膨胀或过热的状态。如果物价总指数大幅度下跌不止,说明发生了通货紧缩，它意味着货币购买力的增加，经济运行处于萧条和不景气的状态。两种情况都说明商品供求之间出现了失衡。

无论是通货膨胀还是通货紧缩，都会对经济生活带来严重的影响。通货膨胀会引起收入和财富的再分配，使依靠工资和其他固定收入的人群实际收入水平下降，使债权人遭受损失，使纳税人的税收负担随着物价水平的升高而加重，产生"档次爬升"现象。而且，由于不同商品的价格上涨速度并不一致，通货膨胀还会因改变商品相对价格而扭曲资源配置，降低整个经济的效率。正因如此，世界各国纷纷将通货膨胀视为经济稳定的大敌。当然，通货紧缩也不是什么好事，它会严重挫伤经营者的信心，抑制企业的投资积极性，降低经济效率。所以，客观上要求政府利用财政分配与总供求的内在联系，既要防止通货膨胀，又要防止通货紧缩的发生，一般认为2%～4%的范围是比较合适的。

（三）充分就业

充分就业一般是指一切生产要素都有机会以自己愿意接受的报酬参加生产的状态。在充分就业的情况下，生产总量是该社会当时所能生产的最大产量。充分就业只是用来形容令人满意的就业水平的，并不意味着失业率为零，因为摩擦性失业在经济中通常是不可避免的，正常的经济社会免不了会有一定程度的失业率，充分就业意味着较低的失业率。例如美国规定5%的失业率为充分就业率。

失业率就是未被雇用的人数占劳动力总数的比率。其中劳动力总数是指就业人数加上没有工作但却在积极寻找工作的人数。失业率的大小表示实际就业与充分就业的差距。理论上一般把失业划分为三类：(1)摩擦性失业。这是指在短时期内，由于劳动力的流动，如人们放弃原来的工作寻找新工作产生的供大于求的状况。(2)结构性失业。这是指劳动力的供给与劳动力的需求在职业、技能、地区分布等结构上的长期不协调所引起的失业。这种失业率的高低取决于经济结构的变化程度和劳动力供给结构调整的速度。(3)季节性失业。这是指某些部门间歇性的需求不足（不是总需求）所造成的失业。它通常是由劳动力供给扩大（如学生寻找暑期工作）或是由对劳动力需求的缩小（如收获季节结束）所引起的。

以上这些失业类型都属于非自愿性失业，是经济学家和政府当局所瞩目的焦点。因为无论失业的类型如何，失业的代价都是很大的。首先，使劳动力资源造成浪费，致使社会生产量下降。其次，失业普遍存在会带来一系列社会问题，加剧社会动荡。高失业时期，一般都伴随着高犯罪率、高离婚率、高死亡率以及其他各种社会骚乱。因此，失业问题不仅是经济问题，也是一个重要的政治问题。所以，控制失业率应该是政府财政政策的目标之一。

（四）国际收支平衡

国际收支是指一国与世界其他各国之间在一定时期（通常是一年）内全部经济

往来的系统记录。一国的国际收支状况不仅反映了这个国家的对外经济交往情况,而且还反映出该国的经济稳定程度,它是现代开放经济的重要组成部分。国际收支平衡表一般包括四个部分:经常性项目、资本性项目、统计误差和官方储备。在国际收支平衡表中,借方表示外国对本国货币或外汇持有额的索取权增加,主要由进口和资本外流所引起;贷方表示本国对外国的本国货币或其他货币持有额的索取权增加,主要由出口和资本流入所引起。如果贷方大于借方,其差额称为顺差,表明本国对外国的索取权净增加,从而加强了本国的储备地位;如果借方大于贷方,其差额成为逆差,表明外国对本国储备的索取权增加,从而加重了对本国储备的压力。从现实经济来看,借贷双方绝对相等的情况几乎是不存在的,所以少量的逆差或顺差都可以视为国际收支的平衡。

国际收支平衡问题历来受到各国政府宏观调控的重视。因为长期的国际收支赤字会导致国际储备不断减少,本币地位不断降低;国家被迫大量举借外债,利息的偿付导致本国资源的大量流出,不仅进一步恶化国际收支,而且还会削弱国家在世界经济中的地位。我国加入 WTO 后,经济的国际化程度进一步加深,国际收支状况对国内就业、通货膨胀和经济稳定发展的影响程度日益增大,因此,财政的宏观调控活动必须对国际收支平衡问题予以关注。

(五) 收入公平分配

市场机制对社会成员的收入进行调节,是以其为社会提供生产要素(包括资本和劳动)的数量和质量为标准的。受竞争条件、就业机会、劳动能力及财产占有量等因素的影响,由市场机制决定的收入分配尽管能体现效率原则,但却难以兼顾公平。社会贫富差距过大,就会导致社会矛盾激化,既不利于社会稳定,也有碍于经济的稳定增长。由于财政是政府参与国民收入分配的重要手段,税收和转移支付的调节都可以使收入分配向均等化的方向发展,因此,财政政策作为政府调节市场分配结果的重要手段,自然应当将公平分配作为自己的目标之一。不过,财政调控的目的,只是弥补市场分配的缺陷和不足,防止收入差距拉大,其范围应被限制在市场机制难以作用或不能充分作用的领域。

(六) 资源合理配置

经济稳定增长的目标是一个总量问题,而资源配置是一个结构问题。社会总供求平衡了,但如果地区结构、产业结构存在重大比例失调,仍会破坏经济的进一步发展。当前资源的短缺是人类社会生存和发展的一个重大难题,如何化解这一难题,即是实现资源配置的合理化。资源配置合理化有两个方面的含义和要求:一是充分利用现有资源,用于生产消费者最需要的产品;二是资源必须分配给生产能力最强的产业。事实上,由于种种客观条件的局限,社会资源不可能实现最优配置,只能使其达到一种较为理想的状态,这就是所谓的资源合理配置。

在市场经济体制下,市场是资源配置的基础环节,但也会由于其固有的缺陷如垄断等,而出现市场失灵的问题,这就要求在尊重市场规律的前提下,通过制定和实施适当的财政政策,对资源配置过程进行适当的引导和规范,以实现资源合理配置的宏观调控目标。

上述六个目标构成一个完整的目标体系。但是在一个既定时期内,财政政策是不可能同时实现这六个目标的,只能根据国家的具体情况和社会经济发展的需要,选择其中的一项或几项目标作为一定时期财政政策要达到的主要目标。

三、财政政策工具

在萨缪尔森和诺德豪斯《经济学》一书中,对政策工具定义为:一项政策工具是指一个处于政府控制之下的、能够对一个或多个宏观经济目标施加影响的经济变量。与任何经济政策工具一样,财政政策工具也是各种财政变量的集合,它具体包括预算、财政支出、财政收入三个方面。

(一)政府预算类政策工具

政府预算是政府的年度财政收支计划,它全面反映了国家财政收支的规模和平衡状态,并且是各种财政手段运用结果的综合反映,因而在宏观调控中有特别重要的地位。

预算的调节功能主要体现在财政收支差额的类型上。预算通过对国民收入的集中性分配与再分配,可以决定民间部门的可支配收入规模,可以决定政府的生产性投资规模和消费总额,可以影响经济中的货币流通量,从而对整个社会的总需求以及总供应关系产生重大影响。国家预算的调控作用,主要表现在两个方面:一是通过国家预算收支规模的变动及其平衡状态可以有效地调节社会总供求的平衡关系。即通过赤字预算体现的是一种扩张性政策,在有效需求不足时,政府通过对国民收入的超额分配扩张总需求,起到刺激经济增长的作用;盈余预算体现的是一种紧缩政策,在需求过旺时可以起到抑制总需求的效果;平衡预算是一种维持性政策,在社会总量大致平衡时可以维持经济的稳定增长。二是通过调整国家预算支出结构可以调节国民经济中的各种比例关系和经济结构。增加对某个部门预算支出,就能相应地促进这个部门以更快的速度发展,而减少对某个部门的预算支出,则这个部门的发展就会受到限制。国家预算对经济的宏观调控,与财政收入占GDP 的比重关系极大。一般来说,财政收入占 GDP 的比重越高,国家预算调控力度就越大。

(二)财政支出类政策工具

财政支出类政策工具主要包括对商品和劳务的购买性支出、转移性支出两方面。

1. 购买性支出政策工具

购买性支出是政府用于购买商品和劳务方面的支出,包括政府投资和政府消费。由于政府购买是形成总需求的渠道之一,购买性支出的规模和结构不仅能够直接影响总需求的总量和结构,而且能够间接影响总供给的规模和结构。同时,购买性支出还是政府直接配置资源的活动,对就业水平也会产生较大的影响。政府投资不仅可以扩张总需求,在经济运行低迷时通过乘数效应迅速带动经济增长,例如我国自2007年国际金融危机以来以财政投资填补了民间投资的不足,保证了较高的经济增长速度;而且政府投资还可以起到较强的示范作用,引导社会投资的流向,从而改善产业结构、资源结构、技术结构以及地区结构等,我国西部大开发就是典型的例子。政府消费性支出的增加,例如为公务人员加薪,则能够直接带动个人收入水平的提高,进而通过乘数效应,有效推动国民收入的增加,促进经济增长。

另外,政府的投资和消费也是平抑经济周期的有效手段。在经济繁荣时期,利用购买性支出的缩减可以为过热的经济"降温",在萧条和衰退时期,政府扩大购买性支出则可以起到雪中送炭的效果。

2. 转移性支出政策工具

转移性支出是政府财政资金单方向的、无偿的流动,包括资金在政府间的纵向流动和资金从政府向居民和企业的横向流动。其中横向转移主要包括财政补贴和社会保障支出。财政补贴的增减有着与增减税收相反的调节效果。对居民个人的补贴可以直接增加其可支配收入,对企业的补贴则可直接增加其投资需求,而且财政贴息还可以带动庞大的社会资金转化为现实的投资需求,因此它不但影响社会需求,而且调节社会供给,所以是反经济周期和优化资源配置的重要政策工具。社会保障支出则是低收入和无收入人群的"保护伞",在他们遭受年老、失业、疾病及各种不可抗拒的灾害时提供最基本的生活保障,因此,转移性支出对实现收入的公平分配也能起到较好的调节作用。

由于财政支出中购买性支出政策和转移性支出政策有着不同的支出内容,它们的调节作用又存在着差别,这就要求根据不同情况选择不同组合的支出政策,而且还要考虑与税收政策紧密配合,才能提高财政政策的调节效果。

(三)财政收入类政策工具

财政收入类政策工具主要包括税收政策工具和公债政策工具。

1. 税收政策工具

税收作为一种政策工具,它具有分配形式上的强制性、无偿性和固定性特征。这些特征使税收调节具有权威性,并且具有广泛的调节作用,可用来实现资源合理配置、收入公平分配以及经济稳定增长的政策目标。作为主要的财政变量,税收对社会供求总量和结构都有直接或间接的影响。从资源合理配置的角度看,增加税收将相应减少企业和个人的收入,使资源在私人部门和政府部门之间两部门配置,从而抑制社会需求;反之,则对社会需求产生相反的影响。同时,由于国家征税会引起纳税人可支配收入的减少,由此,产生税收的收入效应和替代效应,从相对价格及经济利益的变动方面影响纳税人的经济行为选择。所以,通过税收制度的确立和调整(税种、税基、税率、税收优惠等)可以引导个人和企业的经济活动,从而引导全社会资源的合理配置。从收入公平分配的角度看,通过设置累进所得税、财产税及消费税等税种,对收入和财富的分配进行调节,促进收入和财富分配的公平。从稳定经济的角度看,经济稳定增长是以社会总供求大体均衡为基本前提的。在社会需求膨胀、供给相对不足、经济发展速度过快时,增加税收可以提高财政收入占国民收入的比重,相应地降低纳税人收入的增长幅度,起到收缩社会需求,抑制经济过快增长的效应;反之则起到刺激经济增长的效果。

2. 公债政策工具

公债是国家信用的基本形式。最初的公债只是弥补财政赤字的一种方法,然而随着现代化市场经济的发展,公债又成为政府进行宏观调控的重要手段、财政政策工具之一。作为国家信用的筹资手段,公债既可以从分配领域调节社会供求结构,实现供求结构的相互协调,也可以从流通领域调节货币流通量及商品供给量,进而调节社会供求总量,实现供求均衡的总量目标,所以是一种非常灵活有效的政策工具。

公债的发行不但可以在社会需求不足时,将社会闲置资源调动起来,从而增加社会有效需求、刺激经济增长,也可以在社会需求膨胀、经济发展过热时,增加政府对社会需求的控制程度,发挥稳定经济的作用。公债还是中央银行进行公开市场操作、灵活调节货币供给量,进而调节需求总量的有效手段,因而在正常情况下是政府实现资源优化配置目标的重要手段。另外,政府外债的一个重要功能就是平衡短期国际收支逆差,因此,公债在平衡国际收支方面的作用也是其他政策工具难以替代的。

四、财政政策的类型

根据财政政策在调控经济方面的特点和作用不同,可以把财政政策划分为不同的类型。

(一) 按照调节作用层次的差异分类

财政政策按照调节作用层次的差异,可分为宏观财政政策和微观财政政策。

所谓宏观财政政策,即通过税收、财政支出等政策工具的变化来调整整个国民经济需求和供给的总量,以实现经济的稳定和经济增长目标。它侧重于对经济总量的控制,因此宏观财政政策也被称为总量调控的财政政策。而微观财政政策是指通过调节微观经济主体的行为,解决其财政激励问题和资源配置问题的财政政策。

微观财政政策侧重于资源的配置和收入分配目标,在一定的税收和支出总量的前提下,通过纳税人、课税对象、税目税率、税收优惠、财政支出结构、财政补贴的变化来影响相对价格,进而影响微观经济主体的经济行为或活动及影响需求和供给的结构,解决产业结构的失衡、资源配置效率的低下及收入分配中的不合理、不公平问题。因此,微观财政政策也被称为结构性的财政政策。正如宏观经济理论和微观经济理论之间的界限无法精确划分,宏观财政政策和微观财政政策之间也并无准确的划分,一个国家的财政政策很难归结为单纯的宏观财政政策或微观财政政策。

(二)按照调节经济周期中作用机制的不同分类

按照财政政策在调节经济周期中作用机制的不同,可以分为自动稳定的财政政策和相机抉择的财政政策。

1. 自动稳定的财政政策

自动稳定的财政政策是指财政制度内部能够根据经济波动情况而自动发生稳定作用而无须政府采取干预行动的功能,所以又被称为"自动稳定器""内在稳定器"或"非选择性财政政策"。财政政策的这种内在的、自动产生的稳定效果,可以随着社会经济的发展,自行发挥调节作用,不需要政府采取任何干预行动。财政政策的自动稳定作用主要通过税收的自动稳定性和政府转移性支出的自动稳定性来表现。

(1)税收的自动稳定作用。税收体系,尤其是累进征收的公司所得税和个人所得税,对经济活动水平的变化反应相当敏感,其调节机理是当经济处于繁荣阶段或通货膨胀时,纳税人收入增加了,税率的档次随纳税人收入增加而提高,所得税税额相应增加,社会需求和通货膨胀有一定抑制作用,所以说,税收对社会需求就有了一种自动抑制的功能。在经济处于衰退时期,人们收入下降,边际税率也会往下降,税收自动减少,如果预算支出保持不变,就会产生预算赤字,这种赤字会"自动"产生一种力量,对社会需求产生维持或相对扩大的作用,以防止需求的过度萎缩。

(2)政府转移性支出的自动稳定作用。经济学家一致认为,政府对个人的转移支付是最普遍的自动稳定器,例如失业救济。转移支付水平一般是与社会成员的收入呈反向关联,经济发展速度越快,就业岗位越多,当经济处于繁荣阶段或通货膨胀时,人们收入水平上升,进入社会保障范围的人数越少,社会保障支付的数额自动减少,以转移支付形式形成的社会需求相应减少;反之,则相应增加。这样,政府转移支付机制随着经济发展的兴衰自动增减社会保障支出和财政补贴数额,也可以产生自动调节社会需求,抑制经济周期性波动的作用。

自动稳定器是保证经济正常运转的第一条防线,自动稳定器的作用,是部分地减小商业周期的波动,但是却不能百分之百地扫除这种扰动的影响。是否应减小某种扰动影响的剩余部分,以及如何使之减小,仍然是政府有权决定使用的货币及财政政策的任务。

2. 相机抉择的财政政策

相机抉择的财政政策是指政府根据对经济形势的判断而主动采取的财政收、支变动的政策措施。一般来说,这种政策是政府逆经济运行态势所采取的财政措施,即当失业持续增加、总需求不足、收入水平下降时,政府实行扩张性的财政政策,减收增支,以刺激总需求,解决经济衰退问题;而在经济繁荣、总需求过旺、价格水平持续上升时,则实行紧缩性财政政策,增收减支,以抑制总需求,解决通货膨胀问题。这是政府利用国家财力有意识干预经济运行的行为。

相机抉择的财政政策包括汲水政策和补偿政策。所谓"汲水政策",就是模仿水泵抽水的原理,如果水泵里缺水就不能将地下水吸到地面上来,需要注入少许引水,以恢复其抽取地下水的能力。1923年至1933年英国实施的罗斯福-霍普金斯计划,1932年日本实行的"时局匡救政策"及德国实施的"劳动振兴计划"都属于这种政策。按照汉森的财政理论,汲水政策是对付经济波动的财政政策,是在经济萧条时依靠一定数额的公共投资带动民间投资使经济自动恢复其活力的政策。汲水政策有四个特点:① 它是一种诱导景气复苏的政策,是以资本主义所具有的自发恢复能力为前提的政策;② 它的载体是公共投资,以扩大公共投资规模作为启动民间投资活跃的手段;③ 财政支出规模是有限的,不能进行超额的支出,只要使民间投资恢复活力即可;④ 它是一种短期的财政政策,随着经济萧条的消失而不复存在。补偿政策是政府有意识地从当时经济运行的反方向调节景气变动幅度的财政政策。在经济繁荣时期,为了减少通货膨胀因素,政府通过增收减支的措施抑制和减少民间的过剩需求;而在经济萧条时期,为了减少通货紧缩因素,政府又必须通过增支减收的措施来增加消费和投资需求,以达到减小经济波动的目的。

可以看出,补偿政策和汲水政策虽然都是政府有意识的干预经济的政策,但其区别也是很明显的:

第一,汲水政策只是借助公共投资以补偿民间投资的减退,是医治经济萧条的处方;而补偿政策是一种全面的干预政策,它不仅在使经济从萧条走向繁荣中得到应用,而且还可用于控制经济过度繁荣。

第二,汲水政策的实现工具只有公共投资,而补偿政策的载体不仅包括公共投资,还有所得税、消费税、转移支付、财政补贴等。

第三,汲水政策的公共投资不能是超额的,而补偿政策的财政收支则可以超额增长。

第四，汲水政策的调节对象是民间投资，而补偿政策的调节对象是社会经济的有效需求。

（三）按照调节国民经济总量方面的不同功能分类

根据财政政策在调节国民经济总量方面的不同功能，财政政策可分为扩张性政策、紧缩性政策和中性政策。

1. 扩张性财政政策

扩张性财政政策又称膨胀性财政政策或"松"的财政政策。它是指政府在编制预算时使预算支出大于预算收入，利用财政赤字刺激社会总需求，以实现社会总需求与总供给相互适应，促进经济稳定增长的财政政策。在国民经济存在总需求不足时，通过扩张性财政政策使总需求与总供给的差额缩小以至平衡；如果总需求与总供给原来就是平衡的，那么扩张性财政政策就会使总需求超过总供给。

扩张性财政政策的载体主要有减税、增加财政支出规模和发行公债。通过减税等措施，增加民间的可支配收入，进而增加流通中总的货币购买力，达到刺激和增加社会总需求的目的；而增加政府支出规模可以提升政府的消费需求和投资需求，从而增加流通中的购买力，刺激社会总需求，使经济增长与社会可能提供的资源条件相适应。增加政府支出规模一般表现为当年政府预算支出大于预算收入，形成财政赤字；其结果实质上是政府当年所支配的国民收入超过政府在国民收入分配中所得部分，并通过这种超额分配的办法来提升政府渠道的购买能力，来弥补社会需求小于社会供给的缺口，达到启动闲置资源、刺激经济增长的政策目标；发行公债可以在社会有效需求不足时动员社会闲置资金，使其转化为现实的支付手段，扩大现实需求，推动经济增长。显然，扩张性财政政策适用于社会需求不足、供给相对过剩的条件下使用。即便如此，也应把握好扩张的尺度，确保财政扩张引起的赤字控制在经济发展和财政所能承受的范围内，避免扩张过度引起的财政危机。

2. 紧缩性财政政策

紧缩性财政政策又称盈余性财政政策或"紧"的财政政策。它是指政府在编制预算时使预算收入大于预算支出，利用财政盈余抑制社会总需求，以平衡社会总供求缺口，促进经济稳定增长的财政政策。在国民经济已出现总需求过旺的情况下，通过紧缩性财政政策消除通货膨胀缺口，达到供求平衡；如果总供求原来就是平衡的，紧缩性财政政策会造成有效需求不足。

紧缩性财政政策的载体主要有增税（提高税率）和减少财政支出规模。增加税收可以减少民间的可支配收入，进而减少流通中总的货币购买力，达到降低社会总需求的目的；而减少财政支出可以降低政府的消费需求和投资需求，从而减少流通中的购买力，抑制社会总需求，使经济增长与社会可能提供的资源条件相适应。减少财政支出规模表现为财政收入大于财政支出,形成财政盈余,这种财政盈余所代表的社会需求从社会总需求中扣留下来,从而使当年的社会总需求增长低于总供给增长,以缓解社会需求膨胀的压力,实现社会总供求平衡。所以,无论是增税还是减支,都具有减少和抑制社会总需求的效应。显然,紧缩性财政政策适用于社会总需求膨胀、社会供给相对不足,经济增长趋于过热的条件下实施。在实施紧缩性财政政策时,也应把握好政策紧缩的尺度,避免紧缩过度引起供给急剧下降,影响经济增长的速度。

3. 中性财政政策

中性财政政策又称平衡性财政政策,它是政府在编制预算时使预算收支大体均等,以保持社会总供求同步增长,维持社会供求基本平衡的政策。在中性财政政策下,财政收支规模及其增长速度,使其在数量上基本一致,财政的收支活动既不会产生扩张效应,也不会产生紧缩效应。在一般情况下,对社会总供求关系只起维持作用而不起调节作用。因此,它适用于社会总供求处于基本平衡状态的经济条件下实施。

五、财政政策效应

财政政策效应是指政府为了实现一定的政策目标,运用一定的政策工具,对社会经济活动产生的作用以及社会经济各方面对此政策的相应反应。财政政策作用的结果,既有积极的一面,也有消极的一面。具体包括以下几个方面。

(一)"内在稳定器"效应

所谓"内在稳定器",是指这样一种宏观经济的内在调节机制:它能在宏观经济不稳定的情况下自动发挥作用,使宏观经济趋向稳定。财政政策的这种"内在稳定器"效应无须借助外力就可直接产生调控效果,财政政策工具的这种内在的、自动产生的稳定效果,可以随着社会经济的发展,自行发挥调节作用,不需要政府专门采取干预行动。财政政策的"内在稳定器"效应主要表现在两方面:累进的所得税制和公共支出尤其是社会福利支出的作用。

1. 累进的所得税制

累进的所得税制,特别是公司所得税和累进的个人所得税,对经济活动水平的变化反应相当敏感。如果当初政府预算收支平衡,税率没有变动,而经济活动出现不景气,国民生产就要减少,致使税收收入自动降低;如果政府预算支出保持不变,则由税收收入的减少导致预算赤字发生,从而"自动"产生刺激需求的力量,以抑制国民生产的继续下降。

2. 公共支出的自动稳定性

西方经济学家一致认为,对个人的转移支付计划是普遍的自动稳定器。在健全的社会福利、社会保障制度下，各种对个人的社会福利支出，一般会随着经济的繁荣而自动减少，这有助于抑制需求的过度膨胀，也会随着经济的萧条而自动增加，这有助于阻止需求的萎缩，从而促使经济趋于稳定。如果国民经济出现衰退，就会有很多人具备申请失业救济金的资格，政府必须对失业者支付津贴或救济金，以使他们能够维持必要的开支，从而使国民经济中的总需求不致下降过多；同样，如果经济繁荣来临，失业者可重新获得工作机会，在总需求接近充分就业水平时，政府就可以停止这种救济性的支出，使总需求不致过旺。"内在稳定器"效应的两个方面是有机结合在一起的，它们相互配合，共同发挥作用。

(二) 乘数效应

财政政策的乘数效应主要包括三个方面的内容：乘数效应、挤出效应、货币效应。乘数效应主要包括政府支出乘数效应、税收乘数效应和预算平衡乘数效应。

1. 政府支出乘数效应

政府支出乘数反映财政支出的增减变化所引起的国民收入（或 GDP）增减变化的程度，可用如下公式表示：

$$K_g = 1 \div (1 - C)$$

其中：K_g 为政府支出乘数，C 为边际消费倾向。

政府公共的支出可分为购买性支出和转移性支出，这两者的支出乘数是不一样的。政府的购买性支出直接消耗资源，形成当期的消费和投资。当政府的某一个部门的购买支出会转化为其他部门的收入，其他部门把得到的收入在扣除储蓄后用于消费或投资，又会转化为另外一个部门的收入，如此循环下去，就会导致国民收入以投资或支出的倍数递增。而政府的转移性支出到了居民或企业手中后，会有一部分转为储蓄，因此转移性支出的乘数要比购买性支出的乘数小。由于存在这种差别，因此需要根据不同情况选择不同的支出政策组合。当政府采用减税和增加支出两项政策并举时，一方面税收乘数发挥作用，另一方面支出乘数的效果叠加在税收乘数上，可能会产生"放大"效应，即国民收入的增长幅度会远远大于单独采用税收或支出政策对国民收入拉动的幅度。但无论是税收乘数还是政府支出乘数，都是一把"双刃剑"，如果政府增税和减少政府支出并举，则又可能会产生"微缩"效应，即国民收入会以更大幅度减少。

2. 税收乘数效应

税收乘数效应是指税收的增加或减少对国民收入减少或增加的程度。由于增加了税收，消费和投资需求就会下降。一个部门收入的下降又会引起另一个部门收入的下降，如此循环下去，国民收入就会以税收增加的倍数下降，这时税收乘数为负值。相反，由于减少了税收，使私人消费和投资增加，从而通过乘数影响国民收入增加更多,这时税收乘数为正值。一般来说,税收乘数小于投资乘数和政府公共支出乘数。

3. 预算平衡乘数效应

预算平衡乘数效应指的是这样一种情况:当政府支出的扩大与税收的增加相等时,国民收入的扩大正好等于政府支出的扩大量或税收的增加量,当政府支出减少与税收的减少相等时,国民收入的缩小正好等于政府支出的减少量或税收的减少量。用公式表示:

$$K_b = \Delta Y \div \Delta G = \Delta y \div \Delta T$$

其中,K_b 为平衡预算乘数;ΔY 为国民收入增量;ΔG 为政府支出增量;ΔT 为税收增量。

这意味着即使政府实行平衡预算政策,仍具有一定的扩张效应。当存在紧缩缺口时,平衡预算通过乘数能起到反紧缩、扩大就业、提高国民收入的作用;当存在膨胀缺口时,平衡预算通过乘数可起到引起或加剧通货膨胀的作用。

(三) 挤出效应

挤出效应是指政府支出增加所引起的私人消费或投资降低的效果。具体表现为下列几种情况:

1. 通过出售债券增加支出时的挤出效应

政府通过在公开市场上出售政府债券来为其支出筹资,在这种情况下,由于货币供给量没有增加,政府债券出售使债券价格下降、利率上升。利率上升减少了私人投资,引起了挤出效应,而挤出效应的大小取决于投资的利率弹性,投资的利率弹性大则挤出效应大。

2. 通过增加税收增加支出时的挤出效应

政府通过增加税收来为其支出筹资,在这种情况下,增税减少了私人收入,使私人消费与投资减少,引起了挤出效应。而挤出效应的大小则取决于边际消费倾向,边际消费倾向大,则税收引起的私人消费减少多。

3. 充分就业时增加支出的挤出效应

在实现了充分就业的情况下,政府支出增加引起了价格水平的上升,这种价格水平的上升也会减少私人消费与投资,引起挤出效应。

4. 支出增加对私人预期的挤出效应

政府支出增加对私人预期产生不利的影响,即私人对未来投资的收益率抱悲观态度,从而减少投资。

5. 固定汇率制时的挤出效应

在开放经济中当实行固定汇率制时,政府支出增加引起价格上升,削弱了商品在世界市场上的竞争能力,从而出口减少,私人投资减少。

(四) 货币效应

财政政策的货币效应主要是指通过为政府投资、公共支出、财政补贴等本身形成一部分社会货币购买力,对货币流通形成直接影响,从而产生货币效应。主要体现在政府支出和公债政策两个方面。

首先,从政府支出角度看,不论是购买性支出还是转移性支出,最终都会直接或间接地形成一定规模的购买力,从而对货币流通产生一定程度的影响,产生财政政策的货币效应。

其次,从公债政策角度看,由于财政政策措施可能产生赤字,而弥补赤字主要依靠发行公债。如果政府所发行国债的承债主体是中央银行,实质上就是增加了货币供应量,极易出现通货膨胀;如果政府所发行国债的承债主体是商业银行,而且将其作为准备金而增加贷款,由于货币乘数作用的存在,同样使流通中的货币增加。

第三节 财政政策与货币政策的配合

一、货币政策概述

(一) 货币政策的概念

所谓货币政策,是指国家为实现一定的宏观经济目标所采取的调节和控制货币供应量的一种金融政策。货币政策由信贷政策、利率政策、汇率政策等具体政策构成的一个有机的政策体系。货币政策的核心是通过变动货币供应量,使货币供应量与货币需求量之间形成一定的对比关系,进而调节社会的总需求和总供给。因此,从总量调节角度看,货币政策也可以分为扩张性的货币政策、紧缩性的货币政策和中性货币政策三种。扩张性货币政策是指货币供应量超过经济运行过程中对货币的实际需要量,其主要功能是刺激总需求增加;紧缩性货币政策是指货币供应量小于经济运行过程中对货币的实际需要量,其主要功能是抑制总需求增加;中性货币政策是指货币供应量大体上与经济运行过程中对货币的实际需要量保持平衡,对社会总需求与总供给的对比状况不产生影响。在宏观调控中,需要根据社会总需求与总供给的对比状况慎重地选择货币政策的类型。

在传统的计划经济体制下,虽然制定了货币政策,但货币政策从属于财政政策,是为财政政策服务的,特别是当时国民收入分配高度集中,使货币政策影响的范围受到了排挤,独立的作用较小。随着我国市场经济体制的逐步建立,货币政策从属地位已经转变,作为政府调节经济运行的杠杆作用越来越受到重视。

（二）货币政策目标

中央银行货币政策的实施，经过一定的传导过程，将其影响导入一国经济的实际领域，达到既定的目标，这就是货币政策的目标，又称货币政策的最终目标。货币政策的目标概括起来主要有三个，即本国货币稳定、经济增长和国际收支平衡。

1. 保持本国货币稳定

一国货币币值稳定，也就意味着物价水平能够维持在较小的浮动范围之内，从而构成经济增长的前提和基础，这是各国货币政策需要实现的首要目标。

2. 经济增长

使经济在一个较长的时期内始终处于稳定增长的状态中，一个时期比另一个时期更好一些，不出现大起大落，不出现衰退。货币政策同财政政策一样自然也将经济的稳定增长作为自己的政策目标，这也是所有宏观经济政策的共同目标。

3. 国际收支平衡

国际收支平衡是各国货币政策追求的又一目标。简单地说，国际收支平衡就是指一个国家在一定时期内的对外经济交易和往来中，维持一种收支大体均衡的状态。国际收支状况可以影响一国的经济增长，也能影响其物价水平，还会间接地影响就业水平，所以国际收支平衡具有非同寻常的意义，尤其是对那些开放型的国家更是如此。

货币政策目标之间的关系较复杂，有的一定程度上具有一致性，如币值稳定与经济增长也存在矛盾。要刺激经济增长，就应促进信贷和货币发行的扩张，结果会带来物价上涨；为了防止通货膨胀，就要采取信用收缩的措施，这会对经济增长产生不利的影响。币值稳定与国际收支平衡存在矛盾。若其他国家发生通货膨胀，本国物价稳定，则会造成本国输出增加、输入减少，国际收支发生顺差；反之，则出现逆差，使国际收支恶化。经济增长与国际收支平衡也存在矛盾。随着经济增长，对进口商品的需求通常也会增加，结果会出现贸易逆差；反之，为消除逆差，平衡国际收支，需要紧缩信用，减少货币供给，从而导致经济增长速度放慢。

综上所述，由于各目标间存在的矛盾性，中央银行应根据不同的情况选择具体的政策目标。在开放型的社会经济中，国际收支状况与国内货币供应量密切相关。顺差时，货币供应量呈增加趋势；逆差时，货币供应量将减少。因此，中央银行必须尽可能地使国际收支趋于平衡。对于任何一个国家，上述各种目标往往不能同时兼顾。最明显的是稳定物价与充分就业之间、经济增长与平衡国际收支之间存在着相当严重的矛盾。如何在这些相互冲突的目标中做出适当的选择，是各国中央银行制定货币政策时所面临的最大难题。

（三）货币政策工具

货币政策是借助于货币政策手段及货币政策工具发挥作用的。中央银行的货币政策手段主要有三个,即法定存款准备率、再贴现率和公开市场业务。

1. 法定存款准备金率

即商业银行等金融机构要将吸收的存款按一定比率缴存中央银行,这里所说的"一定比率"实际上就是法定存款准备金率。中央银行可以通过调整法定准备金的比率,来控制流通中的货币供应量,从而实现对宏观经济的调节。具体来说,在经济过热的时候,中央银行调高法定存款准备金率,商业银行向中央银行缴存的存款自然就会增加,而用于放贷的资金相应减少,实际上就减少了货币供应量,从而对经济产生收缩的作用;在经济萧条的时候,中央银行调低法定存款准备金率,增加了货币供应量,从而对经济产生扩张的作用。由于法定存款准备金率的调整直接影响到各商业银行的可用资金和利润,因而效果非常猛烈,一般情况下中央银行并不经常使用。

2. 再贴现率

它是指商业银行向中央银行办理再贴现时候使用的利率。当商业银行面临资金不足时,可以用手中的票据向中央银行进行再贴现,实际上就是向中央银行申请的一种再贷款。当然这种再贷款并不是无偿的,商业银行向中央银行所支付的利息比率就称为再贴现率。中央银行通过调高和调低贴现率的方法,可以控制商业银行能够用于放贷的资金量。如果中央银行调高贴现率,商业银行借入资金的成本就会增大,从而迫使商业银行提高贷款利率,进而紧缩企业借款需求,减少贷款数量和货币供应量;反之,则会刺激扩大贷款和货币供应规模。

3. 公开市场业务

所谓公开市场业务,就是指中央银行在金融市场上公开买卖有价证券,以此来调节货币供应量的一种政策性行为。在经济萧条时,中央银行买进证券,相应地就向市场注入了货币,这样一方面刺激证券的需求,提高证券的价格,鼓励投资证券;另一方面,增加商业银行信贷资金来源,促使扩大贷款,这都有利于扩大生产。在经济过热的时候,中央银行通过金融市场卖出有价证券,回笼货币,从而减少货币供给量,对经济产生收缩的作用。由于公开市场业务传导过程短,中央银行通过其可以直接控制货币供应量,所以成为世界各国经常使用的最重要的货币政策工具。

除了上述三种一般性货币政策工具外,中央银行还经常采用其他一些辅助性的政策手段,除了上述传统手段以外,为弥补其不足,西方国家还运用其他一些调节手段,主要有:① 道义劝告(窗口指导),这是中央银行采取书面或口头方式,以说服和政策指导的方法,引导各金融机构扩大或收缩贷款。② 行政干预。不少国家规定,中央银行有权对各商业银行规定最高贷款限额,以控制信贷规模;或是对商业银行的存贷款的最高利率加以限制等。③ 金融检查。中央银行可随时对商业银行的业务活动进行金融监督与检查。这种检查包括检查业务经营范围、大额贷款的安全状况、银行的资本比率和流动资产比率等。

二、财政政策与货币政策配合的必要性

（一）财政政策与货币政策配合的理论依据

财政政策与货币政策是国家宏观调控国民经济运行的两大政策体系。它们都可以通过调节社会总需求来促进物价稳定、充分就业、经济增长，实现国际收支平衡，在目标上是一致的，即保持社会总供给和社会总需求的相对均衡，进而保持国民经济的稳定与发展。增加税收，减少政府支出，降低公债发行额与提高存款准备金率和再贴现率，在调节社会总需求方面有着同样的市场功能。财政政策与货币政策的这种共性说明了两者可以相互配合，具有相互配合的共同基础。同时财政政策和货币政策又有着相互补充性。例如，在固定汇率制度下，财政政策调控社会总需求直接有效，而货币政策相对直接无效、间接有效；在浮动汇率制度下，货币政策调控社会总需求相对直接有效，财政政策相对直接无效、间接有效。因此，在不同汇率制度下，把不同类型的财政政策和货币政策结合起来使用，更有助于实现宏观经济的内部均衡与外部均衡。值得注意的是，财政政策和货币政策又具有各自明显的特性和相互的区别，这种特性和区别则说明了财政政策与货币政策必须相互协调与配合。

（二）财政政策与货币政策配合的必要性

财政政策和货币政策都是掌握在国家手中的政策武器，调控目标从根本上讲是一致的。它们之间相互配合的必要性则存在于它们各有自己的调控特点。

1. 政策目标的侧重点不同

财政政策与货币政策的最终目标是一致的，即保持总供给和总需求的相对均衡，可以说两者共同肩负着经济增长与物价稳定的职责，但两者的侧重点有明显的区别。货币政策的目标侧重在保持物价的稳定方面，这是由于中央银行掌握着国家的货币发行，直接制定利率水平，因而保持币值稳定和物价稳定是货币政策最重要的目标。货币政策对价格水平的影响非常直接，但货币政策调节生产分配和消费的作用则相对较弱。而财政政策的目标更侧重于经济的稳定与发展。由于财政能够通过政府的收支活动调节整个社会的生产、分配与消费，对调节整个社会的投资、就业、生产和收入水平更具有直接的作用。

2. 调节的功能不同

财政政策本质上是一种以国家为主体的分配关系，原则上不能创造信用和货币，其直接作用对象是国民收入再分配。财政可通过税收、转移支付和财政投资直接影响消费需求和投资需求。货币政策的调节重点是货币金融市场，通过对货币

供应量或市场利率间接影响融资主体的借贷成本和投资行为,进而影响投资需求。

3. 两者传导机制不同

财政政策可以由政府通过直接调控来实现,其政策工具有税收、预算、国债、转移支付和财政投资等,这些政策工具具有行政性和强制性的特点,对经济的调节作用较为直接,弹性差。而货币政策通常是通过利率或货币供应的传导来实现最终目标的,其政策工具主要有存款准备金率、再贴现率和公开市场操作等,无论是利率的升降还是贴现率的变化,都需要通过引导企业或居民改变自身的经济行为才能取得调节效果,对企业和居民来说并不具有直接的强制力,所以是一种间接调控经济的重要手段。例如在通货紧缩的情况下,银行可以减低存款利率以吸引居民增加消费减少储蓄。但居民是否接受这种降息的刺激,是否会减少储蓄而增加消费,银行并不具有强制力。如果居民不接受这种间接的刺激,仍然将钱大量存入银行,则货币政策的效用就会降低。因而货币政策较多地表现了传导机制的间接性、引导性和灵活性,而财政政策更多地表现了传导机制的直接性和强制性。

4. 两者调节的时滞不同

在一般情况下,财政政策与货币政策都存在着政策的时滞。这种时滞一般可以分为认识时滞、行政时滞、决策时滞、执行时滞和效果时滞。财政政策工具直接作用于企业和居民,政策决定须经过议会部门审议,因而具有决策时滞长、政策作用时滞短的特点;而货币政策是由中央银行根据宏观经济形势发展的需要直接决定的,但其政策工具需经过商业银行才能传导至企业和居民个人,具有决策时滞短而政策作用时滞长的特点。

三、财政政策与货币政策配合的模式

财政政策与货币政策作为国家宏观调控国民经济运行的两大体系,它们的宏观调控目标是一致的,但两种政策又有各自不同的优势和局限性,决定了两者在实施过程中必须协调配合。否则,必定会导致宏观经济运行失控。财政政策与货币政策的配合有以下几种基本模式。

(一) 扩张性财政政策配合扩张性货币政策

扩张性财政政策配合扩张性货币政策即"双松"政策。扩张性财政政策与扩张性货币政策都以扩大社会总需求为目标,以抑制经济危机、扩大就业和刺激经济增长。扩张性财政政策主要通过减税和扩大财政支出规模来增加社会总需求,扩张性货币政策主要通过降低法定准备金率和利息率等工具来扩大信用规模和增加货币供应量。"双松"的配合对于刺激社会总需求扩大的力度是很强的。在社会出现较为严重的通货紧缩、社会总需求严重不足、生产能力和生产资源大量闲置时,这种"双松"的配合往往可以迅速扩大社会总需求,刺激经济增长,扩大就业,实现经

济复苏。应当注意的是,"双松"配合要注意防止扩张过度,如果过大过猛可能会带来严重的通货膨胀。

（二）紧缩性财政政策配合紧缩性货币政策

紧缩性财政政策配合紧缩性货币政策即"双紧"政策。紧缩性财政政策主要通过增加税收和削减财政支出规模来减少消费和投资,抑制社会总需求;紧缩性货币政策主要通过提高法定准备金率、利息率等来增加储蓄,减少货币供应量,抑制社会投资和消费需求。在社会总需求幅度大于总供给时,"双紧"政策的配合往往可以快速压缩社会总需求,降低物价,抑制严重的通货膨胀。但如果调控力度过大过猛,也可能造成通货紧缩、经济停滞甚至滑坡等问题。

（三）紧缩性财政政策和扩张性货币政策的配合

紧缩性财政政策和扩张性货币政策的配合即"紧财政松货币"政策。紧的财政政策可抑制社会总需求、防止经济过热、控制通货膨胀;而松的货币政策,可扩大社会总需求,保持经济的适度增长;两者的搭配实际上是一种平衡的政策。当社会总需求与社会总供给大体均衡,但是政府开支过大而企业投资欲望不强时可以采用此种配合,以适当刺激企业的投资欲望,保持经济的适度增长。同时紧缩的财政政策又可以压缩政府支出,防止出现通货膨胀。

（四）扩张性财政政策和紧缩性货币政策的配合

扩张性财政政策和紧缩性货币政策的配合即"松财政紧货币"政策。在经济增长放缓、失业率较高、通货膨胀率较高,但同时产业结构和产品结构的矛盾比较突出的情况下,采用扩张性财政政策,通过增支减税等手段,有助于缓解结构性矛盾,提高就业率;而紧缩性货币政策通过提高利率和法定存款准备金率等措施,减少货币供应量,抑制通货膨胀。这种政策组合的目的在于保持经济适度增长的同时,尽可能避免通货膨胀。不过,如果长期运用这种政策组合,会积累起大量的财政赤字。

应当说明的是,上述四种财政政策与货币政策的配合模式只是大致在理论上进行的抽象研究。在实际运用中,财政政策与货币政策的协调与配合非常复杂。政府采取何种财政政策与货币政策对国民经济运行进行调控,取决于政府对当时经济形势的判断。所谓"相机抉择",最重要的在于"相机",即对当前国民经济运行态势做出准确的判断,进而采取相应的财政政策与货币政策进行调控。如果"相机"的判断出现失误,政府宏观调控不仅不会有好的效果,反而会带来一系列的负面影响。

复习思考题

一、关键名词

财政平衡　财政赤字　赤字财政　财政均衡　财政政策　挤出效应　货币效

应 货币政策

二、简答题
1. 简述财政失衡的主要原因。
2. 简述财政赤字的弥补方法。
3. 如何正确理解财政收支平衡？
4. 什么是财政政策？什么是货币政策？
5. 财政政策的目标包括哪些方面？
6. 财政政策的工具主要包括哪些？
7. 如何理解财政政策的"自动稳定器"效应？
8. 简述货币政策目标和货币政策工具。
9. 简述财政政策与货币政策配合的必要性。
10. 简述财政政策与货币政策的不同配合方式。

主要参考文献

1. 亚当·斯密.国民财富的性质和原因的研究(下册)[M].北京：商务印书馆,1972.
2. [美]理查德·A.马斯格雷夫.美国财政理论与实践[M].北京：中国财政经济出版社,1987.
3. 储敏伟,杨君昌.财政学[M].上海：高等教育出版社,2000.
4. 饶海琴.公共财政与税收[M].上海：百家出版社,2000.
5. 蒋洪.财政学教程[M].上海：三联书店,2002.
6. 李品芳.中国税制[M].上海：百家出版社,2003.
7. 郭庆旺,赵志耘.财政理论与政策[M].北京：经济科学出版社,2003.
8. 李友元.税收经济学[M].北京：光明日报出版社,2003.
9. [美]理查德·A.马斯格雷夫.财政理论与实践[M].北京：中国财政经济出版社,2003.
10. 张馨.比较财政学教程[M].北京：中国人民大学出版社,2004.
11. 陈共.财政学(第4版)[M].北京：中国人民大学出版社,2004.
12. 刘溶沧,赵志耘.中国财政理论前沿[M].北京：社会科学文献出版社,2005.
13. 邓子基,林致远.财政学[M].北京：清华大学出版社,2005.
14. 张少春.公共财政支出绩效考评理论与实践[M].北京：中国财政经济出版社,2005.
15. 郭庆旺.公共经济学评论[M].北京：中国财政经济出版社,2005.
16. 马海涛,安秀梅.公共财政概论[M].北京：经济科学出版社,2005.
17. 李友元.财政学[M].北京：机械工业出版社,2006.
18. 蒙丽珍.财政学[M].北京：中国财政经济出版社,2007.
19. 邓文勇.财政学案例[M].南宁：广西人民出版社,2007.
20. [美]罗森(Rosen,H.S.),盖尔(Gayer,T.).财政学[M].北京：清华大学出版社,2008.
21. 胡庆康,杜莉.现代公共财政学简明教程[M].上海：立信会计出版社,2008.
22. 杜莉,徐晔.中国税制[M].上海：复旦大学出版社,2009.

23. 寇铁军.财政学教程[M].大连：东北财经大学出版社有限公司,2009.
24. 袁崇坚.财政学[M].上海：上海财经大学出版社,2009.
25. 王曙光.财政学[M].北京：科学出版社,2010.
26. 曾康华.财政学[M].北京：北京交通大学出版社,2010.
27. 岳树民.中国税制[M].北京：北京大学出版社,2010.
28. 龚文辉.全球公司所得税税率呈下降趋势[N].中国财经报,2010-09-21.
29. 李品芳.教育投资与 FDI 技术转移效应的实证研究[J].同济大学学报,2010(2).
30. 李品芳,周华.公共财政与税收[M].上海：上海财经大学出版社,2011.
31. 中华人民共和国个人所得税法,2011.
32. 张志超.现代财政学原理(第4版)[M].天津：南开大学出版社,2011.
33. 梁朋.公共财政学(第3版)[M].北京：首都经济贸易出版社,2012.
34. 许峰.新编公共财政学[M].北京：北京大学出版社,2012.
35. 刘隽亭,许春淑.公共财政学概论(第2版)[M].北京：首都经济贸易大学出版社,2012.
36. 侯高岚,马明.宏观经济学[M].北京：清华大学出版社,2014.
37. 注册税务师执业资格考试辅导丛书编委会编.税法(Ⅰ)(Ⅱ)[M].上海：立信会计出版社,2013.
38. 张国兴,李芒环.财政学[M].开封：河南大学出版社,2013.
39. 李品芳.中国税制理论与实务[M].上海：上海财经大学出版社,2013.
40. 袁晓江.划清政府与市场边界.行政管理改革,2015(7).
41. 财政部注册会计师考试委员会办公室编.税法[M].北京：经济科学出版社,2017.
42. 2016 年度人力资源和社会保障事业发展统计公报.
43. 2017 年政府工作报告.
44. 财政部网站,http：//www.mof.gov.cn.
45. 国家税务总局网站,http：//www.chinatax.gov.cn.
46. 国家劳动和社会保障部网站,http：//www.mohrss.gov.cn.
47. 中华人民共和国国家统计局网站,http：//www.stats.gov.cn/tjgb.
48. 中华人民共和国增值税暂行条例.
49. 中华人民共和国增值税暂行条例实施细则.
50. 中华人民共和国消费税暂行条例.
51. 中华人民共和国消费税暂行条例实施细则.
52. 中华人民共和国营业税暂行条例.

53. 中华人民共和国营业税暂行条例实施细则.
54. 中华人民共和国海关法.
55. 中华人民共和国进出口关税条例.